21世纪法学系列教材

国际法系列

# 人权法学

## （第三版）

白桂梅　主编

图书在版编目(CIP)数据

人权法学/白桂梅主编. —3 版. —北京:北京大学出版社,2023.5
21 世纪法学系列教材. 国际法系列
ISBN 978－7－301－33966－4

Ⅰ. ①人… Ⅱ. ①白… Ⅲ. ①人权—法的理论—高等学校—教材 Ⅳ. ①D913.01

中国国家版本馆 CIP 数据核字(2023)第 075672 号

| | |
|---|---|
| 书　　　名 | 人权法学(第三版)<br>RENQUAN FAXUE(DI-SAN BAN) |
| 著作责任者 | 白桂梅　主编 |
| 责 任 编 辑 | 张　宁 |
| 标 准 书 号 | ISBN 978－7－301－33966－4 |
| 出 版 发 行 | 北京大学出版社 |
| 地　　　址 | 北京市海淀区成府路 205 号　100871 |
| 网　　　址 | http://www.pup.cn |
| 新 浪 微 博 | @北京大学出版社　@北大出版社法律图书 |
| 电 子 邮 箱 | 编辑部 law@pup.cn　总编室 zpup@pup.cn |
| 电　　　话 | 邮购部 010－62752015　发行部 010－62750672　编辑部 010－62752027 |
| 印 　刷 　者 | 北京溢漾印刷有限公司 |
| 经 销 者 | 新华书店 |
| | 730 毫米×980 毫米　16 开本　24.75 印张　485 千字<br>2011 年 10 月第 1 版　2015 年 10 月第 2 版<br>2023 年 5 月第 3 版　2024 年 7 月第 3 次印刷 |
| 定　　　价 | 65.00 元 |

未经许可，不得以任何方式复制或抄袭本书之部分或全部内容。
**版权所有，侵权必究**
举报电话: 010－62752024　电子信箱: fd@pup.cn
图书如有印装质量问题，请与出版部联系，电话: 010－62756370

本书出版获得瑞典隆德大学罗尔·瓦伦堡人权与人道法研究所的协助
资金来源于瑞典国际发展合作署

The publication of this textbook was supported by Raoul Wallenberg Institute of Human Rights and Humanitarian Law, with the funding from the Swedish International Development Cooperation Agency(SIDA).

# 三 版 前 言

第三版除了修改了前一版的错误外，还做了下列补充：第一，在第六章"特定群体的人权"中增加了第四节"多元性别群体权利"；第二，增加了第十章"环境与人权"。

此外，我们还修正了一些用词，例如我们用"残障"取代了"残疾"，这表明作者认为存在肢体或其他不便的人并非病人而是在社会上遇到障碍的人。又如，我们采用"特定群体"而非"弱势群体"，因为前者更为贴切。这些群体，例如妇女、语言或者文化少数者、不同性取向的人，他们并不是弱者，只是不同而已。

第三版还更新了数据，补充了遗漏，即便如此，还是会留有遗憾，希望读者朋友们批评指正。

参编本书的均为参与过人权法学一线教学的法学院教师或研究员。具体分工如下：

第一、五章：曲相霏，中国社会科学院法学研究所研究员、教授；

第二章：杜钢建，湖南大学法学院教授；

第三、八章：李薇薇，深圳大学法学院教授；

第四章：赵香如，湖南大学法学院副教授；

第六章第一到三节：石玉英，湖南大学法学院讲师；

第六章第四节：郭晓飞，中国政法大学法学院副教授；

第七章：白桂梅，北京大学法学院教授；

第九章：梁晓晖，中国纺织信息中心副总经济师、研究员；

第十章：唐颖侠，南开大学法学院副教授。

编　者
2022 年 11 月 15 日

# 二版前言

　　自从本教材出版以来,国际人权法学的发展速度一如既往,无论是国际人权公约还是保护机制都有一些新的变化。与此同时,我国的人权保护机制在立法和实践方面也有许多新的发展。此外,承蒙人权教学和研究领域的同仁对本教材的广泛关注,我们还收到了一些诚恳的修改建议。鉴于以上几点情况,我们决定对第一版内容进行更新和完善。除了体现人权领域各个方面的新发展外,第二版还更新了诸多统计数据,纠正了第一版存在的错误,补充了一些遗漏。但是,问题和遗漏仍然在所难免,还请读者批评指正。

编　者
2015 年 10 月 1 日

# 前　　言

2004年修订的我国《宪法》第33条明文规定"国家尊重和保障人权",这项具有里程碑性质的规定推动了我国人权事业的发展并将我国的人权教育,特别是高等学校的人权教育,推向了一个新的高潮。我国2009年至2010年国家人权行动计划中专门强调了人权教育的重要性,并规定:"继续鼓励高等院校开展人权理论研究与教育。选取若干高等院校进行人权教育的调研,鼓励高校学者开展人权研究,推动制定高等院校人权教育规划。鼓励高等院校面向本科生开设人权公共选修课,面向法学专业本科生开设人权法课程。推进人权法教材的编写以及教学课件的开发。选取若干开展人权教育较早的高等院校作为人权教育与培训基地。"目前,我国已经有相当数量的高等院校面向全校学生开设了"人权"课程或"人权法学"通选课或通识课。为了满足这类课程的教学需求,我们编写了《人权法学》一书。

全书共九章,第一章和第二章介绍人权的概念和历史发展;第三章是人权的国际标准;第四章和第五章是人权的具体内容,包括公民和政治权利,经济、社会和文化权利;第六章是特定群体的权利,包括妇女、儿童和残障人的权利;第七章和第八章是国际和国内的人权保护机制;第九章是商业与人权。附录部分收录了中国加入的相关国际人权公约、人权条约机构的一般性意见以及联合国的结构示意图。

参编本书的均为参与过人权法学一线教学的法学院教师或研究员。具体分工如下:

第一、五章:曲相霏,中国社会科学院法学研究所副研究员;

第二、四章:杜钢建,湖南大学法学院教授;赵香如,湖南大学法学院副教授;

第三、八章:李薇薇,深圳大学法学院教授;

第六章:石玉英,湖南大学法学院讲师;

第七章:白桂梅,北京大学法学院教授;

第九章:梁晓晖,北京大学法学院2004级博士生、人权硕士项目商业与人权课程授课老师。

本书的出版得到瑞典罗尔·瓦伦堡人权与人道法研究所的支持,葛珍珠(Merethe Borge MacLeod)、陈婷婷和陈艺方女士分别参加了本书的大纲审议、各次的审稿或定稿研讨会议,对于她们的支持表示衷心的感谢。我们还要感谢本书的责任编辑郭薇薇女士,她对本书的编写提出了很多宝贵意见、倾注了许多精力。此外,北京大学法学院硕士研究生陈雄超先生也为本书的编写提供了秘书工作,在此也向他表示感谢。

由于编者水平有限,书中难免有疏漏之处,请读者提出宝贵意见。

编 者
2011 年秋于北大

# 目　　录

## 第一章　人权概述 …………………………………………………… (1)

### 第一节　人权的概念 ………………………………………………… (1)
一、人权的定义 ……………………………………………………… (1)
二、人权的历史地位与世界影响 …………………………………… (2)

### 第二节　人权的哲学基础 …………………………………………… (5)
一、习惯权利说 ……………………………………………………… (5)
二、自然权利说 ……………………………………………………… (6)
三、法定人权论和功利主义 ………………………………………… (7)
四、道德权利说 ……………………………………………………… (7)
五、良心说 …………………………………………………………… (8)
六、其他观点和表述 ………………………………………………… (8)

### 第三节　人权的主体 ………………………………………………… (9)
一、人权主体的类别 ………………………………………………… (9)
二、个人主体的表现形态 …………………………………………… (12)

### 第四节　人权的内容、分类和形态 ………………………………… (15)
一、人权内容与分类的传统观点 …………………………………… (15)
二、人权内容与分类的不同争论 …………………………………… (16)
三、国家义务层次理论与经济、社会和文化权利的可诉性 ……… (19)
四、开放的人权体系 ………………………………………………… (20)
五、关于人权的等级 ………………………………………………… (20)
六、人权的形态 ……………………………………………………… (21)

### 第五节　人权的属性 ………………………………………………… (22)
一、人权的普遍性与特殊性 ………………………………………… (22)
二、人权的绝对性与相对性 ………………………………………… (27)
三、人权的相互依赖性与不可分割性 ……………………………… (29)

四、平等与不歧视 …………………………………………（30）
　　五、宽容 ……………………………………………………（32）
第二章　人权的历史 ……………………………………………（34）
　第一节　人权概念的起源 ……………………………………（34）
　　一、西方社会人权概念的起源 ……………………………（34）
　　二、东方社会人权概念的起源 ……………………………（38）
　第二节　主要人权理论与流派简述 …………………………（42）
　　一、古典人权论 ……………………………………………（42）
　　二、社会人权论 ……………………………………………（46）
　　三、多元人权论 ……………………………………………（47）
　第三节　近代重要的人权文件 ………………………………（51）
　　一、英国的重要人权文件 …………………………………（51）
　　二、美国的重要人权文件 …………………………………（52）
　　三、法国的重要人权文件 …………………………………（54）
　　四、禁止奴隶贸易和保护劳工人权的国际条约 …………（56）
　　五、宽容原则的人权文件 …………………………………（57）
第三章　国际人权标准 …………………………………………（62）
　第一节　联合国建立之前的国际人权标准 …………………（62）
　　一、外交保护 ………………………………………………（62）
　　二、国际人道法 ……………………………………………（63）
　　三、少数者权利保护 ………………………………………（63）
　　四、国际劳工保护 …………………………………………（64）
　　五、禁止奴隶制和奴隶贸易 ………………………………（66）
　第二节　《联合国宪章》与人权 ………………………………（66）
　　一、《联合国宪章》中的人权条款 …………………………（67）
　　二、《联合国宪章》人权条款的意义 ………………………（70）
　第三节　国际人权宪章 ………………………………………（72）
　　一、《世界人权宣言》 ………………………………………（72）
　　二、《公民和政治权利公约》和《经社文权利公约》 ………（76）
　　三、对两个人权公约的评述 ………………………………（78）
　第四节　专门性国际人权公约 ………………………………（79）
　　一、《消除一切形式种族歧视国际公约》 …………………（80）

二、《禁止酷刑和其他残忍、不人道或有辱人格的待遇或处罚公约》……………………………………………………………(81)
三、《保护所有移徙工人及其家庭成员权利国际公约》………(83)
四、《保护所有人免遭强迫失踪国际公约》……………………(83)
五、其他的专门性国际人权公约和文件…………………………(84)
第五节 国际人权法与国际人道法、国际难民法 ……………(86)
一、国际人道法 ……………………………………………………(86)
二、国际难民法 ……………………………………………………(87)

## 第四章 公民权利和政治权利 …………………………………(90)
第一节 生命权 …………………………………………………(90)
一、生命权的概念 ………………………………………………(90)
二、国家保障生命权的义务 ……………………………………(91)
三、生命权与死刑、安乐死 ……………………………………(94)
第二节 人身自由和安全 ………………………………………(96)
一、人身自由和安全的保障原则 ………………………………(96)
二、我国对人身自由与安全的保障 ……………………………(98)
第三节 迁徙自由 ………………………………………………(102)
一、迁徙自由的概念和意义 ……………………………………(102)
二、我国迁徙自由权的立法变迁 ………………………………(103)
三、国家保障迁徙自由的义务 …………………………………(105)
第四节 免受酷刑的权利 ………………………………………(106)
一、酷刑与免受酷刑权的概念 …………………………………(107)
二、我国对免受酷刑权的保障 …………………………………(108)
三、我国《刑法》与酷刑罪 ……………………………………(111)
第五节 公正审判权 ……………………………………………(112)
一、无罪推定原则 ………………………………………………(113)
二、罪刑法定原则 ………………………………………………(114)
三、禁止双重危险原则 …………………………………………(115)
四、审判独立 ……………………………………………………(116)
第六节 见解和言论自由 ………………………………………(118)
一、见解和言论自由的概念与意义 ……………………………(118)
二、国家保障公民见解和言论自由的义务 ……………………(120)

三、禁止鼓吹战争和仇恨 ……………………………………… (122)
第七节　思想、良心和宗教信仰自由 ………………………… (124)
　一、思想自由 ………………………………………………… (124)
　二、良心自由 ………………………………………………… (126)
　三、宗教和信仰自由 ………………………………………… (127)
第八节　参与公共事务、选举与被选举及参与本国公务的
　　　　权利 …………………………………………………… (128)
　一、参与公共事务权 ………………………………………… (128)
　二、选举权与被选举权 ……………………………………… (130)
　三、参与本国公务权 ………………………………………… (130)

第五章　经济、社会和文化权利 …………………………………… (134)
第一节　工作权 …………………………………………………… (134)
　一、工作权产生的背景及其价值 …………………………… (134)
　二、工作权的法律渊源 ……………………………………… (136)
　三、工作权的内容 …………………………………………… (140)
　四、国家保障工作权的义务 ………………………………… (145)
　五、中国对工作权的保障 …………………………………… (146)
第二节　适当生活水准权 ………………………………………… (148)
　一、适当生活水准权的法律渊源 …………………………… (148)
　二、适当生活水准权的主要内容 …………………………… (149)
　三、国家保障适当生活水准权的义务与责任 ……………… (152)
　四、国家保障适当生活水准权的具体措施 ………………… (158)
　五、中国对适当生活水准权的保障 ………………………… (161)
第三节　受教育权 ………………………………………………… (163)
　一、受教育权的目的和价值、历史和属性 ………………… (163)
　二、受教育权的国际法渊源 ………………………………… (166)
　三、受教育权的内容及与其相关的权利 …………………… (167)
　四、国家保障受教育权的义务与责任 ……………………… (170)
　五、中国对受教育权的保障 ………………………………… (175)
第四节　健康权 …………………………………………………… (177)
　一、健康权的历史发展和国际法渊源 ……………………… (178)
　二、健康权的内容 …………………………………………… (179)

三、国家保障健康权的义务和责任……………………………(182)
　　四、中国对健康权的保障……………………………………(185)

第六章　特定群体的人权………………………………………………(188)
　第一节　妇女人权…………………………………………………(191)
　　一、概述………………………………………………………(191)
　　二、妇女人权的国际保护……………………………………(192)
　　三、中国对妇女人权的保护…………………………………(198)
　第二节　儿童权利…………………………………………………(206)
　　一、概述………………………………………………………(206)
　　二、儿童权利的主要内容……………………………………(207)
　　三、儿童权利保护的主要原则………………………………(208)
　　四、儿童权利的国际保护……………………………………(209)
　　五、中国的儿童权利保护……………………………………(210)
　第三节　残障人权利………………………………………………(212)
　　一、概述………………………………………………………(212)
　　二、残障人权利的主要内容…………………………………(214)
　　三、残障人权利与不歧视原则………………………………(215)
　　四、残障人权利的国际保护…………………………………(216)
　　五、中国对残障人权利的保护………………………………(218)
　第四节　多元性别群体权利………………………………………(220)
　　一、概述………………………………………………………(220)
　　二、多元性别群体权利国际保护议题………………………(222)
　　三、多元性别群体权利国内保护议题………………………(224)

第七章　国际人权保护机制……………………………………………(232)
　第一节　联合国人权保护机制……………………………………(232)
　　一、人权理事会………………………………………………(232)
　　二、其他联合国人权机构……………………………………(237)
　　三、人权条约机构……………………………………………(243)
　第二节　区域性人权保护机制……………………………………(250)
　　一、欧洲人权保护机制………………………………………(250)
　　二、美洲人权保护机制………………………………………(252)
　　三、非洲人权保护机制………………………………………(254)

四、亚洲人权保护机制的孕育 …………………………………… (257)
第三节 与人权保护相关的国际法庭和法院 …………………………… (258)
一、纽伦堡国际军事法庭和远东国际军事法庭 ………………… (258)
二、前南斯拉夫问题国际刑事法庭和卢旺达问题国际刑事
法庭 ……………………………………………………………… (260)
三、国际刑事法院 ………………………………………………… (260)
第四节 人权非政府组织与人权保护 …………………………………… (264)
一、非政府组织概述 ……………………………………………… (264)
二、人权非政府组织在国际人权保护中的作用 ………………… (266)

## 第八章 国家人权保护机制 …………………………………………… (269)
第一节 国家的人权保护义务 …………………………………………… (269)
一、国家是人权保护义务的主要主体 …………………………… (269)
二、人权法的横向效力 …………………………………………… (270)
三、人权的国际保护 ……………………………………………… (270)
四、国家人权保护义务的依据 …………………………………… (270)
五、国家人权保护义务的内容 …………………………………… (271)
第二节 人权条约的国内适用 …………………………………………… (273)
一、关于国际法与国内法关系的理论 …………………………… (274)
二、人权条约在国内适用的实践 ………………………………… (274)
三、人权条约在中国的适用 ……………………………………… (277)
第三节 国家保障人权的主要制度和条件 ……………………………… (280)
一、宪治 …………………………………………………………… (280)
二、法治 …………………………………………………………… (282)
三、必要的经济保障 ……………………………………………… (283)
四、人权教育 ……………………………………………………… (283)
第四节 国家人权机构 …………………………………………………… (285)
一、《巴黎原则》 ………………………………………………… (285)
二、国家人权机构的种类 ………………………………………… (286)
三、国家人权机构的特点 ………………………………………… (288)
四、中国设立国家人权机构的必要性和可行性 ………………… (289)

## 第九章 工商业与人权 ………………………………………………… (292)
第一节 工商业与人权概述 ……………………………………………… (292)
一、什么是工商业 ………………………………………………… (292)

二、工商业的基本特点及其人权意义……………………………（293）
　　三、人权发展中的工商业………………………………………（298）
第二节　联合国《跨国公司和其他工商企业在人权方面的责任
　　　　准则》……………………………………………………（300）
　　一、产生背景……………………………………………………（300）
　　二、《责任准则》的规范体系……………………………………（303）
　　三、《责任准则》的实施机制……………………………………（306）
　　四、《责任准则》引起的争议……………………………………（308）
　　五、《责任准则》的后续发展……………………………………（310）
第三节　联合国全球契约……………………………………………（311）
　　一、全球契约的产生背景与工作机制…………………………（311）
　　二、企业界参与全球契约的要求………………………………（314）
　　三、全球契约的诚信机制………………………………………（316）
第四节　联合国工商企业与人权指导原则…………………………（318）
　　一、产生背景与基本理念………………………………………（318）
　　二、国家的保护义务……………………………………………（320）
　　三、工商企业的尊重责任………………………………………（323）
　　四、补救措施……………………………………………………（326）
　　五、《指导原则》的落实与条约进程的重启……………………（327）

# 第十章　环境与人权……………………………………………（335）
第一节　环境与人权的关系…………………………………………（335）
　　一、环境损害对人权的负面影响………………………………（335）
　　二、环境损害对特定群体权利的影响…………………………（342）
　　三、环境与人权相互依赖………………………………………（347）
第二节　环境权的发展路径与理论争议……………………………（349）
　　一、环境权的演进过程…………………………………………（349）
　　二、关于环境权的理论争议……………………………………（359）
第三节　联合国人权与环境议题的新发展…………………………（362）
　　一、国际人权与气候机制之间的合作…………………………（362）
　　二、《人权与环境框架原则》……………………………………（364）

**附录一　中国参加的国际人权公约清单**……………………………（370）
**附录二　人权条约机构一般性意见目录**……………………………（372）
**附录三　联合国结构示意图**…………………………………………（378）

# 第一章 人权概述

本章简要分析人权的概念,人权的哲学基础,人权的主体与人权的内容这两大结构性要素,人权的分类和形态,以及人权的属性等问题。

## 第一节 人权的概念

### 一、人权的定义

定义人权是困难的,目前还不存在得到普遍接受的唯一的人权定义。人权研究是跨学科领域的。人们从哲学、政治学、伦理学、社会学、历史学、人类学、民族学、法学及其他不同学科、不同角度研究人权,对人权作出各种诠释。

本书主要从法学角度阐释人权。《牛津法律大辞典》对人权的定义是:"人权,就是人要求维护或者有时要求阐明的那些应在法律上受到承认和保护的权利,以使每一个人在个性、精神、道德和其他方面的独立获得最充分与最自由的发展。作为权利,它们被认为是生来就有的个人理性、自由意志的产物,而不仅仅是由实在法授予,也不能被实在法所剥夺或取消。"

类似的定义还有很多。例如:人权是所有的人因为他们是人就平等地具有的权利;人权是平等地属于所有人的那种普遍的道德权利;人权是一切人基本上都平等拥有的根本的、重要的道德权利,它们都是无条件的、无可更改的;人权是某些无论被承认与否都在一切时间和场合属于全体人类的权利,人们仅凭其作为人就享有这些权利,而不论其在国籍、宗教、性别、社会身份、职业、财富、财产或其他任何种族、文化或社会特征方面的差异。

在大部分的人权定义中,人权都被视为每一个人仅仅因为是人就应当享有的权利。可以将"每一个人仅仅因为是人就应当享有的权利"作为人权的简单定义。大部分人权定义都是以这个简单定义为基础,进一步表述人权的价值、目的、来源、属性、分类和保障方式等方面内容的。

人权的简单定义表明:人权是固有的、与生俱来的、平等的和普遍的。人权立基于人道,即把人"作为人看待"。人权是一个人被"作为人看待"所必不可少的权利。人的身份就是享有人权的充足理由,每一个人都是平等的人权主体,享有平等的人权。

**资　料**

人权概念在英文中最初被称为 rights of man（人的权利）或 natural rights（自然权利）。据考证，托马斯·潘恩（Thomas Paine）在法国《人权和公民权宣言》的英译本中使用了 Human rights 一词，这可能是该词第一次被使用。《世界人权宣言》起草时，经埃莉诺·罗斯福提议使用了 Human rights。此后 Human rights 成为英文中人权一词的经典表达。

一个人不可能失去这些权利而过一种"人的生活"。人权实际上是要求把人作为人看待。①

——杰克·唐纳利（Jack Donnelly）

人权的简单定义还表明，人权本质上是一种道德权利，不依赖实证法的规定，不以实证法为依据。法律只是保障人权的手段，而不是人权的来源。法律不创造人权，也不应任意剥夺人权。虽然在第二次世界大战之后，人权立法逐渐完善，国际人权保障机制也日益发展，人权已基本成为"法律制度中的人权"，但是在本质意义上，人权仍然具有超法律性。当不能通过正常的法律手段或者政治手段实现权利要求时，或者说当法律方法或者其他方法已经穷尽或者已经失效的时候，人权要求就会被提出。人权的主要目的是挑战现存的政治法律制度及其实践活动，或者改变它们。真正意义上的人权诉求是用来改善相对应的政治与法律制度的。

人权的定义还强调了人权是权利。这意味着人权所表达的不是幻想、渴望或建议，而是国家、政府和社会应当予以保障和满足的要求，保障人权是国家、政府和社会的责任和义务，而不是同情、怜悯或仁慈。

## 二、人权的历史地位与世界影响

 **资　料**

尤潘德拉·巴克西（Upendra Baxi）曾经指出：在近代人类历史中没有哪一句话比人权这个词更有特权来承受保护人的尊严这一任务和重担。人权这个词是古典和当代人类思想给予我们的伟大的礼物。人权是我们至今在历史上可以找到的最有道德的词汇。

人权被誉为近现代政治哲学的主要成就之一。在西方，人权的古典根源可

---

① 〔美〕杰克·唐纳利：《普遍人权的理论与实践》，王浦劬等译，中国社会科学出版社2001年版，第9页。

以追溯到古希腊和古罗马的政治法律思想,文艺复兴、宗教改革、自然法学说和资产阶级革命的发展,使人权观念最终形成并迅速传播。

人权自产生时起就带着革命的精神,反抗对人的一切压迫。人权的道德魅力和斗争精神深刻影响了过去几个世纪的历史,并直接参与形成了当今国际关系的格局,目前国际舞台上的主要发达国家,大多受惠于各种形式的人权运动。

现代人权观念主要是在第二次世界大战期间和战后才提出并得到系统阐述的。在第二次世界大战这场史无前例的大灾难中,人们对普遍人权产生了更迫切的需求。欧洲战争一开始,英国首相丘吉尔就把这场战争的目标宣布为"在磐石上确立个人权利"。美国总统罗斯福在美国参战前致国会的咨文中提出了著名的"四大自由"主张。罗斯福说:"在我们力求安定的未来的岁月里,我们期待一个建立在四项人类基本自由之上的世界。第一是在全世界任何地方发表言论和表达意见的自由。第二是在全世界任何地方,人人有以自己的方式来崇拜上帝的自由。第三是不虞匮乏的自由——这种自由,就世界范围来讲,就是一种经济上的融洽关系,它将保证全世界每一个国家的居民都过健全的、和平时期的生活。第四是免除恐惧的自由——这种自由,就世界范围来讲,就是世界性的裁减军备,要以一种彻底的方法把它裁减到这样的程度:务使世界上没有一个国家有能力向全世界任何地区的任何邻国进行武力侵略。这并不是对一个渺茫的黄金时代的憧憬,而是我们这个时代和我们这一代人可以实现的一种世界的坚实基础。"①1942年1月,同盟国宣布:抵抗轴心国的最终目的出自人道主义,而不是出自军事。他们宣称:"彻底的胜利,对于全世界范围内保卫生命、自由、独立和宗教自由,对于维护人权和正义,是至关重要的。"②

1945年联合国成立,《联合国宪章》在序言中宣布:"欲免后世再遭今代人类两度身历惨不堪言之战祸","重申基本人权,人格尊严与价值,以及男女与大小各国平等权利之信念"。人权国际保护的理论和实践广泛而迅速地发展了起来。半个多世纪以来,联合国大会和有关机构制定的人权国际公约已近百个,其中联合国核心人权公约目前有9个,联合国系统内设置了不同层次的人权保护机构,区域性的人权保护机制也已逐步设立和不断完善。尤其是国际刑事法院的成立、联合国人权理事会(以下简称人权理事会)的运作、《经济、社会及文化权利国际公约任择议定书》和《儿童权利公约关于设定来文程序的任择议定书》的通过,表明了国际社会保障人权的信心、勇气和智慧。

今天,人权被认为是我们这个时代唯一已经获得普遍承认的价值体系、唯一

---

① 〔美〕富兰克林·罗斯福:《四大自由》,载《美国历史文献选集》,美国驻华大使馆新闻文化处1985年版,第135页。
② 〔美〕W. 霍勒曼:《普遍的人权》,汪晓丹译,载沈宗灵、黄枬森主编:《西方人权学说》(下),四川人民出版社1994年版,第308页。

已经得到普遍接受的政治与道德观念。人权在当今世界几乎所有国家的宪法中都被认为是神圣的。人权语言也是全人类通用的语言。

1948年12月10日，联合国大会通过了《世界人权宣言》，首次阐述了人类家庭所有成员的固有尊严和普遍人权，是所有人民和所有国家努力实现的共同标准。《世界人权宣言》至今已经被翻译成500多种语言，是全世界翻译语言最多的文件。

虽然有人认为对人权的普遍承认至多是形式上的，甚至是虚伪的，但是即便如此，这仍然具有重大意义。因为这意味着所有国家和社会都不能无所顾忌地宣扬反人权的主张或明目张胆地侵犯人权。

人权理论也是马克思主义的一个重要组成部分。马克思主义经典作家从唯物史观出发，批判地继承了以往人权理论中的合理性因素，科学地考察了人权的现象，揭示了人权的本质，既充分肯定了资产阶级人权理论的进步意义，又深刻地剖析和批判了其虚伪性和局限性，同时明确提出了无产阶级的人权主张。

 **资　料**

　　从今以后，迷信、偏私、特权和压迫，必将为永恒的真理，为永恒的正义，为基于自然的平等和不可剥夺的人权所排挤。①

——恩格斯

19世纪末20世纪初，西方人权观念已传入中国，并得到广泛使用。在陈独秀为《青年杂志》作的创刊词《敬告青年》中，人权出现了三次。"自人权平等之说兴，奴隶之名，非血气所忍受。""近代欧洲之所以优越他族者，科学之兴，其功不在人权说下，若舟车之有两轮焉。""国人而欲脱蒙昧时代，羞为浅化之民也，则急起直追，当以科学与人权并重。"新文化运动以后，"人权"一词不仅在知识界、文化界获得使用，也逐渐进入官方文本中。20世纪上半叶，知识界、文化界还直接推动了几次人权运动，当时人们对人权的理解与西方人权观念的发展是同步的。

还有观点认为，人权概念本质上并不是西方文化的专利，其他文化也孕育出了自己的人权观，例如亚洲人权观和非洲人权观。1993年4月，亚洲国家的政府代表在世界人权大会亚洲地区筹备会议上提出了"亚洲价值观"并通过了《曼谷宣言》，引发了20世纪90年代国际社会的激烈争论。在反思西方人权观的基础上，"道德多元论"认为具有不同传统的国家和社会都可以甚至必然会拥有自己的道德观念，包括人权观念。

---

① 《马克思恩格斯全集》（第20卷），人民出版社1971年版，第20页。

**思　考**

什么是人权？人权与中国传统文化相容吗？

## 第二节　人权的哲学基础

尽管人权这一概念已有久远的历史，人们对人权已有广泛的认同，对于人权的哲学基础仍然很难形成一致的意见。

 **小知识**

中国代表张彭春直接参与了《世界人权宣言》的起草。他担任联合国人权委员会副主席，为《世界人权宣言》的起草作出了杰出贡献。张彭春主张《世界人权宣言》应融合中国的儒家思想与学说，他把"仁"翻译为 conscience（良心）一词，写入了《世界人权宣言》第1条。

没有对人权哲学基础的理解，就很难形成清晰的人权观。本节介绍若干影响比较广泛的关于人权哲学基础的学说。

### 一、习惯权利说

此说是以英国《大宪章》（Magna Carta）为代表的经验主义的人权推定说，即"习惯权利→法定权利"的人权推定。虽然盎格鲁-撒克逊时代并不是后世英国人所宣称的那么自由，但盎格鲁-撒克逊时代的习惯法传统使英格兰人逐渐形成了遵循先例和从传统中寻求合法性的意识。《大宪章》被视为英国宪法的起点，也被视为人权发展史上的第一个里程碑式的文件。

《大宪章》多次提及，它所宣称的权利和自由，是以英国旧有的习惯和传统为根据的。它只不过是要求君主尊重臣民们已经享有的东西，尊重那些旧有的法律与习惯。《大宪章》字里行间透露的是英国人经验主义的人权推理逻辑。此后，英国人权史上又出现了《权利请愿书》《人身保护法》《权利法案》等几个人权文件。这些人权文件在确立人权内容、确定人权保障制度时，都援引了历史文献，宣称坚持英国人民享有的"真正的、古老的、不容置疑的权利"，表明其立基于英国历史传统，有着厚重的历史感和神圣的合法性。

**小知识**

**《大宪章》**

1215年6月15日,约翰王在贵族们"兵临城下"的胁迫下签订了《贵族权利纲领》(又称《男爵条款》)。4天后,以此为蓝本的《大宪章》诞生。《大宪章》的诞生主要是为了限制王权、保护贵族的利益,也包含了维护"自由民"权利的规定。《大宪章》特别重视对财产权的保护,63条规定中有21条述及财产权利,其核心是禁止国王非法剥夺教会、贵族和自由民的财产。《大宪章》所确立的财产权不受侵犯、人身自由、罪刑法定、司法与行政及立法相分离以及无代表不纳税等规则,为个人权利不受王权任意侵犯树立了制度和法律的屏障。在《大宪章》诞生后的100年间,它被重新颁布了38次,历经若干修改,始终保持着原有的特点。为维护《大宪章》的效力而展开的一系列努力最后演变成一场反抗压迫、要求权利的长期战争,后人都求诸《大宪章》来保护他们的权利不受侵犯。

### 二、自然权利说

自然权利(natural rights)说是由法国《人权和公民权宣言》(以下简称法国《人权宣言》)所发扬的先验主义的人权推定说,即"自然权利→法定权利"的人权推定,是关于人权来源的经典学说。

西方古代的自然法学说经过文艺复兴和宗教改革运动的继承和发扬,逐渐形成了近代自然权利理论。格劳秀斯(Grotius)、霍布斯(Hobbes)、洛克(Locke)、卢梭(Rousseau)等都对此作出了贡献。17世纪时,自然法已经被确认为对个人的主观利益和权利的保护,这种理论在洛克的著作中有着最出色的阐释。洛克认为,人类进入文明社会之前,生活在一种自然状态之中,人们受到体现人类理性的自然法的约束。自然法赋予人们普遍的自然权利,即天赋人权,包括人身权、财产权、平等权、自由权、自卫权和自行裁判权等。人们有权按照他们认为合适的方式行动和处分自己的人身和财产,任何人无须听命于他人。这样的自然状态存在着一个缺陷,即人们享有的自然权利没有保证,经常处于恐惧和危险的状态。为了摆脱这种自然状态,人们订立契约,组成政治社会,让社会作为仲裁人,用法律来裁判争执、处罚犯罪,由此产生了国家、政府和法律。国家的目的便是保障人们的天赋人权,首要的就是生命、自由和财产权。为了使国家切实履行保障人权的职责,洛克还提出了一系列人权保障的原则,如人民主权原则、法治原则和分权原则。毫无疑问,洛克的理论对18世纪的政治哲学,特别是对杰斐逊及其起草的《独立宣言》产生了影响。

## 三、法定人权论和功利主义

19世纪至第二次世界大战结束前,由于实证法学说的挑战,自然法学说日渐消沉,法定人权论盛行,功利主义成为人权理论的主要思想基础。虽然第二次世界大战以后自然法学说趋于复兴,但功利主义和实证法学说的法定人权论仍然有着巨大的影响力。

功利主义认为,自由和平等地追求人的幸福和福利是最大的价值和善,这样的社会也是最稳定和富有活力的社会,因为自由和平等促进了最大多数人的最大幸福。实证法学说认可法定人权论,认为正式或非正式的法律规章制度产生了人权。边沁明确反对"天赋人权说"而主张"法定权利说",认为法国《人权宣言》把"自由、财产、安全和反抗压迫"作为人的"自然的与不可剥夺的权利",重蹈了自然法学派混淆逻辑推论与事实的错误。人们之所以提出并相信自然权利说(天赋人权说),原因在于人们想用一种虚构幻想的形式来表达对某些权利的渴望,这种权利要求的实质只是对相应的幸福的要求。其最终动因仍是功利动机,因为人的本性是趋乐避苦。在边沁看来,天赋权利并不存在,有的只是法律所允诺的权利,权利是法律的产物,而且仅仅是法律的产物,没有法律也就没有权利。法律为社会成员确定职责或义务的同时,也赋予了人们相应的权利。边沁的法定人权论是从功利原则出发的,他认为人权是在利益驱动下产生的。为了取代法国《人权宣言》中的"自由、财产、安全和反抗压迫"的人权原则,边沁从"法定权利"出发,有针对性地提出了"安全、生存、富足与平等"的人权原则。他认为,社会的目的是促进最大多数人的最大幸福。而幸福,包括安全、生存、富足与平等,这四项目标实现的程度越完全,社会幸福的总量也就增加得越快。

## 四、道德权利说

人权在本质上被广泛地认为是一种道德权利。[①] 道德权利说认为,人权作为道德权利,其正当性既不是来自国家、政府或法律,也不是来自自然的赐予,而是来自人的道德心,是一系列道德准则赋予了人权正当性。被作为人权基础的"人性"也只是一个道德假定。正如梅因在《古代法》一书中提出,"自然法"的观念是在物质世界上加上一个道德世界。人类作为一个整体与其他类别的区别大概也在于,人类在物质世界之上还有一个精神、道德、伦理、意识、观念的世界。

---

① 〔美〕杰克·唐纳利:《普遍人权的理论与实践》,王浦劬等译,中国社会科学出版社2001年版,第13页。

### 五、良心说

良心说认为良心,尤其是恻隐之心是人权最基本的来源。① 人权以人的同类感为基础,以人对人的恻隐之心和爱心为基础。恻隐之心是一种最原始的道德感情,"在人类还没有形成任何明确的道德规范,没有形成对道德义务的观念和情感之前,就已经有同类或同族之间的恻隐之情在原始人的心中萌动和活跃了。这种恻隐之情起着维系群体、我们今天称之为社会道德的作用"②。人以恻隐之心来体验和感受着他人的痛苦并希望减轻和消除这种痛苦,以爱心来体会和感受着他人的幸福并愿意增进这种幸福。③ 人与人之间基于同类或同族的认同感,形成了同类相连的人心,也形成了将心比心和"己所不欲,勿施于人"的朴素思想,最终形成了人权观念。

**资　料**

恻隐之心,人皆有之;羞恶之心,人皆有之;恭敬之心,人皆有之;是非之心,人皆有之。恻隐之心,仁也;羞恶之心,义也;恭敬之心,礼也;是非之心,智也。仁义礼智,非由外铄我也,我固有之也,弗思耳矣……④

——孟子

### 六、其他观点和表述

人固有的、不可剥夺的尊严和价值是当前国际人权文件对人权哲学基础的最一般表达。例如《联合国宪章》宣布:"重申基本人权,人格尊严与价值,以及男女与大小各国平等权利之信念。"《世界人权宣言》宣布:"人人生而自由,在尊严和权利上一律平等。他们赋有理性和良心,并应以兄弟关系的精神相对待。"《维也纳宣言和行动纲领》宣布:"一切人权都源于人与生俱来的尊严和价值","人权和基本自由是全人类与生俱来的权利"。

人性也被认为是人权的来源。一般认为,人性包括人的自然属性和社会属性。人的自然属性是追求生命、安全、自由和幸福等,这是人权产生的内在根据。人生活在各种不同的社会条件和社会关系中,人的道德、思想、利益与行为都受

---

① 参见曲相霏:《人权离我们有多远:人权的概念及其在近代中国的发展演变》,清华大学出版社2015年版,第204页。
② 参见何怀宏:《良心论——传统良知的社会转化》,生活·读书·新知三联书店上海分店1994年版,第67页。
③ 张恒山:《论人权的道德基础》,载《法学研究》1997年第6期。
④ 《孟子·告子章句上》。

到各种社会条件和社会关系的影响和制约,这形成了人的社会属性。社会属性是人权产生的外部条件,决定了人权的历史性。

虽然大多数宗教给人们施加的义务远超过赋予的权利,但是宗教也被认为是人权的来源。基督教和伊斯兰教等宗教的经文中都表示人从神那里获得了尊严、价值和权利。因为这些尊严、价值和权利具有神圣的来源,因此是不可剥夺的。美国《独立宣言》反映了神学意义的天赋人权理论:"我们认为下面这些真理是不言而喻的:人人生而平等,他们在造物主那里都被赋予了固有的、不可转让的权利,其中包括生命权、自由权和追求幸福的权利。"

讨论人权的来源有什么实际意义?

## 第三节 人权的主体

人权把人放在了关注的焦点,这是权利哲学的一场革命。

人权的出发点是"人"。人权的主体是人权原理中的一个基础性问题,人权主体决定着人权的内容,人权主体的理论对人权救济和人权保障也具有不可替代的实践功能。[1]

### 一、人权主体的类别

**(一) 个人主体**

人权的主体是经验意义上的具体的个人。人权一词,目前在英语中表达为"human rights"。"human"最基本的、首要的含义就是单个的人,即有生命的自然人。在古代西方人权概念的萌芽状态中,"自然权利"的享有者即为个人,近代西方人权观念中的人权也始终指向个人。在标志着近代人权产生的两个重要文件,即美国《独立宣言》和法国《人权宣言》中,人权的享有者也是个人。

近代西方人权观念与近代西方社会重视个性解放、个人权利、个人自由相关。没有个体人的观念,就不可能产生人权观念。

尽管在现代人权理论中人权主体已呈多元化趋势,但个人始终是人权的基本主体。

---

[1] 参见曲相霏:《人权离我们有多远:人权的概念及其在近代中国的发展演变》,清华大学出版社2015年版,第6页。

### (二) 非个人主体

第二次世界大战以后,人权由国内领域发展到国际领域,集体人权的概念开始出现。最早被认可的集体人权是自决权,后来发展权、和平权、环境权等陆续得到承认,被称为第三代人权。群体人权、法人人权的概念也陆续被提出。

资　料

所有民族均享有自决权,根据此种权利,自由决定其政治地位及自由从事其经济、社会与文化之发展。

——人权两公约①共同第1条第1款

全球人民均有享受和平的神圣权利。

——《人民享有和平权利宣言》

人类被视为人权的主体,主要针对的是人类目前共同面对的生态环境危机、战争和恐怖主义等人权问题。

集体人权概念引起了很大的争议。有些学者强调,只有个人才拥有人权,存在集体权利但并没有集体人权,许多所谓的集体人权是由作为集体成员的个人享有的。② 也有学者指出:个体权利必须被优先考虑,但是让人权概念只停留在个人诉求上也是错误的。人权这一术语同样适用于个人、群体、集体和法人,虽然不是每一项人权在性质上都同时适用于这些主体。③ 在国内的人权研究中,有学者主张存在国内集体人权与国际集体人权;也有学者主张集体人权属于国际人权法的范畴,在国内法中原则上不适用。④

在人权法中,权利主体还包括"家庭""工会"等不同的社会主体。《防止及惩治灭绝种族罪公约》(以下简称《惩治灭种罪公约》)正式承认了民族、人种、种族或宗教团体等作为团体而存在的权利,因此被认为是保护团体权利的国际法核心文件。⑤

---

① 《公民权利和政治权利国际公约》(以下简称《公民和政治权利公约》)和《经济、社会及文化权利国际公约》(以下简称《经社文权利公约》)统称人权两公约。人权两公约(及其任择议定书)与《世界人权宣言》合称"国际人权宪章",是国际人权法领域最重要的文书。

② 〔美〕杰克·唐纳利:《普遍人权的理论与实践》,王浦劬等译,中国社会科学出版社2001年版,第176页。

③ 〔奥〕曼弗雷德·诺瓦克:《国际人权制度导论》,柳华文译,北京大学出版社2010年版,第5页。

④ 李步云:《人权的两个理论问题》,载《中国法学》1994年第3期;徐显明:《人权主体之争引出的几个理论问题》,载《中国法学》1992年第5期;张文显:《论人权的主体与主体的人权》,载《中国法学》1991年第5期;徐显明、曲相霏:《人权主体界说》,载《中国法学》2001年第2期。

⑤ Yoram Dinstein, "Collective Human Rights of Peoples and Minorities", 25 *The International and Comparative Law Quarterly* 102, Jan., 1976.

## 资 料

**《世界人权宣言》第 16 条：**

（三）家庭是天然的和基本的社会单元，并应受社会和国家的保护。

**《经社文权利公约》第 8 条：**

（乙）工会有权建立全国性的协会或联合会，有权组织或参加国际工会组织；

（丙）工会有权自由地进行工作……

**《经社文权利公约》第 13 条：**

四、本条的任何部分不得解释为干涉个人或团体设立及管理教育机构的自由，但以遵守本条第一款所述各项原则及此等机构实施的教育必须符合于国家所可能规定的最低标准为限。

**《惩治灭种罪公约》第 2 条：**

本公约所称灭绝种族系指蓄意全部或局部消灭某一民族、人种、种族或宗教团体……

任何集体、群体、法人等从国家或国际社会的人权保护中所获得的权益，其出发点都是某些个人，其落脚点，即最终的实际受益者也都是某些个人。集体、社会、人类只能在普遍的个人之中存在，离开了个人，集体、社会、人类都不过是一种空洞的抽象概念。马克思说："全部人类历史的第一个前提无疑是有生命的个人的存在"[①]，"人们的社会历史始终只是他们的个体发展的历史"[②]。这里所说的"个人""个体"，即"有感觉的、有个性的、直接存在的人"[③]，"从事实际活动的人"[④]，"可以通过经验观察到的、在一定条件下进行的发展过程中的人"[⑤]。相对于个人人权而言，集体权利、群体权利、法人权利都仅是一种手段性的权利，而真正的受益者、作为目标而存在的人权主体永远是而且只能是个人。[⑥]

## 思 考

妇女的人权是集体人权吗？为什么？

---

① 《马克思恩格斯选集》(第 1 卷)，人民出版社 1995 年版，第 67 页。
② 《马克思恩格斯选集》(第 4 卷)，人民出版社 1995 年版，第 532 页。
③ 《马克思恩格斯全集》(第 1 卷)，人民出版社 1956 年版，第 443 页。
④ 《马克思恩格斯选集》(第 1 卷)，人民出版社 1995 年版，第 73 页。
⑤ 同上。
⑥ 徐显明、曲相霏：《人权主体界说》，载《中国法学》2001 年第 2 期。

## 二、个人主体的表现形态

人权主体的具体表现形态是普遍人权主体的具体化。

### （一）关于公民

《公民和政治权利公约》①第25条规定："每个公民应有下列权利和机会……"该条款意味着有些人权是以公民身份享有的。公民身份与政治国家、政治生活相关联。在特定国家内，公民有权参与政治生活，享有选举权与被选举权、担任公职权等政治性权利。大多数国家都禁止非公民享有这些政治性权利，尽管目前这种状况正在发生变化。在某些特殊的经济性权利、社会性权利方面，非公民在不同的国家享有权利的程度不一。

我国《宪法》第33条规定了"国家尊重和保障人权"，但该条款被置于"公民的基本权利和义务"之下，因此该条款中的"人权"主体需要解释为普遍的人权主体。另外，我国《宪法》虽然对妇女、儿童、老人、残障人、劳动者等均有提及，但是对犯罪嫌疑人和受刑人等边缘群体却没有规定，这与国际人权宪章用大量的篇幅规定边缘群体的人权略有不同。

 **小知识**

我国《宪法》中的权利主体的表述形式，除"公民基本权利"中的"公民"外，还有"人民""少数民族""劳动者""企业事业组织的职工和国家机关工作人员""残废军人""盲、聋、哑和其他有残疾的公民""华侨""老人""妇女""儿童"等。

### （二）关于特殊人权主体

在现实生活中，大部分自然人因主观或客观的各种因素，在人权实现的过程中会遭遇主要来自社会的重重障碍。如果不能包容人的多样性、改造社会制度和设施以有效去除这些障碍并给他（她）们提供"合理便利"，这些人权主体就难以真正享有和行使其人权。妇女、儿童、老人和残障者是从古至今数量最大的特殊人权主体，要保障他（她）们的人权，需要对整个社会从法律制度、政策到习俗、习惯等各个领域进行全面改造。难民、无国籍人、外侨、战俘、战时伤病员和战时平民等是国际人权法和人道法领域的特殊人权主体。公务员、政务员、军人和警察等，是代表国家掌握和行使公权力的公权力人，传统的人权理论把公权

---

① 英文为 International Covenant on Civil and Political Rights（ICCPR），此处将 civil rights 翻译为"市民权利"而不是"公民权利"可能更合适。

力人作为人权的对立面加以约束,但公权力人首先是人,他们因为履行职责而成为特殊的人权主体,如公务员因其职业需要,在言论自由、表达自由、参与政治活动、兼职等方面受到限制。与公权力人在特殊法律关系中的强大特征相反,犯罪嫌疑人、受刑人等因接受刑罚等处境而成为特殊人权主体。由于宗教、语言、种族、肤色等原因而成为一国的少数者的也是现代社会的特殊人权主体。

 **小知识**

在国际人权宪章中,除以"人人""任何人"为主要的权利主体表述形式外,也存在着一些特别的主体表述形式。如《世界人权宣言》中的"凡受刑事控告者""成年男女""家庭""父母""母亲和儿童";《公民和政治权利公约》中的"任何被判处死刑的人""十八岁以下的人""孕妇""自由被剥夺的人""被控告的人""被逮捕的人""任何因刑事指控被逮捕或拘禁的人""外侨""家庭""已达结婚年龄的男女""父母和法定监护人""少数人""公民";《经社文权利公约》中的"男子和妇女""父母和法定监护人""个人或团体""工会""军警或国家行政机关人员""母亲""一切儿童及少年"等。

(三) 关于边缘主体

边缘主体如胎儿与未来人。

人权的主体是人,人的生命始于何时? 胎儿的生命是不是人的生命? 回答这些问题时必须考量的因素和排除的因素是什么? 在医学、生物学、哲学、经济学、宗教学、政治学等复杂的知识中,应当选择什么作为分析的资源、方法、立场? 近几十年来,这些问题已经在许多国家引起过至关重要和引人注目的讨论。

据统计,截至 2012 年,世界上有 10 个国家的宪法文本明确规定了胎儿的生命权①,如《捷克共和国宪法》第 2 章第 1 节第 6 条规定:"任何人均享有生命权。生命自未出生前已受保护。"1983 年 9 月,爱尔兰政府关于反堕胎的修宪法案在公民投票中获得通过,《爱尔兰宪法》第 12 章第 40 条规定:"国家在适当考虑母亲的平等生存权之下,承认未出世者之生存权,并且在其法律内规定保证尊重该项权利,并于可能范围内,以其法律保障与维护之。"《智利共和国宪法》第 19 条规定,宪法保障"个人的生命、身体及心理完整之权利——法律保护即将出生者之生命"。《赞比亚宪法》第 12 条规定:"任何人不得通过结束怀孕剥夺胎儿的

---

① 如果算上《秘鲁宪法》,则规定胎儿地位的现行宪法达到 11 个。《秘鲁宪法》第 2 条规定:"在任何有利于即将出生者的情形下,他们也被视作受到保护的对象。"孙谦、韩大元主编:《世界各国宪法·美洲大洋洲卷》,中国检察出版社 2012 年版,第 220 页。

生命,除非符合议会专门法案规定的条件。"

从国际人权文件的角度来看,目前国际和区域性的人权公约和人权保障机制对胎儿的地位问题没有作出明确一致的反应。《世界人权宣言》和《公民和政治权利公约》都没有明确规定胎儿的生命权主体资格。但《公民和政治权利公约》第 6 条规定,对孕妇不得执行死刑,其根据是:母亲犯罪但胎儿无辜,应当区别对待,不应株连。在这里,胎儿又是作为与母亲独立的主体而被加以保护的,而不仅仅被视为母亲身体的一部分。《儿童权利宣言》也提出:"儿童因其身心尚未成熟,于出生前及出生后均需特别保障与照料,包括适当之法律保护在内。"《美洲人权公约》第 4 条规定:"每一个人都有使其生命受到尊重的权利。这种权利在一般情况下从胚胎时起就应受到法律保护。不得任意剥夺任何人的生命。"欧洲理事会《生物学和医学应用方面保护人权和人的尊严公约》也表现了对处于早期的人的生命的重视。

在 20 世纪 70 年代,未来人的利益开始受到关注。1970 年《东京宣言》提出把每个人享有的健康和福利等不受侵害的环境权,以及关于当代人传给后代的遗产应是一种富有自然美的自然资源的权利,作为基本人权,在法律体系中确定下来。1972 年《斯德哥尔摩宣言》规定,人类承担着为当代人和未来人保护和改善环境的庄严责任。这是未来人的权利问题第一次得到全球性的承认,保护未来人的利益成为国际法中的一个现实问题。

 **案　例**

**菲律宾未来人作为诉讼主体**

菲律宾由于过度砍伐森林,1.6 亿公顷的雨林 25 年间只剩下 1.2 亿公顷。43 个儿童由他们的父母作为代表以原告的身份提出,过度采伐导致了对当代和后代人的无法挽救的伤害,侵害了他们拥有一个健康的环境的权利,他们要求政府撤销已颁发的采伐证并且不再颁发新的采伐证。在最高法院,原告即这些未成年人是否具有诉讼资格的问题也被提了出来。最高法院认为,他们不仅有诉讼资格,甚至可以代表他们尚未出生的后代。

主张未来人作为人权的主体,其主要理论支撑是代际公平理论。代际公平理论的出发点是:各世代都是人类自然和文化共同遗产的管理人和利用人,当代人作为过去世代遗产的受益者,也有义务使未来人享有与当代人同样的受益权,其中包括使未来人能够享有的地球与前世代所享有的地球质量相当。要求尊重后代也许比要求尊重当代人更为困难。因此要在世代之间找到一个绝对的平等是不可能的,所以当代人与后代的权利资源之争也不可能找到一个绝对的公平点。世代间的公平只能要求最低水平的公平,将一个健康的和有活力的地球留给后代。

## 第四节 人权的内容、分类和形态

就内容而言,人权是受一定的伦理道德所认可、支持与保障的人应当享有的各种权益。"权利"的基础是"利益",人权所保障的利益极为多样与广泛,包括人身人格的各种利益,思想与行为的各种自由,经济的、文化的、政治的和社会生活中的各种利益。研究人权的内容,就是确定人可以和应当享有哪些权利。明确人权的内容,对于确立人权的保障制度具有重大的意义。

### 一、人权内容与分类的传统观点

《世界人权宣言》《公民和政治权利公约》和《经社文权利公约》等国际人权公约提供了一份广为人们接受的、国际公认的人权一览表。对于人权的内容,人们通常用分类的方法来认识。

#### (一) 二分法

二分法是最为传统、接受范围最广的人权分类方法。

《世界人权宣言》中包含的权利被认为分属于两种权利类型:一种是公民和政治权利,主要包括生命权,人身自由与安全,财产权,思想自由,宗教信仰自由,言论、出版、集会、结社、游行示威自由等,以及选举权与被选举权等政治权利,主要规定在《公民和政治权利公约》中;另一种是经济、社会和文化权利,主要包括适当生活水准权、工作权、受教育权、健康权、社会保障权等,主要规定在《经社文权利公约》中。主张二分法的部分学者认为,这两种权利在本质上具有区别:前者是消极权利,后者是积极权利;前者是可以马上实现的,后者则要求国家采取步骤、尽其能力、逐步实现;前者可以通过诉讼得到司法保障,后者不能进入诉讼程序、无法得到司法保障;前者基本不需要资源支持,后者具有极大的资源依赖性;前者不要求国家积极行动,后者要求国家积极行动;等等。

> **资 料**
>
> 无论是公民和政治权利与经济、社会和文化权利的传统二分法,还是抽取一份简要的"基本"权利一览表的努力,在理论上都是误导性的,而且会混淆人权的本质、功能和相互关系。[①]
>
> ——杰克·唐纳利

---

① 〔美〕杰克·唐纳利:《普遍人权的理论与实践》,王浦劬等译,中国社会科学出版社2001年版,导论第2页。

### (二) 三代人权论

20世纪70年代末,联合国和平与人权司司长卡雷尔·瓦萨克(Karel Vasak)提出连带权的理论,并且把连带权视为第三代人权。他认为,第一代人权适用于公民和政治权利,这些权利的目的是保证自由,假定国家对人权采取节制态度。第二代人权通过承认经济、社会和文化权利,使人类获得平等成为可能,涉及的是平等权,这些权利的实现是国家必须履行的义务。第三代人权是通过对人类的博爱及其必不可少的连带而产生的人权。在瓦萨克看来,连带权的特征是,这些权利既与国家对立,又是国家必须履行的,它们只能通过社会中的所有参与角色,即个人、公共团体、私有团体和国际社会的共同努力才能实现。这些权利的实现需要在国内与国际上存在最低限度的社会认同,在承认某种连带责任的基础上,采取连带负责的行为。可以确认的连带权包括自决权、发展权、安全和生态平衡的环境权、和平权等权利。

## 二、人权内容与分类的不同争论

### (一) 对经济、社会和文化类人权的非议

许多西方学者都反对把经济、社会和文化类权利列为人权。最具代表性的是英国学者莫里斯·克莱斯顿(Maurice Cranston)。他认为,人权是所有人在任何时候任何情况下都拥有的权利。因此只有公民和政治权利才是人权,生命、自由、财产这些公民和政治权利是普遍的、最高的和绝对的道德权利,而经济、社会和文化权利只涉及特定的人们而不是全体人类,既没有普遍性和实践性,也没有最高的重要性。[1]

对经济、社会和文化类人权的质疑也体现在联合国起草国际人权宪章的工作中。联合国人权委员会(以下简称人权委员会)就国际人权宪章的各种形式进行了激烈的讨论,最后决定国际人权宪章将由一个宣言和一个多边公约组成。而实际上后来制定了两个国际人权公约,这是因为东西方国家在经济、社会和文化权利问题上有许多冲突,最后不得不以制定两个人权公约的方式来达成妥协。《世界人权宣言》的草案则基本上是以西方民主国家而且主要是英语国家的个人或团体提出的初稿为蓝本的。苏联对草案很不满,在草案提交第三届联合国大会通过之前,还曾提出推迟在联合国大会通过宣言的建议,但终因没有争取到多数支持而未被接受。[2] 在起草《世界人权宣言》时,各国对于如何规定国家对经济、社会和文化权利的义务产生了许多分歧意见。多数西方国家倾向于限制

---

[1] Maurice Cranston, "Human Rights: Real and Supposed", in D. D. Raphael (ed.), *Political Theory and the Rights of Man*, Indiana University Press, 1967, pp.43-53.

[2] 白桂梅:《〈世界人权宣言〉在国际人权法上的地位和作用》,载《中外法学》1998年第6期。

性方式。英国还曾主张把经济和社会权利排除在宣言之外。①

(二) 对三代人权的质疑

三代人权的学说也受到学者们的质疑。例如美国学者杰克·唐纳利认为,"代"的比喻是令人困惑的:生物学上的上一代产生下一代,因此上一代必须先于下一代而存在。这就表明,第一代人权即公民和政治权利必须确立于经济、社会和文化权利之前。技术上的"代"的比喻更加令人困惑,新一代技术代替过时的上一代技术,并且执行过时的上一代的功能。而就人权的内容来看,这两种解释都是不恰当的。②

(三) 对二分法的超越

传统的对人权内容的二分法,受到越来越多的挑战。

例如唐纳利指出,克莱斯顿认为经济、社会和文化类权利只涉及特定的人而非全体公民因此不具有普遍性,按此标准,许多公民和政治权利实际上也经不起普遍性的检验。例如,只有达到特定的年龄才能享有选举权,那么选举权也不是普遍性的。从人权的最高性来说,难道带薪休假权真的不如少年犯分开监禁的权利重要吗?从保护生命的角度来说,食物权、健康权与公民和政治权利同等重要。公民和政治权利也并不总是"消极"的、不需要依赖资源投入的。例如,要求国家不侵犯个人的自由和身体完整,就需要国家的"积极"作为,包括训练、监督和控制警察和安全部队,在许多国家这项花费就极其昂贵。

要有效保护公民和政治权利,仅仅要求国家履行消极义务是不够的,国家还必须履行一定的积极义务。在这个意义上,所有的公民和政治权利与经济、社会和文化权利一样,都是"积极"的。

 **小知识**

1999 年史蒂芬·霍尔姆斯(Stephen Holmes)与凯斯·桑斯坦(Cass R. Sunstein)合作完成《权利的成本——为什么自由依赖于税》,提出:所有的权利都是积极权利,都是非常昂贵的,自由的维持也需要高额资源作保证。例如,如果政府不能在法庭上有准备地提供各种证据、及时监管各种监狱,就不能有效地保护被监禁者不受刑讯、酷刑等不人道的待遇。将经济、社会和文化权利与公民和政

---

① 〔瑞典〕格德门德尔·阿尔弗雷德松、〔挪威〕阿斯布佐恩·艾德编:《〈世界人权宣言〉:努力实现的共同标准》,中国人权研究会组织翻译,四川人民出版社 1999 年版,第 8 页。
② 〔美〕杰克·唐纳利:《普遍人权的理论与实践》,王浦劬等译,中国社会科学出版社 2001 年版,第 170 页。

治权利作"积极/消极"的划分是完全错误的,它们在需要政府履行积极的义务方面都是积极的权利,在需要政府提供财政支持这一点上,也都是昂贵的权利。

此外,经济、社会和文化权利也不完全是"积极"的权利,其中也包含着"消极"的自由权,例如受教育权就包含着受教育的自由,父母为子女选择适当的教育的自由不容干涉。

### (四) 其他观点

关于人权的内容和分类,还有其他一些不同观点。例如,米尔恩(A. J. M. Milne)教授认为,不存在超社会、超文化的人权,以《世界人权宣言》为代表的人权内容暗含着某种特定社会和政治秩序,即自由主义民主工业社会中的价值和制度,而忽视了另外一些国家,这使得它经不起理性的辩驳。他努力从最低限度的道德里寻求一种最低限度的人权。最低限度的人权是建立在人类普遍道德原则的基础上的。这种普遍道德原则不是先验的、抽象的规定,而是现实生活中普通的、具体的要求,并且是最低限度的要求,不仅作用于某个共同体,而且适用于一切人类,不拘泥于任何特定的生活方式、特定的制度、信仰和价值,为任何形式的社会结合所必需。"普遍道德原则里包含了每个人类成员必须享有的权利,即普遍道德权利。"米尔恩的"最低限度人权"列出了七项具体权利:生命权、公平对待的公正权、获得帮助权、在不受专横干涉这一消极意义上的自由权、诚实对待权、礼貌权以及儿童受照顾权。在他看来,这些低度权利在任何时代、任何国家都可以存在,因而只有它们才是普遍的权利,才称得上人权。[①] 米尔恩对于"最低限度人权"的哲学论证很大程度上得到了人们的认同,但他所列举的最低限度的人权清单却没有得到类似的赞誉。荷兰法学家范·霍夫(G. J. H. van Hoof)教授也列举了一个核心权利清单:(1)在法律面前被承认为人的权利;(2)生命权,足够的食物、衣着、住房、医疗权,以及有限的财产权;(3)人身安全和保持人的完整的权利,免为奴隶及免受奴役、酷刑的权利,不得被任意剥夺自由的权利,以及免于刑法追溯力和不得仅仅由于无力履行约定义务而被监禁的权利;(4)免受歧视权;(5)诉诸法庭的权利和公正审判的权利;(6)思想、良心和宗教自由的权利。[②]

---

[①] 〔英〕A. J. M. 米尔恩:《人的权利与人的多样性——人权哲学》,夏勇、张志铭译,中国大百科全书出版社1995年版,第153—171页。

[②] 〔荷〕范·霍夫:《亚洲对人权普遍性概念的挑战——维也纳人权大会之后的思考》,载刘楠来等编:《人权的普遍性和特殊性》,社会科学文献出版社1996年版,第22页。

**思　考**

人权之间是否存在等级？

### 三、国家义务层次理论与经济、社会和文化权利的可诉性

美国学者亨利·舒(Henry Shue)认为,"积极/消极"权利的二分法过于简单。对权利作出区分很难,但可以从义务的角度进行区分。并没有任何一种权利是与某种特定义务相对应的,实际上任何一种权利都需要多种义务的履行才能得到充分实现。他把每种基本权利所对应的义务分为三类:避免剥夺的义务;保护个人不受剥夺的义务;帮助被剥夺者的义务。① 国家义务层次理论得到了国际人权法学界的响应。阿斯布佐恩·艾德(Asbjorn Eide)将亨利·舒的理论改变为国家的三个层次的义务:尊重的义务(the obligation to respect)、保护的义务(the obligation to protect)和实现的义务(the obligation to fulfill)。实现的义务又包含了便利的义务和提供的义务。国家在初级层面上须尊重个人所拥有的资源;保护的义务在司法审查中具有可操作性;在第三个层次,国家有义务通过提供便利或直接提供帮助以实现每个人的经济、社会和文化权利。② 还可以进一步将此理论发展为:尊重的义务、保护的义务、实现或保证的义务(the duty to fulfill or ensure)、促进的义务(the duty to promote)。国家义务层次理论说明,一些经济、社会和文化权利也有消极的一面,而且履行这种义务并不需要消耗太多资源。

从国家义务层埋论看,经济、社会和文化权利与公民和政治权利之间并没有明确的界限,它们都具有一定程度的可诉性。1986 年通过的《林堡原则》指出:两个国际人权公约是相互关联的,尽管我们可以将大部分权利明确地划分为一个公约的范围,但是仍有一些两个文件都提及的权利和条款,无法对其作出明确的区分。这就为通过公民和政治权利保护经济、社会和文化权利提供了可能。近年来,经济、社会和文化权利的可诉性已经获得了较大的发展,关于个人来文制度的《经济、社会及文化权利国际公约任择议定书》已于 2008 年 12 月 10 日在联合国大会获得通过。

 **小知识**

1995 年通过的《〈欧洲社会宪章〉附加议定书》建立了集体申诉制度。2008

---

① Henry Shue, *Basic Rights: Subsistence, Affluence and U. S. Foreign Policy*, 2nd edition, Princeton University Press, 1996, pp.52-53.
② 〔挪〕艾德等:《经济、社会和文化的权利》,黄列译,中国社会科学出版社 2003 年版,第 22 页。

年 12 月 10 日,联合国大会通过了《经济、社会及文化权利国际公约任择议定书》。该议定书规定,任何声称《经社文权利公约》第二、三部分所确认之任何权利受到侵犯并且属于缔约国管辖下的受害者个人或者由个人组成的群体,或者这些个人或群体的代表,均可提出来文。经济、社会和文化权利委员会有受理和审查个人来文的职权,并可以对相关事项开展调查。

### 四、开放的人权体系

人权具有开放性,人权的内容并非一成不变,而是随着历史的发展而发展的。

如前所述,自人权的概念产生以来,随着世界人权运动的发展,其内容已经发生了几次重要的变化。就个人人权而言,最初的人权主要是人身人格权和政治权利及自由,例如生命权,安全权,人身自由,思想自由,言论、出版、集会、结社、宗教信仰自由,等等。19 世纪末 20 世纪初,工作权、适当生活水准权、健康权等经济、社会和文化类权利开始成为人权的内容。第二次世界大战之后,人权中增加了尊严权的内容,即人权是使人成为有尊严的人的权利。20 世纪六七十年代后,随着自决权、发展权、和平权等第三代人权的出现,人们对人权的认识又加深了:人不仅仅应该有尊严,而且应该获得全面发展。人权应当是使人成为有尊严的人并且获得全面发展的权利。自由资本主义时期的人权体系是以自由权为本位的;国家资本主义时期,经济的本质被定位于人的生存,国家获得了干预和支配经济的能力,人权体系随之而变为生存权本位。在资本主义生产和发展世界一体化之后,发达国家的发展必以占有和控制发展中国家的资源和市场为代价,这一生产方式引起了人权主体的民族化和集体化变化,发展权成为发展中国家的人民格外珍视并要求发达国家必须给予尊重的权利。人权的体系还没有终结,它仍然是开放的。①

### 五、关于人权的等级

《中国的人权状况》白皮书(1991 年)指出:"人权首先是人民的生存权,没有生存权,其他一切人权都无从谈起。"生存权不仅包括人的生命安全不受非法剥夺和侵害的权利,而且包括每一个人为维持生命的存在所必需的衣、食、住以及其他生活条件获得基本保障的权利。生存权包括了生命权、健康权、基本生活保障权、发展权以及人格权等丰富的内容。而相反的观点认为,政治权利、言论

---

① 徐显明:《人权研究无穷期——中美人权学术研讨会闭幕词》,载《政法论坛》2004 年第 2 期。

自由才是首要的人权。①

 **资　料**

我们首先应当确定一切人类生存的第一个前提也就是一切历史的第一个前提，这个前提就是：人们为了能够"创造历史"，必须能够生活。但是为了生活，首先就需要衣、食、住以及其他东西。②

——马克思、恩格斯

在国际人权文件和有关著述中，也有"基本人权""基本自由""基本权利"等不同表述，但这并不意味着一些人权比另一些人权更高级。至少在联合国人权文件的范围内，"人权"与"基本人权""基本自由""基本权利"这些表述都是相互混用的。虽然这不意味着所有的人权都具有同等的重要性，但是除了那些与人的生存有直接联系的权利外，要在具体的人权和自由中划分出哪些重要或哪些更重要，的确极不容易。③

## 六、人权的形态

人权有三种基本存在形态：应有人权、法定人权和实有人权。从本意上讲，人权就是指人的"应有权利"，即作为一个人所应该享有的权利。法定人权是指人们运用法律这一工具使应有人权法律化、规范化，使其实现能够得到有效的保障，因此法定人权是法律化、规范化的人权，法律不是人权的来源。实有人权则是指人们实际上享有和行使的人权，是人权实现的状态。从应有人权转化为法定人权再转化为实有人权，这是人权在社会生活中得到实现的基本步骤。在一个国家中，应有人权与法定人权、实有人权之间往往存在着差距，应有人权的外延大于法定人权，法定人权的外延大于实有人权，人权的进步就是不断将应有人权转化为法定人权再转化为实有人权。④

人权还有规定的人权与推定的人权两种不同的形态。前者指的是人权的纲领性或原则性规定以及对人权的列举性宣告，后者指的是从人权的纲领性或原则性规定中推定出的人权内容。法律应该明确规定人权的内容，在没有规定时

---

① 郭道晖：《人权的本性与价值位阶》，载《政法论坛》2004 年第 2 期；杜钢建：《首要人权与言论自由》，载《法学》1993 年第 1 期。
② 《德意志意识形态》，载《马克思恩格斯全集》（第 3 卷），人民出版社 1960 年版，第 31 页。
③ Theodor Meron, *Human Rights Law-Making in the United Nations: A Critique of Instruments and Processes*, Clarendon Press, 1986, pp.87-88.
④ 徐显明：《论权利》，载《文史哲》1990 年第 6 期；李步云：《论人权的三种存在形态》，载《法学研究》1991 年第 4 期。

可以进行人权推定。要使人权推定有效,还必须确立国家义务的推定,即国家权力要干预公民生活时必须负有自证根据的义务。人权推定只有与国家的义务推定共同作为制度存在才可能有效。法律技术意义上的人权推定,指的是从人权的原则或某项母体性权利中推演出新的人权或子权利的方法,如从政治权利中推演出知情权,从知情权中推演出信息自由权等。规定的人权与推定的人权共同组成人权的体系。

人权保障的最高目标是人权的制度形态,即形成"制度性人权",指人权从应有到法定到实有的一整套转换与保障的机制。制度性人权是对人权的人的要求—思想家的论述—立法者的设计—事实上的享有这一全过程用最一般化的方法予以完整表达的概念。人权制度主要包括两大类:一是人权侵害的预防机制,二是侵害发生后的矫正机制。人权的制度形态,就是通过这两种机制使人权从应有到法定再到实有的形态。①

## 第五节 人权的属性

人权的属性是人权理论中一个具有争议性的问题。争议的焦点主要是人权的普遍性与特殊性、人权的绝对性与相对性、人权的相互依赖性与不可分割性、平等与不歧视及宽容等。

### 一、人权的普遍性与特殊性

人权的普遍性是人权概念的重要内涵。

#### (一) 人权的普遍性

人权的普遍性主要包含三个向度:人权主体的普遍性、人权内容与标准的普遍性、人权价值的普遍性。此外,普遍人权中的"普遍"还意味着,尊重和保障基本人权应成为各国普遍的共同义务。《世界人权宣言》要求各成员国必须誓愿"促进人权和基本自由的普遍和遵行"。

1. 人权主体的普遍性

只要是人,就是人权的主体。因此,人权与公民权或公民的基本权利是不同的概念,尽管在有些学科中这些概念常常被混用。人权主体的普遍性是人权普遍性中最重要的一个方面,关于人权普遍性的阐释主要围绕人权主体展开。

---

① 徐显明:《人权的体系与分类》,载《中国社会科学》2000年第6期。

## 资 料

　　人权是普遍的,它们属于任何社会中的每一个人。人权不分地域、历史、文化、观念、政治制度、经济制度或社会发展阶段。人权之所以称为人权,意味着一切人,根据他们的本性,人人平等享有人权,平等地受到保护——不分性别、种族和年龄,不分"出身"贵贱、社会阶级、民族本源、人种或部落隶属,不分贫富、职业、才干、品德、宗教、意识形态或其他信仰。①

——路易斯·亨金

　　人权概念就是这样一种观念:存在某些无论被承认与否都在一切时间和场合属于全体人类的权利。人们仅凭其作为人就享有这些权利,而不论其在国籍、宗教、性别、社会身份、职业、财富、财产或其他种族、文化或社会特性方面的差异。②

——米尔恩

　　主体的普遍性既是对人权的要求,也是人权之所以成为人权的独特价值所在。人权与特权并不在权利的内容上有不同,而只在享有权利的主体的范围不同。从主体的角度揭示人权的普遍性还具有特别的历史意义,一部人权运动史首先是一部人权主体不断扩大的历史。

　　胜雅律指出,古典人权理论中的人权主体只是一种有限主体。在人权的这个阶段,人权的主体在理论上就是有限的。在启蒙运动及资产阶级革命时期的人权理论以及当时的人权宣言中,人权的主体指的是特定的人而不是普遍的人。③北美殖民地把洛克的契约思想推及政治领域后产生了《独立宣言》中所表达的"政治契约"思想,这种思想所设计的契约中的"人人"或"每个人"等带有普遍性的字眼理所当然仅指参与订立契约的人,而不是契约之外的人。当时参与订立契约的只是资产阶级和大农场主的代表,妇女、奴隶、黑人、印第安人、无产者等由于没有代表参与订立契约,所以自然而然是被排除在"人人"之外的。

　　古典的有限人权主体理论在历史前进的脚步中,逐渐扩展为普遍人权主体观念。尤其是在第二次世界大战之后,人权主体观念上的扩展成为人类的共识。1948年12月10日,联合国在巴黎夏悠宫(Palais de Chaillot)通过了《世界人权

---

① 〔美〕路易斯·亨金:《权利的时代》,信春鹰、吴玉章、李林译,知识出版社1997年版,第3页。
② 〔英〕A. J. M. 米尔恩:《人的权利与人的多样性——人权哲学》,夏勇、张志铭译,中国大百科全书出版社1995年版,第2页。
③ 〔瑞士〕胜雅律:《从有限的人权概念到普遍的人权概念》,载沈宗灵、黄枬森主编:《西方人权学说》(下),四川人民出版社1994年版,第250—276页。

宣言》，它明确宣告世界各地"人人有资格享受本宣言所载的一切权利和自由，不分种族、肤色、性别、语言、宗教、政治或其他见解、国籍或社会出身、财产、出生或其他身份等任何区别"。联合国大会宣布：《世界人权宣言》为所有人民、所有国家共同努力的目标。宣言在措辞上还特意以"所有人民"（all people）代换了"所有男子"（all men）。《世界人权宣言》标志着普遍人权主体在理论上终于确立。这就是人权"从有限主体到普遍主体"的发展。① 此后的国际人权法都以相似的措辞规定了人权主体的普遍性。

 **小知识**

  在起草《世界人权宣言》的过程中，丹麦的博迪尔·贝格特鲁普（Bodil Begtrup）女士在以妇女地位委员会主席的身份参会会议时，提出应用"human beings"代替"men"。这一观点在人权委员会全体会议上得到了印度的汉萨·梅塔（Hansa Mehta）夫人的支持。但工作组却没有接受这一建议，暂时的结果是采用了这一建议的一点点内容，即作脚注注明："men"一词，如同以往宣言中的一样，代表的是"all human beings"的意思。最后，在罗斯福夫人的决定下，《世界人权宣言》用代表所有人的"human beings"代替了代表男性的"men"。

  值得注意的是，人权的普遍性不仅要求人权主体形式上的普遍性，更要求人权理论揭示存在殊异的人权主体各自的独特性，承认并尊重存在差异的人权主体对人权的特殊和特定要求。能与普遍的、多样的和具体的人相契合的人权才能真实保障每一个人的尊严，才称得上是普遍人权。②

  2. 人权内容与标准的普遍性

  权利永远不能超出社会的经济结构以及由经济结构所制约的社会文化的发展。人权的发展是人类文明进步的综合性标尺。人权的内容，受到社会的经济发展水平、政治制度、历史文化传统等因素的影响和制约。目前不同社会在隐私权、同性恋、堕胎、安乐死等人权问题上存在的广泛争议，就是人权内容受社会各种因素制约的明证。

  但是，人权的社会制约性并不意味着人权的内容不具有普遍性。人权以保障人的尊严和价值为核心，不管国家制度有多大的不同，文化背景和历史传统有多大的差异，社会是由人构成的这一点是相同的，共同的人的社会总能找到对待人的共同标准。法律文化的继承性、互融性、世界性的深层原因就在于对人的价

---

  ① 徐显明、曲相霏：《人权主体界说》，载《中国法学》2001年第2期。
  ② 参见曲相霏：《人权离我们有多远：人权的概念及其在近代中国的发展演变》，清华大学出版社2015年版，第41页。

值的普遍承认。任何国家都不能以本国的传统或文化的特殊性为理由而把对待动物的方式说成是对待人的标准。① 全人类有着共同的利益,全人类的共同利益使人权共同标准的制定和实施成为必要和可能。人权内容与标准具有普遍性,还在于:第一,人权概念表达了人类相互之间的深刻认同,这种认同所凭借的不是一个人、一个阶层或一个社会在某些利益或价值上的一致,而是人的一般意义上的类特性、类本质。第二,人权概念富有深刻的批判精神,这种批判能够超越特定的经济考虑、政治争执和文化冲突,直接以人之作为人所应有的全面发展和完善作为绝对根据,并由此为社会制度奠定道德基础。第三,人权概念将人在类上的认同和对现实的批判所提出的要求,落实为每个人应该而且必须通过某种制度化程序来主张的权利,从而指示了一种新的社会结合形式。这是人权所具有的社会变革意义之所在。②

### 资　料

例如生命权,如果说有什么权利算作人权的话,它就是。但是,作为全体人类无论何时何地都享有的一项权利,它只能是不被任意杀害的、生命不受不必要的威胁的权利。然而,什么被视为"任意"杀害,这在各种文化里或依据各种道德规范是不同的。如……人工流产,它们所涉及的夺取生命,按某种道德规范是正当的,按另一些道德规范则是不正当的或"任意的"。不过,为了纯粹的私人目的或为了满足虐待狂似的愉悦而杀人,则总是"任意的"。③

——米尔恩

人权内容和标准的普遍性,意味着存在一个各国都应当普遍尊重和遵守的人权共同标准。以《联合国宪章》《世界人权宣言》《公民和政治权利公约》《经社文权利公约》等人权文件和公约为主要框架的国际人权文件,提供了普遍的人权内容与标准。国际人权法的许多内容,例如禁止种族灭绝、废除奴隶制等,已经成为国际习惯法和国际强行法,对所有国家都具有约束力。人们将以《世界人权宣言》《公民和政治权利公约》和《经社文权利公约》为核心,并结合其他国际人权文件所确立起来的人权保护的标准体系称为人权的国际共同标准。这种共同标准是实现人权国际保护的准绳和尺度,是各国人权立法、人权司法以及其他人权保障措施应努力达到的目标,是人权的共性在国际人权领域的基本表现。

---

① 徐显明主编:《法理学教程》,中国政法大学出版社1994年版,第391页。
② 夏勇:《人权概念起源》,中国政法大学出版社1992年版,第217页。
③ 〔英〕A.J.M.米尔恩:《人的权利与人的多样性——人权哲学》,夏勇、张志铭译,中国大百科全书出版社1995年版,第11—12页。

### 3. 人权价值的普遍性

人权是人须臾不可离的东西,人权的内容随时随地满足着人的需要,这就是人权对于人的价值。人权的价值表现在人与人的社会关系之中。人权是人的利益的度量分界。人权的本质属性首先表现为利益,包括物质的和精神的利益。人权所体现的利益有着两方面的道德要求,既是利己的,又是无害于人的。人权之所以具有普遍性,原因就在于人权所要求的利益符合道德的一般标准,人权使利益关系道德化,人权的无害性是所有利益都必须遵循的度量分界。人权是人关于公共权力评价的道德标准。人权的主流精神始终是防止和抵抗公权力走向恶政。在公民和国家的关系中,人权对于人的价值表现为以人权督促国家善待它的公民。人权普遍性在国际领域获得普遍认同是基于对人权的最终基础——人的价值与尊严的普遍认同。人权普遍性的价值向度,表现在人们对人权价值的普遍认同,进而对人权义务的普遍接受。

有观点认为,人权是西方国家特定的文化概念,因而不具有普适性。① 人权的概念虽然起源于西方文化,但人权对西方社会并不比对其他社会更相宜,许多大规模侵犯人权的行径就发生在西方国家。另外,人权所内含的道德价值观并不是西方文化所独有的,在其他文化中也可以找到人权或人道主义的要素。虽然杰克·唐纳利曾经指出,非西方的人权观念实际上根本不是人权观念,而是关于人的尊严的另一种观念,它力图通过人权以外的机制实现这一尊严,但是人权具有文化普遍性,承认这一点有助于形成普遍的人权文化。

 **思 考**

承认人权的普遍性对于人权的保护重要吗?

### (二) 人权的特殊性

人权具有普遍性,同时也具有特殊性。1993 年世界人权大会通过的《维也纳宣言和行动纲领》在强调人权普遍性的同时指出,应考虑到"民族特征和地域特征的意义,以及不同的历史、文化和宗教背景"。人权特殊性的理论依据是:第一,人权主体具有普遍性,也具有特殊性;第二,人权受一国经济与政治制度的影响,受经济和文化发展水平的制约,受民族与宗教的制约,还受历史文化传统的影响。

对人权的特殊性可以作如下的理解:第一,是指特殊的人权主体的人权特殊

---

① Rhoda E. Howard, "Cultural Absolutism and the Nostalgia for Community", 15 *Human Rights Quarterly* 315, May, 1993, p.317.

性,如妇女、儿童、老人享有的特殊受照顾权;第二,是指不同的国家和地区由于历史传统、文化、宗教、价值观念、资源和经济等因素的差别,在追求人权的充分实现的过程中,其具体的方法、手段和模式的特殊性,只要不违背保障人权的基本原则,就不必强求一致。国际人权法确立了人权的普遍标准,有些国家和地区确立了比国际共同标准更高的标准,或补充规定了更多的人权内容,各国在批准和加入国际人权公约或议定书时还可对其中的某些条款作出保留,这些都可被视为人权特殊性的体现。

人权的特殊性无论是指哪层含义,归根结底,都只是人权保障层面的属性,在价值问题上,人权的普遍性是第一位的,而在人权实践的技术问题上,则须对人权的特殊性予以考虑。人权的特殊性不应该影响人权的普遍性,相反,人权的特殊性应有助于普遍人权的充分实现。①

## 二、人权的绝对性与相对性

人权既有绝对性,也有相对性。人权的绝对性主要体现在人权的精神和人权的主体方面,人权的相对性主要体现在人权的内容、人权的界限和人权的保障方面:其一,每个人只作为一个人就应当享有某些权利,如果不能享有这些权利则人的尊严就得不到保障,在这个意义上人权是绝对的,即人权概念中所蕴含的人道主义精神和人权的价值是绝对的。其二,人权的主体具有绝对性,每个人只作为人而不需附带任何条件就是人权的主体,人权属于每一个人。

人权的相对性与人权的特殊性一样,与人权主体及一个国家与社会的政治经济制度、发展水平、历史文化传统、民族、宗教等因素相关。例如在有些国家和地区,生命权是绝对的权利,死刑因此而被废除;而在有些国家和地区,生命权是相对的权利,可以依法剥夺。

从人权的界限来看,有的人权是绝对的、没有界限的,例如人的尊严权和思想自由权,作为静态享有的权利,永远不会被滥用,也不该被设定任何界限,可以说是绝对的权利。而大多数人权都是相对的、有界限的,其行使不能超越特定的权利界限。例如单纯的宗教信仰自由是绝对的权利,但是举行宗教仪式的权利就是相对的权利。为人权设定界限有三重目的:一是与他人的人权相和谐;二是维护公共安全、公共秩序和公共福利;三是符合人权行使的特定需要。例如投票权,必须要在特定的时间和地点、遵循特定的程序来行使。对人权的限制必须符合一系列条件,例如:限制具有目的正当性,限制手段与要达到的目的相一致,限制方式与权利的性质相容,限制与目的符合比例,限制须以法律的形式规定,限

---

① 徐显明:《对人权的普遍性与人权文化之解析》,载《法学评论》1999年第6期。

制不能超过必要的限度,等等。

 **小知识**

国际人权公约的宗旨是促进国家对人权的尊重和遵行而不是限制人权,因此公约规定的重点是限制缔约国对人权的限制,以避免缔约国任意限制人权。例如《经社文权利公约》第4条规定:"本公约缔约各国承认,在对各国依据本公约而规定的这些权利的享有方面,国家对此等权利只能加以限制同这些权利的性质不相违背而且只是为了促进民主社会中的总的福利的目的的法律所确定的限制。"第5条规定:"一、本公约中任何部分不得解释为隐示任何国家、团体或个人有权利从事于任何旨在破坏本公约所承认的任何权利或自由或对它们加以较本公约所规定的范围更广的限制的活动或行为。二、对于任何国家中依据法律、惯例、条例或习惯而被承认或存在的任何基本人权,不得借口本公约未予承认或只在较小范围上予以承认而予以限制或克减。"《公民和政治权利公约》第12条规定了"迁徙自由和选择住所的自由",又规定"上述权利,除法律所规定并为保护国家安全、公共秩序、公共卫生或道德,或他人的权利和自由所必需且与本公约所承认的其他权利不抵触的限制外,应不受任何其他限制"。

从人权保障的角度理解人权的绝对性与相对性,就是关于人权的绝对保护与相对保护。有些人权在国际人权法上被称为"不可克减的权利",即无论在何种情况下缔约国都必须严格保障的权利。例如《公民和政治权利公约》第4条规定,缔约国的措施无论如何不得纯粹基于种族、肤色、性别、语言、宗教或社会出身而包含歧视,缔约国的克减权也不适用于下列一些权利:生命权,免受酷刑或残忍的、不人道的或侮辱性待遇或刑罚的权利,免为奴隶或被强迫役使的权利,不服从溯及既往的法律的权利,法律面前的人格权、平等权,思想、良心和宗教信仰自由的权利,等等。概括而言,大部分精神性人权,例如人格尊严、思想自由、言论自由、宗教信仰自由等,要比经济性人权得到了更为严格的保障。在美国,对言论自由的保障近乎绝对化,即言论自由受到近乎绝对的严格保障,或称无限保障。其他人权,则由于权利行使的界限,其保障是相对的、有限的。

从权利的义务主体的角度来分析绝对权利与相对权利,则绝对权利指的是义务主体包括所有人的权利,相对权利指的是义务指向特定人的权利。在这个意义上,人权也具有相对性。人权的主流精神始终是预防国家和政府对人权的侵犯,因此国家和政府是保护人权的首要责任主体。宪法中的基本权利主要是用来约束国家与政府的,普通主体则受法律的约束。不过,随着人权的发展,今天人权法所提供的一系列标准和规则已不仅适用于政府、执法机构和军队,原则上也适用于所有个人、商业机构、国际组织等。

人权具有相对性，但不能简单地把人权的相对性归结为人权的相对主义，不能以人权的相对主义反对人权的普遍性、反对国际公认的人权普遍标准。

### 三、人权的相互依赖性与不可分割性

由《世界人权宣言》《公民和政治权利公约》《经社文权利公约》等国际人权文件所宣示的各项人权，构成了一个人权体系。这个人权体系被认为是一个不可分割的整体，其中各种权利都互相依存、互相补充、互相促进，对其中一种权利的侵犯往往会影响对其他权利的尊重和享有，这就是人权的相互依赖性与不可分割性。

人权及基本自由不容分割。

——1968年世界人权大会《德黑兰宣言》

一切人权和基本自由都是相互依赖和不可分割的。

——1977年联合国大会《关于人权新概念的决议案》

一切人权均为普遍、不可分割、相互依赖和相互联系。

——1993年世界人权大会《维也纳宣言和行动纲领》

概括地讲，人权的相互依赖性有两层含义：其一，所谓的三代人权之间是相互依赖的。作为第一代人权的公民和政治权利是以自由权为本位的，作为第二代人权的经济、社会和文化权利是以平等权为本位的；第二代人权是对第一代人权的反思与发展，因而是与第一代人权相互依赖的，而不是割裂甚至否定的；同样，以发展权为本位的第三代人权之所以产生，其任务就是连带、整合第一代人权和第二代人权，真正体现了人权的不可分割性、相互依赖性。其二，人权的各类权利之间是相互依赖的。这种依赖表现为人权之间的互相促进与限制，而促进与限制的目的都在于保证人权的共同发展。人权的相互依赖性和不可分割性，不仅反对仅承认公民和政治权利而否认经济、社会和文化权利，同样也反对只重视经济、社会和文化权利而消极对待公民和政治权利。没有经济、社会和文化权利的保障，公民和政治权利缺乏社会物质基础；而没有公民和政治权利的基本保障，经济、社会和文化权利的发展也往往不能持续。

《维也纳宣言和行动纲领》将人权从原来的按种类排列改为按字母顺序排列——公民的(civil)、文化的(cultural)、经济的(economic)、政治的(political)和社会的(social)。这一排列不仅从形式上打破了自由权与社会权之间的差异，而

且也消除了社会权内部各种权利之间的机械分类。从根本上讲,所有的基本权利都服从于人的尊严,它们共同构成以维护人的尊严为目的的相互关联和不可分割的客观价值秩序。

人权的不可分割性和相互依赖性,并不排除人权发展路径的多样性和人权发展战略的差异性。不同国家甚至是同一国家可以在不同的历史时期基于自己的社会发展水平以及不同的历史、文化和宗教背景,作出适合自己的人权发展安排。但是,正如联合国大会第44/129号决议所强调的,对于一类人权的促进和保护,不应成为国家免除对另一类人权的促进和保护的借口。

### 四、平等与不歧视

平等与不歧视既是人权的内容,又是人权的属性,还是人权保障的基本原则。

平等具有多种不同的含义,其中最主要的三层含义是机会平等和结果平等、形式平等和实质平等、程序平等和实体平等。机会平等只要求获得同等的时机、参与权、选择权等有利条件,不关注是否能得到同等的结果;而结果平等则要求得到同等的结果。形式平等只关注表面上同等情况同等对待;而实质平等要求内在本质上获得同等对待,形式上可能需要根据情况差别对待。程序平等是指规则的适用过程平等;而实体平等则是指规则的内容平等。

歧视是指任何仅仅基于种族、肤色、性别、残障、语言、宗教、政治或其他见解、国籍或社会出身、财产、出生或其他身份等而进行的区别、排斥、限制或优惠,其目的或效果为否认或妨碍某些人在平等的基础上享有或行使权利和自由。不歧视是人权保障的基本原则。歧视也包括多种类别,主要有直接歧视与间接歧视、显性歧视与隐性歧视、系统与制度性歧视、多重歧视、交叉歧视、保护性歧视等。直接歧视是形式上的歧视或有目的的歧视,是显性歧视;间接歧视是形式上虽然平等但事实上却构成歧视,是隐性歧视。系统与制度性歧视则指法律、政策、文化、习俗等所接受和保护的歧视。保护性歧视是以保护之名实施的歧视。

平等与不歧视都是发展中的概念,其内容及保障手段和方法都随着社会的发展而发展。传统的平等与不歧视要求"相同情况相同对待",追求的是"相同";而今天的平等与不歧视则认识到形式上同等对待、对所有人一视同仁并不一定能够达到真正的平等,而区别对待也不一定构成不平等或歧视。真正的平等应当包容人与人的不同,甚至应当采取某些积极行动在特殊情况下给予特定主体以特殊对待,例如采取肯定性行动(affirmative action)和提供"合理便利"等。

## 思 考

平等是否等于不歧视?

平等与不歧视在国际人权法中占据着十分重要的地位。国际人权文件大多都包含平等与不歧视的规定,例如《联合国宪章》序言和第1条,《世界人权宣言》第1条和第2条,《公民和政治权利公约》第2条、第3条和第26条,《经社文权利公约》第2条和第3条,《儿童权利公约》第2条、《残障人权利公约》第5条等,还有《消除一切形式种族歧视国际公约》《消除对妇女一切形式歧视公约》《取缔教育歧视公约》《男女同工同酬公约》《关于就业与职业歧视的公约》等专门性的反歧视人权法。例如《公民和政治权利公约》第2条第1款规定:"本公约每一缔约国承担尊重和保证在其领土内和受其管辖的一切个人享有本公约所承认的权利,不分种族、肤色、性别、语言、宗教、政治或其他见解、国籍或社会出身、财产、出生或其他身份等任何区别。"第26条又规定:"所有的人在法律面前平等,并有权受法律的平等保护,无所歧视。在这方面,法律应禁止任何歧视并保证所有的人得到平等的和有效的保护,以免受基于种族、肤色、性别、语言、宗教、政治或其他见解、国籍或社会出身、财产、出生或其他身份等任何理由的歧视。"

## 小知识

1. 长久以来,城乡二元化是我国实现平等与不歧视的一大障碍。以选举权为例,我国1953年《全国人民代表大会和地方各级人民代表大会选举法》规定农村每一代表所代表的人口数八倍于城市每一代表所代表的人口数,此即"八分之一条款";1995年修订时将"八分之一条款"修改为"四分之一条款",即农村每一代表所代表的人口数四倍于城市每一代表所代表的人口数;2010年全国人大通过修正案,才终于实现了"按照每一代表所代表的城乡人口数相同的原则"选举各级人大代表。目前,在医疗、教育、社会保障等各个方面,基于户籍的不合理的差别对待仍然存在。

2. 南非是世界上第一个通过宪法来保护同性恋者权利的国家。《南非宪法》第9条第3款规定:"国家不得对任何人进行不公平的直接歧视或间接歧视。无论该歧视是基于种族、性别、怀孕状况、婚姻状况、族裔或社会出身、肤色、性取向、年龄、残疾、宗教、善恶观念、信仰、文化、语言、出身等任何一方面或几方面的理由。"禁止基于性取向的歧视构成了南非同性恋者权利保障的宪法基础。近年来,诸多国家在保障同性恋者的平等权利方面都有了很大变化。例如,2013年英国议会下议院通过了同性婚姻合法化提案;2015年美国联邦最高法院判决禁止同性婚姻或拒绝承认其他州的同性婚姻的州法律违反联邦宪法。

### 五、宽容

 **资　料**

　　容忍比自由还更重要……容忍是一切自由的根本：没有容忍，就没有自由……容忍"异己"是最难得，最不容易养成的雅量……我们若想别人容忍谅解我们的见解，我们必须先养成能够容忍谅解别人的见解的度量。至少我们应该戒约自己决不可"以吾辈所主张者为绝对之是"。①

——胡适

　　第二次世界大战结束后，国际社会对"宽容"的理念和原则给予了持续的高度重视。"宽容"作为国际人权法上的一项基本价值观念和重要原则在一系列重要的国际人权法文件中得到了体现。《联合国宪章》申明，为达到尊重基本人权、维持和平和正义、社会进步的目的，各国要力行"宽容"，彼此以善邻之道，和睦相处。在《联合国宪章》中，"宽容"作为一项原则是被置于"和平"和"法治"等原则之前的。先陈述"宽容"原则，然后陈述"和平"原则，这种对基本价值观念的表达方式本身就体现出国际社会对"宽容"的高度重视。"宽容"一词在《世界人权宣言》中的出现是与教育目的相关的。《世界人权宣言》第26条第2款规定："教育的目的在于充分发展人的个性并加强对人权和基本自由的尊重。教育应促进各国、各种族或各宗教集团间的理解、容忍和友谊，并应促进联合国维护和平的各项活动。""宽容"在其他国际人权文件中也有充分的体现。经过将近半个世纪的努力，国际社会对"宽容"理念和原则的理解和认识逐渐加深。1995年11月16日，联合国教科文组织大会通过了《宽容原则宣言》。该宣言重申宽容为全人类和平事业以及经济和社会的进步所必不可少。根据《宽容原则宣言》，宽容就是宽容文化的多样性和为人方式的多样性，就是要承认和尊重这种多样性。宽容是由承认普遍人权和他人的基本自由而促成的积极态度，而不是消极态度。它绝不能用来允许对普遍人权和基本自由的侵害。宽容要肯定的是自由人权、多元主义、民主和法治等价值。宽容是维护这些价值的义务和责任。宽容要否定的是教条主义和绝对主义。宽容要拒绝的是社会不公正、独裁专制和思想文化的一元主义。总之，宽容是为了尊重人权。实行宽容并不意味着要容忍社会不公正，也不意味着要放弃或弱化自我的信念。宽容意味着可以

---

① 胡适：《容忍与自由》，载欧阳哲生编：《容忍比自由更重要：胡适与他的论敌》（下册），时事出版社1999年版，第775—780页。

坚持自己的信念,并接受他人坚持他人的信念。宽容意味着要接受一个基本事实,这就是在外表、处境、言论、行为和价值观方面自然不同的人们有权和平生活和成其所是。宽容就是要强调任何人、任何党派、任何政府不能将自己的观点强加于他人。根据《宽容原则宣言》,宽容对国家有特定的政治和法律要求。宽容要求国家有公正的、正义的立法、执法、司法和行政程序。宽容还要求社会和经济机会对每个人都一样,没有歧视。宽容反对国家和政府对少数群体实行排外和边缘化的政策。儒家的宽容思想与当代国际人权法的宽容理念和原则在根本上是相符合的。深入发掘和弘扬儒家宽容思想的内容和精神,有助于从中国传统法文化的角度理解国际人权法的宽容原则,进一步提高当代中国法文化的宽容程度。

**【问题与思考】**

1. 为什么说人权概念中包含着人道主义观念?
2. 习惯权利说和自然权利说在人权的来源问题上有什么区别?
3. 为什么说个人是人权的基本主体?
4. 为什么说人权主体的具体表现形态是人权主体的具体化?
5. 特殊人权主体指的是哪些人?
6. 什么是人权内容的两分法?
7. 积极人权与消极人权的分类方法有什么缺陷?
8. 经济、社会和文化权利不具有可诉性吗?
9. 人权的特殊性是否有助于人权普遍性的实现?
10. 平等和不歧视有哪些含义?

**【进一步阅读推荐】**

1. 黄枬森、沈宗灵主编:《西方人权学说》(上、下),四川人民出版社1994年版。
2. 夏勇:《人权概念起源》,中国政法大学出版社1992年版。
3. 〔美〕杰克·唐纳利:《普遍人权的理论与实践》,王浦劬等译,中国社会科学出版社2001年版。
4. 〔瑞典〕格德门德尔·阿尔弗雷德松、〔挪威〕阿斯布佐恩·艾德编:《〈世界人权宣言〉:努力实现的共同标准》,中国人权研究会组织翻译,四川人民出版社1999年版。

# 第二章 人权的历史

## 第一节 人权概念的起源

探讨人权概念的起源,有助于正确认识世界范围内不同区域,特别是东西方文化与人权的历史关系。人权概念在本质上并不是西方文化的专利,而是东西方文化经过长期的历史积淀出现的文化现象。人权的概念在古代东西方都有一个逐步形成和发展的过程。在西方社会,人权概念经历过古希腊、古罗马文化和近代启蒙文化运动的洗练才逐步形成现代意义上的人权观念。同样,在东方社会,人权概念经历过古代中国文化、日本文化和韩国文化的洗练才逐步形成现代意义上的人权观念。东西方文化中的人权概念虽然产生时间不同、文化特点和历史背景各异,但在本质上都是人类在艰苦生存和发展历程中必然会出现的共同文化现象。这一共同文化现象是人类在反思国家权力和人的尊严的关系方面必然会形成的智慧成果。

### 一、西方社会人权概念的起源

在西方文化中,按照人权思想的发展逻辑,人权概念在内容上依次经历了几大阶段:公民权、公民权扩大化、平等权、自然权利、天赋权利、世界性。具体而言,对公民权的追求是对国家成员之主体性的追求;对公民权扩大化的追求是对权利主体的平等性和普遍性的追求;而追求平等权则是人权概念产生的基本标志。对自然权利的追求是对人权的历史性和超现实性的追求,对天赋权利的追求是对人在国家权力面前的超前性和独立性的追求,对世界性的追求是对人权的超国家性和国际性的追求。在人权概念的探索方面一旦出现世界性的追求,包括对世界国家、世界法律、世界公民的追求,现代意义上的人权概念就出现了。人权概念在内容上的起源虽然经历了上述几个阶段,但是在时间的划分上这几个发展阶段并不能截然分离。在现实发展过程中,有些阶段甚至可能交错或重叠。不过,人权概念的历史发展过程和逻辑发展过程大体是一致的。

(一)古希腊文化与人权概念的起源

古希腊是人类历史早期公法文化最发达的地区之一。在古希腊城邦形成和发展过程中,探讨城邦国家公民权的内容和范围以及追求公民权在不同阶级和阶层中的扩大化,一直是希腊文化思潮的主流。在西方社会,人权概念的起源可以追溯到古希腊智者学派的人权解放思潮。公元前5世纪后半叶出现的智者学派中的一些人物公开向奴隶制度挑战,形成了历史上最早的一股人权解放思潮。以往的权利思想都将奴隶排除在权利主体以外,而以普罗泰戈拉(Protagoras)为代表的早期智者则明确要求废除奴隶制度,主张让平等权利扩大到奴隶,即平等权要求不再局限于公民或自由人之间的平等。可见,早期智者要求实现的平等是真正的人的平等,他们在历史上第一次用人的眼光去观察人的世界和人的权利:人被奉为衡量一切的尺度;人的尊严和权利被视为神圣不可侵犯的。这是一场具有深刻历史意义的人权启蒙思想运动。普罗泰戈拉是智者中最出色、最博学的思想家。他认为,智慧和美德是人人天生都能获得的品性,这就意味着人与人之间的平等是天赋的,因而工匠和商人等都能参与城邦事务的管理。这一观点遭到主张人性不平等和哲人优越论的苏格拉底和柏拉图的反对,在苏格拉底和柏拉图看来,无知识的人都不宜享有公民权利。苏格拉底讽刺普罗泰戈拉不过是用这些言论取悦人民,柏拉图更是直接反对其"人是万物的尺度"的观点,认为神才是万物的尺度。另一位智者学派的代表人物阿尔基丹马(Alcidamas)的人权思想更先进,他就平等问题向奴隶制度宣战,其理论依据是人是生而平等的,平等是自然的要求。

以智者为代表的古希腊人的自然法理论和自然权利理论无论在形式上还是在内容上都为近代人权理论提供了框架和素材。虽然智者的著作传世不多,但他们的权利思想对后世的影响不可忽视。

 **小知识**

**智者学派**

"智者"原指有才智及某种技能专长的人,到公元前5世纪至前4世纪,才用来指称那批授徒讲学,教授修辞学、论辩术和从政知识的职业教师。这批人中产生了不少出色的哲学家,因此被称为"智者学派"。智者最早和最主要的代表人物是普罗泰戈拉和高尔吉亚,他们的思想奠定了智者学说的基础,其他代表人物还有:普罗狄柯、希庇阿、安提丰、特拉西马库和克里底亚等。由于史料失传,人们对他们的生平事迹和著述状况所知甚少。智者学派的重要代表作有普罗泰戈拉的《真理或毁灭性的言论》《伟大的话》《论神》,高尔吉亚的《论不存在者或论自然》等,但保存下来的也仅是断简残章。对智者的研究,主要依据柏拉图、亚里士多德、塞克斯都等人有关著作中对智者活动、论断的记载与转述。智者学派宣扬相对主义和怀疑论。其约定论思想,是奴隶主民主派的理论基础,它不仅启迪了古代的伊壁鸠鲁和卢克莱修,对近代西方资产阶级的社会契约论理论也产生了深远影响。

后来的斯多葛学派进一步发展了自然法理论,探讨人性与自然法的关系。例如芝诺(Zeno of Elea)论证了人类在自然法面前的平等地位和权利。在芝诺的理想社会中,城邦和法律的意义和作用都不再重要了,重要的是世界国家和世界法律的普遍意义和万能作用。继芝诺之后,克吕西波(Chrysippus)进一步阐发了理性自然法观念、世界公民权观念和人类平等观念。克吕西波将正当的理性视为普遍的自然法则,自然法是永恒不变的,无论是统治者还是被统治者都应当遵守。在万能的自然法面前人们是生而平等的。平等权观念是克吕西波努力宣传的重要思想。他抨击奴隶制度和奴役思想,断言没有一个人生来就是奴隶。他主张将奴隶视为终生受雇的劳动者。在世界国家里,人们生来权利平等,任何人都可以取得公民权。由于人类有着共同的理性,因此每个人生来就享有世界公民资格。

(二) 古罗马文化与人权概念的起源

古希腊城邦解体后,代之而雄踞的古罗马国家继承了古希腊文化的传统。在罗马共和时期和帝国时期,古希腊人关于自然权利和自然法的思想以及个人自由、人类平等的思想都得到了广泛的传播。

古希腊城邦政治文化中关于人的权利的思想在罗马私法文化的土壤中获得了个人本位主义的性质,摆脱了城邦国家主义的框框。罗马国家的不断扩张和疆域的发展变化,进一步促成了个人本位主义权利观与世界主义或人类主义思想的结合。

西塞罗(Cicero)所继承的斯多葛派的人道主义思想传统在塞涅卡(Seneca)和奥勒留(Aurelius)的著作中有明显的反映。除西塞罗、塞涅卡和奥勒留的人权思想外,罗马法学家们的理论在某种程度上也可以说是斯多葛主义运用到法律上的结果。

对于罗马法学家们来说,无论自然法和万民法之间有何区别,在国家法律之上仍然存在着更高的自然法则。自然法是人类自由权利的重要渊源。人类共同权利的观念是与理性自然法同在的。

古罗马许多法学家都重视个人自由,他们不仅高度赞颂自由精神,而且普遍论及财产权、人身权、债权、公民权等权利问题。在法学家们的努力下,个人自由权利和私人平等的原则被解释成罗马法的基本原则。在罗马,追求普遍人权的思想同现实生活制度之间的鸿沟依然是不可跨越的。思想的持续发展终将会显示出它所具有的改造现实生活的强大力量。在罗马帝国的全面崩溃中,罗马行省人民的反抗精神正是普遍化了的自由权利思想的体现。

人权概念发展到西塞罗时已经与超国家的普遍权利概念相结合,形成了人类普遍拥有的权利概念。西塞罗的自然人权说是建立在理性自然法理论的基础上的。关于理性自然法与人权的关系,他认为自然赋予人健全的理性。自然在赋予人法律的同时,也赋予人权利。与理性一样,权利也是赋予所有人的。西塞罗关于把人当作人对待以及尊重人的权利的思想是相当彻底的,他反对那种主张不得掠夺自己的同胞,但可以掠夺别的民族的观点。在西塞罗看来,那种损人利己的行为是在"从人类那里拿走使人之所以为人的东西"。① 除西塞罗外,还有奥勒留主张权利平等,他的《沉思录》反映了权利平等、言论自由和天赋人权的思想。此外,奥勒留还对理性法的意义作了进一步的发挥。在奥勒留看来,人生来首先是理性世界国家的公民。理性世界不只是观念世界,而且应当是一个政治共同体。人在这个政治共同体中享有平等的权利。推崇世界国家和世界法使得奥勒留将人权概念发展到一个崭新的阶段。与世界法相结合的世界公民当然要享有世界公民权。从世界国家到世界法律再到世界公民及世界公民权,人权概念到此已经完成了它的形成阶段。

(三) 近代启蒙思想与人权概念的形成

中世纪以后,从英国大宪章运动开始,一股追求人权保障的思潮逐步席卷西方各主要国家。近代保障人权的法律制度首先在英国形成。从《大宪章》运动开始,反对君主专制和保障人权的思想便不断得到发展。英国的《权利请愿书》(1628)、《人身保护法》(1679)和《权利法案》(1689)被认为是近代世界最早的保障人权的法律文件。17世纪英国的人权法思想和人权法体系直接对美国革命时期的人权法思想和制度产生了影响。在英国革命时期,涌现出以霍布斯、洛克和弥尔顿(Milton)为代表的一大批启蒙思想家。他们关于自然权利、平等权利、天赋自由、天赋人权、革命和抵抗权、思想言论自由和出版自由等问题的论述,形成了系统的人权理论。霍布斯、洛克和弥尔顿等人的人权理论实际上是英国革命的理论表现,起到了英国革命辩护书的作用。其中,霍布斯关于自然法和自由权的论证,洛克关于自然权利、抵抗权和权利契约论的思想,弥尔顿关于思想言论自由和出版自由的主张,都对后人的人权思想有着重要影响。他们的代表作标志着人权思想的发展进入了一个崭新的历史阶段。

由洛克等人进一步阐发的人权概念在美国独立战争和法国大革命中起到了充分的作用,经过1776年的美国《独立宣言》和1789年的法国《人权宣言》,以法律形式确定下来,成为近代西方国家的普遍法律原则。在美国和法国革命时期,潘恩(Paine)强调天赋权利是产生公民权利的前提和基础。天赋权利是人类进入社会生活以前就具备的,而公民权利则是人进入社会生活以后产生的权利。他认为天赋权利是一切公民权利的基础。人的尊严无疑是人权的重要组成部

---

① 《老年·友谊·义务——西塞罗文录》,高地、张峰译,生活·读书·新知三联书店上海分店1989年版,第185页。

分。潘恩说:"当我想到人的天赋尊严,感到……其本性的光荣和幸福时,我就为那些用暴力和欺骗来统治人类……的企图所激怒,而对那些因此受到捉弄的人也难免感到抱恨。"①潘恩提出的"天赋尊严"的概念,后来逐渐成为近现代人权理论的一个重要范畴。维护人的尊严已成为当代许多国家宪法或权利宣言所普遍认可的思想。潘恩根据法国《人权宣言》倡导的自由平等思想,猛烈抨击了封建的制度。

"人权"这一术语在康德(Kant)的著作中多次出现过。康德主要从权利体系的角度理解人权。"人性的权利"这一用语基本上能够表达康德对人权概念的认识。康德在道德形而上学的分类中将权利和义务相对应,提出了两种权利:"人性的权利"和"人类的权利"。前者是对人自身的权利,也是对待自己的法律义务;后者是对他人的权利,也是对待他人的法律义务,两者均是基于人的自由本性产生的,因此认识人的自由本性是认识人权的关键。康德还对人和权利分别进行了分析,认为人是有能力承担加于他的行为责任的主体。道德的人格是受道德法则约束的一个有理性的人的自由。人的自由意志表明人最适合服从他给自己规定的法律。权利作为把责任加于其他人的一种根据,正是从根源于自由的道德命令中产生的。人权概念经过康德的阐述,形成了系统的权利体系理论。

费希特(Fichte)进一步论证了人的尊严、理性和良心等基本价值范畴,直接鲜明地愤怒抨击了专制主义对思想言论自由的压制。费希特关于思想言论自由的理论阐述,以及他对法国大革命的高度赞颂,对人民革命权利和抵抗权利的声辩,在当时的德国起到了振聋发聩的启蒙作用。费希特人权思想对黑格尔(Hegel)人权思想产生了直接影响。费希特的重要贡献在于第一次将人的尊严作为专题来研究,进行系统阐述。他于1794年4月以《人的尊严》为题专门作过一次演讲,大力颂扬人的主体性和独立性,从哲学方面为人的尊严理论奠定了基础。此外,在《论学者的使命》和《人的使命》中,费希特从多方面、多角度论证了人的尊严必须得到尊重和维护。当然,费希特早期的人权思想具有明确的个人主义倾向,他后期思想中的国家主义倾向的抬头,妨碍了其人权思想的进一步发展。

## 二、东方社会人权概念的起源

在东方社会,特别是在汉字文化圈中,无论是中国传统文化,还是韩国传统文化,抑或是日本传统文化,都蕴藏着深厚的人权思想。东亚汉字圈国家的历史文化传统有着独特的人权概念。其独特性表现在将权利和义务更紧密地结合在

---

① 《潘恩选集》,马清槐等译,商务印书馆1981年版,第145页。

一起,突出强调国家和政府及其领导人在保障普通民众的人权方面的责任。

在东方社会,人权概念的起源可以追溯到古代中国的春秋战国时期。在中国,人权概念最早出现在《管子》一书中。管子在讨论国家的救灾义务时,提出了人权、天权、地权和国权的概念。根据《管子》,国权最终还是来自人权、民权,如果国君暴戾,不赈济灾民,国权就失去了其本来意义,这是古代形式的人民主权论和人民授权论的基本观点。人民授出国权后,国权的行使必须顺应民心,法顺民心是对国权行使的基本要求。如果统治者滥施国权,则人民拥有抵抗权。

从人权概念的起源看,中国古代思想家已经认识到法律与权利的关系。管子认为,法必须根据"权"来制定,"权"的来源根据则是"道"。儒家主张的道是以人为本的人道。按照儒家思想的精神,法律在本质上应当是以人为本的人道法。法律规制的目的是保护由人道引发的人权。

(一) 人权乃天赋权利

天赋人权思想在中国传统文化中是根深蒂固的,天所赋予人者必生其权。儒家认为思想良心的自由是人的最重要的权利,思想良心的自由平等是思想自由理论的原则要求。"良心"一词最早见于《孟子》。孟子认为良心乃仁义之心。不可放其良心,任其脱落。犹斧斤之于木,旦旦伐之,难以为美。孟子所讲良心是指善心,即仁义之心,也是人的本心。孟子相信良心或本心构成人性的善端。在良心问题上,智或知非常重要,同时还要容忍和维护思想自由和学习的权利。思想自由也是天赋权利。孟子讲"心之官则思,思则得之,不思则不得也。此天之所与我者"。作为天所与我的天赋权利,思想自由与讲学自由、受教育权利、信仰自由等是不可分割的。操守良心之道在于学思两进,不罔不殆。天赋人权概念发展到王夫之时,与湖湘文化的性学论相结合,更注重权利的取用关系,更强调自我的主体性的作用。王夫之认为天赋人权非言人权由天直接所赋,而是人权源于天赋之禀性。康有为也认为人权是一种天权,是天赋予人类的。人是天所生,父母只是给予身体,每个个体自身是独立的,没有从属性。从管子到孟子再到王夫之,最后到康有为,均主张人权源于天。当然,需要注意,儒家的"天赋人权论"并非以天为本,而只是借用传统"天"的概念来论证人权、民权的神圣性,因而儒家的人权论归根到底还是以人为本,强调仁性人道。

**思  考**

中国儒家的"天所与我"的天赋人权概念与西方的天赋人权理念有什么区别?

## (二) 人权与博爱平等

在古代中国,人权与仁学的博爱平等思想紧密联系在一起。先秦时期的仁学已含有丰富的博爱平等思想。博爱的意思在于爱及于同类,这要求将他人作为与己平等的主体对待。博爱所及范围决定了平等主体的范围。仁学所主张的博爱具有世界普遍性,与博爱相应的平等也具有世界普遍性。注重仁的超国家、超种族和超阶级的世界普遍性,这是传统仁学的一个重要特征。仁学主张的博爱平等权在本质上是真正的人权,所以说人权思想早在传统仁学中就已产生。

人权概念在中国传统文化的仁爱理论中获得了根基。仁学之仁爱是以其所爱推及所不爱的人,所谓老吾老以及人之老,幼吾幼以及人之幼。仁爱之爱中爱的是人,而不是身份。人权概念所依据的博爱精神来自不忍人之心,即不害人之心。孟子认为,远离害人之心就是仁。仁在本质上是博爱天下。韩昌黎根据《孝经》所言,明确指出博爱之谓仁。将仁等同于博爱的思想起源于孔子,确立于孟子,孟子特别注意仁的世界普遍性。他认为:不仁而取得国家的事,有;但不仁而取得天下的事,没有。

尊重人格和尊严是博爱平等的基本要求。儒家是世界上最早提出人格概念的学派。孔子强调人的尊严不可侵犯。孟子的舍生取义论主张对有碍人格尊严的施舍,宁身死而不受。这些保护人格尊严的仁爱博爱主张都体现出平等的精神。儒家对人格和尊严的重视发展到近代沈家本时,逐渐形成了人格主义理论。沈家本的人权法思想是以人格主义为旗帜的。人格主义也是沈家本从事法律改革所始终不渝地坚持的一项基本原则,是他的法律思想中最富有时代气息和理论价值的部分。最能体现沈家本的人格主义法律观的格言是"生命固应重,人格尤宜尊"。沈家本的人格主义法律观的博爱精神不仅广泛适用于普通人,而且及于犯人。他痛恨虐待囚犯,批判一切非人道的措施,强调犯人同为人类,何独受此。梁启超继承了儒家的人格观,在《人权与女权》《论立法权》《新民说》等著述中都提出了人格权的思想,强调人格是人的基本标识,是人权的重要基础。梁启超还强调人格的意志性、主体性和所有性。他认为人都是先有意志然后有行为的,没有意志而有行为的人,一定是有病的疯子,要不就是在说梦话。自我意识成为人格和人权的基础。为此他提出权生于智的思想,这与现代人格权理论相一致。智在人是不会完全泯灭的。梁启超主张向内用力,就是要人认识到自己的良心良知,认识到人的类存在,唤醒人的自我意识。在这一点上,梁启超的人格观与康德的人格观是相同的。

### 思 考

博爱与人权的哪些问题相关?人权是被普遍接受的吗?人权有等级吗?

(三) 人权与天法天刑、自然法

先秦博爱论的平等权思想不仅表现为主张人类平等,还针对当时的等级政治制度提出了"以天统人"的平等观念。先秦仁学的人权概念同西方的自然法和自然权利思想殊途同归,皆归自然人格平等。

先秦仁学的自然人格平等论有两点内容值得重视:一是考虑到政治统治秩序不可缺少君权,为防止天子、诸侯及各级官吏残害百姓,提出了"以天统人、以天统天子",上自天子,下至士大夫,都必须受到天的约束。仁政爱民和仁人爱物是先秦仁学提出的为政准则。天赏天罚思想被用以约束统治行为和统治方式。统治者必须遵从天意天志。天意天志说到底也就是民意民志。二是民众需要逐级服从统治者,但此种服从是有限度的,这一限度是由政治管理宗旨和目的设定的。如果统治者的统治行为残民害民,民可起而反抗,诛暴君反暴政,统治者的统治方式也必须受此约束,行政立法必须遵从民意。为此,由天到天子到诸侯以至百姓平民,此种顺序有其双重性质。一种是顺从性,统治秩序自然要求有层级和服从。另一种是逆反性,也是维护正当政治秩序的需要。在出现暴政暴君时,下有反上的权利,以重新确立政治秩序的正当性。先秦仁学的天统论是克服君主政体弊端的有力武器。从孔子到孟子到墨子的天统论均是具有相互制约的双重性质的理论,后世统治者将其双向服从改为单向服从,则失去了天统论的本意。

先秦仁学的天统论包含深刻的平等权思想。此种平等来自天,来自元(一个哲学范畴),天下人共享同一的天赋平等权利,这是典型的自然平等权思想的表现。天统论的自然平等观具有强烈的政治趋向,它内在地要求实现政治平等。天下为天下人共有,非统治者所有。孟子主张民贵君轻,黄宗羲主张天下为主君为客。天统论在原则上具有保证治者与被治者之间的政治平等的功效。

首先,这种平等观表现为在天法面前人人平等的思想。天刑天罚表达的是自然法面前人人平等的思想,它更重视法本身的妥当性和正当性问题。仁是衡量法的妥当性和正当性的主要标准。恶法非法论是传统仁学的法律理论的重要内容。其次,传统仁学的平等观还表现在赏罚公允论中。赏罚公允是先秦诸家的共同主张。孟子主张对天子的父亲违法也要严格执法;墨子强调赏罚不要对亲戚兄弟有偏袒。从恶法非法论的立法公允,到赏罚公允论的执法公允,法律面前人人平等的思想由先秦仁学贯穿始终。最后,传统仁学的平等观还表现在"官无常贵、民无常贱"的贤人政治论中。既然政治秩序中必须设置官位,谁掌官位就必须有一个原则。职位的安排应当坚持选贤任能的原则,确保贤者在位,能者在职。这种贤人政治论同西方亚里士多德的轮流执政论是相似的。贤人政治论和轮流执政论都表现出人人享有参与公务的权利的平等权思想。其实,轮流执政的思想在中国古代也有。庄子讲"递相为君臣";墨子讲"官无常贵,而民无终贱",这些都是轮流执政主张的表现。只不过,以孔孟为代表的儒家仁学理论过于注重君臣秩序的稳定性,而缺乏保证能上能下的流动机制。如果将贤人政治论同现代民主选举制和任职定期制相结合,人人平等的公务参与权思想就可实现。

 思 考

现代人权概念中的平等与中国古代仁学意义上的平等之间是什么关系?什么是先秦仁学的"天统论"?

## 第二节 主要人权理论与流派简述

人权概念在东西方文化的历史发展中,逐渐形成了不同人权理论和人权思想流派,包括古典人权论、社会人权论和多元人权论等三代人权论。这三大类中亦包括天赋人权论、自然人权论、意志人权论、目的人权论、功利人权论、宗教人权论、批判性多文化人权论、亚洲价值人权论、儒家人权论、自由主义人权论、集体主义人权论、人权绝对论、人权相对论等多种流派。

### 一、古典人权论

古典人权论主要指古代和近现代具有普遍影响并注重自由问题的几种典型的人权理论。古典人权论也称第一代人权论。第一代人权论是在与专制国家的对抗中形成的人权理论,该类理论的重点是保障和强调以政治活动的自由为代表的人的"自由权"。它包括天赋人权论、自然人权论、意志人权论、目的人权论、功利人权论、宗教人权论等。

1. 天赋人权论

天赋人权论是自古代以来东西方社会许多思想家主张的一种具有持续影响的人权理论。不同时代不同思想派别的人们都对天赋人权论的内容作出了贡献,推动了天赋人权论的持续发展。

天赋人权论在西方社会萌芽于古希腊和古罗马文化,兴起于中世纪后的启蒙文化思想运动,在美国《独立宣言》和法国《人权宣言》等法律文件中得到了确认。在美国和法国革命时期,潘恩主张的天赋权利就是人在生存方面所具有的权利,其中包括所有智能上或是思想上的权利,还包括所有那些不妨害别人的天赋权利而为自己谋求安乐的权利。所有这一类权利都是与人的安全和保护有关的权利。① 天赋人权论对后来的社会主义思想家也产生了影响。傅立叶(Fourier)提出了狩猎权、捕鱼权、采集果实权、放牧权、内部联系权、无忧无虑权等天赋权利,他认为这些天赋权利是人类历史发展初期人类生存所必需的权利。除此以外,他还提出人类享有逐步升级的最低限度生活的权利以及实际的自由。由此可见,傅立叶并不主张取消天赋权利说,而是主张以重视经济权利为特征的新的天赋人权说代替忽视经济权利的传统的天赋人权说。

2. 自然人权论

自然人权论,也称自然权利说、人权本能说。该理论认为人权的存在是人的自然权利,是人在自然状态下就因人的本能而具有的不言自明的权利。自然人权论与自然法理论紧密相连,是自古以来东西方社会都具有的人权理论。有的自然人权论者同时也是天赋人权论者。

自然人权论在古代的代表有亚里士多德和西塞罗等人。关于西塞罗的自然人权思想已如前述,不再赘述。亚里士多德将政治权利分为两部分:一部分为自然权利,另一部分为约定法权利。自然权利也称自然法权利,是指在任何地方都有同等作用而不管这个或那个国家的立法是否承认的权利。约定法权利是指国家的立法和习惯法所承认的权利。自然权利和约定权利,或自然法权利和约定法权利,这两类权利的区别在理论上具有重大意义。自然权利或自然法权利表明了权利的普遍性质和基本性质,在政治关系中最基本的正义是实行轮番为治,公民轮流做统治者。

3. 意志人权论

意志人权论也称人权的内在驱动说,它主张人有内在价值,即人格的尊严,其来自人的自由意志和理性。意志人权论的代表人物有黑格尔、费希特等人。

黑格尔认为人权是伴随自由意志而来的,权利和法的基点是意志,而意志本质上是自由的,所以自由就构成权利和法的实体性和规定性。自由意志的发展过程是一个自在自为的过程,其经历了抽象法阶段(或领域)、道德阶段(或领域)以及伦理阶段(或领域)。从抽象法领域到道德领域,进而到伦理领域,这是意志从抽象的自由到主观的自由,进而到真实的自由的发展阶段。与自由意志的发展阶段相适应,权利的发展也有三个阶段,即抽象的权利、主观意志的权利和普遍意志的权利。黑格尔的人权思想具有人格主义性质,人格作为自由意志的抽象概念是产生权利的源泉。由于人是作为单个人存在的,单个人的意志体现在所有权中便使所有权获得了私人所有权的性质。为此,黑格尔认为,否定财产私有制侵犯了人格的权利,土地的私有更合乎理性的规定。应当把土地私有制当作优越的制度对待,财产公有制主张者的根本错误在于不了解自由精神的

---

① 《潘恩选集》,马清槐等译,商务印书馆1981年版,第142—143页。

本性和法或权利的本性。费希特则继承了康德的意志自由论,并同时具有目的人权论的思想特征。他认为,人应当成为自然秩序和社会秩序的本源和出发点。人不仅赋予自然事物以必然的秩序,而且赋予社会关系以人性和人道的东西,要求把每个人都当作自己的同胞对待。为了维护人的尊严,费希特与一切压迫人、不把人当人对待的思想和制度进行了坚决的斗争。即使在国家面前,人也应该成为目的,国家只是人为实现人的理想所采用的手段。这体现了费希特的人权高于国家主权的观点。

国际上是何时开始废除奴隶制的?国际上有关于废除奴隶制的公约吗?

4. 目的人权论

目的人权论认为人本身即目的,故而有权利,其代表人物是康德以及新康德主义学派的部分人权论者。康德认为尊重所有的人是普遍准则要求,是一项绝对命令,人与人的法律关系只能是既有权利又有义务的人的法律关系。自己作为一个人的价值,不仅要求他人有责任,而且要求自己对他人也有责任,尊重相互的权利,恪守彼此的义务,这是康德将人当作目的的命题的真实含义。康德的"把人当作目的"的原则构成普遍最低道德标准的基础,如果进一步从国家政治共同体扩大到人类世界共同体的话,这一原则将具有更为普遍的意义。

《世界人权宣言》第29条第1款规定:"人人对社会负有义务,因为只有在社会中他的个性才可能得到自由和充分的发展。"

5. 功利人权论

功利人权论也称人权的利益驱动说,该理论认为人因有利益而产生权利,人权是在利益驱动下产生的,该学说在功利主义理论创始人边沁(Bentham)的学说中得到了系统阐述。

边沁从功利主义出发,对平等权作了发挥,认为主张"自由、财产、安全和反抗压迫"是人的"自然的与不可剥夺的权利"的观点是重蹈了自然法学派混淆逻辑推论与事实的区别的覆辙,自由作为最重要的人权不可能是与生俱来的。① 这体现了边沁的法定人权论思想。边沁还认为，"趋乐避苦"是人的共同本性和行为准则。人们的苦、乐只有量上的差别而无质上的不同。在立法和量刑时，必须承认一切人的价值也恰好相等，这种法律上的平等表现为服从功利原则的机会均等。"两人同罪同刑这种形式上的平等，不能产生等量的苦乐和均等的机会，因为两人的家境不同。因此，他主张在法律上依据等量苦乐与均等机会的功利原则来量刑，等罪不一定等刑。"②

人权的利益驱动说也遭到了意志人权论者的反对，黑格尔即不赞成从人的利益需要的角度认识所有权的性质，他认为对于权利来说，首要的东西不是需要，而是自由意志本身，"如果把需要当首要的东西，那么从需要方面看来，拥有财产就好像是满足需要的一种手段。但真正的观点在于，从自由的角度看，财产是自由最初的定在，它本身是本质的目的"。③

### 6. 宗教人权论

宗教人权论是罗马时代以来基督教、天主教和其他各大宗教的人权论，宗教人权论认为人作为神之子而有权利，古罗马的奥勒留是早期宗教人权论的主要代表。奥勒留受斯多葛派哲学的影响，从宗教的角度对人性、人生和社会问题作了深入的探讨。其代表作《沉思录》以自我对话的形式表达了赞成人人平等的宗教权利观。当代宗教人权论已经与多元人权论结合，强调宗教在人权问题上的文化一致性，这一特点在曾任天主教教主本笃十六世枢机卿的约瑟夫·拉辛格关于人权的见解中就有所表现。拉辛格认为人权是民主的核心，并据此探讨了人权的实体基础，他认为人权是不可侵犯的，是民主的根据，人权并不是服从于多元主义社会和宽容，其自身就是宽容和自由的内容。④ 他主张关于"基督教＝犹太教"起源的认识在多元主义社会仍然是重要的。⑤ 在现今跨文化主义已经成为普遍共识的情况下，拉辛格关于人权实体性基础的探索仍然基于这样一种构想，即以对"基督教＝犹太教"起源的认识为核心拯救整个世界。这就是苏皮欧(Supiot)所指的弥赛亚式原理主义(弥赛亚主义)的一个例子。⑥

---

① 转引自叶立煊、李似珍：《人权论》，福建人民出版社1991年版，第121页。
② 同上书，第154页。
③ 〔德〕黑格尔：《法哲学原理》，范扬、张企泰译，商务印书馆2009年版，第61页。
④ 〔德〕哈贝马斯、拉辛格：《后世俗化时代的哲学与宗教》，〔日〕三岛宪一译，东京岩波书店2007年版，第112页。
⑤ 同上书，第111页。
⑥ 〔法〕Supiot、Alain：《人权——信条或是人类共有的资源？》，〔日〕嘉户一将译，载《思想》第951号(2003年第7号)，第118—142页。转引自〔日〕市原靖久：《人权的道德基础与文化资源的利用——依据批判的多文化主义》，载《亚洲法文化的诸相》，日本关西大学法学研究所发行，2009年10月31日。

## 二、社会人权论

社会人权论也称第二代人权论,它是从19世纪开始形成的以人的劳动权、生存权等社会权为核心的人权理论主张。

进入19世纪以后,社会主义主张在人权思想领域的影响越来越大。以18世纪后期法国《人权宣言》为代表的人权纲领很重视政治权利,这也是资产阶级启蒙思想家的人权思想的共同特征。但是,随着资本主义制度的确立和资本主义固有矛盾的日益暴露,18世纪人权思想的局限性也逐渐显露。在无产阶级和资产阶级的矛盾成为社会主要矛盾以后,要求实现经济和社会平等的人权主张普遍成为社会主义纲领的主要内容。以圣西门(Comte de Saint-Simon)、傅立叶和欧文(Owen)为代表的空想社会主义者提出了劳动权利、生活权利、按劳分配权利、男女平等和妇女解放等一系列经济和社会权利问题。他们力图通过自己的社会实验来真正实现人类平等与自由和谐的社会理想。三大空想社会主义者的社会改革方案基本上还是温和主义的。但是到了19世纪中期,随着无产阶级反对资产阶级的斗争进入新的时期,以布朗基(Blanqui)和魏特林(Weitling)为代表的革命派便要求以武装起义的方式推翻旧制度和通过专制手段推行社会主义人权主张。社会主义人权思想的出现在总体上丰富了人权概念的内容,促进人类更为系统全面地理解和认识人权问题。它推动了人权思想的进一步发展,同时也是对传统人权思想的冲击。

19世纪上半叶,以圣西门、傅立叶和欧文为代表的空想社会主义思潮在继承17、18世纪空想社会主义思想传统的同时,采用了近代启蒙思想家的理论形式,高举自由、平等、博爱的旗帜,从思想和实践两方面推动了社会主义运动的发展。他们的社会主义理想摒弃了早期空想社会主义的粗陋的平均主义和禁欲主义的缺陷,赋予社会主义以理性和人权的内容。在人权思想方面,圣西门提出了劳动权主张以及与劳动权利相应的按劳分配的财产权利主张。圣西门的实业制度方案将以劳动权为基础的财产权当作首要人权看待。傅立叶设计的协作主义制度把体现经济利益的劳动权和生活权当作最重要的权利对待。欧文创立的新和谐公社制度则把追求思想信仰自由和其他基本人权作为社会主义的理想。圣西门和傅立叶的人权理想是以保留和改造私有财产权制度为基础的;而欧文的人权理想则是以废除私有财产权制度为前提的。他们的共同特点是重视经济社会权利,而在一定程度上忽视政治权利。他们对经济社会权利的倡导,填补了人权思想史上的这一片空白,扩大和加强了对基本人权范畴的理解和认识。注重社会权利的社会主义人权思想的发展从19世纪以来一直没有中断过。特别是人类经历了两次世界大战以后,注重社会权利的社会主义人权思想对当代国际人权法产生了深刻影响,成为当代国际人权理论的重要组成部分。

### 三、多元人权论

当代人权论的理论形式和流派很多,古典人权论和社会人权论在当代都有所表现,但是多元人权论是当代人权理论的主要特征。多元人权论是在联合国的《世界人权宣言》的影响下,不同国家、地区和文化传统之间,在人权对话的过程中出现的注重发展权、环境权、知情权、抵抗权等新人权和主张多元文化价值的人权理论。这些注重连带权,即发展权、环境权、知情权、抵抗权等新人权和多元文化价值的人权理论也被称为第三代人权理论。第三代人权理论带有集体(共同)性质,超越了之前以西欧社会为中心而形成的传统的"个人的人权"概念。在亚洲,人权乃至其基础权利概念,是作为社会正义,而不是作为西欧社会中的法律请求权被人所认知的。"连带权"的人权概念现在进一步作为"普遍的东西"被扩大,就像少数群体和土著人的权利那样,权利不是作为个人属性,而是作为集体乃至社会正义被认知的。①

多元人权论包括批判性多文化人权论、亚洲价值人权论、儒家人权论、自由主义人权论、集体主义人权论、人权绝对论、人权相对论等。

1. 批判性多文化人权论

批判性多文化主义是在20世纪70年代出现的"多文化主义"概念的基础上形成的,它随着社会学、人类文化学、哲学、法学、政治学和政策学等不同学科对多文化主义的研究和推动,逐渐成为跨国家概念,其代表人物有苏皮欧、哈贝马斯(Habermas)、大沼保昭、市原靖久等。批判性多文化人权论者注重人权研究中的文化资源利用、人权的前提价值、人权的实体性基础和程序性基础等问题。例如苏皮欧主张人权必须成为全世界所有文明都能参与的开放资源。② 市原靖久也认为,必须利用该地区、集团中的文化资源和文化传统,为人权寻找基础,但是在利用特定文化传统时,也需要谨慎。③ 市原靖久在此强调人权的地区特色性,同时提醒,对人权的此属性不可夸大,而应同时考虑人权的普遍性。

批判性多文化人权论在人权的前提价值上,主张人权具有历史性(欧美中心主义、自由权中心主义、个人中心主义)的同时还具有普遍性(普遍化的可能性)。批判性多文化人权论主张探讨人权的实体性基础,认为探求实体性基础是通过人类的本质属性来寻找跨国家人权的基础。批判性多文化人权论认为,

---

① 〔日〕安田信之:《对杜钢建人权论的评论》,载〔日〕角田猛之编:《中国人权与市场经济诸问题》,日本关西大学出版部发行,2010年1月31日。
② 〔法〕Alain, Supiot:《人权——信条或是人类共有的资源?》,〔日〕嘉户一将译,载《思想》第951号(2003年第7号),第118—142页。转引自〔日〕市原靖久:《人权的道德基础与文化资源的利用——依据批判的多文化主义》,载《亚洲法文化的诸相》,日本关西大学法学研究所发行,2009年10月31日。
③ 〔日〕市原靖久:《人权的道德基础与文化资源的利用——依据批判的多文化主义》,载《亚洲法文化的诸相》,日本关西大学法学研究所发行,2009年10月31日。

人权的程序性基础是指通过对话以及理性的探讨研究,寻求作为跨国家价值的人权的基础。不是从特定的实体文化或者意识形态来探讨此类实体问题,而是将人权主体之间相互承认的程序作为问题,以此使得特定的文化和意识形态普遍化。

对于批判性多文化人权论,特别要强调哈贝马斯的人权论。他的人权论的特征就是"人权的法化",必须对人权概念的法(实定法的妥当性)和道德(超实定法的妥当性)加以明确区分。① 关于人权在法理论中的定位,哈贝马斯指出:"之所以把人权错误地理解为道德性权利,与人权的普遍性要求无关,而是因为在此之前,人权仅仅只在民主国家的法律秩序中获得了实定法上的明确地位。"② 对于人权的法律化来说,"国家间自然状态的法制化"(从市民法的观点出发,将国家间的自然状态向法律状态转变)才是必要的。这也是回避人权原理主义(通过人权的道德化强制普遍性)的方法。这就是哈贝马斯的主张。③ 哈贝马斯和市原靖久等人倡导的通过多文化对话而形成人权的程序基础的主张得到了东西方社会不同文化背景下讨论人权的学者的支持。

2. 亚洲价值人权论

亚洲价值人权论是在受汉字文化和儒家思想的历史影响下,在一部分亚洲地区出现的、反思人权领域的西方话语垄断现象而力图从亚洲文化价值中解释人权的理论。在1993年世界人权会议召开之前所发表的《曼谷宣言》中,新加坡的李光耀、马来西亚的马哈蒂尔(Mahathir)、中国政府领导人以及东南亚的外交官们集中地宣传和发表了"人权相对论"和"亚洲人权论"。当代亚洲人权论者中有不同的思想倾向,既有集体主义的人权思想倾向,也有个人主义的人权思想倾向。但是共同点在于强调亚洲传统文化的人权价值对于人权发展的意义。亚洲价值人权论的代表学者有韩国的崔钟库,日本的铃木敬夫、安田信之、孝忠延夫,中国的成中英、杜钢建等人。

韩国首尔大学法学院崔钟库教授着重关注和提倡近年来东亚学者为建立人权理论所做的不懈努力,他提出儒家思想与人权并不矛盾的观点。由于崔钟库教授在世界多所大学和一些国际会议上的宣讲,"东亚普通法"观点受到东亚乃至世界法学界的关注。④ 孝忠延夫是研究人权法政策学和印度法律的专家,他和其他一些学者推动了非西欧各国对人权概念的继受和改造,特别是亚洲人权价值在日本的讨论。安田信之在重新考察欧洲各国的人权观念后把人权概念分

---

① 〔德〕哈贝马斯:《外来文化的接受——多文化社会政治理论研究》,〔日〕高野昌行译,东京法政大学出版局2004年版,第217页。
② 同上书,第220页。
③ 同上书,第231页。
④ 杜文忠:《会通之路:儒教对韩国现代法律的影响》,载《中国人民大学学报》2008年第4期。

成了三个范畴,他把注意力集中在了第三代人权上,提出社会正义即"确认社会人理念的权利",这个理念在 1987 年被写入《菲律宾宪法》。铃木敬夫教授则是当代亚洲相对主义法学派和抵抗主义法学运动的重要代表人物,也是亚洲法学界促进人权法思想学术交流的友好使者。① 他长期以来致力于在亚洲各地传播相对主义人权法思想,增进中国、日本、韩国等国家法学研究的交流。铃木敬夫的著述中所体现出的基本思想,是反对实证主义法学方法论、倡导相对主义的人权法观念。

 思 考

中国宪法何时写进了人权的概念?怎么写的?

3. 儒家人权论

儒家人权论是当代人权论中正在流行的理论,其影响日益扩大。中国学者成中英试图从五个方面在理论上将儒家的美德转化成人权;其探讨如何既保持儒家美德又从中汲取适合现代社会权利的道德观,在培养个人美德过程中将儒家美德转化成权利,并由此唤起对于个人参加公共事务的合法权利的认知。中国法学家正着手在传统儒家哲学和道德观的基础上建立人权理论,从儒学中寻求人权基础。他们认为人权的前提价值(良心的自由,人格尊严等)在儒学的"仁道"中就已经显现,其将《论语》中的四道和《新仁学》中四原则相联系并从《论语》中得出四原则,即:人权、宽容、抵抗、宪治,这构成了有别于传统儒家理论的新仁学。他们认为传统的中国儒家文化和人权的现代原则是可以统一的。这种"新仁学"的法学观对现代东亚法学文化和社会经济改革的发展影响深远。

4. 自由主义人权论

当代法学领域中,我们已经听过许多自由主义者与集体主义者关于公正、权利等的辩论。自由主义阵营中有罗尔斯(Rawls)、德沃金(Dworkin)、诺齐克(Nozick)等立足于个人权利的理论家。罗尔斯学说的特点在于指出"无知的面纱后的人们将忍受人人享有基本权利的事实"。1977 年德沃金的《认真对待权利》一书出版并得到肯定后,权利的概念被确认为当代法理学的一个关键概念。

5. 集体主义人权论

集体主义人权论者尽管来自不同的政治思想流派,但都关注人权的集体性,

---

① 铃木敬夫 1961 年毕业于日本专修大学法学部;1966 年在日本专修大学法学研究科修完私法学,专攻博士课程。曾经担任札幌商科大学商学部教授。为了深入了解韩国法学思想、促进日韩法学交流,他曾经赴韩国进修,并于 1982 年在韩国高丽大学校大学院修完博士课程。现为日本札幌学院大学法学部教授、法学部部长。

反对人权的个人主义观点,主张在人权问题上集体性比个人性重要。集体主义人权论的代表人物有麦克英泰尔(McIntyre)、沃尔什(Walsh)、埃兹奥尼(Etzionzi)、塞尔兹尼克(Selznick)、格伦顿(Glendon)、拜雷(Bayer)、泰勒(Taylor)、贝尔(Bell)、安田信之等学者。值得注意的是,当代法理学极大程度上受到了这些意识形态和世界观的影响。

6. 人权绝对论

人权绝对论者主张人权是天赋的、自然的、不可让渡的、无条件的和不变的权利。人权绝对论的代表人物有美国联邦最高法院大法官布莱克(Black)和道格拉斯(Douglas),政治学家麦基文(McIlwain),法学家罗斯托(Rostow)和布莱克(Black)等人。

关于人权的根据,人权绝对论者主张坚持启蒙思想家们的自然权利说,认为人权的基本要求是先于社会存在的自然权利。他们往往以洛克的人权论为依据,反对将功利视为自然权利的基础。关于自由的性质,人权绝对论者将自由视为在道德上应当给予肯定的正当概念。人权绝对论者注重将自由、善与道德目标相联系,肯定自由的道德性和正当性,自由在道德上不是一个中性词,而应成为在道德上需要充分肯定的为善的作为或不作为。因此,在概念和定义上,自由只能成为法律保护的对象,而不能成为法律限制或剥夺的对象。自由为善说是人权绝对论的基本主张。

7. 人权相对论

人权相对论者主张人权是社会的、道德的、可以让渡的、有条件的和可变的权利。人权相对论的代表人物有美国联邦最高法院大法官布兰代斯(Brandeis)、哲学家杜威(Dewey)和胡克(Hook)、法学家博登海默(Bodenheimer)和施瓦茨(Schwartz)等人。

关于人权的根据,人权相对论者将人权置于社会框架中去考察,强调社会历史条件和社会共同利益对人权的意义。胡克反对自然权利,其思想源自边沁。边沁针对美国《独立宣言》和法国《人权宣言》所进行的此类抨击,为人权相对论者胡克等人所推崇。

关于自由的性质,人权相对论者反对人权绝对论者的自由为善说。人权相对论者将自由视为一个中性词,认为自由可以为善,也可以为恶,从而提出自由限制论和自由牺牲论。从自由中性论出发,人权相对论者认为:"自由的意义跟美德或善的意义都不同,它不是智慧,也不是真和美或任何其他合乎人类愿望的东西。"[①]他们认为任何人不牺牲一部分自由就不可能获得权利。抽象的完整自

---

① Lyman Bryson, R. M. Maciver, and Richard McKeon(eds.), *Freedom and Authority in Our Time: Twelfth Symposium of the Conference on Science, Philosophy and Religion*, Harper & Brothers, 1953, p.570.

由中包含着许许多多不良的自由,许多混乱的观念都是由于不能认识这一点而来的。

## 第三节 近代重要的人权文件

在人权的历史发展阶段中,不同国家以及国际社会的不同时期都出现过一些重要的人权文件。这些人权文件对于理解人权的历史发展和当代人权法的精神具有重要的参考价值。

### 一、英国的重要人权文件

1.《大宪章》

英国的重要人权文件可以追溯到 1215 年的《大宪章》。这是英国贵族胁迫约翰王在兰尼米德草原签署的文件,属于英国的宪法性文件。《大宪章》的主要内容有:保障教会选举教职人员的自由;保护贵族和骑士的领地继承权,国王不得违例征收领地继承税;未经由贵族、教士和骑士组成的"王国大会议"的同意,国王不得向直属附庸征派补助金和盾牌钱;取消国王干涉封建主法庭从事司法审判的权利;未经同级贵族的判决,国王不得任意逮捕或监禁任何自由人或没收他们的财产;确认城市已享有的权利、保护商业自由、统一度量衡等。《大宪章》是对王权的限定,国王如违背之,由 25 名贵族组成的委员会有权对国王使用武力。

2.《权利请愿书》

1628 年 3 月,国王查理一世为解决财政问题,提出征收特殊捐税的要求,遭国会拒绝后,就实行"强迫借贷",严惩拒绝缴费者。国会于 1628 年通过了《权利请愿书》。全文共有 8 条,列数了国王滥用权力的行为;重申了过去限制国王征税权利的法律;强调非经议会同意,国王不得强行征税和借债;重申了《大宪章》中有关保护公民自由和权利的内容,规定非经同级贵族的依法审判,任何人不得被逮捕、监禁、流放和剥夺财产及受到其他损害;规定海陆军队不得驻扎于居民住宅,不得根据戒严令任意逮捕自由人等。查理一世开始批准了这一请愿书。《权利请愿书》是议会争取自由和权利的胜利果实。但查理一世接受《权利请愿书》只是权宜之计,并无意真正执行它,当议会批准补助金后,查理一世对议会抗议他征收吨税和磅税恼羞成怒,遂下令解散议会,自由英国进入无国会的专制统治时期,《权利请愿书》也被抛弃。资产阶级革命胜利后,议会对《权利请愿书》重新解释,赋予其新的内涵,并把它认定为英国宪法的渊源之一。

3.《权利法案》

1689 年 10 月,英国议会通过了《权利法案》,要求国王以后未经议会同意不能停止法律的效力,不经议会同意不能征收赋税,以后任何天主教徒不得担任英国国王,任何国王不能与罗马天主教徒结婚等。英国《权利法案》(The Bill of Rights),全称《国民权利与自由和王位继承宣言》(An Act Declaring the Rights and Liberties of the Subject and Settling the Succession of the Crown),共有 13 条。主要有两方面内容:第一,限制国王的权力,约束英王的实际统治权。凡未经议会同意,以国王权威停止法律或停止法律实施之僭越权力,为非法权力;以国王权威擅自废除法律或法律实施之僭越权力,为非法权力;凡未经国会准许,借口国王特权,为国王而征收,或供国王使用而征收金钱,超出国会准许之时限或方式者,皆为非法;除经国会同意外,平时在本王国内征募或维持常备军,皆属违法;设立审理宗教事务之钦差法庭之指令,以及一切其他同类指令与法庭,皆为非法而有害。第二,保证议会的立法权、财政权、司法权和军权等。如议会之选举应是自由的;国会内之演说自由、辩论或议事之自由,不应在国会以外之任何法院或任何地方,受到弹劾或讯问;为申雪一切诉冤,并为修正、加强与维护法律起见,国会应时常集会。英国《权利法案》确立了英国君主宪政体的理论和法律基础,确立了议会高于王权的原则,具有宪法的性质,标志着君主立宪制开始在英国建立。《权利法案》是英国历史上自《大宪章》以来最重要的一部法案,是英国最重要的宪法性法律,对英国乃至世界都产生了巨大而深远的影响。

4.《权利法案》的补充

1701 年,英国议会又通过了一部《王位继承法》,被看作《权利法案》的补充,该法案进一步确立了英国"议会至上"的原则,是迈向君主立宪制度的重要一步,使议会逐渐成为国家的最高权力机关。《王位继承法》的立法目的是更加限制王位之继承并确保臣民的权利与自由。该法规定了英王的继承顺位,同时规定了凡登上英国王位的国王和女王,都要按照英国法律的规定管理政务。

## 二、美国的重要人权文件

1.《独立宣言》

杰斐逊(Jefferson)在人权思想史上的最重要贡献是他起草了美国《独立宣言》。这部被马克思称为"人类第一个人权宣言"的宪法性文件载入了天赋人权的革命原则,成为人权思想进程中的伟大里程碑。《独立宣言》指出,天赋人权的真理是不言而喻的。人人生而平等,他们在他们的造物主那里都被赋予了某些不可转让的权利,其中包括生命权、自由权和追求幸福的权利。保障这些天赋人权,被作为建立政府的宗旨。因此,人权原则是政府的合法性基础。这种人权原则的思想是《独立宣言》中最重要、最基本的思想。其他一切政治法律主张都是从人权思想中产生的。同人权原则相一致的不言而喻的真理还包括契约自由原则、人民主权原则和抵抗权原则。这些思想在《独立宣言》中是十分明确的。

《独立宣言》认为政府的正当权力来自被统治者的同意。政府的合法权力不外是社会契约的结果。至于社会契约是在人民之间达成的,还是由人民与政府达成的,这个问题在《独立宣言》中没有明确说明,甚至在《独立宣言》中没有使用"契约"一词。但是,契约自由的思想以及政府的正当权力产生于契约自由的观点在《独立宣言》中是非常明确的。《独立宣言》宣布:"因为要保障这些权利,所以才在人们中间成立政府。而政府的正当权力,则系得自被统治者的同意。如果遇有任何一种形式的政府开始损害这些目的,那么,人民就有权利来改变它或废除它,以建立新的政府。"① 如果政府违背人民的授权而实行专制主义或损害保障人权的目的,人民既可以同意成立政府,也可以同意废除政府。这是典型的社会契约论。其中既包含了人民主权的观念,也明确地表达了抵抗权和革命权的主张。

2. 《权利法案》

《权利法案》指的是《美国宪法》第 1 条至第 10 条修正案。当《美国宪法》的草案被提交各州立法机构批准时,有些人提出了《美国宪法》无法保障人民基本权利的疑虑。对此,支持草案的联邦党人向美国人民保证,将会在第一届国会会期内在《美国宪法》中加入《权利法案》。在《美国宪法》获得批准后的第一届国会会议过程中,大多数议员支持提出《权利法案》,而有关的权利也应该在《美国宪法》中受到保护。起草《权利法案》的任务就落到了麦迪逊(Maddison)的身上。麦迪逊在《弗吉尼亚权利法案》的基础上着手进行《权利法案》的起草工作。人们也同意,《权利法案》将会以修正案的形式被加入《美国宪法》中,以避免直接修改《美国宪法》而需要再次经历冗长的批准过程。最初有 12 条修正案在 1789 年被提出,1791 年 12 月 15 日,其中的 10 条修正案获得通过,成为现在所称的《权利法案》。草案中的第 11 条在 1792 年最终获得批准,成为《美国宪法》第 27 条修正案。这条修正案禁止国会提高议员的薪酬。《权利法案》规定:国会不得制定法律尊奉国教或禁止宗教自由。国会无权通过限制公民的言论、出版、集会、请愿自由的法律。人民持有和携带武器的权利不得侵犯。在平时,没有主人同意,任何士兵不得驻扎在民居;除了法律规定的方式以外,在战时,亦不得驻扎。人民的人身、住宅、文件和财产不受无理搜查和扣押的权利不得侵犯。进行搜查和扣押的令状,必须经过宣示和确认,确有"可靠的理由"才由地方法官签发。但其所要搜查的地点和抓捕的人要具体明确。未经大陪审团同意,任何人不接受死刑和重罪的刑事指控,在战时或者出现公共危险时,在陆海军及民兵中出现的案例例外。任何人不得因同一犯罪行为而两次被置于生命或身体的危害中。任何人不得在任何刑事案件中被迫自证其罪。未经法律的正当程序,

---

① 董云虎、刘武萍编著:《世界人权约法总览》,四川人民出版社 1990 年版,第 272 页。

任何人的生命、自由、财产不受剥夺。非经公平赔偿,私有财产不得征为公用。所有刑事指控中,被告有权在有刑事管辖权的犯罪发生地获得无偏私的陪审团及时、公开的审判。被告应当被告知起诉的事实和诉因,有权获得对自己有利的证据,有接受辩护律师帮助的权利。在普通法的案件中,对争议金额超过20美元的案件保留让陪审团进行审判的权利。非陪审团审理的案件,将在联邦法庭进行复核,复核时并不依据普通法规则。不得要求提供额外的保释金,不得处以超额的罚款,不得进行残忍的或非常的惩罚。《美国宪法》中所列举的权利,不能用来侵犯他人的固有权利。没有被《美国宪法》赋予联邦的权利,或者并未由《美国宪法》禁止授予各州的权利,由各州及其人民自主保留。

 **思　考**

试比较美国《权利法案》与1966年《公民和政治权利公约》规定的异同。谈谈你对美国允许百姓持有枪械的看法。

3.《弗吉尼亚权利法案》及其他

《弗吉尼亚权利法案》是由麦迪逊草拟而由弗吉尼亚议会于1776年6月12日通过的。该法案规定,该法案所列权利是政府的基础。所有人都是生来同样自由与独立的,并享有某些天赋权利,当他们组成一个社会时,他们不能凭任何契约剥夺其后裔的这些权利;也就是说,享受生活与自由的权利,包括获取与拥有财产、追求和享有幸福与安全的手段。所有的权利都属于人民,因而也来自人民;长官是他们的受托人与仆人。

1776年的《马萨诸塞公告》明确表示:"主权永远属于人民。"《宾夕法尼亚州宪法》规定,社会有不容置疑、不可剥夺和不能取消的权利以该社会认为最有利于公共福利的方式改变或废除政府。在当时美国的时代思潮中,天赋人权学说是其他一切政治法律学说的前提。

### 三、法国的重要人权文件

法国《人权宣言》(1789年8月26日颁布)是在法国大革命时期颁布的宪法性文件。法国《人权宣言》以美国《独立宣言》为蓝本,采用18世纪的启蒙学说和自然人权论,宣布自由、财产、安全和反抗压迫是天赋不可剥夺的人权,言论、信仰、著作和出版自由,阐明了司法、行政、立法等权力分立的原则,法律面前人人平等,私有财产神圣不可侵犯。法国《人权宣言》开篇宣称:组成国民议会之法国人代表认为,无视、遗忘或蔑视人权是公众不幸和政府腐败的唯一原因,所以决定把自然的、不可剥夺的和神圣的人权阐明于庄严的宣言之中,以便本宣言可以经常呈现在社会各个成员之前,使他们不断地想到他们的权利和义务;以便立法权的决议和行政权的决定能随时和整个政治机构的目标两相比较,从而能更加受到他们的尊重;以便公民们今后的那些以简单而无可争辩的原则为根据的要求总能导向宪法的维护与全体的幸福。

　　法国《人权宣言》由 17 条组成。基本内容是:在权利方面,人们生来是而且始终是自由平等的。除了依据公共利益而出现的社会差别外,其他社会差别,一概不能成立。任何政治结合的目的都在于保护人的自然的和不可动摇的权利。这些权利就是自由、财产、安全和反抗压迫。整个主权的本原,主要寄托于国民。任何团体、个人都不得行使主权所未明确授予的权力。自由就是指有权从事一切无害于他人的行为。因此,个人的自然权利的行使,只以保证社会上其他成员能享有同样的权利为限制。此等限制仅得由法律规定之。法律仅有权禁止有害于社会的行为。凡未经法律禁止的行为即不得受到妨碍,而且任何人都不得被迫从事法律所未规定的行为。法律是公共意识的表现。全国公民都有权亲身或经由其代表去参与法律的制定。法律对于所有的人,无论是施行保护或处罚都是一样的。在法律面前,所有的公民都是平等的,故他们都能平等地按其能力担任一切官职、公共职位和职务,除德行和才能上的差别外不得有其他差别。除非在法律所规定的情况下并按照法律所指示的手续,不得控告、逮捕或拘留任何人。凡动议、发布、执行或令人执行专断命令者应受处罚;但根据法律而被传唤或被扣押的公民应当立即服从;抗拒则构成犯罪。法律只应规定确实需要和显然不可少的刑罚,而且除非根据在犯法前已经制定和公布的且系依法施行的法律,不得处罚任何人。任何人在其未被宣告有罪以前应被推定为无罪,即使认为必须予以逮捕,但为扣留其人身所不需要的各种残酷行为都应受到法律的严厉制裁。意见的发表只要不扰乱法律所规定的公共秩序,任何人都不得因其意见,甚至信教的意见而遭受干涉。自由传达思想和意见是人类最宝贵的权利之一;因此,各个公民都有言论、著述和出版的自由,但在法律所规定的情况下,应对滥用此项自由承担责任。人权的保障需要有武装的力量;因此,这种力量是为了全体的利益而不是为了此种力量受任人的个人利益而设立的。为了武装力量的维持和行政管理的支出,公共赋税就成为必不可少的;赋税应在全体公民之间按其能力作平等的分摊。所有公民都有权亲身或由其代表来确定赋税的必要性,自由地加以认可,注意其用途,决定税额、税率、客体、征收方式和时期。社会有权要求机关公务人员报告其工作。只要是个人权利无切实保障和分权未确立的社会,就没有宪法。私人财产神圣不可侵犯,除非在合法认定的公共需要显然必需时,且在公平而预先赔偿的条件下,任何人的财产不得受到剥夺。

　　潘恩认为其中最重要的是前三条。在潘恩看来,这三条概括了法国《人权宣言》的全部内容。其余各条不是导源于这三条就是继续阐明这三条。潘恩强调这三条是自由的基础,不论就个人或国家而言都是如此。任何一个国家的政府,如果不从这三条所包含的原则出发并维护这些原则,这个国家就不能说是自由的。法国《人权宣言》的意义是世界性的。它对世界各国的价值胜过其他一切法律。该宣言不仅对法国人民有益,而且对世界各国人民都有好处。在法国大革命中诞生的法国《人权宣言》代表着"人类复兴"。[①] 法国《人权宣言》的原则意在唤起智慧和能力,使之为公共利益服务,而不是为特权阶级服务。"作为人类公敌和不幸源泉的君主权被摒弃了:主权本身恢复了它自然的和原有的地位,归还给国民。"[②] 潘恩在为法国《人权宣言》辩护时所阐明的观点,不仅有助于人们深刻理解宣言的原则,而且在很大程度上丰富了宣言的思想。

 **思 考**

法国《人权宣言》的第1—3条是什么内容?为什么潘恩认为这三条概括了法国《人权宣言》的全部内容?

### 四、禁止奴隶贸易和保护劳工人权的国际条约

禁止奴隶贸易的国际条约是早期国际人权法的重要组成部分。从15世纪到19世纪这400多年间,欧美的奴隶贩子从非洲向美洲贩运的奴隶数以千万计,非洲大陆因奴隶贸易而死亡的总人数则超过7 000万。第一次世界大战以前,有关禁止奴隶贸易的国际条约有:1815年在维也纳会议上签署的《关于取缔贩卖黑奴的宣言》、1841年在伦敦签署的《关于取缔非洲奴隶贸易的条约》、1885年在柏林会议上最后通过的《柏林会议关于非洲的总议定书》。这些条约虽然对取缔非洲奴隶贸易发挥了一些作用,但是其共同的历史局限性和缺陷在于只禁止奴隶贸易,而没有禁止奴隶制。这些条约也都没有对奴隶制或奴隶贸易本身下一个明确的定义,缺少有效的监督条约执行的机制,甚至在禁止奴隶贸易方面的有关规定也不够彻底。1926年9月25日,国际联盟主持签署了《禁奴公约》,首次对奴隶制下了定义,即"奴隶制为对一人行使附属于所有权的任何或一切权力的地位或状况"(第1条)。同时该公约还责成各缔约国"防止和惩罚奴隶的贩卖",并"逐步地和尽速地促进完全消灭一切形式的奴隶制"(第2条)。但公约没有任何执行或实施条款,仅要求各缔约国就各自为执行公约而作出的规定相互通告并通知国际联盟秘书长。

在资本主义发展初期,由于资本家阶级无限制的压迫和剥削,工人阶级的劳动条件和生活条件日益恶化、贫困交加。第一次世界大战后建立的国际劳工组

---

① 《潘恩选集》,马清槐等译,商务印书馆1981年版,第186页。
② 同上书,第214—215页。

织,既是各种形式的工人运动斗争的成果,也是一些资本主义国家为维护国内社会秩序而采取应对措施的结果,同时也是各主要资本主义国家之间经济竞争和妥协的结果。主张劳资调和及社会改良主义乃是国际劳工组织成立的主要思想基础。第二次世界大战以前,国际劳工组织大会通过了 67 个公约,涉及劳动权利、劳动条件、保护女工、禁止童工等方面,但是有关保护劳动者基本权利的公约极少。

**五、宽容原则的人权文件**

第二次世界大战结束后,国际社会对"宽容""宽恕""容忍"或"容恕"(英文一般都用 tolerance 来表述)的理念和原则给予了持续的高度重视。1995 年 11 月 16 日,联合国教科文组织在其第二十八届大会上专门通过了《宽容原则宣言》,并将每年的 11 月 16 日确定为"国际宽容日"。"宽容"作为国际人权法上的一项基本价值观念和重要原则在一系列重要的国际人权法文献中得到了体现。

1.《联合国宪章》

"宽容"原则在第二次世界大战后最早出现于《联合国宪章》的序言中。该宪章申明,为达到尊重基本人权、维持和平和正义、社会进步的目的,各国要力行"容恕",彼此以善邻之道,和睦相处。在《联合国宪章》中,"宽容"作为一项原则是被置于"和平"和"法治"等原则之前的。先陈述"宽容"原则,然后陈述"和平"原则,这种对基本价值观念的表达方式本身就体现了国际社会对"宽容"的高度重视。

 资　料

**《联合国宪章》序言**
我联合国人民同兹决心
……
重申基本人权,人格尊严与价值,以及男女与大小各国平等权利之信念,
……
并为达此目的
力行容恕,彼此以善邻之道,和睦相处,
集中力量,以维持国际和平及安全,
……

2.《世界人权宣言》

"宽容"原则在《世界人权宣言》中的出现是与教育目的相关的。《世界人权

宣言》第 26 条第 2 款规定:"教育的目的在于充分发展人的个性并加强对人权和基本自由的尊重。教育应促进各国、各种族或各宗教集团间的理解、容忍和友谊,并应促进联合国维护和平的各项活动。""宽容"这一基本价值观念之所以在《世界人权宣言》中得以强调,是因为它是发展个性和尊重个人权利所必需的。促进"宽容"原则本身是教育的目的之一。从"容忍"一词在《世界人权宣言》中出现的情况看,"宽容"原则主要是针对集团行为而言的,第 26 条提及的集团行为有三类:国家间、种族间、宗教集团间的宽容。这里,实行宽容的主体主要是国家、种族、宗教团体。宽容在性质上实际又可分为政治性(国家间)的宽容、社会性(种族间)的宽容和宗教性(宗教集团间)的宽容。当然,这三类宽容最终都要表现在法律上,即统一于法律上的平等。

3.《经社文权利公约》

关于"宽容"原则的表述,《经社文权利公约》同《世界人权宣言》类似。该公约也是在宣布受教育权利和教育目的时提及"宽容"原则的。该公约与《世界人权宣言》关于"宽容"原则的规定略有不同的是,将受教育权与教育目的的规定合为一款,并强调"应使所有的人能有效地参加自由社会"。在实施主体和对象方面,《经社文权利公约》增加了"人种"。该公约第 13 条第 1 款规定:"本公约缔约各国承认,人人有受教育的权利。它们同意,教育应鼓励人的个性和尊严的充分发展,加强对人权和基本自由的尊重,并应使所有的人能有效地参加自由社会,促进各民族之间的和各种族、人种或宗教团体之间的了解、宽容和友谊,和促进联合国维护和平的各项活动。"

"宽容"一词在《公民和政治权利公约》中没有出现。但该公约关于反对歧视、主张权利平等的许多条款的规定已体现出"宽容"的原则和精神。

4.《儿童权利宣言》

1959 年 11 月 20 日,联合国大会宣布的《儿童权利宣言》包括 10 项原则。其中第 10 项原则规定,儿童应受到保护,使其不受可能养成种族、宗教及其他各种歧视之习俗的熏染。儿童之抚育应陶冶其了解、容忍、各国人民间友谊、和平与博爱之精神,并使其充分明了所具精力与才干悉应为人类而服务。该宣言也是从教育方面提出"宽容"原则的。

5.《取缔教育歧视公约》

1960 年 12 月 14 日,联合国教科文组织大会通过《取缔教育歧视公约》,其第 5 条重申,教育的目的在于充分发展人的个性并加强对人权和基本自由的尊重;教育应促进各国、各种族或宗教集团间的理解、容忍和友谊,并应促进联合国维护和平的各项活动。该公约还对"歧视"一词作了界定。教育歧视是指基于种族、肤色、性别、语言、宗教、政治或其他见解、国籍或社会出身、经济条件或出生的任何区别、排斥、限制或特惠,其目的或效果为取消或损害教育上的待遇平等。

6.《消除一切形式种族歧视宣言》

从防止歧视和消除不宽容方面看,《消除一切形式种族歧视宣言》(联合国大会 1963 年 11 月 20 日通过,以下简称《消除种族歧视宣言》)从反对种族歧视方面重申了"宽容"原则。该宣言第 8 条规定,在讲授、教育和新闻各方面,应立即采取一切有效步骤,以消除种族歧视与偏见,增进国家间及种族团体间的了解、容恕和睦谊。这样,"宽容"所涉及的方面由"教育"方面扩展到了"新闻"方面。

《消除一切形式种族歧视国际公约》(联合国大会 1965 年 12 月 21 日通过,以下简称《消除种族歧视公约》)在《消除种族歧视宣言》的基础上,进一步重申了"宽容"原则,并对种族问题上的不宽容现象即"种族歧视"作出了界定。《消除种族歧视公约》第 7 条要求缔约国承诺立即采取有效措施,尤其在讲授、教育、文化及新闻方面,以打击导致种族歧视之偏见,并增进国家间及种族或民族团体间之了解、容忍与睦谊。《消除种族歧视公约》第 7 条的规定比《消除种族歧视宣言》第 8 条的规定增加了"文化"一项。由此"宽容"原则所涉及的方面已经从《世界人权宣言》和《经社文权利公约》所强调的教育方面进一步扩展到"新闻"和"文化"方面。

在"种族歧视"概念的理解方面,《消除种族歧视公约》所作的规定为后来 20 世纪 80 年代国际社会对"不宽容"概念的认识奠定了基础。《消除种族歧视公约》将"种族歧视"界定为基于种族、肤色、世系或原属国或民族本源之任何区别、排斥、限制或优惠,其目的或效果为取消或损害政治、经济、社会、文化或公共生活任何其他方面人权及基本自由在平等地位上之承认、享受或行使。

7.《德黑兰宣言》

1968 年 5 月 13 日,国际人权会议通过了《德黑兰宣言》,提出了"不宽容"概念。该宣言要求,对所有基于种族优越及种族上不容异己之意识形态均须予谴责阻止。"不宽容"概念提出后,何为"不宽容"的问题就需要作进一步的界定。这个问题在 20 世纪 80 年代初得到了解决。

8.《消除基于宗教或信仰原因的一切形式的不宽容和歧视宣言》

1981 年 11 月 25 日,联合国大会通过了《消除基于宗教或信仰原因的一切形式的不宽容和歧视宣言》,对"不宽容"的概念作了界定。该宣言将"不宽容"和"歧视"这两个概念合并在一起加以界定。该宣言中"基于宗教或信仰原因的不容忍和歧视"一语系指以宗教或信仰为理由的任何区别、排斥、限制或偏袒,其目的或结果为取消或损害在平等地位上对人权和基本自由的承认、享有和行使。根据该宣言的界定,"歧视"就是"不宽容"。该宣言的产生,使"宽容"和"不宽容"问题进一步从种族、民族和教育方面扩大到宗教和信仰方面。国际社会对"不容忍"问题的认识已经超出了种族、民族和教育领域。

从国际人权法有关"宽容"原则的规定看,其涉及防止歧视和保护少数两方面的内容。宽容原则首先要求防止歧视,即消除不宽容现象。由于不宽容或歧视通常是针对少数群体的,所以如何保护少数就成为坚持宽容原则时必须考虑的问题。衡量一个国家的宽容程度,不仅要看在防止歧视或不宽容方面做得如何,更要看该国在保护少数方面做得如何:判断一个社会文明程度的高低,要看其对待少数群体的态度如何;判断一个国家宽容程度的高低,要看其给予少数群体的待遇如何。经验表明对少数群体的歧视性偏见是产生不宽容现象的根源之一。宽容的原则不仅要求防止对少数群体的歧视,还要求为少数群体提供其维持生存所必需的一些特殊待遇。因此,保护少数的问题就不仅仅是一个平等的问题。事实上对少数群体的保护要求提供比平等更多的东西。如果说消除不宽容是要取消不平等现象,那么保护少数则是要为少数群体积极提供优惠条件。采取积极行动和特别措施的目的还是保证少数群体同等享受人权和基本自由。比如《消除种族歧视公约》第2条第2款规定,缔约国应于情况需要时在社会、经济、文化及其他方面采取特别具体措施,确保属于该国之若干种族团体或个人获得充分发展与保护,以期保证此等团体与个人完全并同等享受人权及基本自由。此外,《消除对妇女一切形式歧视公约》第4条规定,缔约各国为加速实现男女事实上的平等而采取的暂行特别措施,不得视为本公约所指的歧视,亦不得因此导致维持不平等或区别的标准。这些措施应在男女机会和待遇平等的目的达到之后,停止采用。缔约各国为保护母性而采取的特别措施不得视为歧视。上述两公约规定的特别措施都是为保护少数和弱势群体而提供优惠条件。保护少数和弱势群体在事实上和法律上都要求为这些群体提供比平等更多的东西。因此,宽容原则不仅要求不歧视,而且要求优惠待遇。在少数群体和弱势群体问题上的平等与优惠是两个相互联系而又有区别的方面。在某种意义上讲,优惠的程度决定了平等的程度。

【问题与思考】

1. 古希腊对人权思想的贡献有哪些?
2. 古罗马对人权思想的贡献有哪些?
3. 古代中国对人权思想的贡献有哪些?
4. 人权与自然法的关系。
5. 宽容原则的基本精神。
6. 东西方人权思想的异同。
7. 人权绝对论与人权相对论的异同。

8. 宗教与人权的关系。
9. 儒家的宽容思想与现代意义上的人权有何异同?
10. 现代人权思想流派有哪些?

**【进一步阅读推荐】**

1. 杜钢建:《文明源头与大同世界》,光明出版社 2017 年版。
2. 杜钢建:《外国人权思想论》,法律出版社 2008 年版。
3. 杜钢建:《中国近百年人权思想》,汕头大学出版社 2007 年版。
4. 谷春德主编:《西方法律思想史》(第 2 版),中国人民大学出版社 2006 年版。
5. 顾肃:《西方政治法律思想史》,中国人民大学出版社 2005 年版。
6. 何勤华:《西方法学史》(第 2 版),中国政法大学出版社 2000 年版。
7. 〔日〕大沼保昭:《人权、国家与文明:从普遍主义的人权观到文明相容的人权观》,王志安译,生活·读书·新知三联书店 2003 年版。
8. 〔美〕约翰·麦克里兰:《西方政治思想史》,彭淮栋译,海南出版社 2003 年版。
9. 〔美〕梯利:《西方哲学史》(增补修订版),葛力译,商务印书馆 1995 年版。
10. 〔英〕罗素:《西方哲学史》(上卷),何兆武、李约瑟译,商务印书馆 1963 年版。

# 第三章 国际人权标准

## 第一节 联合国建立之前的国际人权标准

国际法在传统上仅调整国家之间的关系，不调整国家与其国民之间的关系。因此，20世纪之前，人权问题基本上属于一国内政，或者说一国政府如何对待其国民完全是该国的内部事务，他国无权干涉。第二次世界大战中纳粹灭绝人性的暴行使人们认识到人权的国内保护是有局限性的、人权需要国际保护，人权问题才逐渐由国内法领域进入国际法领域。但是，我们仍然可以从传统国际法的某些原则和制度中，找到一些国际人权保护的先例，其中最重要的是：外交保护、国际人道法、少数者权利保护、国际劳工保护、禁止奴隶制和奴隶贸易。这些人权内容至今仍然适用，并成为当代国际人权法不可分割的组成部分。

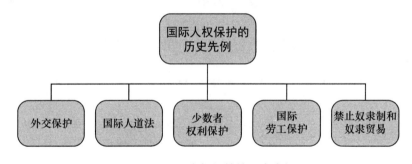

图3.1　国际人权保护的历史先例

### 一、外交保护

外交保护指当一国侵害了其境内的外国人的合法权益，在受害者用尽当地的司法救济仍没有得到公平解决时，外国人的国籍国有权通过外交手段或国际司法程序要求受害者的所在地国给予适当救济，这是国家属人优越权的重要内容之一。外交保护是直接涉及所在国的权益的国家行为，必须具备两个基本条件：

其一，符合"国籍持续规则"，因为外交保护权源于属人管辖权，即国家对具有其国籍的人享有管辖权。

其二，符合"用尽当地救济规则"，因为这是构成国家责任的前提。

外交保护权是属于受害者国籍国的权利,而不是受害者个人的权利,因为传统国际法上个人不是国际法的主体,不享有国际法上的权利,当个人的权益受到侵害时,只有其国籍国才可依据国际法提出诉求。当然,外交保护主要不是出于一般的人权考虑,而是为了维护受害者所属国的国家尊严,但从人权的角度看,个人是外交保护的直接受益者。

随着国际人权法的发展,当一国违反了最低待遇标准、侵害了外国人合法权益,外国人的国籍国常常以违反"基本人权"为由为其国民主张权利。

## 二、国际人道法

国际人道法与国际人权法都是国际法的分支,两者有相融之处,但人道法适用于武装冲突时期,被称为"战时的人权法"。

国际人道法通常要追溯到19世纪60年代在瑞士人亨利·杜南(Henry Dunant)的倡议下在欧洲出现的红十字会运动。1863年红十字国际委员会成立,该组织在监督国际人道法的实施和提供人道主义援助方面发挥了重要作用。美国内战期间制定的《利伯守则》(又称《美国实战军队政府指南》),也发展了国际人道法的规则。1864年第一个日内瓦公约——《改善战地武装部队伤者境遇的日内瓦公约》诞生。该公约规定,受伤的军人应受到同等的保护和救助,不论他们属于哪个国家;医务人员和医院应被承认为中立的,不得成为军事攻击目标。随后,许多这方面的条约陆续问世,如1949年的四个日内瓦公约和1977年关于1949年日内瓦公约的两个附加议定书等。

 **小知识**

**亨利·杜南**

亨利·杜南,瑞士人。1859年法国和意大利联军与奥地利军队之间进行的索尔费里诺战役导致4万多人死伤,途经当地的瑞士商人亨利·杜南带领当地村民紧急行动起来,救助交战双方的伤员。1863年,杜南等人在日内瓦创建了"伤兵救护国际委员会",后更名为"红十字国际委员会"。为纪念杜南这位世界红十字运动的伟大创始人,红十字会与红新月会国际联合会将他的生日5月8日作为世界红十字日。

## 三、少数者权利保护

国际人权保护的另一个历史先例是少数者权利保护。第一次世界大战结束后,随着奥匈帝国、沙皇俄国和奥斯曼帝国的崩溃,欧洲的政治版图发生了剧烈变化。1919年和1920年先后出现了一系列涉及保护少数者的条约,例如战胜国与德国签订的《凡尔赛和约》、与奥地利签订的《圣日耳曼和约》、与匈牙利签订的《特里亚农和约》、与保加利亚签订的《纳伊和约》。这些条约重新划分了国家边界,从而导致在这些国家中出现了民族、语言、宗教上的少数者。例如在意大利出现了讲德语的少数者、在奥地利出现了斯洛文尼亚少数者、在罗马尼亚出现了匈牙利的少数者。这些少数者身处所在国,但在语言、宗教、文化等方面与其出生国或邻国具有一定的联系,他们的保护国认为有义务保护这些少数者维持其文化、语言、宗教和民族的地位。为此目的,主要参战国与这些国家签订了保护其境内的种族和语言少数者的一系列条约。通过签署这些条约,缔约国同意给予其境内的少数者某些最低限度的权利。

这些条约所保护的权利包括:

第一,不分出身、国籍、语言、种族或宗教,所有居民享有生存权和自由权。

第二,不论种族、宗教、语言有何差别,所有国民在法律面前平等,并享有同样的政治权利和民事权利。

第三,不因种族、宗教、信仰的差别而在担任公职、执行公务、享受荣誉,以及从事职业和经营产业方面受妨碍。

第四,任何国民在私人交涉、商业、宗教礼拜、出版以及公共会议上有使用任何语言的权利。

第五,建立和经营慈善、社区以及学校等机构的权利。

国际联盟负责监督和保证缔约国履行条约下的义务,非经国际联盟行政院多数同意不得变更。国际联盟通过建立一项处理少数者因权利受到侵犯而提出申诉的制度来行使这种职权。具体做法就是,国际联盟成立一个少数者委员会,受理少数群体及其成员提出的申诉,国家也有机会陈述其意见,并在适当时候,请国际常设法院就争议的法律问题发表咨询意见。这些少数者保护制度和机制在当时已是相当先进和有效。虽然这些少数者保护制度本身随着国际联盟的解散已不复存在,但现代国际人权保护机构参照和借鉴了国际联盟为保护少数者而首创的机构设置和制度安排。①

### 四、国际劳工保护

1919年的《凡尔赛和约》缔造了两个机构,一个是国际联盟(联合国的前身);另一个是国际劳工组织,现在是联合国的专门机构。国际劳工保护制度是由国际劳工组织建立和逐步完善起来的,现在也已经成为国际人权法的重要组成部分。

---

① 参见〔美〕托马斯·伯根索尔、黛娜·谢尔顿、戴维·斯图尔特:《国际人权法精要》(第4版),黎作恒译,法律出版社2010年版,第9页。

**小知识**

**国际劳工组织简介**

1919年,国际劳工组织(International Labor Organization,ILO)根据《凡尔赛和约》作为国际联盟的附属机构成立,1946年12月14日,成为联合国的一个专门机构。截至2023年4月已有187个成员。中国是该组织创始国之一。国际劳工组织的组织机构包括:(1)国际劳工大会:最高权力机构,每年召开一次会议,主要负责国际劳工立法,制定公约和建议书并从事技术援助和技术合作。(2)理事会:国际劳工组织的执行委员会,每3年经大会选举产生,在大会休会期间指导该组织工作,每年3月、6月和11月各召开一次会议。(3)国际劳工局:常设秘书处,设在瑞士日内瓦国际劳工组织总部。

国际劳工组织的宗旨是促进充分就业和体面劳动;促进劳资双方合作;扩大社会保障措施;主张通过劳工立法来改善劳工状况,进而获得世界持久和平,建立社会正义。

该组织实行独特的"三方机制"原则,即各成员国代表团由政府2人、工人和雇主代表各1人组成,三方都参加各类会议和机构,分别有独立的表决权。

国际劳工组织成立以后,一直重视保护弱势劳工群体的权利。《国际劳工组织宪章》在当时虽然没有出现"人权"的字样,但其劳工标准所倡导的"人人生而平等"的理念和追求"社会正义"的价值,正是人权的基本精神。自成立至2022年11月,国际劳工组织已制定了189项公约和202项建议书,形成了比较完备的国际劳工法体系。

国际劳工标准按其内容可分为以下几类:(1)基本劳工人权,包括结社自由和集体谈判权、废除强迫劳动、禁止童工、消除就业和职业中的歧视;(2)就业、社会政策、劳动管理、劳资关系、工作条件,包括工资、工时、职业安全卫生;(3)社会保障,包括工伤赔偿、抚恤、失业保险;(4)特定人群和职业,包括妇女、老年工人、残疾人、移民工人等。

国际劳工组织建立了以下劳工保护机制:(1)缔约国定期报告制度。国际劳工组织首先开创了由缔约国定期向国际劳工组织汇报本国在履行国际劳工标准方面进展情况的制度,成立由独立专家组成的委员会,负责审议报告,并向缔约国提出改进建议。(2)申诉和控告制度。任何雇主或工人协会均可向国际劳工局提出申诉或指控,控告政府在其管辖范围内未有效履行其承担的国际公约的义务。国际劳工组织在收到此类指控来文后,可以成立调查委员会进行调查。(3)成员国间的指控制度。任何成员国如果认为其他成员国没有遵守劳工公约,可以向国际劳工局提出控告。

这些保护机制,特别是缔约国定期报告制度,后来在联合国建立国际人权公约实施机制时被采纳。① 国际劳工组织在保障各国劳动者的权利、改善劳动条件和促进体面劳动方面发挥了重要的作用,为后来国际人权法的发展作出了重要贡献。

**五、禁止奴隶制和奴隶贸易**

奴隶制和奴隶贸易是最不人道的和野蛮的。19 世纪初,一些国家开始在国内禁止和废除奴隶买卖活动,早期禁止奴隶贸易的条约主要有:

1807 年英国通过的《废除奴隶贸易法案》;1815 年一些欧洲国家在维也纳会议上签署的《关于取缔贩卖黑奴的宣言》;1841 年英国、奥地利、法国、普鲁士、俄罗斯在伦敦签署的《关于取缔非洲奴隶贸易的条约》;1890 年由 19 个国家签订的《布鲁塞尔会议关于贩卖非洲奴隶问题的总议定书》,它是第一次世界大战之前有关国际社会禁止奴隶贸易的最为详尽和最为完备的多边国际公约,被称为"禁止买卖非洲奴隶的大宪章",它不仅一般地禁止奴隶买卖,而且规定了取缔奴隶买卖的措施。但是这些条约只禁止奴隶贸易而未禁止奴隶制度,因而都有一定的历史局限性和缺陷。

第一次世界大战之后,国际社会在禁止奴隶制方面有了重要进展。《国际联盟盟约》规定禁止和废除奴隶制和奴隶买卖,并设立了奴隶问题委员会。1926 年 9 月 25 日,国际联盟主持签署了《禁奴公约》。《禁奴公约》首次对奴隶制作出定义:"奴隶制为对一人行使附属于所有权的任何或一切权力的地位或状况。"《禁奴公约》责成各缔约国防止和惩罚奴隶贩卖,并逐步地和尽快地促进完全消灭一切形式的奴隶制。尽管公约没有规定实施机制,仅要求缔约国就各自为执行公约而作出的规定相互通告并通知国际联盟秘书长,但是国际联盟的努力为联合国建立后废除奴隶制和奴隶买卖奠定了重要基础。1953 年 10 月 23 日,联合国大会通过决议,批准了关于修正 1926 年《禁奴公约》的议定书,从而完成了将国际联盟禁止奴隶制和奴隶买卖的职权转移给联合国继续执行的法律程序。禁止奴隶制成为国际人权法中的一项习惯国际法规则。

## 第二节 《联合国宪章》与人权

建立联合国的直接原因是第二次世界大战中纳粹对人类灭绝人性的大屠杀。战时许多领导人相信,如果在当时有一个有权处理人权问题的强有力的国际组织,可能会避免战争的灾难。他们期望战后建立一个能担负起保护人权责

---

① 关于缔约国报告制度,详见本书第七章国际人权保护机制。

任的国际组织。

 **资　料**

**人权写入《联合国宪章》的历程**

1941年美国总统罗斯福在向国会提交的咨文中提出了四大自由,即言论自由、信仰自由、免于匮乏的自由和免于恐惧的自由。

1941年《大西洋宪章》中表达了缔约国"希望建立和平,使所有国家在它们境内安然自存,并保障所有地方的所有人在免于恐惧和不虞匮乏的自由中,安度他们的一生"。

1945年《联合国宪章》序言提出:"我联合国人民同兹决心欲免后世再遭今代人类两度身历惨不堪言之战祸,重申基本人权,人格尊严与价值,以及男女与大小各国平等权利之信念……设立国际组织,定名联合国。"

在旧金山会议上,一些国家和非政府组织都强烈要求《联合国宪章》中应包括一个《权利法案》(Bill of Rights),但会议没有足够的时间来讨论这个问题。最后《联合国宪章》中包含了7个人权条款,但各方代表同意建立一个人权委员会(《联合国宪章》第68条),负责起草"国际人权宪章"(International Bill of Human Rights)。尽管写进《联合国宪章》的人权条款远远没有达到当初的构想和预期,但《联合国宪章》的确为当代国际人权法的发展奠定了法律基础。

## 一、《联合国宪章》中的人权条款

### (一)《联合国宪章》第1条第3款

《联合国宪章》第1条确立了联合国的三大宗旨,即和平、发展与人权。其中第二项宗旨中的"尊重人民平等权利及自决原则"包含了集体人权的思想。

在联合国成立初期,大家一致认为,通过联合国而组织起来的国际社会对人权和基本自由给予有效的保护,肯定会加强联合国的权威,有利于维护世界和平与安全。凡联合国的成员国,应当承担国际义务,进行国际合作以促进人权的保护和享有。但是,《联合国宪章》第2条第7款又规定,"本宪章不得认为授权联合国干涉在本质上属于任何国家国内管辖之事件"。这里就涉及人权的国际保护与内政的关系问题,即为实现联合国"增进并激励对于全体人类之人权及基本自由之尊重"的宗旨,各国的国际合作要达到什么程度才不构成对《联合国宪章》第2条第7款所确立的不干涉内政原则的违反。联合国的实践表明,联合国对于《联合国宪章》第2条第7款所规定的权力限制,采取了限制性的解释。虽然有关国家引用该规定试图阻止联合国考虑某一人权问题,但"本质上属于任何国家国内管辖"并没有阻止联合国对国家侵犯人权的行为进行谴责、关注,甚至采取行动。例如自 1946 年以来,在联合国大会和联合国安全理事会(以下简称安理会)处理西班牙的政治体制、南非的种族隔离、葡萄牙的殖民地、关于印度和南非之间有关印度人在南非所受待遇等问题时,有关国家援用《联合国宪章》第 2 条第 7 款的国内管辖事项,主张联合国不得干涉这类问题,联合国并没有退却。国际法院在其"对保加利亚、匈牙利和罗马尼亚和约的解释案"中也驳回了"认为大会处理人权问题干涉了本质上属于国内管辖的事件"的异议。法院认定,从第 55 条来看,人权是《联合国宪章》范围以内的事项。①

 **资　料**

**《联合国宪章》第 1 条:**
联合国之宗旨为:
一、维持国际和平及安全;并为此目的:采取有效集体办法,以防止且消除对于和平之威胁,制止侵略行为或其他和平之破坏;并以和平方法且依正义及国际法之原则,调整或解决足以破坏和平之国际争端或情势。
二、发展国际间以尊重人民平等权利及自决原则为根据之友好关系,并采取其他适当办法,以增强普遍和平。
三、促成国际合作,以解决国际间属于经济、社会、文化及人类福利性质之国际问题,且不分种族、性别、语言或宗教,增进并激励对于全体人类之人权及基本自由之尊重。
四、构成一协调各国行动之中心,以达成上述共同目的。

(二)《联合国宪章》第 55 条和第 56 条

《联合国宪章》第 55 条、第 56 条是人权的关键条款。关于第 55 条和第 56 条的法律效力,有两种不同的观点。一种观点认为,第 56 条并没有构成成员国的直接义务,"促进尊重与遵守人权"的要求只是一种倡导,而不能解释为给成员国创设了法律义务,因为宪章并没有说明应保护什么人权,也缺乏人权保护的机制,宪章中的人权条款只是对联合国组织的目的和职能作出规定,而不是成员国的义务。② 另一种观点认为,该两条款为联合国成员国创设了人权义务,尤其第 56 条具有法律责任的明显要素。美国学者杰赛普(Jessup)认为:"至少就联合国成员国而言,尊重人的尊严和基本人权是一种义务,这已经是法律。这个义

---

① 参见〔英〕詹宁斯、瓦茨修订:《奥本海国际法》,王铁崖等译,中国大百科全书出版社 1995 年版,第 360 页。
② 王铁崖主编:《国际法》,法律出版社 2003 年版,第 29 页。

务是宪章所规定的,而宪章是他们所缔结的一个条约。把这个义务加以扩大,把它变成具体规则,则需进一步的立法性行动。"① 虽然《联合国宪章》缺乏关于人权的定义,也没有执行机制的规定,这在一定程度上不利于这些规定的实施,但并不影响它们的法律性质。

关于第55条和第56条的法律效力,联合国的态度非常明确。联合国大会在一些决议中敦促成员国遵守《联合国宪章》第56条所确立的促进尊重与遵守人权的义务,例如大会在关于南非种族局势的第616号决议中指出,南非政府旨在加剧种族歧视的政策,是与各成员国根据《联合国宪章》第56条作出的承诺相抵触的。大会在此后关于南非种族问题的决议中不断援引第56条,呼吁各国按照《联合国宪章》采取个别或集体措施以促使南非政府放弃这些政策。1968年关于人权的德黑兰会议通过的第17号决议明确无误地提到有关《联合国宪章》的规定已构成国际义务。② 很多国家也承认《联合国宪章》所确立的人权义务,英国政府曾说明,第55条和第56条使联合国成员国政府负有义务奉行以增进人权为目而进行合作的政策。③

 资　料

**《联合国宪章》关于人权的规定(第55条和第56条)**

**第55条**　为造成国际间以尊重人民平等权利及自决原则为根据之和平友好关系所必要之安定及福利条件起见,联合国应促进:(子)较高之生活程度,全民就业,及经济与社会进展。(丑)国际间经济、社会、卫生及有关问题之解决;国际间文化及教育合作。(寅)全体人类之人权及基本自由之普遍尊重与遵守,不分种族、性别、语言或宗教。

**第56条**　各会员国担允采取共同及个别行动与本组织合作,以达成第五十五条所载之宗旨。

(三)《联合国宪章》第13条第1款、第62条第2款、第68条和第76条

根据《联合国宪章》,联合国大会在履行其依《联合国宪章》所负职责的过程中,在人权国际保护方面发挥了重要作用。

这些条款突出了联合国经济及社会理事会(以下简称"经社理事会")在人权方面的职能。《联合国宪章》第68条为经社理事会后来设立各种人权机构提供了法律依据。据此,1946年经社理事会建立了人权委员会(2006年被现在联

---

① 王铁崖主编:《国际法》,法律出版社2003年版,第70页。
② 同上书,第442页。
③ 同上书,第443页。

合国大会下设的人权理事会所取代)和联合国妇女地位委员会(2010年与其他机构合并成为联合国促进性别平等和妇女赋权实体)。

《联合国宪章》第76条是关于联合国托管制度的规定。联合国的托管协定无一例外地包含了旨在实施这一条款的规定。大多数托管协定还特别要求,管理当局有义务保证托管领土的居民享有思想、言论、出版、集会、请愿、宗教、移居与迁徙等方面的自由。托管理事会在保护托管领土内的人权方面曾经发挥过重要作用,先后使11块托管领土结束了托管,其中大部分建立了新的主权国家,少数并入了邻近的独立国家,使这些领土上的约2000万人摆脱了外国的控制,实现了他们的自决权。①

 资　料

**《联合国宪章》其他关于人权的规定**

**第13条第1款**　大会应发动研究,并作成建议:(子)以促进政治上之国际合作,并提倡国际法之逐渐发展与编纂。(丑)以促进经济、社会、文化、教育及卫生各部门之国际合作,且不分种族、性别、语言或宗教,助成全体人类之人权及基本自由之实现。

**第62条第2款**　本理事会为增进全体人类之人权及基本自由之尊重及维护起见,得作成建议案。

**第68条**　经济及社会理事会应设立经济与社会部门及以提倡人权为目的之各种委员会,并得设立于行使职务所必需之其他委员会。

**第76条**　按据本宪章第一条所载联合国之宗旨,托管制度之基本目的应为:……(寅)不分种族、性别、语言或宗教,提倡全体人类之人权及基本自由之尊重,并激发世界人民互相维系之意识。

## 二、《联合国宪章》人权条款的意义

《联合国宪章》对人权问题只作了一般性规定,缺乏对"人权"及"基本自由"的定义,也没有规定应予保护的人权的具体内容和保障人权的具体措施。上述有关人权的条款很分散,缺乏系统的专门规定,用语极其简练,甚至是含糊的,以至于人们对《联合国宪章》中有关人权的规定的法律效力产生了许多争议。尽管如此,《联合国宪章》对国际人权法的形成和发展仍然产生了巨大的影响。

---

①　富学哲:《从国际法看人权》,新华出版社1998年版,第34页。

（一）《联合国宪章》人权条款是人权国际化的开端

《联合国宪章》是世界上第一个对人权问题作出原则性规定的国际法律文件，第一次对始于第二次世界大战的人权运动作出了正式、权威的宣告。作为一个多边国际公约，《联合国宪章》对联合国所有成员国具有法律约束力，通过遵循《联合国宪章》，成员国承认《联合国宪章》中涉及的"人权"是国际关注的主题。这并不是说，发生在成员国的每一个违反人权的事件都会受到国际关注，而是意味着，人权不再纯属于国内管辖事项。一个已经批准《联合国宪章》的国家，即使没有任何其他条约义务，一旦残暴地对待其国民，也不得以内政为由逃避其在国际法上应承担的责任。正如1993年《维也纳宣言和行动纲领》所强调指出的，"促进和保护所有的人权是国际社会合法的关注"[①]。

（二）《联合国宪章》人权条款是人权主流化的开端

联合国自1945年成立，截至2023年5月9日，已经有193个成员国，几乎包括了世界上所有的主权国家。《联合国宪章》确定了三大宗旨，即和平、发展与人权。不过，《联合国宪章》中对人权的规定主要是"促进"人权，而没有提及"保护"人权。因此，很多学者认为，《联合国宪章》中的人权条款都仅具有促进的性质。在联合国成立之初也没有一个主要机构专门处理人权的问题。虽然经社理事会承担了人权的主要职责，但它很快将这一职责交给了其下设的人权委员会。人权委员会在一段时间内，严格遵循"促进人权"的字面含义，不愿意超出咨询服务的范围。因此，联合国的主要成就是确立标准，即人权委员会对人权标准进行了内容广泛的普遍性编纂。除了拟定1948年《世界人权宣言》、1966年两个人权公约外，还制定了一系列的专门性公约，如1948年的《惩治灭种罪公约》、1965年的《消除一切形式种族歧视国际公约》、1973年的《禁止并惩治种族隔离罪行国际公约》、1979年的《消除对妇女一切形式歧视公约》、1984年的《禁止酷刑和其他残忍、不人道或有辱人格的待遇或处罚公约》、1989年的《儿童权利公约》，以及2006年的《残疾人权利公约》等，这些国际人权公约构成了国际人权法的框架和实体内容，而它们都是根据《联合国宪章》的宗旨和原则制定的。这些普遍性编纂过程奠定了法治、民主和人权基础上的世界新秩序的基石。联合国人权高级专员（以下简称联合国人权高专）的建立、人道主义救援行动、临时性国际刑事法庭的设立、长时间处于睡眠状态中的国际刑法的复苏等都标志着和平、发展与人权成为联合国的三大支柱，三者不可分割地联系在一起，人权不再是一个可有可无的边缘话题，而是越来越成为一种实践行动，成为世界新秩序的主流，并渗透到几乎所有领域。

---

[①] 1993年《维也纳宣言和行动纲领》第1部分第4项。

（三）《联合国宪章》的人权条款是国际人权法形成的基础

第二次世界大战以前，尽管一些国际条约中有人权保护的内容，但条款很零散，且明显地局限于特定的对象和地理范围，没有人权国际保护的概念，也就更谈不上在世界范围内建立一种行之有效的国际人权保护制度。《联合国宪章》明确提出了"促进普遍尊重与遵守人权及基本自由"的概念，并使人权保护从过去零散的、有限范围的、对特定人群和特定权利的保护变成了对全世界所有人的全面的人权保护；《联合国宪章》赋予了联合国大会和经社理事会在人权方面的具体权力。根据《联合国宪章》，联合国还建立了人权委员会。其结果是一大批国际人权文件的诞生和国际人权保护监督机制的建立，从而形成了国际法的一个新的分支——国际人权法。

（四）《联合国宪章》的人权条款是战后国际社会人权活动的基本法律依据

国际人权宪章及其他国际人权文件大都表明了《联合国宪章》的这种作用。例如，《世界人权宣言》序言表明，该宣言的制定是基于各联合国家人民已在《联合国宪章》中重申他们对基本人权、人格尊严和价值以及男女平等权利的信念，以及各成员国业已誓愿同联合国合作促进对人权和基本自由的普遍尊重与遵行。作为普遍性国际组织的章程，《联合国宪章》不可能对人权问题作出详尽具体的规定，只能作出一些一般性的规定，成员国所承担的也是一般性的义务，正是这种"一般性"或"弹性"规定使《联合国宪章》发挥了具体性规定所不能发挥的作用。

 思 考

《联合国宪章》为什么没有具体规定人权的内容？

## 第三节　国际人权宪章

"国际人权宪章"是联合国人权保护体系中最基本的人权文件，这些文件体现了全面的人权国际标准，是联合国促进、监督和保护人权活动的主要依据。

### 一、《世界人权宣言》

（一）《世界人权宣言》产生的历史背景

《世界人权宣言》(The Universal Declaration of Human Rights)由联合国大会

# 第三章 国际人权标准

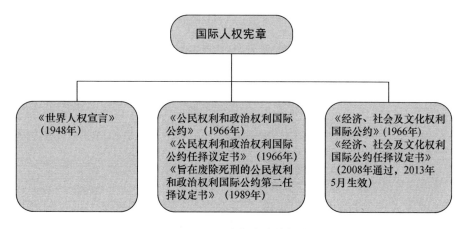

图 3.2 国际人权宪章的构成

于 1948 年 12 月 10 日通过,是第一个专门的普遍性国际人权文件。虽然该文件是由联合国大会通过的,没有法律拘束力,但它为联合国之后两个人权公约作了铺垫,也被许多国家的宪法及司法机关所引用。

1946 年 2 月,根据《联合国宪章》第 68 条的规定,经社理事会设立了人权委员会,负责起草国际人权宪章。人权委员会由 18 个成员组成。美国罗斯福总统的夫人安娜·埃莉诺·罗斯福担任委员会主席。对于国际人权宪章采取什么形式,各国在人权委员会第一次会议上产生了分歧。如果文件必须具有法律约束力,文件的内容和普遍性原则就可能会受到限制。最后,人权委员会决定起草两份文件,一份是宣言,以联合国大会决议的形式在大会通过。另一份文件采用公约的形式,它需要国家的批准或加入而生效。在起草宣言时,人权委员会力争使其内容简明扼要、易于理解并能为全体成员所接受。起草者们的意图是不赋予宣言文本法律拘束力,而是强调宣言的宣示性意义。正如人权委员会所指出的,该宣言具有强大的道德力量,因为宣言实际上是在向全世界宣告,人权是什么。① 人权委员会经过 2 年的努力完成了宣言的起草工作。

1948 年 12 月 10 日,在巴黎召开的第三届联合国大会上以 48 票赞成、0 票反对、8 票弃权的多数通过了《世界人权宣言》。② 12 月 10 日这一天被联合国定为"国际人权日"。

(二) 中国在《世界人权宣言》起草中的贡献

虽然各国在起草一个权利法案方面的意愿是一致的,但是起草委员会成员

---

① "Universal Declaration of Human Rights"(1948), A/RES/3/217A(Ⅲ).
② 投弃权票的国家是:沙特阿拉伯、南非、苏联、白俄罗斯、乌克兰、波兰、捷克斯洛伐克和南斯拉夫。

代表了不同的社会制度、意识形态、历史文化传统和国家利益，必然会经历一个曲折的过程。我国代表张彭春担任人权委员会副主席，对《世界人权宣言》的起草作出了历史性的卓越贡献。张彭春从中国的儒家文化传统出发，在《世界人权宣言》第1条修改时增加了关于"良心"的表述，体现了中国儒家"仁"的思想，并提出个人与社会是不可分的，宣言不能只反映西方的人权思想，也应体现儒家文化和东方权利观念。他在起草过程中不断地向各国代表解释中国的人权观点，并运用儒家思想解决谈判中遇到的僵局。他的参与和坚持使得《世界人权宣言》增加了普遍性。

（三）《世界人权宣言》的内容

《世界人权宣言》由序言和30个条文组成。第1条表明了宣言的思想基础："人人生而自由，在尊严和权利上一律平等。他们赋有理性和良心，并应以兄弟关系的精神相对待。"第2条规定了平等与不歧视原则："人人有资格享有本宣言所载的一切权利和自由，不分种族、肤色、性别、语言、宗教、政治或其他见解、国籍或社会出身、财产、出生或其他身份等任何区别。并且不得因一人所属的国家或领土的政治的、行政的或者国际的地位之不同而有所区别，无论该领土是独立领土、托管领土、非自治领土或者处于其他任何主权受限制的情况之下。"

《世界人权宣言》基本上沿袭了启蒙时代关于天赋人权的人权观点和国内实践，强调个人的权利和自由，主要体现在第3条至第21条关于生命权、免受酷刑、司法公正、财产权、思想、良心和宗教自由等19项公民和政治权利的规定中。

令人瞩目的是，《世界人权宣言》中的经济、社会和文化权利也在一定程度上被西方国家所接受，因为宣言认识到经济、社会和文化权利是个人尊严和人格自由发展所必需的，这些权利的实现需要"通过国家努力和国际合作"，而实现这些权利的程度取决于每个国家的资源情况。《世界人权宣言》事实上已经认识到了人权的不可分割性和相互依赖性这一重要特征，而这一点直到1993年的维也纳世界人权大会才获得正式承认。[①]

第22条至第27条规定了经济、社会及文化方面的权利，主要包括工作权、同工同酬、组织和参加工会的权利、适当的生活水准、社会保障权和教育权等权利。

第28条至第30条规定了实现人权的条件和对人权的限制。《世界人权宣言》认识到，权利不是绝对的，个人不但享有权利，而且还负有义务，对权利作出限制不但是可能的，而且是必需的。因此，为了维护国家安全、公共秩序和他人的人权，人权也可能受到一定的限制。

---

[①] 〔奥〕曼弗雷德·诺瓦克：《国际人权制度导论》，柳华文译，北京大学出版社2010年版，第73页。

## （四）《世界人权宣言》的意义

《世界人权宣言》是第一个对人权进行全面编纂的正式的国际文件,受当时历史条件的限制,它存在一定的局限。例如,该宣言没有保护少数者方面的条款,也没有规定民族自决权之类的集体人权,这使得苏联及其盟国在联合国大会上投了弃权票。另外,为了获得世界各国人民和政府的广泛接受,《世界人权宣言》在技术上采取了较为抽象的措辞方式,使其内容带有不确定性。但这一局限性并没有阻碍其对国家间关系产生巨大影响。正如著名国际人权法专家艾德教授所说:"《世界人权宣言》所体现的温和、宽容和理解精神,可能会被视为人类走向全球文明化过程中的一个最大进步。"① 《世界人权宣言》通过后的这70多年的历史证明,民主与人权已经成为国际社会不可逆转的发展目标。其意义和作用得到了国际社会的高度评价。

首先,《世界人权宣言》对《联合国宪章》中提出的"人权及基本自由"的具体内容作出了系统的权威性解释。虽然其在形式上是联合国大会通过的决议,根据《联合国宪章》没有约束力,但其是《联合国宪章》所载"人权及基本自由"的权威解释。有人从这一意义上将它视为"间接地构成了条约国际法"②。

其次,《世界人权宣言》首次提出了所有人民和所有国家应当努力实现的共同人权标准。其序言指出:"发布这一世界人权宣言,作为所有人民和所有国家努力实现的共同标准,以期每一个人和社会机构经常铭记本宣言,努力通过教诲和教育促进对权利和自由的尊重,并通过国家的和国际的渐进措施,使这些权利和自由在各会员国本身人民及在其管辖下领上的人民中得到普遍和有效的承认和遵行。"

再次,《世界人权宣言》是第一个在国际领域系统地提出保护和尊重人权具体内容的国际文件,具有开创意义。该宣言为联合国后来主持制定的1966年两部国际人权公约等普遍性人权条约和区域性人权条约奠定了基础。1993年世界人权大会通过的《维也纳宣言和行动纲领》强调,构成所有人民和所有国家努力实现的共同标准的《世界人权宣言》是启迪的源泉,也是一种基础,联合国在此基础上促进了现有国际人权标准的制定工作,特别是《公民和政治权利公约》和《经社文权利公约》中标准的制定工作。

最后,《世界人权宣言》的一些规定逐渐具有国际习惯的性质。虽然该宣言不具有法律拘束力,但由于不断地得到国际人权文件的普遍承认和提及,被很多国家的国内宪法直接援引和确认,而且还在国际法院的判决中得到适用,其中的

---

① 〔瑞典〕格德门德尔·阿尔弗雷德松、〔挪威〕阿斯布佐恩·艾德编:《〈世界人权宣言〉:努力实现的共同标准》,中国人权研究会组织翻译,四川人民出版社1999年版,第5页。

② 〔奥〕曼弗雷德·诺瓦克:《国际人权制度导论》,柳华文译,北京大学出版社2010年版,第73页。

许多原则,例如禁止酷刑和奴役,具有国际习惯法的性质并因此对所有国家都有约束力。

 思 考

《世界人权宣言》与《联合国宪章》中人权条款的关系。

## 二、《公民和政治权利公约》和《经社文权利公约》

### (一) 两个人权公约诞生的历史背景

《世界人权宣言》通过后,人权委员会开始着手起草国际人权宪章的第二个文件,即对缔约国具有法律约束力的公约。人权委员会面临的一个困难是,西方国家与社会主义国家在经济、社会和文化权利是否应该以及如何写进公约的问题上存在重大分歧。西方国家强调公民和政治权利,而经济、社会和文化权利只是"纲领性的权利",不能确立任何可直接执行的国际义务,因此不具有可诉性。而社会主义国家则强调人权的不可分割性,但原则上拒绝任何形式的国际监督。由于这些人权观点的差异,在"冷战"时期制定一个包括各种人权和有效实施程序的普遍性人权公约是非常困难的。

1950年联合国大会的意见认为:享有公民和政治权利与享有经济、社会和文化权利是相互联系、相辅相依的,在公约草案中应明确地包括与所载的公民和政治权利有关的经济、社会和文化权利。① 但人权委员会仍然把经济、社会和文化权利视为不同的一类权利,在公约中对经济、社会和文化权利条款规定了不同于公民和政治权利的履行机制,使得同一个公约中出现了两种不同的履行机制,这样势必造成公约履行上的不便。经社理事会不得不要求大会重新考虑分别制定两个公约的做法。大会最终作出决定,指示人权委员会起草两个公约,……一个包括公民权利和政治权利,另一个包括经济、社会和文化权利,以便使大会同时通过这两个公约,同时向国家开放签署。为了强调两个公约的一致性,保障对人权的尊重与遵守,两个公约应尽可能多地包括一些相似的条款。②

1954年,人权委员会完成了两个公约的起草。1966年,联合国大会通过了两个人权公约,并交付各国签署和批准。

---

① A/RES/421(V),1950.
② A/RES/543(Ⅵ),1952.

## 思 考

为什么原本意图制定一个有约束力的人权公约但最终结果是制定了两个人权公约?

### (二)《公民和政治权利公约》的内容

《公民和政治权利公约》更为具体地描述了各种权利,陈述了尊重特定权利的义务,为监督公约的实施提供了更好的方式。

公约涉及的权利包括:生命权,免于酷刑和不人道待遇的自由,免于奴役和强迫劳动的自由,人身自由和安全权,被剥夺自由者享有人道待遇权,免于因债务而被监禁的自由,迁徙自由,外国人免于非法驱逐的自由,公正审判权,禁止刑法的溯及效力,法律面前的人格权,私生活不受干扰权,思想、良心和宗教自由,自由发表意见权,禁止鼓吹战争的宣传或煽动民族、种族或宗教仇恨,和平集会权,自由结社权,婚姻和成立家庭权,儿童的受保护权,参政权,法律面前平等与不歧视,人种、宗教或语言的少数者受保护的权利。与《世界人权宣言》相比,该公约有些新的规定,例如:关于被剥夺自由者享有人道待遇的第 10 条,关于任何人不得仅仅因无力履行约定义务而被监禁的第 11 条,关于禁止鼓吹战争的宣传或煽动民族、种族或宗教仇恨的第 20 条和关于少数者权利的第 27 条。但公约未列入《世界人权宣言》第 14 条的庇护权和第 17 条的私有财产权。

### (三) 两个任择议定书的内容

1966 年,联合国通过《公民和政治权利公约》的同时,也通过了《公民权利和政治权利国际公约任择议定书》,即《第一任择议定书》,作为一个单独文件向《公民和政治权利公约》缔约国开放签署。截至 2023 年 5 月 9 日,已有 116 个国家批准了《第一任择议定书》。根据该议定书的规定,批准该议定书的公约缔约国承认,人权事务委员会有权接受并审查在该国管辖下的个人向人权事务委员会提交的指称该国侵害其公约权利的申诉。议定书具体规定了个人申诉可接受的条件及人权事务委员会处理申诉的程序。①

其二,1989 年联合国大会通过了《旨在废除死刑的〈公民权利和政治权利国际公约〉第二项任择议定书》(以下简称《第二任择议定书》)。截至 2023 年 5 月 9 日,共有 90 个国家批准了该议定书。根据该议定书的规定,在缔约国管辖范围内任何人不得被处死刑,此种权利不能克减。除依照国内法规定,对战争期间发生的具有军事性质的最严重的罪行执行死刑作出保留外,对议定书不得有任

---

① 关于个人申诉制度,详见本书第六章。

何其他保留。

(四)《经社文权利公约》及其议定书的主要内容

《经社文权利公约》(包括31个条款),由序言和5个部分组成。与《公民和政治权利公约》一样,序言重申了公约的基本原则和思想基础,它宣布,公约中的权利是建立在对人的"固有尊严"的基础之上的,这些权利形成了"世界自由、正义与和平的基础"。

受公约保护的权利主要包括:工作权、公正和良好的工作条件、组织工会权、社会保障权、相当的生活水准权、健康权、受教育权、参加文化生活和享受科学进步及其应用所产生利益权。与《世界人权宣言》相比,《经社文权利公约》的条文增加了6条,其内容更为具体、详细,并有新的发展。如《经社文权利公约》不仅规定了工作权,且在第7条详细规定了公平工资、男女同工同酬、安全和卫生及公共假日报酬等公正和良好的工作条件,第8条还规定了组织和参加工会的权利。

为了纠正忽略经济、社会和文化权利的现象,保证公约的全面落实,2008年12月10日,联合国大会一致通过了《经济、社会及文化权利国际公约任择议定书》,旨在赋予经济、社会和文化权利委员会(以下简称经社文权利委员会)接受和处理个人申诉的职权。根据该任择议定书的规定,缔约国公民在竭尽一切努力后仍无法在本国获得公正待遇和裁定时,可向经社文权利委员会就其相关权利遭到侵害的事实提出申诉。截至2023年5月9日,已经有27个国家批准了该议定书。

该议定书包括序言和22个条款,主要内容有:授权经社文权利委员会接受和审议"个人自行或联名提交或以其名义提交"(第1条、第2条)的来文;受理的条件和临时措施(第3条、第5条);国家间来文(第10条);调查程序(第11条);国际援助与合作(第14条)。

### 三、对两个人权公约的评述

如果说《世界人权宣言》是对《联合国宪章》中的人权条款的权威解释和具体化,那么联合国1966年两个国际人权公约则是对《世界人权宣言》内容的法律化和对保障实施机制的程序化。虽然公民和政治权利与经济、社会和文化权利被分别规定在两个不同的公约中,但联合国的决议和文件强调这些权利是相互联系、不可分割的一个整体。两个公约序言在内容上也基本相同,它反映出联合国力求使这两个普遍性国际人权公约的目的和基础保持一致。另外,两个公约还包含了一些相同的条款,如民族自决权、禁止歧视原则。

然而,从两个公约关于权利实现的规定来看,公民和政治权利与经济、社会和文化权利又各有其特点：前者的重点在于保护个人免受来自国家的干涉、限制和非法侵害，国家承担的主要是"消极"义务，例如《公民和政治权利公约》第12条规定的迁徙自由，只要国家对人的迁徙不加干涉，这一自由就可能实现；而后者则需要国家积极行动、采取一定的措施，国家承担的主要是"积极"义务，如《经社文权利公约》第13条规定的受教育权，国家除制定必要的法律和政策外，还需要投入经费和人力、采取监督措施，才能保证权利的实现。

虽然两个公约原则上是平等的，但《经社文权利公约》第2条第1款对国家义务的规定较《公民和政治权利公约》弱得多，前者只规定了缔约国"尽最大能力……采取步骤……，逐步达到本公约中所承认的权利的充分实现"，这样的措辞往往被解释为只规定了行为的义务，而不是结果的义务，即缔约国承担了逐步实现经济、社会和文化权利的义务。《公民和政治权利公约》要求缔约国承担立即实现的义务。例如第7条规定："任何人均不得加以酷刑或施以残忍的、不人道的或侮辱性的待遇或刑罚……"

《公民和政治权利公约》已经成为人权领域最具有普遍性的人权条约之一，截至2023年5月9日，《公民和政治权利公约》共有173个缔约国。公约系统和完整地规定了个人的公民和政治权利的最低限度的国际标准。

截至2023年5月9日，《经社文权利公约》已有171个缔约国。公约对经济、社会和文化权利的保护非常具体，例如第6条规定了工作权，第7条又详细规定了公平工资、同工同酬、公正和良好的工作条件等。公约的弱点在于其监督机制，公约只规定了国家报告等强制性程序，并将审查报告的任务交给了经社理事会。随着公约缔约国数目的逐渐增多以及审议缔约国报告的任务越来越重，经社理事会于1985年通过了第1985/17号决议，并据此设立了一个专家机构——经社文权利委员会。可见，与其他人权条约机构不同，经社文权利委员会成立的依据不是条约本身，而是联合国经社理事会的决议。

## 第四节　专门性国际人权公约

联合国的核心人权公约，除了上述国际人权宪章的组成部分外，还包括了一些专门性国际人权公约，其中关于妇女、儿童和残障人权利的公约将在本书第六章"特定群体的人权"中专门讨论，这里仅介绍《消除一切形式种族歧视国际公约》《禁止酷刑和其他残忍、不人道或有辱人格的待遇或处罚公约》《保护所有移徙工人及其家庭成员权利国际公约》和《保护所有人免遭强迫失踪国际公约》以及联合国核心人权公约之外的几个专门性公约。

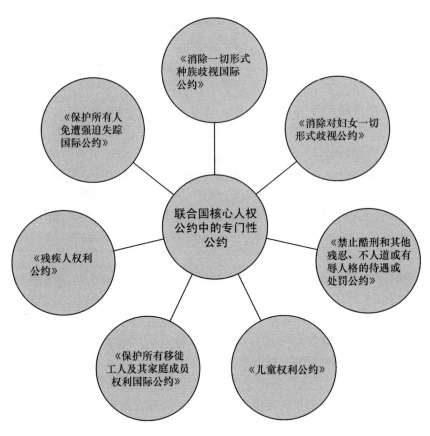

图 3.3 专门性国际人权公约

## 一、《消除一切形式种族歧视国际公约》

种族歧视最恶劣的表现形式是纳粹德国对犹太人的迫害和南非种族主义政权实行的将种族歧视制度化的种族隔离政策。与种族歧视作斗争一直是联合国人权活动的核心内容。在通过两个人权公约的前一年(1965年),联合国通过了《消除一切形式种族歧视国际公约》(International Convention on the Elimination of All Forms of Racial Discrimination, ICERD,以下简称《消除种族歧视公约》),公约于1969年1月4日正式生效。截至2023年5月9日,共有182个缔约国。1982年1月28日《消除种族歧视公约》对中国生效(中国对第22条提出了保留)。

《消除种族歧视公约》第1条给种族歧视下了定义,即"基于种族、肤色、世系或民族或人种的任何区别、排斥、限制或优惠,其目的或效果为取消或损害政治、经济、文化或公共生活任何其他方面人权及基本自由在平等地位上的承认、享受或行使"。但缔约国对本国国民与外国公民的区别、排斥、限制或优惠不适用该公约。该公约包括了一个公民和政治权利及经济、社会和文化权利的简短目录,各国必须承担禁止在这些权利的享有上实行种族歧视的义务,禁止歧视的领域包括政治、就业、公共场所,例如交通工具、餐馆、公园。《消除种族歧视公约》不仅禁止种族歧视的行为,而且禁止宣传或煽动任何种族优越感的思想或理论(第4条)。缔约国承诺,对煽动种族歧视者依法惩处。《消除种族歧视公约》第2条第1款要求缔约国"立即以一切适当方法实行消除一切形式种族歧视与促进所有种族间的谅解的政策"。

根据该公约设立的消除种族歧视委员会,是联合国第一个人权条约机构,为以后的条约实施机制,如国家报告制度的建立和完善发挥了先锋作用。公约规定的实施机制包括:缔约国定期报告制度、国家间指控制度和个人申诉制度。但实践证明,《消除种族歧视公约》第9条规定缔约国在公约生效后1年内及以后每2年向消除种族歧视委员会提交报告,这个周期过短,不切实际,导致了缔约国对报告义务的违反和撰写报告的敷衍,并为消除种族歧视委员会审查报告带来了过重的负担。委员会对此进行了一些改革,在议事规则中限制了定期报告的义务,在某些情况下,优先考虑缔约国提交的紧急报告。

《消除种族歧视公约》第11条规定了国家间指控制度,这是所有联合国条约中最早规定国家间指控制度的条款,而且第11条不是任择性的,而是所有批准公约的国家自动接收国家间指控制度。2018年,该公约建立的人权条约机构——消除种族歧视委员会首次受理了3起依据《消除种族歧视公约》第11条提起的国家间指控,即卡塔尔诉阿拉伯联合酋长国、卡塔尔诉沙特阿拉伯和巴勒斯坦国诉以色列。依据公约,消除种族歧视委员会通过建立临时和解委员会来解决国家间的指控。①《消除种族歧视公约》第14条规定了任择性的个人申诉程序,截至2023年5月9日,有59个国家承认了委员会的这一职权。

## 二、《禁止酷刑和其他残忍、不人道或有辱人格的待遇或处罚公约》

在世界范围内杜绝酷刑是联合国创立后所面临的重大挑战之一。1984年12月10日,联合国大会通过了《禁止酷刑和其他残忍、不人道或有辱人格的待遇或处罚公约》(Convention against Torture and Other Cruel, Inhuman or Degrading Treatment or Punishment,以下简称《禁止酷刑公约》),公约于1987年6月26日生效。截至2023年5月9日,有173个国家批准了该公约。中国于1986年12月12日签署了《禁止酷刑公约》,1988年11月3日,公约对中国生效,中国对该

---

① "Interstate Communications Qatar v. Kindom of Saudi Arabia and Qatar v. United Arab Emirates", available at https://www.ohchr.org/EN/HRBodies/CERD/Pages/InterstateCommunications.aspx,2023-5-9.

公约第 20 条和第 30 条第 1 款持有保留。

根据《禁止酷刑公约》第 1 条第 1 款,"酷刑"是指为了向某人或第三者取得情报或供状,为了他或第三者所作或涉嫌的行为对他加以处罚,或为了恐吓或威胁他或第三者,或为了基于任何一种歧视的任何理由,蓄意使某人在肉体或精神上遭受剧烈疼痛或痛苦的任何行为,这种疼痛或痛苦是由公职人员或以官方身份行使职权的其他人所造成的或在其唆使、同意或默许下造成的。纯因法律制裁而引起或法律制裁所固有或附带的疼痛或痛苦不包括在内。这个定义意味着酷刑不包括因疏忽导致的行为,不包括私人行为,不能是无目的的行为且遭受的痛苦要达到某种剧烈程度。公约最后将"合法的制裁"排斥在外,引起了很多争议,因为这可能导致有些国家在刑法上将酷刑使用合法化,逃避酷刑的法律责任。

根据《禁止酷刑公约》第 17 条设立禁止酷刑委员会。公约规定的实施机制包括:(1) 国家报告制度。(2) 调查制度。根据《禁止酷刑公约》第 20 条的规定,委员会有权接收关于指称缔约国境内经常施行酷刑的情报,并对这类指称主动进行调查。就人权条约而言,这是一项创新。该调查程序具有两个特点:保密性和寻求有关缔约国的合作。这一调查还可以包括指定成员到该国境内访问,届时他们可听取证人的证词。指定的成员将其调查结果提交委员会,而委员会则将调查结果连同其评论或建议一并转交该缔约国,并请该国就它对委员会调查结果采取的行动通知委员会。委员会的这一调查权限是非强制性的,这意味着,在批准或加入公约时,缔约国可声明不承认这一权限。(3) 国家间的指控。委员会可接受和审议某一缔约国声称另一缔约国未履行公约义务的来文,但以缔约国承认委员会有此权限为前提。该程序迄今未被使用过。(4) 个人申诉。委员会可以接受并审议缔约国管辖下因该缔约国违反公约条款而受害的任何个人提交的申诉,但委员会在这一方面的权限必须得到有关缔约国的明确承认。(5) 查访机制。2002 年 12 月,联合国大会通过了《〈禁止酷刑和其他残忍、不人道或有辱人格的待遇或处罚公约〉任择议定书》。该议定书的宗旨是建立一种对缔约国的拘留场所进行经常性调查访问的预防性机制。根据该议定书,要建立一个由来自缔约国的专业人士组成的小组委员会,负责组织"查访团",对缔约国管辖下的领土上的拘留场所随时随地地进行"查访",其目的是在酷刑尚未发生但可能发生的情况下,帮助政府预防酷刑和虐待行为,并根据查访结果,向有关政府提出建议,改善拘禁场所或任何公共当局关押被剥夺自由的人的场所的条件。由于该制度允许不经过相关国家同意就进行查访,所以遭到有关国家的反对。该议定书于 2006 年 6 月 22 日生效,截至 2023 年 5 月 9 日,共有 92 个国家批准了该议定书。中国自始至终参加了议定书的起草工作,并支持在禁止酷刑领域加强国际合作,但同时认为,议定书规定的可随时随地强制查访缔约国羁押场所的国际机制未能充分尊重缔约国主权,因此中国在联合国大会对议定书进行表决时投了反对票。①

## 三、《保护所有移徙工人及其家庭成员权利国际公约》

1990 年 12 月 18 日,联合国大会通过了《保护所有移徙工人及其家庭成员权利国际公约》(International Convention on the Protection of the Rights of All Migrant Workers and Members of Their Families,以下简称《移徙工人权利公约》),公约于 2003 年 7 月 1 日公约生效。根据《移徙工人权利公约》第 2 条的规定,"移徙工人"指在非其国民的国家将要、正在或已经从事有报酬活动的人。包括"边境工人""季节性工人""海员""近海装置上的工人""行旅工人""项目工人""特定聘用工人"和"自营职业工人"。公约不适用于国际组织和机构派遣或雇用或一国外派或在其境外雇用的从事公务的人员;一国外派或在其境外雇用或代表一国参与发展方案和其他合作方案的人员;作为投资者在非国籍国居住的人;难民和无国籍的人,但有关缔约国的法律或对其生效的国际文书规定适用的情况除外;学生和受训人员;未获就业国接纳入境居住和从事有报酬活动的海员和近海装置上的工人。

公约要求缔约国改善移徙工人及其家庭成员国际移徙的合理、公平和人道条件,采取立法及其他必要措施保障移徙工人政治、经济、社会和文化权利。公约设立了保护所有移徙工人及其家庭成员权利委员会。委员会负责审查缔约国报告、处理缔约国间的指控(以缔约国声明接受此权限为条件)、受理个人申诉来文(个人申诉制度要求应有 10 个缔约国根据第 77 条第 1 款作出声明时方能生效)。截至 2023 年 5 月 9 日,已有 58 个国家批准了该公约,大多数有移徙工人实际居住的工业化国家都拒绝接受条约义务。

## 四、《保护所有人免遭强迫失踪国际公约》

2006 年 12 月 20 日,联合国大会通过了《保护所有人免遭强迫失踪国际公约》(International Convention for the Protection of All Persons from Enforced Disappearance,以下简称《免遭失踪公约》),公约于 2010 年 12 月 23 日正式生效。它是第一个将强迫失踪作为侵犯人权行为予以禁止的具有普遍约束力的公约。该公约弥补了国际人权法方面的不足,为打击强迫失踪这一严重罪行、结束有罪不罚现象提供了重要的国际标准,对于那些苦苦探寻亲人下落的失踪人员家属来说,也提供了重要的法律支持。

强迫失踪是指政府部门或官员,或者代表政府行事,得到政府支持、同意或

---

① A/RES/57/199, 2003.

默许的团体或个人,违反当事人意愿将其逮捕、拘留或绑架,或剥夺其自由,最后又拒绝透露他们的命运或下落,或拒绝承认剥夺了他们的自由,其结果是将这些人置于法律保护之外。《国际刑事法院罗马规约》(以下简称《罗马规约》)将强迫失踪行为界定为危害人类罪。

《免遭失踪公约》规定受害者有权了解强迫失踪案情真相、调查进展、结果及失踪人员下落,并规定了缔约国在这方面应采取的适当措施。公约设立了强迫失踪委员会,由该委员会监督缔约国实施公约的情况,在国家未能履行公约规定义务的情况下,听取受害者申诉或代表他们提出申诉。截至2023年5月9日,已有71个国家批准了该公约。

### 五、其他的专门性国际人权公约和文件

上述联合国主要人权公约都具备独立的条约监督机制。除此之外,还有些主要的国际人权公约:

#### (一) 1948年《防止及惩治灭绝种族罪公约》

1948年12月9日,联合国大会第三届会议通过了《防止及惩治灭绝种族罪公约》(Convention on the Prevention and Punishment of the Crime of Genocide,以下简称《惩治灭种罪公约》),这是联合国主持制定的第一个关于人权问题的国际公约,于1951年1月12日生效。中国于1983年加入该公约,但对《惩治灭种罪公约》第9条(规定缔约国间关于公约的解释、适用或争端的解决,经争端一方请求,应提交国际法院)予以保留。

公约确认,灭绝种族的行为不论发生在平时或战时,都是国际法上的一种罪行,应予以惩治。公约将"灭绝种族罪"定义为:蓄意全部或局部消灭一民族、人种、种族或宗教团体,包括杀害该团体的成员;致使该团体的成员在身体上或精神上遭受严重伤害;故意使该团体处于某种生活状况下,以毁灭其全部或局部的生命;强制施行办法,意图防止该团体内的生育;强迫转移该团体的儿童至另一团体。对犯灭绝种族罪者,或有上述行为之一者,不论其为依宪法负责的统治者、公务员或私人,均应予以惩治。公约还明确规定,凡被诉犯灭绝种族罪或公约所列其他行为之一者,应交由行为发生地国家的主管法院,或缔约国接受其管辖权的国际刑事法庭审理;为便于引渡,不得将上述罪行视为政治罪行。

自公约通过以来,国际社会发生过几次严重侵犯人权的事件,如卢旺达种族大屠杀、南斯拉夫境内的种族清洗等,从而出现了一批国际法院适用《惩治灭种罪公约》的案例。在过去的几十年里,国际社会在发展相关的机制预防和惩治灭种罪方面有了重大的发展。1998年通过并于2002年生效的《罗马规约》又一次界定了灭绝种族罪,并确立了对灭种罪的属事管辖、属人管辖和属时管辖。这

些立法的发展和前南斯拉夫问题国际刑事法庭及卢旺达问题国际刑事法庭的实践,进一步完善了《惩治灭种罪公约》的实施机制。

(二)《禁止并惩治种族隔离罪行国际公约》

1973年11月30日,联合国大会通过了《禁止并惩治种族隔离罪行国际公约》(International Convention on the Suppression and Punishment of the Crime of Apartheid),公约于1976年7月18日生效。根据公约,每一缔约国同意宣布种族隔离为一种危害人类罪,公约目的是禁止和惩治此种犯罪。中国于1983年4月18日向联合国秘书长交存了加入书,没有对公约作任何保留,同年5月18日,公约开始对中国生效。

(三)关于司法中的个人权利保障的国际文件

司法中的个人权利是指被拘留者或被监禁者的人权,主要涉及禁止酷刑、囚犯待遇、青少年司法审判规则等内容。在囚犯待遇方面,联合国于1955年召开第一次预防犯罪和罪犯待遇大会,通过了《囚犯待遇最低限度标准规则》。该文件规定,"不应基于种族、肤色、性别、语言、宗教、政见或其他主张、国籍或社会出身、财产、出生或其他身份而加以歧视","必须尊重囚犯所属群体的宗教信仰和道德标准"。该文件还就囚犯的住宿、医疗卫生、伙食、教育及娱乐等方面作了具体规定。在青少年司法审判方面,联合国于1985年召开第七次预防犯罪和罪犯待遇大会,通过了《联合国少年司法最低限度标准规则》。该文件要求联合国成员国"尽力创造条件确保少年能在社会上过有意义的生活,并在其一生中最易沾染不良行为的时期使其成长和受教育的过程尽可能不受犯罪和不法行为的影响"。该文件就少年司法的目的、少年权利、调查和检控、审判和处理以及非监禁与监禁待遇等作了具体规定。除此之外,联合国及其专门机构在人道主义法、难民法和社会发展、环境等方面通过了大量的有约束力的条约及无约束力的宣言和行为准则。

(四)关于废除奴隶制、废止强迫劳动和禁止贩卖人口方面的公约

禁止奴隶贩卖指禁止使人沦为奴隶的一切掳获、取得、运输、买卖人身的行为。针对奴隶贩卖的罪恶行为,各国在19世纪的国际条约中就开始制定一些谴责和制止奴隶贩卖的条款。1926年9月25日,各国在日内瓦签订了《禁奴公约》,公约于1927年3月9日生效,共12条。《禁奴公约》规定各签字国承允禁止奴隶贩卖并逐步和尽速地完全禁止一切形式的奴隶制度。1956年,联合国又制定了《废止奴隶制、奴隶贩卖及类似奴隶制的制度与习俗补充公约》。该补充公约规定奴隶贩卖行为应由缔约国法律规定为刑事罪,并宣布某些类似奴隶制的制度与习俗,如债务质役、农奴制、买卖新娘和滥用童工等为违法,要求各缔约

国采取各种立法和其他有效措施,以消除任何形式的奴隶制度和奴隶贩卖。

早在 1949 年 12 月 2 日,联合国大会就通过了《禁止贩卖人口及取缔意图赢利使人卖淫的公约》,从 1986 年开始,联合国将每年的 12 月 2 日定为废除奴隶制国际日。

废除强迫劳动是国际核心劳动标准之一,国际劳工组织于 1957 年通过了《废除强迫劳动公约》(第 105 号)。凡批准公约的成员,承诺禁止强迫或强制劳动,并不以下列任何形式使用强迫或强制劳动:(1) 作为一种政治强制或政治教育的手段,或者作为对持有或发表某些政治观点或表现出同既定的政治、社会或经济制度对立的思想意识的人的一种惩罚;(2) 作为动员和利用劳动力以发展经济的一种方法;(3) 作为一种劳动纪律的措施;(4) 作为对参加罢工的一种惩罚;(5) 作为实行种族、社会、民族或宗教歧视的一种手段。

根据这些国际文件,联合国已经确立了一个有力的、普遍性的最低人权标准体系。虽然人权标准的编撰基本完成,但联合国仍在继续其标准制定工作,以应对新的挑战。不过,联合国人权保护面临的最大挑战不是标准的缺失,而是如何实施现有的标准并进行有效的国际监督。①

## 第五节 国际人权法与国际人道法、国际难民法

### 一、国际人道法

国际人道法,在战争法上也称为"日内瓦条约体系",以区别于构成传统战争法规的"海牙条约体系",它不涉及战争的法律地位、交战国使用的作战方法,也不涉及交战国和中立国的权利义务,而是从人道主义的原则出发给予战争受难者,包括武装部队的伤病者、战俘及平民等必要的保护。它的内容主要包括 1949 年日内瓦四公约和 1977 年该公约的两个附加议定书。

国际人权法与国际人道法密切联系,二者都以保护个人的尊严为目的,都由条约和国际习惯法调整。但二者又存在一定的区别。国际人权法适用于战争期间与和平时期,而国际人道法只涉及国际和国内武装冲突中保护战斗人员及平民的最低标准,被称为"战争或武装冲突中的人权法",所保护的是特殊条件下的特殊群体的人权。

虽然国际人权法既适用于平时也适用于武装冲突时期,但是在武装冲突期间,通过国内或国际人权机构对人权进行保护的手段是非常有限的,红十字国际委员会由于其与战俘营和难民的接触便利,可以更有效地发挥保护战俘和平民

---

① 〔奥〕曼弗雷德·诺瓦克:《国际人权制度导论》,柳华文译,北京大学出版社 2010 年版,第 93 页。

的作用。

国际人权法在人权条约机构和联合国的监督下由缔约国实施,这些机构的决定具有权威性但缺乏法律约束力;而国际人道法的实施,在严重违反战争法的情况下,可以由国际刑事法庭对违反人道主义法、犯有战争罪的人进行惩罚。例如20世纪90年代以后,安理会设立了两个专门性的国际刑事法庭——前南斯拉夫问题国际刑事法庭和卢旺达问题国际刑事法庭。

国际人道法只适用于武装冲突,而不适用于国内紧张局势或动乱,需要区分武装冲突和国内的暴乱,尤其是针对恐怖袭击而采取的行动。这两种情况都会导致人权受到限制,而只有前者才适用人道主义法。

 **资　料**

**关于国际人道法的日内瓦公约:**

1. 1949年8月12日《关于战俘待遇的日内瓦公约》
2. 1949年8月12日《关于战时保护平民之日内瓦公约》
3. 1949年8月12日《改善战地武装部队伤者病者境遇之日内瓦公约》
4. 1949年8月12日《改善海上武装部队伤者病者及遇船难者境遇之日内瓦公约》
5. 1977年6月8日《日内瓦四公约关于保护国际性武装冲突受难者的附加议定书》(第一议定书)
6. 1977年6月8日《日内瓦四公约关于保护非国际性武装冲突受难者的附加议定书》(第二议定书)

### 二、国际难民法

受到武装冲突或国内暴乱影响最大的是平民,国内武装暴乱的数量逐渐增多,导致越来越多的平民流离失所,沦为难民。2015年年初以来,第二次世界大战后最为严重的难民危机开始席卷欧洲大陆。根据联合国难民事务高级专员办事处(以下简称联合国难民署)2021年的最新估计,全球难民人数上升至2 710万。寻求庇护者的数量增长了11%,达到460万。难民有狭义和广义之分:广义的难民包括那些由于战乱或国内灾难被迫与本国失去联系的或不得不脱离本国的人,他们不能依靠自己的政府来保护自己,需要国际社会对他们的特殊困境作出反应,给予保护。狭义的难民是1951年《关于难民地位的公约》及其1967年《关于难民地位的议定书》所界定的难民。该公约对"难民"作了基本定义:难民是指因有充分理由畏惧由于种族、国籍、宗教、某一特定社会团体成员身份或持有某种政治见解而遭受迫害,留在他本国之外的人,和不能或不愿接受该国的保护,或由于畏惧迫害不能或不愿返回该国的人。公约明确规定了"不推回原则"。根据该原则,不得违背任何人的意志将其遣返回他可能遭受迫害的地区。公约还规定了难民待遇的标准,包括法律地位、就业和福利。不过,公约的适用范围最初只限于由于1951年1月1日以前发生的事件而成为难民的人。1967年,联合国大会又通过了《关于难民地位的议定书》,取消了1951年的时间限定,使公约真正具有普遍性。

根据《关于难民地位的公约》的规定,"畏惧迫害"一般仅指政治难民,并不包含战争难民。该定义在公约制定时符合当时国际社会对"难民"的理解,但不包括武装冲突和国内暴乱等因素导致的其他种类的难民,所以《关于难民地位的公约》面临着定义过窄、程序缺失等诸多困境。

有些区域性文件扩展了难民的范围。1969年《非洲统一组织关于难民问题某些特定方面的公约》(以下简称《非洲难民公约》)将难民的适用范围扩大至由于外来侵略、统治、占领或危及公共秩序的事件等而被迫离开其常住地到其原住地国家或其国籍国以外的另一地去避难的人。1984年《关于中美洲难民国际保护的卡塔赫纳宣言》除了与《非洲难民公约》保持一致之外,还将"国内冲突"和"大规模侵犯人权"也纳入了难民身份确定的客观原因中。

《关于难民地位的公约》第1条第6款被称为难民公约的排除条款,从内容上看,它是难民定义的组成部分。该条款明确规定,对于有重大理由足以认定犯有严重罪行的人,不适用难民公约,共涉及三类人:一是犯了国际文件中已作出规定的破坏和平罪、战争罪或危害人类罪的人;二是在以难民身份进入避难国以前,曾在避难国以外犯过严重非政治罪行的人;三是曾有违反联合国宗旨与原则的行为并经认定为有罪的人。2001年"9·11"事件发生后,各国在实践中根据排除条款将实施恐怖行为或为恐怖主义行为提供支持的人排除在难民保护范围之外。

国际难民法适用于已经被确定为难民的人,在某种情况下,也适用于寻求庇护者。由于富裕的工业化国家受到的移民压力越来越大,以及近些年来国内的排外思潮影响,愿意接收难民的国家越来越少。由于经济原因而离开本国的人往往利用庇护程序成为移民,导致各国庇护法规定的条件也趋于严格,使得真正受到迫害的人越来越难以被承认为难民。因此,世界上只有少数的受迫害者和难民真正获得了国际难民法的保护。[①] 应该特别指出的是,难民地位是暂时的,在联合国难民署和驻在国的帮助下,他们可能因为受到迫害的恐惧消失而返回本国,或因为入籍而成为驻在国国民,也可能被安置到第三国。

---

① 〔奥〕曼弗雷德·诺瓦克:《国际人权制度导论》,柳华文译,北京大学出版社2010年版,第39页。

**资 料**

联合国大会于1950年成立联合国难民署(Office of the United Nations High Commissioner for Refugees, UNHCR)总部设在日内瓦。联合国难民署是1951年《关于难民地位的公约》和1967年《关于难民地位的议定书》的坚定守护者和践行者,作为一个非政治性的人道主义机构,联合国难民署经联合国授权,负责领导和协调全球难民保护行动。它的首要目标是保护难民的基本权利,而最终目标是帮助他们找到长远的解决方案,让难民能够重获尊严并在和平环境中重建生活。目前联合国难民署主要通过自愿遣返、重新安置和融入本土这三种机制应对难民大规模流动。

【问题与思考】

1. 国际人权标准是如何建立起来的?
2. 联合国核心人权公约主要有哪些?
3. 如何理解人权的国际化?
4. 国际人权宪章的思想基础是什么?
5. 联合国建立之前出现的国际人权法规范对联合国人权标准的确立有什么意义?
6. 国际人权法与国际人道法的联系与区别是什么?
7. 如何认定难民?难民与移民的区别是什么?
8. 联合国专门性国际人权公约主要有哪些?他们主要保护哪些群体?

【进一步阅读推荐】

1. 柳华文:《人权知识联合国核心人权公约与机制》,湖南大学出版社2016年版。
2. 莫荣主编:《国际劳工标准体系比较研究》,中国劳动社会保障出版社2015年出版。
3. 国际人权法教程项目组编写:《国际人权法教程》(第1、2卷),中国政法大学出版社2002年版。
4. 〔奥〕曼弗雷德·诺瓦克:《国际人权制度导论》,柳华文译,北京大学出版社2010年版。

# 第四章 公民权利和政治权利

公民权利和政治权利指公民人身权和基本政治权利及自由,体现了公民的人格尊严、社会地位和价值。根据《世界人权宣言》,只有在创造了人人可以享有其公民权利和政治权利,正如享有其经济、社会和文化权利一样的条件的情况下,才能实现自由人类的理想。本章涉及的公民权利和政治权利包括公民享有的生命权,人身自由和安全,迁徙自由,免受酷刑的权利,公正审判权,见解和言论自由,思想、良心和宗教信仰自由,参与公共事务、选举与被选举及参与本国公务的权利。

## 第一节 生 命 权

 **资 料**

关于生命权,《公民和政治权利公约》第 6 条规定:

一、人人有固有的生命权。这个权利应受法律保护。不得任意剥夺任何人的生命。

二、在未废除死刑的国家,判处死刑只能是作为对最严重的罪行的惩罚,判处应按照犯罪时有效并且不违反本公约规定和防止及惩治灭绝种族罪公约的法律。这种刑罚,非经合格法庭最后判决,不得执行。

三、兹了解:在剥夺生命构成灭种罪时,本条中任何部分并不准许本公约的任何缔约国以任何方式克减它在防止及惩治灭绝种族罪公约的规定下所承担的任何义务。

四、任何被判处死刑的人应有权要求赦免或减刑。对一切判处死刑的案件均得给予大赦、特赦或减刑。

五、对十八岁以下的人所犯的罪,不得判处死刑;对孕妇不得执行死刑。

六、本公约的任何缔约国不得援引本条的任何部分来推迟或阻止死刑的废除。

### 一、生命权的概念

在《公民和政治权利公约》的起草阶段,人权委员会就认为生命权是所有权利中最基本的权利。根据《人权事务委员会第 6 号一般性意见:生命权》(1982

年 7 月 27 日),生命权是最高和最重要的权利。

第一,生命是人格载体。生命权的主体和客体均为人自身,具有高度同一性。为维持主体的法律地位,法律不允许把生命直接作为实现任何进一步目的之途径,即使生命权主体本身对客体并无全面的支配效力。[①] 生命是人的根本利益所在。维护人的生命安全是法律的根本任务之一。各缔约国有义务确认和维护自然人的生命权,保障生命不受非法剥夺,保障生命在受到各种威胁时能得到积极维护,从而保证人的生命活动的延续,保障公民最高人格利益。

第二,生命权是其他人权的前提。生命权在《公民和政治权利公约》有关实体性权利的规定中居首位。生命是生物体所具有的活动能力,而法律意义上的生命仅指自然人的生命,是人体维持生存的基本的物质活动能力。生命是不可替代和不可逆转的,是人得以存在的体现,是公民享有权利和承担义务的前提和基础。在各项实体性权利中,生命权自然成为其他人权的前提。侵害生命权会导致主体权利能力的丧失,自然人一切权利随之消灭,其损害无法准确计量,生命权优先于其他权利在逻辑上不证自明。

第三,生命权的提出与国家生命概念的相对意义。生命权是《公民和政治权利公约》第 4 条第 2 款规定的不可克减的权利之一。即使在威胁国家生命的社会紧急状态存在时,生命权也不得被克减。《欧洲人权公约》和《美洲人权公约》也均规定生命权是"不可克减的权利"。

## 思 考

生命权与禁止酷刑是什么关系?在整个城市的人的生命面临定时炸弹威胁的情况下,是否允许对一个了解如何解除危机的恐怖分子施用酷刑呢?

### 二、国家保障生命权的义务

生命权是以自然人的性命维持和安全利益为内容的人格权。我国《民法典》第 110 条规定,公民享有生命权。可见我国的立法是将生命权规定为一项独立的人格权而加以保护的,这也是世界上多数国家的立法实践。

第一,关于生命权的效力与国家义务。生命权的效力可以从横向效力和全面效力等方面考察。横向效力(德语"Horizontalwirkung")的术语应被理解为权利在私主体之间这一横向层面的效力,而不是指个人与国家之间这一纵向层面的效力。横向效力不限于基本权利对根据私法形成的关系的影响。横向效力可

---

[①] 〔美〕约翰·菲尼斯:《自然法与自然权利》,董娇娇、杨奕、梁晓晖译,苏苗罕、张卓明统校,中国政法大学出版社 2005 年版,第 179 页。

以为国家设立积极的实现义务。受到法律保护意味着缔约国有义务采取积极措施以便保护人权不受私人干预。在其他措施不能保护人权免受私人干涉时,缔约国具有采取刑事处罚措施的义务。《公民和政治权利公约》对生命权的强调是全面效力。

第二,关于生命权的立法保障的义务。生命权应受法律保护的含义是针对立法机关而言的特殊义务。生命权的立法保障的义务是一种积极义务。国家立法机关在以法律保护生命权方面的积极义务具有相对性。此种相对性与自由裁量权的行使有关。因此需要认定对立法保障义务的违反。在什么情况下才能认定国家立法机关构成对立法保障义务的违反呢?主要有两点:一是有关国家立法完全不存在,二是有关立法明显不足以应对实际威胁。

第三,关于刑事立法保障的义务。《公民和政治权利公约》第 6 条第 1 款要求在刑法中有最低限度的禁止性规定。比如对杀人罪行免予起诉,就构成对刑事立法保障义务的违反。此外,法律如果对自卫权作出宽泛定义从而使警察在与犯罪现象作斗争方面具有一般性的法定正当性推定,该定义就违反了《公民和政治权利公约》第 6 条第 1 款的要求。①

第四,关于行政法领域的义务。所有的国家机关都应当积极地保护生命。②在立法上,涉及生命权的事项应由权力机关制定法律。诸如交通法中所谓"撞了白撞"的法规不应产生法律效力。在行政上,涉及生命安全的事项须经严格的行政许可,从而确保生命安全。此外,我国法律规定警察负有救助生命的义务,违背救助义务可产生国家赔偿责任。

私法和行政法对生命权的保护体现在很多方面。特殊行业工作人员依法负有积极救助生命的义务,医师不能以患者未交医疗费等理由见死不救。按照诚实信用原则的要求,合同当事人负有保护相对人生命权的附随义务或先合同义务③等。从事经营活动的民事主体未尽安全保障义务导致生命权受侵害的,需要承担侵权责任。在劳动法上,用人单位应采取积极的安全保障措施预防工伤事故,避免职业病,一旦发生工伤,用人单位应采取措施使劳动者得到及时救济。

 思 考

"消极权利"与"积极权利"的两分法合理吗?

---

① 该款规定:"人人有固有的生命权。这个权利应受法律保护。不得任意剥夺任何人的生命。"
② 国际人权法教程项目组编写:《国际人权法教程》(第 1 卷),中国政法大学出版社 2002 年版,第 90 页。
③ 先合同义务发生在合同生效前,指在合同签订过程中,当事人一方违背诚实信用原则而导致另一方利益受损,行为人应对此承担赔偿责任。

其他方面的义务还包括道德义务等。尽管在道德上每位社会成员均负有见义勇为、救死扶伤的义务,但法律却不宜规定普通社会成员对他人所遭受的死亡危险负有积极的救助义务,普通人的"见死不救"也不能成为违法行为。唯需指出,通常情况下当法律义务与道德义务发生冲突时,当事人应履行法律义务,但当保护生命权的道德义务与法定义务冲突时,道德义务可居于优先地位。例如,医生本负有告知患者真实病情的法定义务,但是如病人知情后会不堪打击、加速死亡,则医生从道德良心出发隐瞒其真实病情的行为不构成对法定义务的违反。因为挽救生命的道德义务优先是实质正义的要求,挽救生命可以实现社会公共利益,为履行此项道德义务可以违背法律义务。需要指出的是,挽救生命的道德义务优位于法律义务只限于抗辩,不授予义务人强制履行力。

人权事务委员会把对生命权的保护范围扩展到其他形式的对生命的威胁,要求缔约国对死亡、强迫失踪、灭种、大规模暴力等现象严加禁止。①

国家有义务禁止任意剥夺人的生命。对于国家用暴力任意剥夺生命的行为要严加控制。特别是对警察等国家公职人员利用公职权力的杀人行为要严加禁止。

在各种威胁生命权的行为中,强迫失踪的行为引起了国际社会的高度重视。根据《免遭失踪公约》,强迫失踪构成对人权和生命权的严重侵犯。

关于生命权与灭种罪公约。1948年12月9日,联合国《惩治灭种罪公约》对灭绝种族罪的防止及惩治措施作了具体规定。各缔约国判处死刑的行为不得与《惩治灭种罪公约》相冲突。此项限制是为了防止专制政权像纳粹德国那样以司法判处死刑的方式实施灭绝种族的做法。除了判处死刑外,其他形式的剥夺生命的行为也不得违反《惩治灭种罪公约》。

关于生命权与战争、武装冲突、核武器等大规模暴力之间的关系。战争、武装冲突和核武器已经构成对人类生命的最大威胁。《人权事务委员会第6号一般性意见:生命权》认为,防止战争、武装冲突,特别是核战争是维护生命权的最重要的条件和保障。国家有阻止战争和其他威胁生命的大规模暴力行为的最高义务。② 除了禁止使用武力的两个例外,即单独或集体自卫,《联合国宪章》所不允许的战争中的杀人是对个人生命权的侵犯。在禁止核武器问题方面,《人权事务委员会第14号一般性意见:生命权》认为,设计、试验、制造、拥有和部署核武器显然是当今人类所面临的最大威胁之一。此种威胁的实际存在和严重性在国家之间造成了猜疑和恐怖气氛,该气氛足以妨害对人权的普遍尊重和遵守。设计、试验、制造、拥有、部署和使用核武器的行为均应被禁止,并应当承认这些

---

① 参见《人权事务委员会第6号一般性意见:生命权》(1982),CCPR/C/GC/6,第2、4、5段。
② 同上。

行为是危害人类的罪行。因此,国家不论是否为《公民和政治权利公约》的缔约国,都应以单独方式和签订协议的方式采取紧急步骤消除对世界的这一威胁。①

### 三、生命权与死刑、安乐死

(一) 死刑

根据《公民和政治权利公约》,应尽量废除死刑,不得已保留死刑制度的国家"判处死刑只能是作为对最严重的罪行的惩罚"(第6条第2款)。在司法上,"非经合格法庭最后判决,不得执行"(第6条第2款)。

在过去半个世纪,限制和废除死刑成为国际上的一个发展趋势。《公民和政治权利公约》关于废除死刑的《第二任择议定书》于1989年得以通过。根据该议定书,缔约国有义务采取一切必要措施在其管辖权范围内废除死刑。

在对立法的限制方面,有关死刑的规定必须遵循法无明文不为罪的原则。国家适用死刑的法律以及判处死刑的方式必须与《公民和政治权利公约》和《惩治灭种罪公约》的有关条款相一致。死刑的确立不得基于非正义的法律。所谓非正义的法律,是指与《世界人权宣言》的原则相抵触的法律。死刑不得构成《公民和政治权利公约》第7条规定的残忍、不人道或侮辱性的惩罚。

在对判处死刑的限制方面,还必须强调合格法庭和法治程序的限制要求。这里包括:法庭必须是合格的、独立的和公正的,审讯必须是公平和公开的,审理过程遵循禁止歧视、无罪推定、保障被告人最低限度的权利及上诉权利、一罪不二审、禁止对18岁以下的人适用死刑等原则和标准。

在对执行死刑的限制方面,根据《公民和政治权利公约》第6条规定的精神,即使死刑判决生效,也不得立即执行,因为所有被判处死刑的人都有寻求特赦或减刑的权利。由于大赦通常指在一定数量的案件中免除对有关人员的刑罚,所以对大赦限制死刑的作用有不同理解。但是,无论如何,国家立法机关在立法方面必须提供寻求大赦、特赦和减刑的可能性以及相应的程序。此外,还必须禁止对怀孕妇女执行死刑。即使在婴儿出生以后,也不得执行死刑。

在对死刑的限制方面,还必须考虑在实施引渡和驱逐行为时,有关政府有义务认真评估被引渡人或被驱逐人被判处死刑的可能性或被处决的可能性。如果存在违反《公民和政治权利公约》相关条款的可能性,要求引渡的政府就应当提供具有法律效力的不判处死刑的承诺。

关于死刑的讨论,在堕胎、基因工程、安乐死等问题上,存在着激烈的争论。堕胎问题涉及对生命保护的起始点、未出生婴儿的权利、妇女的生命权与身体完整性和平等权等问题。欧洲理事会通过的《人权与生物医学公约》第13条规

---

① 《人权事务委员会第14号一般性意见:生命权》(1984),CCPR/C/GC/14,第4、5、6、7段。

定,只允许实施出于预防、诊断和治疗目的的改变人类基因的介入,并且这种介入不得以改变后代的基因为目的。1998年该公约的第一附加议定书得以通过,明确禁止克隆人类。

(二) 安乐死

安乐死源于希腊文,原意是"快乐的死亡"或"有尊严的死亡"。从20世纪30年代到50年代,英国、美国、瑞典等一些国家成立"自愿安乐死协会",提出允许安乐死的议案。由于对安乐死问题的认识不同,社会上绝大部分民众反对安乐死。反对安乐死者主要出于以下考虑:承认安乐死合法会出现难以控制的负面效应,除无法有效保护弱势人群的生命权之外,重症患者的精神负担也会极度加大。此外,20世纪30年代纳粹德国对所谓劣等民族、残障人以及老弱人群进行残酷的清洗,很多人被列为"不受欢迎的生命"。希特勒签署了一份文件,准许对被确认不可治愈的病人在确诊后实施慈悲死亡,该文件为此后的血腥清洗作了法律铺垫。英国于1961年通过的《自杀法案》禁止协助或煽动自杀。1998年,美国病人托马斯·海德(Thomas W. Hyde, Jr.)在杰克·凯沃基安(Jack Kevorkian)医生的帮助下完成了安乐死。该医生为宣扬安乐死而将整个过程拍下来,并将录像拿到美国哥伦比亚广播公司播放。1年后,凯沃基安医生因二级谋杀罪名被判服刑15年。由于生命对自然人乃至整个人类繁衍的重要性,给予"安乐死"合法地位仍受到诸多反对。

 **小知识**

**关于荷兰通过安乐死立法的情况**

安乐死在荷兰的历史可以追溯到1973年,荷兰当地的一名医生给自己病入膏肓的母亲服用了过量的吗啡止痛,导致母亲死亡,当时法庭只判处这名医生1个星期的有期徒刑并缓刑1年。同一年,荷兰安乐死协会在各地成立。1990年,荷兰政府成立研究安乐死实践的医学研究委员会,荷兰皇家医学会与司法部就上报安乐死程序达成一致。1994年,荷兰《殡葬条例(修正案)》增加了有关内容,使上报安乐死程序具有法律地位。荷兰议会2001年通过了《安乐死法令》,该法于2002年4月1日生效,荷兰由此成为世界上第一个把安乐死合法化的国家。

 **思 考**

安乐死合法化需要具备何种社会伦理基础?

## 第二节 人身自由和安全

**资　料**

《公民和政治权利公约》第 9 条规定：

一、人人有权享有人身自由和安全。任何人不得加以任意逮捕或拘禁。除非依照法律所确定的根据和程序，任何人不得被剥夺自由。

二、任何被逮捕的人，在被逮捕时应被告知逮捕他的理由，并应被迅速告知对他提出的任何指控。

三、任何因刑事指控被逮捕或拘禁的人，应被迅速带见审判官或其他经法律授权行使司法权力的官员，并有权在合理的时间内受审判或被释放。等候审判的人受监禁不应作为一般规则，但可规定释放时应保证在司法程序的任何其他阶段出席审判，并在必要时报到听候执行判决。

四、任何因逮捕或拘禁被剥夺自由的人，有资格向法庭提起诉讼，以便法庭能不拖延地决定拘禁他是否合法以及如果拘禁不合法时命令予以释放。

五、任何遭受非法逮捕或拘禁的受害者，有得到赔偿的权利。

### 一、人身自由和安全的保障原则

人身自由和安全是一项古老的人权。国际人权公约有关人身自由和安全的规定所追求的目标不是完全废除剥夺人身自由的措施，而是缔约国有关剥夺人身自由的措施必须符合法定程序要求。对人身自由和安全的程序性保障主要是强调剥夺人身自由的措施的合法性，禁止任意剥夺的行为。剥夺人身自由的措施表现为通过严格限制场所而限制身体活动的自由。《公民和政治权利公约》第 9 条规定的目的在于保证被剥夺自由者获得人道待遇的权利和限制审前拘禁的条件。合法性原则和禁止任意性原则是保障人身自由和安全的最重要的原则。这两项原则确定了允许剥夺自由的条件。被逮捕者和被拘禁者的权利主要包括被告知权、知情权、获得保护令状的权利、获得赔偿的权利等。

对于人身自由和安全来说，在各项程序制度中，人身保护令状制度是非常重要的一项制度。人身保护制度比较先进的国家不仅在宪法上明确规定公民非依法律不受逮捕、拘禁和处罚等，而且为保护人身自由专门实行人身保护令状制度。根据此项制度，公民一旦遭受拘禁或逮捕，可以要求法院发布令状，命令拘禁者将被拘禁者移送法庭，由法院审查拘禁理由。我国在 1932 年《中华民国宪法》中采用过人身保护令状制度，后来的历部宪法均无此制度。为加强人身自由的宪法保障,有学者呼吁在跨世纪之际在宪法中建立人身保护令状制度,并对人身保护令状制度的起源和发展以及中国实行此项制度的必要性和历史经验教训进行了探讨。①

 **小知识**

**人身保护令状制度的历史**

人身保护令状源自中世纪的英国,公元12世纪亨利二世为英格兰王时便签发了类似效用的法庭手令。倘若有人被贵族法庭所拘押,英王可以向贵族发出手令,将受押者交予皇室法庭,受英王的审判。1640年,英国首次通过人身保护的法例。1679年正式通过的《人身保护法》定下签发保护令状的细节。人身保护令状除了可向政府发出外,亦可向私人发出。1771年,英国为被拘押的奴隶发出人身保护令状,并下令将该奴隶释放。此后该制度在美国等国家得以推广。

除了合法性原则和禁止任意性原则以外,在人身自由和安全保障的理论原则中,无罪推定和罪刑法定是非常重要的具有衍生性的原则。从此两项原则中,可以推导出其他一系列有利于保障人身自由和安全的原则或规则。

无罪推定是指任何人在未经证实和判决有罪之前,应视其为无罪。无罪推定所强调的是对被告人所指控的罪行,必须有充分、确凿、有效的证据,如果审判中不能证明其有罪,就应推定其无罪。它是现代法治国家刑事司法通行的一项重要原则,是国际公约确认和保护的基本人权,也是联合国在刑事司法领域制定和推行的最低限度标准之一。无罪推定原则最早源于古代罗马法的"有疑,当有利于被告人之利益"的原则。1764年,贝卡里亚在其所著的《论犯罪与刑罚》中指出:"在法官判决之前,一个人是不能被称为罪犯的。只要还不能断定他已经侵犯了给予他公共保护的契约,社会就不能取消对他的公正保护。"②1789年,法国《人权宣言》首次从法律上确定了无罪推定原则,其中第9条规定:"任何人在未经判定有罪之前均应假定其无罪,即使认为非逮捕不可,但为扣留其人身所不需要的各种残酷行为都应受到法律的严厉制裁。"此后无罪推定原则成为诸多国家宪法和刑事诉讼法的一项基本原则。我国的《刑事诉讼法》也确立了无罪推定原则,但同时又规定了当事人有如实告知的义务,从而导致在实践中该原则难以真正贯彻,以至于曾发生佘祥林案、李久明案、杜培武案、滕兴善案等案。

---

① 杜钢建:《呼吁建立人身保护令状制度》,载《当代学术信息》1994年第4期。
② 〔意〕贝卡里亚:《论犯罪与刑罚》,黄风译,中国大百科全书出版社1993年版,第31页。

**思　考**

我国《刑事诉讼法》进行改革与国际公约关于无罪推定原则的规定有何异同？

在现代民主法治国家，罪刑法定原则是铁律，美国等许多国家甚至将其上升至宪法规定。罪刑法定的思想源于1215年《大宪章》第39条："任何人不经适合其身份的合法审判和国家法律，不得加以扣留、监禁、没收其财产，剥夺其法律保护权，或加以放逐、伤害、搜索或逮捕。"在17、18世纪启蒙思想家的影响下，罪刑法定思想迅速在各国蔓延，英国1628年《权利请愿书》、1679年《人身保护法》，美国1776年《独立宣言》及宪法都肯定了罪刑法定原则。将罪刑法定主义最早作为一项法律原则规定的是1789年法国《人权宣言》，1791年《法国宪法》与1810年《法国刑法典》也均对罪刑法定作了明文规定。罪刑法定成为近代诸多国家刑法的基本原则归功于近代刑法学鼻祖费尔巴哈先生，他将罪刑法定原则高度凝练成"法无明文规定不为罪，法无明文规定不为刑"。罪刑法定原则还派生了若干原则，如法不溯及既往、从旧兼从轻、禁止类推、排除习惯法、禁止绝对不定期刑等。罪刑法定原则发展至今，吸收了宪法和程序法的精神，还派生了法的确定性原则和正当性原则。罪刑法定原则及其派生原则的贯彻，使刑法真正成为犯罪人的"大宪章"。

### 二、我国对人身自由与安全的保障

公民的人身自由与安全是我国宪法保障的基本人权，它是公民行使其他权利的前提。季卫东曾言，中国政治改革的最大、最急迫的问题还不是民主参与的范围，而是自由权利的法制保障。① 我国通过立法、司法和社会救助等多种途径来保障公民的人身自由与安全，同时诸多方面也有待改进。

**（一）立法上的保障**

人身自由是各国宪法保障的最重要权利之一。我国《宪法》规定，中华人民共和国公民的人身自由不受侵犯，任何公民非经人民检察院批准或决定或人民法院决定，并由公安机关执行，不受逮捕。中国共产党十六大报告提出，要保证人民依法"享有广泛的权利和自由，尊重和保障人权"。党的二十大多次提到"人权"，提出"坚持走中国人权发展道路，积极参与全球人权治理，推动人权事业全面发展"。但是我国对人身自由的宪法保护与国际公约的要求还存在一定的差异。在我国，公民被拘留或逮捕时，法律未规定当事人有权向法庭提起诉

---

① 季卫东：《法治秩序的建构》，中国政法大学出版社1999年版，第292页。

讼,以便法庭能不拖延地判定拘禁他是否合法,以及在拘禁不合法时命令予以释放。同时,我国法律也未对国家机关设置迅速带被拘留者或被逮捕者见审判官或其他经法律授权行使司法权力的官员的义务。

在刑法方面,我国《刑法》第四章专门规定"侵犯公民人身权利、民主权利"的犯罪,其中涉及侵犯人身自由和安全的条文包括故意杀人罪、强奸罪、非法拘禁罪、绑架罪、拐卖妇女儿童罪、强迫职工劳动罪、侵入住宅罪等。此外,《刑法》其他章节也涉及侵犯人身自由和安全的犯罪,如抢劫罪。但是,在《刑法》的体系上,我国将侵犯公民自由和安全等基本人权的犯罪置于《刑法》第四章的位置,这与刑法强调人权保障的机能不甚吻合。世界上诸多国家,如日本、法国均将此类犯罪置于刑法分论之首。随着我国对人权保障力度的加大和与国际接轨的加速,我国有必要适当调整《刑法》分论的结构,将"侵犯公民人身权利"的犯罪置于《刑法》分论之首。

在刑事诉讼法上,我国2018年修订的《刑事诉讼法》第12条规定:"未经人民法院依法判决,对任何人都不得确定有罪。"第200条第3项明确规定:"证据不足,不能认定被告人有罪的,应当作出证据不足、指控的犯罪不能成立的无罪判决。"与此相适应,《刑事诉讼法》中提起公诉前一律称"犯罪嫌疑人";在提起公诉后到判决宣告前,称之为"被告人";只有在确定被告人有罪的判决宣告之后,"被告人"才转称为"罪犯"。这种用词上的变化体现了人道主义和科学主义的原则。但是,应该注意,我国对无罪推定原则的规定并不彻底,我国《刑事诉讼法》对犯罪嫌疑人或被告人设置了种种义务:第120条规定,"犯罪嫌疑人对侦查人员的提问,应当如实回答";第122条规定,"必要的时候,侦查人员也可以要犯罪嫌疑人亲笔书写供词"。对犯罪嫌疑人或被告人设置的种种法律义务在事实上阻碍了无罪推定原则的有效贯彻。

##  小知识

**"米兰达警告/权利"**

You have the right to remain silent. If you give up the right to remain silent, anything you say can and will be used against you in a court of law. You have the right to an attorney. If you desire an attorney and cannot afford one, an attorney will be obtained for you before police questioning.

你有权保持沉默。如果你放弃保持沉默权,那么你所说的一切都能够用来在法庭作为控告你的证据。在警察审问时你有权请律师。如果你付不起律师费,法庭会为你免费提供律师。

**思 考**

无罪推定与沉默权是何种关系？

在人身自由和安全的救济方面，我国2012年修订的《国家赔偿法》第3条规定，行政机关及其工作人员在行使行政职权时有下列侵犯人身权情形之一的，受害人有取得赔偿的权利：(1) 违法拘留或者违法采取限制公民人身自由的行政强制措施的；(2) 非法拘禁或者以其他方法非法剥夺公民人身自由的……第17条规定，行使侦查、检察、审判职权的机关以及看守所、监狱管理机关及其工作人员在行使职权时有下列侵犯人身权情形之一的，受害人有取得赔偿的权利：(1) 违反《刑事诉讼法》的规定对公民采取拘留措施的，或者依照《刑事诉讼法》规定的条件和程序对公民采取拘留措施，但是拘留时间超过《刑事诉讼法》规定的时限，其后决定撤销案件、不起诉或者判决宣告无罪终止追究刑事责任的；(2) 对公民采取逮捕措施后，决定撤销案件、不起诉或者判决宣告无罪终止追究刑事责任的……与1994年《国家赔偿法》相比较，新修订的《国家赔偿法》有诸多进步，它在一定程度上承认了客观归责原则，扩大了国家赔偿的范围，体现了我国人权保障领域的进步，但是该法仍然缺少精神赔偿及其赔偿标准的相关规定，因而在实际操作中使保障人权的力度打了折扣。

(二) 司法上的保障

在我国，对被剥夺自由者的保障主要体现在：严格设置逮捕的适用条件和适用程序，同时限制逮捕的数量。根据我国司法解释和我国宽严相济的刑事政策精神，能够不捕者不捕。但如前所言，对于被剥夺自由者，我国未建立司法审判程序，而司法审判程序可以最大限度保护公民被剥夺自由的正当性与合理性。我国要切实保障公民人身自由权，与国际公约接轨，必须尽快建立对被剥夺自由者的司法审判制度。

超期羁押是司法实践中损害人身自由的罪魁，也是包括中国在内的世界许多国家司法实践中的顽症。为解决超期羁押的问题，我国最高司法机关采取了一系列措施。首先，2003年，最高人民法院、最高人民检察院和公安部联合下发了《关于严格执行刑事诉讼法，切实纠防超期羁押的通知》，最高人民法院2003年共制定刑事、民事、行政、执行等方面的司法解释20部，以预防超期羁押、维护犯罪嫌疑人和被告人的合法权益。其次，2003年，最高人民检察院设立了专门受理检察机关超期羁押的举报电话和电子信箱，加强社会监督。同年7月10日，最高人民法院、最高人民检察院等四部门联合发出通知，明确规定对被判处管制、被宣告缓刑、被裁定假释、被暂予监外执行和被剥夺政治权利并在社会上服刑的五种罪犯，适用社区矫正。最后，2015年，最高人民检察院印发了《人民检察院刑事执行检察部门预防和纠正超期羁押和久押不决案件工作规定(试行)》,以解决刑事诉讼中的超期羁押和久押不决问题。

 **小知识**

**什么是超期羁押?**

超期羁押是指依法被刑事拘留、逮捕的犯罪嫌疑人、被告人,在侦查、审查起诉、审判阶段的羁押时间超过刑事诉讼法规定的羁押时限的一种违法行为。超期羁押不仅严重侵害犯罪嫌疑人、被告人的合法权益,而且违背法治理念,亵渎法律尊严,严重损害了公安司法机关在人民群众中的良好形象。

(三) 社会救助与监督制度

孙志刚事件是人身自由受到行政机关非法侵害的典型案件。他先是被警察"错误"地收容,然后在没有任何法定理由的情况下被拒绝保释,最终在收容站被殴打致死。我们应该对孙志刚事件予以反思。对此,首要的是树立人权保障意识,健全人权保障机制。过去,我们多次对政府的权力进行探讨,一直没有弄清楚什么是权力的底线。现在,我们必须要纠正对于人权问题的一些不正确的观念。孙志刚事件成为促使政府、社会上下思考如何加强人权教育,特别是对各级领导干部加强人权教育的一个契机。要从制度创新、机制创新、体制创新方面,真正把尊重人权这个意识在全社会牢牢地树立起来。应该看到,由于有收容遣送制度以及一些不规范的法规法令的支持,我们的一些单位成了拥有警察权的单位,甚至可以限制公民的人身自由,这种状况必须改变。孙志刚事件促使我国对社会救济制度进行改革,2003年,我国废止了沿用多年的《城市流浪乞讨人员收容遣送办法》,代之以更加符合法治精神、体现人文关怀的《城市生活无着的流浪乞讨人员救助管理办法》。

我国于1994年开始开展法律援助工作,随着这项工作的不断深入,法律援助的范围已从刑事诉讼领域扩展到民事诉讼及非诉讼领域,受助对象也从单纯的刑事被告人扩大到盲、聋、哑、妇、幼、老等社会特定群体。我国于2003年制定并颁布实施了《法律援助条例》,这是中国第一部法律援助的行政法规,对民事、行政案件中经济确有困难的当事人,尤其是老年人、妇女、未成年人、残障人、下岗职工、农民工等,以及交通、医疗、工伤等事故的受害人,依法允许其缓交、减交或者免交诉讼费用,使上述当事人打得起官司。

我国还建立了多途径的监督制度来保障公民的人身自由与安全,检察机关作为专门的法律监督机关,具有批准或决定逮捕的权力,而且负责监督公安机关的诉讼活动。我国《宪法》也规定,公民有检举、控告、申诉的权利,它不仅是公民人身自由与安全受到侵犯时自我救济的手段之一,也是公民行使监督权以保障人身自由与安全的途径之一。此外,我国检察系统内部推行人民监督员制度,以监督司法机关在诉讼中的行为、防范其侵犯公民的人身自由与安全。根据《人民监督员条例》,人民监督员对于人民检察院的批准或决定逮捕有提出异议的权力。

## 第三节　迁徙自由

资　料

《公民和政治权利公约》第 12 条规定:

一、合法处在一国领土内的每一个人在该领土内有权享受迁徙自由和选择住所的自由。

二、人人有自由离开任何国家,包括其本国在内。

三、上述权利,除法律所规定并为保护国家安全、公共秩序、公共卫生或道德、或他人的权利和自由所必需且与本公约所承认的其他权利不抵触的限制外,应不受任何其他限制。

四、任何人进入其本国权利,不得任意加以剥夺。

### 一、迁徙自由的概念和意义

迁徙自由是指一个国家的公民,在宪法和法律的保障下,合法离开原居住地到外地(包括国内和国外)旅行和定居的权利,迁徙自由只是赋予公民选择住所的自由,并没有要求每个公民必须经常选择住所,更没有要求都迁往城市居住。① 迁徙自由包括在本国领土内和在国际范围内的自由迁徙权利。迁徙自由在联合国关于人权的多数核心文件中都有所体现,特别是前述《移徙工人权利公约》。迁徙自由在国际劳工组织拟订的各项有关文件内载的原则和标准中均有体现,特别是《移民就业公约(修订本)》(第 97 号)、《移民工人(补充规定)公约》(第 143 号)、《移徙就业建议书(修订本)》(第 86 号)和《移民工人建议书》(第 151 号),以及《强迫劳动公约》(第 29 号)和《废除强迫劳动公约》(第 105 号)等文件中都有具体的规定。

联合国各机关的有关工作一直在强调移徙工人及其家庭成员的工作的重要性,特别是在人权委员会,社会发展委员会,联合国粮食及农业组织(以下简称

---

① 金雪花:《我国公民迁徙自由法律制度研究》,载《江苏社会科学》2009 年第 4 期。

联合国粮农组织),联合国教育、科学及文化组织(以下简称联合国教科文组织)和世界卫生组织以及在其他国际组织内开展的有关工作对保障迁徙自由起到了推动作用。

 **小知识**

**《移徙工人权利公约》简介**

《移徙工人权利公约》于1990年通过,按照第87条第1款的规定于2003年7月1日正式生效。截至2023年5月9日,共有58个参加国(中国目前尚未加入该公约)。该公约适用于移徙工人及其家庭成员的整个移徙过程(包括准备移徙、离开、过境和整个逗留期间),在就业国的有报酬活动以及返回原籍国或惯常居住国。该公约共93条,规定了移徙工人及家庭成员的迁徙自由、生命权、免受酷刑权、劳动获得报酬权等各项权利,以及国家保障此类权利的义务等。

移徙现象涉及千百万人,影响国际社会中的许多国家。移徙工人及其家庭成员往往由于离开了他们的原籍国、在就业国逗留遭遇到困难等而面临脆弱的处境。移徙工人及其家庭成员的权利尚未在世界各地得到充分的确认,因此需要适当的国际保护。由于家庭分散,移徙往往对移徙工人的家庭成员及其本人造成严重困难。移徙过程中所涉及的人的问题在不正常的移徙中更为严重。因此,应当鼓励采取适当行动以防止和消灭对移徙工人的秘密移动和运输,同时保证他们的基本人权得到保护。没有证件或身份不正常的工人在受雇的工作条件方面往往差于其他工人。如果所有移徙工人的基本人权受到更为广泛的确认,雇用身份不正常的移徙工人的做法将会受阻,并且给予身份正常的移徙工人及其家庭成员某些其他权利,将可鼓励所有移徙的人和雇主尊重并遵守有关国家所制定的法律和程序。

迁徙自由,不仅反映了一国公民权利的深度和广度,而且反映了一个国家公民权利与政府权力的关系。检验一国奉行政府权力至上还是公民权利至上的具体标准之一,就是该国是否在法律上确认公民的迁徙自由,并从具体实施细则上保证其实现。一个享有迁徙自由的公民在行使权利之前都会理性地分析,自身的能力、特长和需要与将要迁居的地方是否符合,该地是否需要自己,有没有自己的生活空间和发挥自己作用的岗位。即便一时判断有误,公民也会很快自我纠正,及时调整,重新选择迁居地。

## 二、我国迁徙自由权的立法变迁

1912年的《中华民国临时约法》明文规定了迁徙自由权,该法第2章第6条第6款规定:"人民有居住迁徙之自由。"后来的军阀政府和国民党政府都在相关法律文件中规定了公民具有迁徙自由。1941年中国共产党领导的根据地制定的《陕甘宁边区施政纲领》，是根据地法律最早明文规定迁徙自由的法律。1949年后，《共同纲领》曾有迁徙自由的规定。此后的1954年《宪法》第90条第2款规定："中华人民共和国公民有居住和迁徙的自由。"后来的1975年《宪法》、1978年《宪法》和1982年《宪法》都没有规定公民的迁徙自由。1951年《城市户口管理暂行条例》里明文规定了公民的迁徙自由。1955年国务院通过了《关于建立经常户口登记制度的指示》，较好地保障了公民迁徙自由。但是在1953年，政务院发出了《关于劝止农民盲目流入城市的指示》，规定未经劳动部门许可或介绍，不得擅自去农村招收工人，"盲流"一词由此出现。1954年3月12日，内务部和劳动部发布《关于继续贯彻劝止农民盲目流入城市的指示》；1956年12月30日，国务院公布《关于防止农村人口盲目外流的指示》；1957年3月2日，国务院公布《关于防止农村人口盲目外流的补充指示》；1957年12月18日，中共中央和国务院联合发布《关于制止农村人口盲目外流的指示》。在很短的时间内限制迁徙自由的规定连续出台，由此可见当时农村人口向城市流动的问题的严重性。1958年1月9日，全国人大常委会第九十一次会议通过了《户口登记条例》，将剥夺迁徙自由的户籍管理手段以法律的形式确定下来，从此农村人口向城市的流动自由被严格限制了。

  近十年的经济生活进一步证明，恢复居民的迁徙自由，不仅是加速培育全国统一的劳动力市场、建立社会主义市场经济体制的必要条件，也是促进我国经济发展、解决"三农"问题、实现现代化的客观要求和必要条件。改革开放40多年来，国际国内的形势已发生了巨大变化，当年直接导致取消公民迁徙自由的主要因素已经不复存在。作为文明水平的标志，迁徙自由是人类文明发展到一定阶段的必然要求。市场经济下的劳动力市场机制承认劳动力的市场价格。这不是对人的尊严的贬低，而是对人的价值的尊重。原来计划经济体制下不承认劳动力的市场价格，似乎把人同商品区别开来，维护了人的尊严，但实际上剥夺了人的选择自由，把人才限制在一个单位或一个地区内，不仅造成了很大的人才资源浪费，而且成为一些官僚压迫人、奴役人的工具。正如胡鞍钢所指出的，"第三次'解放农民'，就是使农民从土地、农村中永久性解放出来，使农民尽快变为非农业人口。而最根本性的措施是消除城乡居民两种身份制度，使农民拥有与城市人口平等的发展机会和享受同等的公共服务水平。正在各地试验的土地流转制度改革，以及在中国大地上风起云涌的户籍制度改革，似可看作新一轮农民解放运动的先声。它必将为全体农民的命运，以及未来中国社会带来深远的影响"①。

2003年国务院颁布的《城市生活无着的流浪乞讨人员救助管理办法》(以下简称《救助办法》)是近年来我国在立法领域保障公民迁徙自由的巨大进步。它与1982年的《城市流浪乞讨人员收容遣送办法》(以下简称《遣送办法》),可以说有天壤之别。从性质上讲,原来的《遣送办法》本身强调了政府遣送,在规定上有一定的强制性,具有限制人身自由的性质;在操作上,更容易导致把限制人身自由的对象泛化到"三证"不全的人,结果在实践中出现了很多问题,孙志刚案件就是一个集中体现。而国务院颁布的《救助办法》在本质上不具有强制性,是自愿救助性质的,所以这个管理办法深受社会各界的欢迎,在海内外也反应良好。这在某种程度上是中国政治文明进步的一个重要表现。

我国的户籍制度与哪些人权和自由相关?

### 三、国家保障迁徙自由的义务

国家具有保护迁徙自由的义务,除法律所规定并为保护国家安全、公共秩序、公共卫生或道德,或他人的权利和自由所必需且与《公民和政治权利公约》所承认的其他权利不抵触的限制外,应不受任何其他限制。

本质上迁徙自由的问题要从人权说起。保障迁徙自由应该重视几项制度的改革。一个是公民护照制度,护照是国籍身份的表现。在法治国家,每个公民均有权取得护照,除非有特殊的犯罪的限制条件。再一个就是户籍制度。从人权的角度说,公民的各项基本权利之间都有本质上的内在关联性,也就是基本人权具有不可分割性,迁徙自由在本质上不仅是迁徙问题。如果修宪,可逐步将迁徙自由的相关权利写入宪法。

迁徙自由作为一项基本人权近年来引起宪法学界的重视,随着市场经济的发展和农村劳动力的大量转移,迁徙自由问题成为亿万民众所关心的大问题。为推进将来修改宪法时建立迁徙自由制度,学术界探讨了迁徙自由的法律意义和在宪法权利体系中的地位、国际人权法有关迁徙自由的规定所提供的迁徙自由的上宪标准、中国宪法建立迁徙自由制度对于发展市场经济和加强人权保障的重要意义等问题,认为国内迁徙自由是指人们有权变更自己的住所,有权选择自己的居住地和工作地,有权为教育、择业和娱乐而进行旅行,国际迁徙自由是

---

① 胡鞍钢等:《迁徙自由 五年可得?》,载《新闻周刊》第26期。转引自新浪网,http://news.sina.com.cn/c/2002-09-02/1045702101.html,访问日期:2023年5月9日。

指人们有权去国外旅行、有权离开任何国家、有权返回自己的国家。① 为保障迁徙自由，必须改革户籍制度和放宽出入境自由。

"公民迁徙自由"在以后的宪法中很有必要恢复。1995年的《劳动法》规定了公民有择业、营业自由，《宪法》又规定了公民有居住自由，这二者合起来实际上也就表明我国有"迁徙自由"了。所以，"迁徙自由"实际上已经在我国法律上显现出来了，现在还需要《宪法》把这一概念进一步巩固下来。根据联合国《2030年可持续发展议程》的规定，迁徙情况是成员国参与评估的指标之一。其中第74条规定，各级的后续落实和评估工作将遵循以下原则：后续评估工作将保持严谨细致和实事求是，并参照各国主导的评价工作结果和以下各类及时、可靠和易获取的高质量数据：收入、性别、年龄、种族、族裔、迁徙情况、残疾情况、地理位置和涉及各国国情的其他特性。我国对迁徙自由的保护基本达到了联合国议程的要求，而且根据党的二十大决议，我国将进一步采取有力措施推动乡村振兴，破除"人才流动的体制和政策弊端"，"畅通城乡要素流动"，届时我国的迁徙自由保护将居于国际领先地位。

## 第四节　免受酷刑的权利

《世界人权宣言》第5条规定，任何人不得被加以酷刑，或被施以残忍的、不人道的或侮辱性的待遇或刑罚。日内瓦四公约也将酷刑作为不得克减的人权条款。《公民和政治权利公约》第7条也规定，对任何人均不得加以酷刑或施以残忍的、不人道的或侮辱性的待遇或刑罚，特别是对任何人均不得未经其自由同意而施以医药或科学试验。而且该公约第4条也将此项权利规定为不可克减。《囚犯待遇最低限度标准规则》第31条亦规定，体罚、暗室禁闭和一切残忍、不人道、有辱人格的惩罚应一律完全禁止，不得作为对违法行为的惩罚。

此外，还存在行业性及地区性的反酷刑宣言或公约，如《世界医学学会东京宣言》《欧洲预防酷刑和不人道或有辱人格的待遇或处罚公约》《中美洲预防和惩罚酷刑公约》等都明确禁止对囚犯、被拘留的人以及一切公民实施残忍、不人道或侮辱性的待遇。

联合国还通过了反酷刑的专门性文件，如《保护人人不受酷刑和其他残忍、不人道或有辱人格待遇或处罚宣言》（以下简称《联合国反酷刑宣言》）、《禁止酷刑公约》和《〈禁止酷刑公约〉附加议定书》，此为研究酷刑问题最主要的国际文件。

---

① 蒋兆康：《迁徙自由——它的意义、历史和一种以国际人权法为蓝本的比较研究》，载宪法比较研究课题组编：《宪法比较研究文集》（二），中国民主法制出版社1993年版，第351—366页。

## 一、酷刑与免受酷刑权的概念

酷刑曾被许多国家作为惩罚罪犯的合法手段,种种酷刑构成了世界上几乎全部封建法典的重要内容。在人类法文化史上占有重要地位的《十二铜表法》《摩奴法典》等都是典型的"酷刑备忘录"。① 在启蒙思想家以及在第二次世界大战后人权运动的推动下,酷刑逐渐走向消亡。1945 年的《纽伦堡国际军事法庭宪章》(以下简称《纽伦堡宪章》)首次将酷刑行为列入国际刑事审判的对象,只不过《纽伦堡宪章》并未使用"酷刑"一词,而是将酷刑行为归于战争罪或者反人道罪的范畴,但是在 1946 年 9 月 30 日到 10 月 1 日的审判中,偶尔也使用"酷刑"。② 当然,在后来的国际性和区域性反酷刑公约中,酷刑罪已经从战争罪与反人道罪中脱离出来了。

酷刑罪主要是由国家公职人员犯下的侵犯公民人身权利的犯罪,它是一种严重的国际犯罪。《联合国反酷刑宣言》第 1 条指出,酷刑是指政府官员,或在他怂恿之下,对一个人故意施加的任何使他在肉体上或精神上极度痛苦或苦难,以从他或第三人处取得情报或供状,或对他做过的或涉嫌做过的事加以处罚,或对他或别的人施加恐吓的行为。按照《囚犯待遇最低限度标准规则》施行合法处罚而引起的、必然产生的或随之而来的痛苦或苦难不在此列。该概念明确了酷刑成立的主客观条件。首先,在行为主体上,酷刑必须为政府官员或受政府官员怂恿者所实施;在行为内容上,酷刑包括肉体或精神上的极度痛苦或苦难,合法处罚带来的痛苦和苦难排除在外。其次,在主观上,行为人必须出于故意,而且具有特定的目的,即为了从对方或第三人处取得情报或供述,或者为了惩罚对方犯下的或涉嫌犯下的罪行,或者为了恐吓对方或第三人。该宣言关于酷刑的成立条件亦为后来通过的《禁止酷刑公约》所遵循和发展。根据《禁止酷刑公约》第 1 条的规定,"酷刑"是指为了从某人或第三人处取得情报或供状,为了他或第三人所做或涉嫌的行为对他加以处罚,或为了恐吓或威胁他或第三人,或为了基于任何一种歧视的任何一种理由,蓄意使某人在肉体上或精神上遭受剧烈疼痛或痛苦的任何行为,而这种疼痛和痛苦是由公职人员或以官方身份行事的其他人所造成或在其教唆、同意或默许下造成的,纯因法律制裁而引起或法律制裁所固有或附带的疼痛和痛苦不包括在内。由此可见,公约对酷刑成立的主观心理条件与行为内容基本一致,而在酷刑成立的主体条件和主观目的上有所突破,具体体现为:第一,公约扩大了酷刑成立的主体条件,除公职人员或受公职人

---

① 韩克芳:《反酷刑政策与罪犯人权保障》,载《法学论坛》2007 年第 2 期。
② William A. Schabas, "Torture and the War on Terror: The Crime of Torture and the International Criminal Tribunals," 37 *Case W. Res. J. Int'l L.* 349, 2006.

员积极怂恿者外,以官方身份行事的其他人也可成立酷刑罪,同时在共犯的表现形式上,不局限于教唆或怂恿,也包括同意与默许。第二,公约形式上扩大了酷刑罪成立的主观目的之范围,而实质上是废除了酷刑罪目的上的要求,因为公约在列举酷刑罪成立的种种主观目的后,明确强调"为了基于任何一种歧视的任何一种理由"。因此,无论行为人出于何种目的,只要是基于歧视而实施使他人肉体上或精神上遭受极度疼痛或痛苦的行为,均可认定为酷刑罪。由此可见,《禁止酷刑公约》扩大了酷刑罪的成立范围。

根据联合国禁止酷刑的一系列文件之精神,公民免受酷刑的权利具有如下特点:

1. 绝对性

《禁止酷刑公约》规定,任何施加酷刑的行为或其他残忍、不人道或有辱人格的待遇或处罚都是对人的尊严的冒犯,应视为否定《联合国宪章》宗旨和侵犯《世界人权宣言》所宣布的人权和基本自由而加以谴责。而且该权利在任何情况下均不得克减,即不论战争状态、战争威胁、国内政局动荡或其他社会紧急状态均不得被援引为实行酷刑的理由。上级官员或政府当局的命令也不得援引为实行酷刑的理由。

2. 普遍性

作为一种国际犯罪,如果犯罪人潜逃国外,根据国际公约,缔约国有义务将其"或引渡或起诉"(《禁止酷刑公约》第 7 条第 1 款)。但是公民免受酷刑的权利却是一项普遍的国际人权,不得对可能受酷刑的人员予以引渡。《禁止酷刑公约》第 3 条明确规定,如有充分理由相信任何人在任何一国家有遭受酷刑的危险,任何缔约国不得将该人驱逐、遣返或引渡至该国。因此,公民免受酷刑的权利受国际保护,排除任何可能遭受酷刑者的引渡。

3. 多重救济性

《禁止酷刑公约》在公民免受酷刑的权利遭受侵犯或可能遭受侵犯时,规定了多种救济途径:第一,对于被剥夺自由的人的处理,国家有义务有计划地进行检查,以防止发生实施酷刑或其他残忍、不人道或有辱人格的待遇或处罚的事情。第二,公民可能遭受酷刑时,国家主管当局应立即主动进行公正调查。第三,国家应赋予遭受酷刑的个人申诉的权利,以及获得补偿和赔偿的权利。第四,国家应确保因酷刑取得的口供不能作为诉讼中的证据,但可以作为实施酷刑者刑讯逼供的证据。

## 二、我国对免受酷刑权的保障

(一) 立法

我国国内有关法律,如《宪法》《刑法》《刑事诉讼法》《监狱法》和其他相关法律大多都有反酷刑的内容或规定。

我国现行《宪法》第 38 条规定:"中华人民共和国公民的人格尊严不受侵犯。禁止用任何方法对公民进行侮辱、诽谤和诬告陷害。"第 41 条规定:"中华人民共和国公民对于任何国家机关和国家工作人员,有提出批评和建议的权利;对于任何国家机关和国家工作人员的违法失职行为,有向有关国家机关提出申诉、控告或者检举的权利,但是不得捏造或者歪曲事实进行诬告陷害。对于公民的申诉、控告或者检举,有关国家机关必须查清事实,负责处理。任何人不得压制和打击报复。由于国家机关和国家工作人员侵犯公民权利而受到损失的人,有依照法律规定取得赔偿的权利。"

我国《刑法》中没有直接规定酷刑罪的条款,而是将酷刑行为包括在诸如刑讯逼供罪、暴力取证罪、虐待被监管人员罪等犯罪之中。我国《刑法》第 247 条规定:"司法工作人员对犯罪嫌疑人、被告人实行刑讯逼供或者使用暴力逼取证人证言的,处三年以下有期徒刑或者拘役。致人伤残、死亡的,依照本法第二百三十四条、第二百三十二条的规定定罪从重处罚。"第 248 条规定:"监狱、拘留所、看守所等监管机构的监管人员对被监管人进行殴打或者体罚虐待,情节严重的,处三年以下有期徒刑或者拘役;情节特别严重的,处三年以上十年以下有期徒刑。致人伤残、死亡的,依照本法第二百三十四条、第二百三十二条的规定定罪从重处罚。监管人员指使被监管人殴打或者体罚虐待其他被监管人的,依照前款的规定处罚。"

我国《刑事诉讼法》第 52 条规定:"审判人员、检察人员、侦查人员必须依照法定程序,收集能够证实犯罪嫌疑人、被告人有罪或者无罪、犯罪情节轻重的各种证据。严禁刑讯逼供和以威胁、引诱、欺骗以及其他非法方法收集证据……"第 55 条第 1 款规定:"对一切案件的判处都要重证据,重调查研究,不轻信口供。只有被告人供述,没有其他证据的,不能认定被告人有罪和处以刑罚……"第 63 条规定:"人民法院、人民检察院和公安机关应当保障证人及其近亲属的安全。对证人及其近亲属进行威胁、侮辱、殴打或者打击报复,构成犯罪的,依法追究刑事责任;尚不够刑事处罚的,依法给予治安管理处罚。"

我国《监狱法》第 7 条第 1 款规定:"罪犯的人格不受侮辱,其人身安全、合法财产和辩护、申诉、控告、检举以及其他未被依法剥夺或者限制的权利不受侵犯。"第 14 条规定:"监狱的人民警察不得有下列行为:……(三)刑讯逼供或者体罚、虐待罪犯;(四)侮辱罪犯的人格;(五)殴打或者纵容他人殴打罪犯;……监狱的人民警察有前款所列行为,构成犯罪的,依法追究刑事责任;尚未构成犯罪的,应当予以行政处分。"

《人民警察法》规定,刑讯逼供,体罚、虐待人犯或违反规定使用武器、警械,构成犯罪的,应追究刑事责任;未构成犯罪的,应当依法给予行政处分。《人民检察院看守所检察工作细则(试行)》《人民检察院劳改检察工作细则(试行)》《人民检察院劳教检察工作办法(试行)》分别规定了人民检察院在检查看守所、劳改、劳教场所时应查看的内容,其中包括:干警对罪犯使用警械、武器是否符合规定,是否存在体罚、虐待、侮辱人格的行为;干警是否用罪犯代行干警职权,或纵容、唆使罪犯为非作歹,造成"牢头""狱霸"逞凶作恶违法犯罪;有无阻挠、扣押、擅自处理罪犯及其家属的上诉、申诉、控告及打击报复申诉人、控告人的情况;罪犯的伙食标准、生活卫生,以及对其病伤的治疗是否符合规定;在押人犯中发生重大疫情、重大伤亡事故、体罚虐待人犯致死、非法击毙罪犯和强奸女犯等情况应当上报最高人民检察院;等等。

《国家赔偿法》规定,行政机关及其工作人员在行使行政职权时,以殴打、虐待等行为或者唆使、放纵他人以殴打、虐待等行为造成公民身体伤害或者死亡的,或者违法使用武器、警械造成公民身体伤害或者死亡的,或者有造成公民身体伤害或者死亡的其他违法行为的,应承担国家赔偿责任。行使侦查、检察、审判职权的机关以及看守所、监狱管理机关及其工作人员在行使职权时,刑讯逼供或者以殴打、虐待等行为或者唆使、放纵他人以殴打、虐待等行为造成公民身体伤害或者死亡的,或者违法使用武器、警械造成公民身体伤害或者死亡的,应承担国家赔偿的责任。

2020年修订的《未成年人保护法》(2021年6月1日开始实施)第27条规定:"学校、幼儿园的教职员工应当尊重未成年人人格尊严,不得对未成年人实施体罚、变相体罚或者其他侮辱人格尊严的行为。"

(二) 行政

规范公务员行为方面,根据2019年修订的《法官法》《检察官法》和2012年修正的《人民警察法》的规定,法官、检察官和人民警察不得刑讯逼供或体罚、虐待人犯,构成犯罪的,要追究其刑事责任。我国2017年修订的《行政诉讼法》规定,公民、法人和其他组织认为行政机关和行政机关工作人员的具体行政行为侵犯其合法权益的,可以依法提起行政诉讼。此外,我国于1997年废止了"收容审查"制度。

(三) 刑事司法

最高人民法院、最高人民检察院、司法部、公安部、国家安全部于2010年5月联合颁布了《关于办理死刑案件审查判断证据若干问题的规定》和《关于办理刑事案件排除非法证据若干问题的规定》两个证据规则,确立了证据裁判原则、证据认定的程序原则和非法证据排除规则等,是对证据理论的重大突破,对于遏制酷刑、确保司法公正具有里程碑的意义。2003年最高人民法院审理的刘涌案,一审判处死刑,二审判处死刑缓期执行,理由是本案不能从根本上排除刑讯逼供。案件的二审判决引起极大反响。最高人民法院提审改为死刑立即执行。这个案件涉及刑讯逼供如何认定的问题。一审认定没有刑讯逼供,因为被告人及辩护人没有证据证明有刑讯逼供。二审律师提供了武警战士的证言并进行了公证,辽宁省高级人民法院认定不能从根本上排除刑讯逼供,实际上在一定程度上承认了刑讯逼供。最高人民法院认定几份武警战士的证言之间有矛盾且有些地方不符合取证规则,并且与侦查人员证言有矛盾。这涉及刑讯逼供由谁来承担举证责任的问题,它是困扰我国司法实务界二十年的刑事诉讼难题,此问题在新的证据规则下得以解决。根据《关于办理刑事案件排除非法证据若干问题的规定》,采用刑讯逼供等非法手段取得的犯罪嫌疑人、被告人供述和采用暴力、威胁等非法手段取得的证人证言、被害人陈述,属于非法言词证据,应当予以排除,不能作为认定案件的根据。而且,对于司法机关是否存在刑讯逼供等非法取证行为,法庭有主动调查的义务,从而排除了被告人一方的举证责任。

### 三、我国《刑法》与酷刑罪

我国对公民免受酷刑权的保护与国际公约的精神一致,基本体现了国际公约的内容,但是理论和实务界对于是否设置酷刑罪还存在争议,争议的焦点在于我国《刑法》有关酷刑的罪名是否完全符合国际公约对酷刑罪犯罪构成的规定。因为我国《刑法》第9条明确规定了普遍管辖原则:"对于中华人民共和国缔结或者参加的国际条约所规定的罪行,中华人民共和国在所承担条约义务的范围内行使刑事管辖权的,适用本法。"因此,我国对于国际上的酷刑罪具有刑事管辖权,为此需要思考,中国刑法是否能有效惩治国际犯罪之酷刑罪。我国极有必要增设独立的酷刑罪,理由如下:

第一,我国有关酷刑的罪名主体过窄。酷刑罪侵犯的直接客体是公民的人身权利,在我刑法中主要位于《刑法》分则第四章"侵犯公民人身权利、民主权利罪"中,相关的罪名主要有刑讯逼供罪、暴力取证罪、虐待被监管人员罪、战时残害居民罪。此类犯罪主体限于司法工作人员与军人。如前述,国际公约之酷刑罪的主体为国家公职人员或履行公职的人员。因此,在犯罪主体上,我国酷刑罪的范围远远小于国际上的酷刑罪。换言之,在我国,对于政府部门的工作人员或者履行公职的其他国家工作人员实施的造成公民身体上或精神上极度疼痛或痛苦的行为,无法以酷刑罪处理。此类行为与故意伤害罪或故意杀人罪,在犯罪客体上明显不同,其不仅侵犯公民的身体健康或生命权,而且损害国家机关的权威、破坏为政在民的宗旨,其性质与司法机关刑讯逼供相近,因而应否纳入酷刑犯罪颇值得探讨。

第二,其他有关罪名对公民权利保护不够。我国有学者认为,在前述罪名不能解决国际公约规定的所有酷刑行为时,非法拘禁罪、侮辱罪、故意伤害罪、强迫劳动罪、滥用职权罪也可以充当酷刑罪来使用。除了滥用职权罪外，其他犯罪主体均为一般主体。他们认为一般主体也可以包括特殊主体。当然也可以从概念上作此理解，但是《禁止酷刑公约》中的酷刑罪将一般主体排除在外。进言之，《禁止酷刑公约》要求各国对于酷刑无论情节如何都应规定为犯罪。可见，国际公约对酷刑罪采取严惩的方针。虽然我国《刑法》对犯罪采取定性加定量的立法方式，从而在我国立法上无法将所有酷刑行为规定为犯罪，但至少要体现严惩国家公职人员酷刑罪的理念。在我国现行法范围内，《刑法》总论无国家公职人员犯罪从重处罚的规定。同时，上述非法拘禁罪、故意伤害罪、强迫劳动罪中也无相关规定。在罪刑法定原则上，如果对酷刑行为以此类犯罪论处，明显违背了公约的精神，同时可能轻纵罪犯，不利于保护公民权利。

第三，我国《刑法》对"精神上的剧烈疼痛和痛苦"无相关罪名规定。国际公约中关于酷刑罪的规定不仅包括身体上的极度疼痛和苦难，也包括精神上的痛苦。在我国《刑法》中，精神上的痛苦一般作为犯罪情节或量刑情节来认定，即使作为犯罪情节，如侮辱罪，精神上的痛苦也并非犯罪成立的必要要件。因此，侮辱罪无法涵括酷刑致精神痛苦的行为类型。另外，侮辱罪侵犯的直接客体是公民的名誉权，也不符合公约关于酷刑罪是对公民最基本权利的侵犯的理念。

 **思 考**

酷刑罪主要涉及哪些行为？

## 第五节　公正审判权

 **资 料**

**《公民和政治权利公约》第 14 条规定：**

一、所有的人在法庭和裁判所前一律平等。在判定对任何人提出的任何刑事指控或确定他在一件诉讼案中的权利和义务时，人人有资格由一个依法设立的合格的、独立的和无偏倚的法庭进行公正的和公开的审讯。由于民主社会中的道德、公共秩序的或国家安全的理由，或当诉讼当事人的私生活的利益有此需要时，或在特殊情况下法庭认为公开审判会损害司法利益因而严格需要的限度下，可不使记者和公众出席全部或部分审判；但对刑事案件或法律诉讼的任何判决应公开宣布，除非少年的利益另有要求或者诉讼系有关儿童监护权的婚姻争端。

二、凡受刑事控告者，在未依法证实有罪之前，应有权被视为无罪。

三、在判定对他提出的任何刑事指控时,人人完全平等地有资格享受以下的最低限度的保证:

（甲）迅速以一种他懂得的语言详细地告知对他提出的指控的性质和原因;

（乙）有相当时间和便利准备他的辩护并与他自己选择的律师联络;

（丙）受审时间不被无故拖延;

（丁）出席受审并亲自替自己辩护或经由他自己所选择的法律援助进行辩护;如果他没有法律援助,要通知他享有这种权利;在司法利益有此需要的案件中,为他指定法律援助,而在他没有足够能力偿付法律援助的案件中,不要他自己付费;

（戊）讯问或业已讯问对他不利的证人,并使对他有利的证人在与对他不利的证人相同的条件下出庭和受讯问;

（己）如他不懂或不会说法庭上所用的语言,能免费获得译员的援助;

（庚）不被强迫作不利于他自己的证言或强迫承认犯罪。

四、对少年的案件,在程序上应考虑到他们的年龄和帮助他们重新做人的需要。

五、凡被判定有罪者,应有权由一个较高级法庭对其定罪及刑罚依法进行复审。

六、在一人按照最后决定已被判定犯刑事罪而其后根据新的或新发现的事实确实表明发生误审,他的定罪被推翻或被赦免的情况下,因这种定罪而受刑罚的人应依法得到赔偿,除非经证明当时不知道的事实的未被及时揭露完全是或部分是由于他自己的缘故。

七、任何人已依一国的法律及刑事程序被最后定罪或宣告无罪者,不得就同一罪名再予审判或惩罚。

根据《公民和政治权利公约》第 14 条的规定,公正审判权的保障原则包括审判独立原则、法庭前的平等原则、无罪推定原则、罪刑法定原则、程序保障原则、禁止双重危险原则、禁止自我归罪原则、公正和公开审讯原则等一系列保障被告权利的程序性和实体性原则。其中涉及法庭前的平等权利、获得公正和公开审讯的权利、被告知指控的权利、不被无故拖延地受审的权利、辩护的权利、获得译员免费援助的权利、上诉的权利、误审获得赔偿的权利等。

### 一、无罪推定原则

如前所述,无罪推定原则强调被告人在被法院判决有罪以前,必须被当作无罪对待。这是保障刑事被疑者和被告人人身自由的非常重要的一项原则。从这一原则可以引申出几项有利于保障被告人人身自由的规则。如在被告人有罪无罪未决时,应从有利于被告人的角度作结论;证明被告人有罪的举证责任应由控诉方承担;被告人应当享有沉默权;被告人保持沉默和拒绝陈述,不应作为有罪的根据;被告人与经判决有罪的人应当隔离等。无罪推定原则在国际人权法中有明确体现。《世界人权宣言》第11条1款规定:凡受刑事控告者,在未经获得辩护上所需的一切保证的公开审判而依法证实有罪以前,有权被视为无罪。《公民和政治权利公约》第14条2款规定:凡受刑事控告者,在未依法证实有罪之前,应有权被视为无罪。国际人权法的这些规定为被告人的人身自由保障提供了一项重要的标准。

 **小知识**

**无罪推定思想的起源**

无罪推定思想最早产生于中国上古时期。据《尚书》记载,皋陶在与帝舜的对话中已提出"罪疑惟轻"和"与其杀不辜,宁失不经"的思想。皋陶曰:"帝德罔愆。临下以简,御众以宽。罚弗及嗣,赏延于世。宥过无大,刑故无小。罪疑惟轻,功疑惟重。与其杀不辜,宁失不经。好生之德,洽于民心。兹用不犯于有司。"在皋陶提出的这些法律原则中,"罪疑惟轻"和"与其杀不辜,宁失不经"构成世界上最早的无罪推定思想。中国古代无罪推定思想强调对于疑罪疑狱应从有利于被告方出发进行判断,罪疑从轻从赦。《吕刑》曰:"五刑之疑有赦,五罚之疑有赦。"①其中包括墨辟疑赦、劓辟疑赦、宫辟疑赦、大辟疑赦等。这里提出的是刑疑从赦、罚疑从赦的主张,也即罪疑从赦的主张。《礼记》也说:"疑狱,氾与众共之。众疑,赦之。"这也是疑罪疑狱从赦的思想。从有利于被告出发判断疑案,应当讲求疑罪从轻与疑罪从赦的原则。疑罪从轻是指在罪轻罪重难断时只作罪轻假定。疑罪从赦是指在有罪无罪难断时只作无辜假定。"与其杀不辜,宁失不经"的思想体现出重视人命的生德精神。

## 二、罪刑法定原则

罪刑法定主义包含两个基本方面:一是法无明文规定不为罪,二是法无明文规定不处刑。罪刑法定主义在西方和东方都有一个逐渐产生和发展的过程。自有法律以来,强调罪刑法定的观念一直为一些具有人道主义和法治主义思想的志士仁人所不断提倡和阐释。虽然各国政府只是在近代才逐渐在宪法和法律上认可罪刑法定原则,但从思想层面上看,罪刑法定思想渊源已久。

由于罪刑法定主义对于保障人身自由和其他人权具有极为重要的意义,它

---

① 参见王宏治:《中国刑法史讲义:先秦至清代》,商务印书馆2019年版,第37—39页。

应当成为一项上宪原则。近代以来,一些法治国家或转型国家的宪法陆续对罪刑法定主义予以确认。从各国宪法有关罪刑法定主义的规定来看,该原则在宪法上有不同的表达方式。有的表达方式很简单,有的表达方式较为系统。我们认为罪刑法定主义在宪法上的表达方式应当明确、系统,主要是应当将依法定罪、依法量刑、非依法不为罪、非依法不受罚和明文规定等要件充分体现出来。在宪法上仅要求依法定罪量刑是不够的。罪刑法定主义应落实在不为罪和不受罚上。"非依法"和"无明文规定"仅构成"不为罪""不受罚"的前提条件。

在中国,20世纪上半叶的宪法及宪法性文件对罪刑法定主义给予了不同程度的重视。1908年《钦定宪法大纲》规定:臣民非按照法律所定,不加以逮捕、监察、处罚。此项规定初步体现出罪刑法定的意图,但罪刑法定主义的要件没有得到充分反映,且在立法语言技术方面略欠规范(如监察),君主主义的影响没有去除(如"臣民")。1912年《中华民国临时约法》第6条1款规定:人民之身体,非依法律,不得逮捕、拘禁审问、处罚。此项规定在1914年《中华民国约法》中得到复述,且一字不差。1923年《中华民国宪法》第6条规定:中华民国人民,非依法律,不受逮捕、监禁、审问或处罚。上述这些规定都过于简单,对罪刑法定原则要件的反映不充分。1947年《中华民国宪法》第8条规定:人民身体之自由应予保障;除现行犯之逮捕,由法律另定外,非经司法或警察机关依法定程序,不得逮捕拘禁,非由法院依法定程序,不得审问处罚;非依法定程序之逮捕、拘禁、审问、处罚,得拒绝之。这比罪刑法定问题上之前的表述要具体和丰富些,但从罪刑法定的各项要件看,显然仍不够充分。而20世纪下半叶历部宪法及宪法修订,均未明确体现罪刑法定原则的要求。

20世纪末以来,我国刑法学界开始重视罪刑法定主义。一些过去反对罪刑法定主义的学者也转而持赞成意见。这是一种可喜的现象,并且1997年修订的《刑法》明确规定了罪刑法定原则。但这对于全面保障人身自由来说,是远远不够的。罪刑法定主义必须成为上宪原则,在宪法上取得本应具有的地位。不从宪法高度对罪刑法定提出要求,仅靠修改刑法恐怕难以实现人身自由的全面保障。要使罪刑法定主义逐渐成为生活现实,需要上至宪法下至刑法一并努力。特别是考虑到未来中国需要制定标准宪法并加强对人身自由的宪法保障,有必要尽快使罪刑法定主义成为上宪标准。同时,我国《刑法》对罪刑法定原则的规定与公约内容也存在一定差异,有必要根据公约精神及规定对相关差异进行探讨。

### 三、禁止双重危险原则

《公民和政治权利公约》第14条第7款规定:"任何人已依一国的法律及刑事程序被最后定罪或宣告无罪者,不得就同一罪名再予审判或惩罚。"该原则被称为禁止双重危险原则,其实质是禁止同一犯罪受到多次追究,增加当事人的痛苦。它可以追溯到古罗马,即拉丁文名称为"nebisinidem"的原则,中文通常称为"一事不再理原则"。禁止双重危险原则起源于英国,在12世纪英国教会与国家争夺审判权的过程中产生,但是直到17世纪才成为一种司法制度,得到重视。同时,该原则在美国得到了进一步发展。1789年,禁止双重危险原则被载入《美国宪法》。在美国,禁止双重危险原则也存在如下例外:无效审判;重新审判的法庭决定是在基于被告人的申请和同意下而作出的;被告人对有罪判决要求重审或进行上诉;第一次审判陪审团悬而未决,即如果陪审团不能够就定罪或无罪达成一致意见,法官可宣告该陪审团悬而未决,被告人可以由另外一个陪审团进行审理。①

我国的法律没有明文规定禁止双重危险原则。但我国《刑事诉讼法》在第一章"任务和基本原则"的第10条中规定,"人民法院审判案件,实行两审终审制"。该法第244条规定:"第二审的判决、裁定和最高人民法院的判决、裁定,都是终审的判决、裁定。"此具有一事不再理的旨趣。同时,我国《刑事诉讼法》从第252条到第258条规定了审判监督程序,也就是说对于已经生效的法院判决和裁定,在符合一定条件时,法院和人民检察院可以提起再审,当事人、人大及人大代表、党政机关、新闻媒体等可以引发再审。我国的再审程序是基于"纠正法律错误"而设置的,引发的主体也十分广泛,在实践中很可能是对当事人不利的再审,存在"双重危险"的可能。因此,我国法律有必要同时明确规定再审程序与禁止双重危险原则,从而在保证正确适用法律的同时禁止对当事人的双重危险评价。

### 四、审判独立

《公民和政治权利公约》第14条规定,人人有资格由一个依法设立的合格的、独立的和无偏倚的法庭进行公正的和公开的审讯。审判独立是指司法机关独立于其他机关、团体和个人,司法机关行使其职权时,只服从法律,不受任何其他机关、团体和个人的干涉,它包括司法权的独立、法院的独立和法官的独立,是保证法官根据法律和确凿的证据不偏不倚地作出裁决的重要手段。

审判独立原则作为现代法治的一项基本原则,源于资产阶级启蒙思想家孟德斯鸠的权力分立学说,但早在17世纪,英国著名哲学家哈林顿(Harrington)在其著作《大洋国》就提出过这一概念,只是没有系统地论述。英国著名哲学家和政治家约翰·洛克在其名著《政府论》中,集中地阐述了法治原则和分权原则。目前许多国家对审判独立予以宪法确认,例如《美国宪法》第3条第1款规定:

---

① 杨宇冠:《论禁止双重危险原则》,载《北京市政法管理干部学院学报》2000年第3期。

"合众国的司法权属于最高法院及国会随时制定与设立的下级法院。最高法院和低级法院的法官,如果尽忠职守,应继续任职,并按期接受俸给作为其服务之报酬,在其继续任职期间,该项俸给不得削减。"《德意志联邦共和国基本法》第97条第1款规定:"法官是独立的,只服从法律。"《法兰西共和国宪法》第64条第1款规定:"共和国总统是司法机关独立的保障者。"1993年的《俄罗斯宪法》规定了权力分立的政权组织形式,而且将司法权作为一种独立的国家权力确定为国家的根本宪法制度,同时,该宪法明确规定俄罗斯的司法权力只有法院来行使,把检察机关排除在司法机关之外。但是也存在反例,如土耳其于2010年9月对其宪法进行修正,其中包括削弱司法部门的权力以及赋予政府更多影响司法的权力。土耳其的立法行为遭到了来自国际社会的反对。

审判独立也是我国司法改革的重要目标之一。我国现行《宪法》第131条规定:"人民法院依照法律规定独立行使审判权,不受行政机关、社会团体和个人的干涉。"第136条规定:"人民检察院依照法律规定独立行使检察权,不受行政机关、社会团体和个人的干涉。"

公民的公正审判权除了体现在上述几方面外,《公民和政治权利公约》还规定了被告人在诉讼活动中的其他有关具体权利:语言便利权,辩护权,选择律师权,及时审判权,获得法律援助权,不自证其罪权,获得译员权,少年犯的特别程序保障权,误审获得赔偿权等。我国《刑事诉讼法》的规定基本上体现了公约精神,根据我国《刑事诉讼法》,被告人享有的权利包括防御性权利、救济性权利和程序保障,另外对未成年人犯罪在诉讼程序上也有特别规定。犯罪嫌疑人、被告人所享有的防御性权利主要表现为:有权使用本民族语言文字进行诉讼;有权自行或在辩护人协助下辩护;有权在法定条件下获得法院为其指定的辩护人的法律帮助;有权拒绝辩护人继续为其辩护,也有权另行委托辩护人辩护;有权拒绝回答侦查人员提出的与本案无关的问题等。犯罪嫌疑人、被告人所享有的救济性权利主要表现为:有权申请回避,对驳回申请回避的决定,有权申请复议;对侵犯其诉讼权利和人身侮辱的行为,有权提出指控;根据《国家赔偿法》,在误判时,被告人还享有获得赔偿的权利。犯罪嫌疑人、被告人享有的程序保障主要表现为:在未经人民法院依法判决的情况下,不得被确定有罪;获得人民法院的公开审判;获得人民法院独立、公正的审判;在刑事诉讼过程中,不受审判人员、检察人员、侦查人员以刑讯逼供、威胁、引诱、欺骗及其他非法方法进行的讯问;不受侦查人员实施的非法逮捕、拘留、取保候审、监视居住等强制措施,不受侦查人员的非法搜查、扣押等侦查行为;在提出上诉时不得被加重刑罚;等等。但是我国对被告人的及时审判权和获得法律援助权的保障尚不够,我国法律援助适用范围太窄,主要针对可能被判处死刑以及被告人未满18周岁的案件。同时,在司法实践中,超期羁押、拖延审理案件的情况也时有发生。

## 第六节 见解和言论自由

 **资　料**

《公民和政治权利公约》第 19 条规定：

一、人人有权持有主张，不受干涉。

二、人人有自由发表意见的权利；此项权利包括寻求、接受和传递各种消息和思想的自由，而不论国界，也不论口头的、书写的、印刷的、采取艺术形式的、或通过他所选择的任何其他媒介。

三、本条第二款所规定的权利的行使带有特殊的义务和责任，因此得受某些限制，但这些限制只应由法律规定并为下列条件所必需：

（甲）尊重他人的权利或名誉；

（乙）保障国家安全或公共秩序，或公共卫生或道德。

《公民和政治权利公约》第 20 条规定：

一、任何鼓吹战争的宣传，应以法律加以禁止。

二、任何鼓吹民族、种族或宗教仇恨的主张，构成煽动歧视、敌视或强暴者，应以法律加以禁止。

《公民和政治权利公约》第 21 条规定：

和平集会的权利应被承认。对此项权利的行使不得加以限制，除去按照法律以及在民主社会中为维护国家安全或公共安全、公共秩序，保护公共卫生或道德或他人的权利和自由的需要而加的限制。

《公民和政治权利公约》第 22 条规定：

一、人人有权享受与他人结社的自由，包括组织和参加工会以保护他的利益的权利。

二、对此项权利的行使不得加以限制。除去法律所规定的限制以及在民主社会中为维护国家安全或公共安全、公共秩序，保护公共卫生或道德，或他人的权利和自由所必需的限制。本条不应禁止对军队或警察成员行使此项权利加以合法的限制。

三、本条并不授权参加一九四八年关于结社自由及保护组织权国际劳工组织公约的缔约国采取足以损害该公约中所规定的保证的立法措施，或在应用法律时损害这种保证。

### 一、见解和言论自由的概念与意义

见解和言论自由是所有社会的基本要素，见解和言论自由（包括和平集会和结社的自由)在一些国家的宪法中也称表现自由。见解和言论自由在基本人权体系中占有突出重要的地位。它不仅是人作为主体的文化的存在所不可欠缺的自由,而且是民主社会得以确立的前提。相对于经济自由等权利,见解和言论自由应当具有"优越地位"。见解和言论自由应当被看作具有优位性的法律价值。然而,由于见解和言论自由与思想信仰自由不同,它在本质上具有社会性,国家根据公共利益等名义可以对见解和言论自由作出一定的规制和制约,当然这种制约是需要遵循一定的原则的。①

见解和言论自由也是其他公民权利和政治权利的检验标准,包括不受外部灌输条件下形成自己见解的自由;在表达观念的自由场所中捍卫自己的见解而不必惧怕压制的自由。任何人均应享有不受干预地自由表达意见的权利,持有见解的权利,不受政府和其他任何组织包括私主体的任何形式的干预的权利。国家有义务针对第三方的干预保护意见自由。见解和言论自由权要求针对外部干预的绝对保护,是使个人免于国家干预的自由性权利。政治见解的自由构成见解和言论自由的本质性和基础性方面。行使见解和言论自由权是有一些法律限制的,按照《公民和政治权利公约》的规定,该权利的行使"附有特别责任及义务",因此受到某些限制,这些限制应由法律规定并为下列条件所必需:尊重他人的权利或名誉;保障国家安全或公共秩序,或公共卫生或风化。然而,这些限制不应当损害该权利。同时,允许公民行使见解和言论自由权还必须注意,禁止其鼓吹战争和仇恨。

出版自由是广义的见解和言论自由的有机构成部分,是用文字的形式表达思想和交流思想的自由,出版自由是现代社会公民的一项基本权利。李大钊曾不断地揭露和抨击政府随意侵犯言论自由和出版自由的罪恶行为。《中华民国临时约法》虽然规定人民享有言论自由、著作刊行自由等权利,但在实践中该规定成为一纸空文,毫无约束力,记者可以随便被捕,报馆可以随便被封,印刷局可以随便被干涉,违反"约法"的管理印刷法可以随便颁布,邮局收下的印刷物可以随便扣留,所有这些公开侵害见解和言论自由、出版自由的非法行为受到了李大钊的愤怒谴责。在民国时期,政府利用行政手段和法律手段干涉和剥夺见解和言论自由、出版自由的做法始终横行,公然不讳,社会上对此恶行也早已习以为常、见怪不怪了。例如在学术问题上,政府出面运用强力褒贬作者作品的现象已经成为长期沿袭的传统,似乎大家都认为政府享有此项权力,甚至可以随意决定教材的内容和写作。由于社会上人权意识淡薄,民国时期此类侵犯见解和言论自由、出版自由和学问自由的现象公然流行,日甚一日。

---

① 杜钢建:《论表现自由的保障原则》,载《中外法学》1995 年第 2 期。

## 二、国家保障公民见解和言论自由的义务

我国《宪法》第 35 条规定,中华人民共和国公民有言论、出版、集会、结社、游行、示威的自由。《刑法》也规定了相应罪名以保障该权利依法行使,例如《刑法》第 296 条规定,举行集会、游行、示威,未依照法律规定申请或者申请未获许可,或者未按照主管机关许可的起止时间、地点、线路进行,又拒不服从解散命令,严重破坏社会秩序的,对集会、游行、示威的负责人和直接责任人员,处 5 年以下有期徒刑、拘役、管制或者剥夺政治权利;第 297 条规定,违反法律规定,携带武器、管制刀具或者爆炸物参加集会、游行、示威的,处 3 年以下有期徒刑、拘役、管制或者剥夺政治权利;第 298 条规定,扰乱、冲击或者以其他方法破坏依法举行的集会、游行、示威,造成公共秩序混乱的,处 5 年以下有期徒刑、拘役、管制或者剥夺政治权利。

我国在清末民国时的出版立法方面有许多教训是值得认真反思和总结的。在清朝末年以前,我国一直没有实行过检查制、特许制、保证金制等专制主义的预防制度。即便在康熙、雍正和乾隆年间,文字狱严酷之至,也是实行事后追惩,未实行事前检查。在我国,事前检查制度始于光绪三十四年(1908)的《报律》。该法是仿效日本的旧的报纸法制定的。该法规定:对于报纸的成立,设报告制和保证金制;对于报纸的发行,设检查制度。《报律》第 7 条规定:"每日发行之报纸,应于发行前一日晚十二点钟以前,其月报、旬报、星期报、间日报等类,均应于发行前一日午十二点钟以前,送由该管巡警官署或地方官署,随时查核,按律办理。"此法规定的检查制度完全取消了新闻出版自由,是一部典型的恶法,以至于该法实行一年后,清政府的民政部门于宣统元年(1909)提出修改的请求。1914 年,袁世凯政府为了限制出版自由,曾经颁行《报纸条例》和《出版法》。《报纸条例》规定实行特许制和保押金制。报刊须于出版前得到警察机关的认可并交纳保押费。该条例还设有以下禁止事项:(1) 淆乱政体者;(2) 妨害治安者;(3) 败坏风俗者;(4) 外交军事之秘密及其他政务,经该管官署禁止登载者;(5) 预审未经公判之案件及诉讼之禁止旁听者;(6) 国会及其他官署会议按照法律禁止旁听者;(7) 煽动、包庇、赞赏、救护犯罪人、刑事被告人或陷害刑事被告人者;(8) 攻评个人阴私损害其名誉者。《报纸条例》颁行后受到社会舆论的强烈批评。该法被视为以意见入罪的典型恶法。《报纸条例》于 1916 年黎元洪复职后被废止。1916 年至 1926 年间,一切报刊及文书图画的出版均受袁世凯时期的《出版法》制约。该法对出版手续执行报告制度,而无检查制、特许制和保证金制等苛刻条件。但因该法与《报纸条例》一样设有 8 项禁止性条项,仍然受到了社会各方面的批评。该《出版法》在 1926 年 1 月由冯玉祥控制的北京政府明令废止。此后直至 1930 年,中国的出版自由在法律上只受《暂行刑律》的

支配,不再受其他任何特别法的支配。

在公益限制方面,现代国家逐渐找到了一个重要的限制标准,即在法律上不能承认"意见罪"。出版物所记载的,如果仅仅是一种意见,哪怕是不符合社会公共利益的意见,只要还没有构成妨害社会公共利益的事实,就不能被当作非法行为而受法律的处罚,这是现代文明国家所认可的出版自由的一项重要原则。从各国法律来看,对出版物的公益限制大体包括以下方面:一是在印刷品中煽动以暴动方式推翻政府;二是败坏风纪的淫秽书画;三是泄露军事外交秘密的文件;四是散布危及公共秩序与安全的谣言;等等。目前,各国法律都禁止在印刷品中展现这些方面的言论,至于这些方面的言论达到什么程度才能被视为犯罪,则与一些非常具体的技术性问题有关。总的来说,在衡量言论的罪与非罪问题上,应当注意有关见解和言论自由的一些基本原则,其中包括一般排除限制的原则。见解和言论自由的原则包括优位性原则、禁止事前抑制原则、明确性原则、明白及现在危险的原则等。

在私益限制方面,各国法律为保障私人利益,都设有不同类型不同程度的限制。其中首要的是在保护私人名誉、信用等方面的限制,在这方面,许多国家在法律上都设有诽谤罪。例如瑞典的《出版自由法》所规定的侵犯出版自由的犯罪中,有一项是"诽谤无官职的国民"。该法在解释"诽谤"一词的含义时指出,诽谤包括污蔑与中伤。"污蔑"是指一个人指控另一个人是罪犯或指控他在生活方式上应受谴责,或报告的消息是揭发另一人的,却侮辱了其他人。但下列的行为除外:根据情况判断,有关材料提供的情报合理,而最初提到的人已提出证据,证明该情报准确无误或其提供的情报有合理根据。污蔑死者,包括冒犯生者的行为和可被认为损害了死者应有的安详等行为。"中伤"是指一个人用令人讨厌的漫骂或其他无礼行为凌辱另一人。各国刑法一般都设有诽谤罪的规定,见解和言论自由不包括破坏他人的名誉、侮辱他人的自由,对这些行为进行处罚,一般认为不构成对见解和言论自由的侵害。例如日本《刑法》第230条规定的名誉毁损罪即是针对此类行为而言的,在没有证明是真实的场合,误以为是真实,对其所参照的资料和根据误认是真实而有相当的理由时,名誉毁损罪不能成立。

在意见表达方面,联合国《2030年可持续发展议程》高度重视土著人、民间社会、私营部门和其他利益攸关方的意见表达。《2030年可持续发展议程》规定,鼓励成员国在国家和国家以下各级定期进行包容性进展评估,评估工作由国家来主导和推动。这种评估应参考土著人、民间社会、私营部门和其他利益攸关方的意见,并符合各国的国情、政策和优先事项。各国议会以及其他机构也可以支持这些工作。保障相对于政府而言的弱势群体的意见表达尤其要成为联合国成员国加以重视的工作。

**思　考**

见解和言论自由与其他人权的关系。

### 三、禁止鼓吹战争和仇恨

《公民和政治权利公约》在保障公民表达自由权的同时,在第 20 条中规定严禁鼓吹战争和煽动民族、种族、宗教仇恨的行为,并呼吁国家对此两类行为在立法上予以明确。值得注意的是,该规定不仅是针对个人的,也包括对国家、组织鼓吹战争和仇恨行为的禁止。

 **资　料**

**一些缔约国对《公民和政治权利公约》第 20 条的保留情况**①

比利时政府的声明

比利时政府宣布,本政府没有义务在第 20 条第 1 款所涵盖的范围立法,第 20 条整体上应在考虑到《世界人权宣言》第 18、19、20 条宣布的并在本公约第 18、19、21、22 条加以确认的关于思想、宗教、意见、集会和结社自由的情况下加以适用。

作出类似声明或保留的国家还有:丹麦、芬兰、瑞士、美国、法国等。

禁止战争宣传,不仅包括禁止以报纸、广播、电视、电影等形式宣传战争,还包括禁止公开演说和其他各种公然号召进攻他国或鼓吹战争的形式。联合国大会于 1947 年 11 月通过的《谴责一切形式的战争宣传的决议》就曾指出:无论在哪一个国家进行的旨在挑起或足以挑起或加强对和平的威胁、对和平的破坏和侵略行为的一切形式的宣传,大会均予以谴责,建议各成员国政府在其宪法范围内采取适当办法:(1) 以其所有的一切宣传工具,促进以《联合国宪章》的宗旨和原则为基础的国际友好关系;(2) 鼓励传播旨在表达所有人民对于和平的愿望的新闻。

战争是国际上最严重的犯罪之一,而且它通常由国家元首和政府首脑发动,在人类浩瀚的历史长河中,主要战犯往往在国家豁免权的保护下免受惩罚。纽伦堡审判改变了这一历史规律,开始了人类以司法来解决战争、追究国家元首责任的先河。第二次世界大战后,战火并未在国际上真正消亡,仍有冲突不断发

---

① 参见联合国网站,http://treaties.un.org/Pages/ViewDetails.aspx?src=IND&mtdsg_no=IV-4&chapter=4&clang=en,访问日期:2023 年 5 月 9 日。

生，伤亡人数持续增加。因此，公约禁止战争宣传具有很强的现实意义。

遗憾的是，《公民和政治权利公约》关于禁止战争宣传的规定并未在国际社会和国家立法中得到足够重视，除《公民和政治权利公约》外，没有任何公约对战争宣传行为作出禁止性规定，即使在《罗马规约》中，也仅是将公然煽动种族灭绝的行为规定为种族灭绝罪，而未将公然煽动战争的行为规定为战争罪或其他相关犯罪。尽管战争罪中也包括教唆战争的行为，但根据刑法理论，教唆是针对特定的、具体的对象而实施的造意犯，因而战争宣传也不能认定是战争罪教唆犯。在国家立法中，也很少有国家立法明确禁止战争宣传的规定，我国《宪法》和《刑法》也都无相关规定。1991年的《德国布兰登堡法》第20条第3款规定："允许通过法律的制约来保护青少年、保护（个人）名誉和其他重要的法律价值。不得从事战争宣传和宣扬伤害人类尊严的公共歧视。"到目前为止，人权事务委员会还没有处理过关于违反《公民和政治权利公约》第20条的案例。① 其原因可能与战争的性质难以界定有关，根据前述相关文件，禁止战争宣传应该是禁止关于侵略战争的宣传，而侵略的含义至今并未明确。1974年，第二十四届联合国大会通过了《联合国关于侵略定义的决议》，该决议规定：侵略是指一个国家使用武力侵犯另一个国家的主权、领土完整或政治独立，或以本定义所宣示的与《联合国宪章》不符的任何其他方式使用武力。该定义仅就侵略行为从客观上予以界定，而未明确侵略的主观方面，实际上，任何战争（武力）通常均可能侵犯另一个国家的主权、领土完整或是政治独立，因而从客观上无法将侵略战争和和平战争区分开来。正因如此，《罗马规约》尽管规定国际刑事法院对侵略罪有管辖权，但对该管辖权予以保留，即只有在明确界定侵略罪后才能管辖。

《联合国宪章》和《世界人权宣言》均强调，任何人不得因种族、宗教、政治或其他见解而受到歧视，禁止煽动民族和宗教仇恨也是公约对公民见解和言论自由作出的限制性规定。我国为贯彻各民族平等的精神，实行民族区域自治制度，同时对于少数民族，在就业和升学等方面均有一定的优惠，而且国家在整个经济建设布局中，也十分重视根据少数民族的实际情况加大扶植。在立法上，我国《宪法》第4条第1款中规定："……禁止对任何民族的歧视和压迫，禁止破坏民族团结和制造民族分裂的行为。"《刑法》也将破坏民族团结、宣传民族歧视，情节严重的行为规定为犯罪。例如，《刑法》第249条规定，煽动民族仇恨、民族歧视，情节严重的，处3年以下有期徒刑、拘役、管制或者剥夺政治权利；情节特别严重的，处3年以上10年以下有期徒刑。《刑法》第250条规定，在出版物中刊载歧视、侮辱少数民族的内容，情节恶劣，造成严重后果的，对直接责任人员，处

---

① 杨宇冠：《人权法——〈公民权利和政治权利国际公约〉研究》，中国人民公安大学出版社2003年版，第354页。

3年以下有期徒刑、拘役或者管制。

但是我国法律对于见解和言论自由的保护尚有提升的余地,缺少对《公民和政治权利公约》第20条要求的对"宗教仇恨"的宪法保护与刑法的禁止性规定。人权事务委员会指出:为了使《公民和政治权利公约》第20条全面生效,缔约国必须采取必要的立法措施,包括必要的制裁措施,禁止第20条所涉行动,无论此类宣传或主张针对的是有关国家内部还是外部。人权事务委员会认为,尚未这么做的缔约国应采取必要措施,履行第20条所载义务,并且本身应不进行此类宣传或鼓吹此类主张。①

## 第七节　思想、良心和宗教信仰自由

 **资　料**

**《公民和政治权利公约》第18条规定:**
　　一、人人有权享受思想、良心和宗教自由。此项权利包括维持或改变他的宗教或信仰的自由,以及单独或集体、公开或秘密地以礼拜、戒律、实践和教义来表明他的宗教或信仰的自由。
　　二、任何人不得遭受足以损害他维持或改变他的宗教或信仰自由的强迫。
　　三、表示自己的宗教或信仰的自由,仅只受法律所规定的以及为保障公共安全、秩序、卫生或道德、或他人的基本权利和自由所必需的限制。
　　四、本公约缔约各国承担,尊重父母和(如适用时)法定监护人保证他们的孩子能按照他们自己的信仰接受宗教和道德教育的自由。

### 一、思想自由

思想自由在世界绝大多数国家宪法中都有明确规定,建立思想自由制度是现代世界文明宪法发展的重要标志和历史趋势。思想自由被认为是维护人的尊严的基本条件,是民主政治的重要前提和基本标志,思想是统一不了也禁止不了的。建立思想自由权制度要求国家权力和法律不能以特定的思想为惩罚对象,禁止思想或压迫思想的做法只会导致社会愚昧无知。思想自由权制度集中体现于发表不同政治见解的自由,思想自由除了要求法律不得禁止特定思想以外,还要求在见解和言论自由等表达自由中有所体现。

---

① 转引自杨宇冠:《人权法——〈公民权利和政治权利国际公约〉研究》,中国人民公安大学出版社2003年版,第357页。

首先，思想本身不具有危险性。马尔西亚斯做梦梦到他割断了狄欧尼西乌斯的咽喉，狄欧尼西乌斯因此把他处死，说他如果白天不这么想夜里就不会做这样的梦。孟德斯鸠认为这是大暴政，因为即使他曾经这样想，他并没有实际行动过，而法律的责任只是惩罚外部的行为。① 压迫思想自由的人总是强调有所谓危险思想，视之如洪水猛兽。中国共产党的创始人之一李大钊则指出思想本身不具有危险性，与思想相关的危险是人们压迫思想的行为。② 真正的危险不在于思想认识，而在于阻碍思想知识发展的愚昧无知。思想本身没有丝毫危险的性质，只有愚昧与虚伪是最危险的东西，只有禁止思想是最危险的行为。实际上，那些习惯于压迫思想的人自己往往也不明白自己所要禁止的思想究竟是什么东西，他们还未了解某种思想知识便动辄扣以危险的帽子加以禁止。这种人的存在本身就是危险的。李大钊不无嘲讽地说，跟这种人共同生活"真是危险万分"。③ 近代国门洞开以后，西方的一些科学发明如火车等传入中国，引起了一些无知的人的惊慌。他们将那些应用科学发明的人视同魔鬼，后来随着知识的增长才逐渐明白是怎么一回事。这就充分说明知识思想并不危险，危险的是愚昧无知。

其次，思想自由是导向光明与真实的途径。李大钊认为人生的第一要求就是光明与真实，只要得到光明与真实，什么东西、什么境界都不危险。知识是引导人生到光明与真实境界的灯烛，愚昧是达到光明与真实境界的障碍。为了引导人生走向光明与真实，思想自由是必不可少的途径。只有思想能够充分自由地表达，才能够保障人生达于光明与真实的境界。"无论什么思想言论，只要能够容他的真实没有矫揉造作的尽量发露出来，都是于人生有益，绝无一点害处。"④

再次，禁止思想自由是使人愚昧和虚伪的罪恶。思想自由有利于人们辨别光明与愚昧、真实与虚伪。李大钊指出禁止思想学说传播的人犯了泯灭真实的罪，对于某种主义或学说，如果认为它是异端邪说，自己应该先要了解其真相，并将其真相传播给大家，让大家都了解它。如果人人都认为它是异端邪说，大家自然不会信它，"假使一种学说确与情理相背，我以为不可禁止，不必禁止。因为大背情理的学说，正应该让大家知道，大家才不去信。若是把他隐蔽起来，很有容易被人误信的危险"⑤。强行禁止思想的做法掩盖了思想的真相，将使人走向

---

① 〔法〕孟德斯鸠：《论法的精神》，张雁深译，商务印书馆1963年版，第234页。
② 《李大钊文集》（下），人民出版社1984年版，第7页。
③ 同上。
④ 同上书，第8页。
⑤ 同上。

愚昧和虚伪。

最后,思想自由本身是禁止不了的。禁止思想是绝对不可能的,因为思想有超越一切的力量。一是思想在人的精神上的活动无法禁止。二是思想与思想的联系不可能中断。因为人与人的联系不可能中断,只要人际关系存在,思想必将超越各种阻碍在人们之间流行。三是思想具有强大无比的吸引力,越是禁止它,它便随之越发强大。"你怎样禁止他、制抑他、绝灭他、摧残他,他便怎样生存、发展、传播、滋荣,因为思想的性质力量,本来如此。"① 既然思想自由是绝对禁止不了的,禁止也是毫无效果且导致愚昧虚伪的罪恶,那么保障见解和言论自由、促成思想自由便是社会文明进步的唯一途径。

20世纪被认为是解放的时代,各种解放的口号和主张不绝于耳。在各种解放的口号和主张中,思想解放成了解放运动第一声。思想解放是一切解放的基础。要解放思想,就必须摆脱各种强加于国民的压迫思想自由活动的束缚。如何使公众从麻木迟滞的精神状态中解放出来,是20世纪初困扰无数贤达哲人的问题,恐怕只是呼吁解放思想是不够的,更进一步的应当是解放言论。在不允许见解和言论自由的情况下,无论怎样提倡解放思想,思想依旧得不到解放。

## 二、良心自由

中国传统文化中良心意识本就深厚。从哲人贤达到平民百姓无不知良心为人所具有。讲求良心成为传统社会人们追求正义、维护人格的表现形式。第二次世界大战以后,日本、韩国等相继将良心自由写入宪法,使其上升为宪法所维护的基本人权。同时,《世界人权宣言》和其他国际人权法文件相继宣布良心自由为基本人权的重要内容。

在加入国际人权公约以后,中国如何保障良心自由显然已成为思想界和学术界的一项重大课题,即需要从传统仁学原理出发阐明良心的性质和构造,以及如何保障良心自由。

**孟子的良心论简介**

"良心"一词最早见于《孟子》。孟子主张性善论,对于人心之善多有论述。而"良心"一词仅见一端:"虽存乎人者,岂无仁义之心哉?其所以放其良心者,亦犹斧斤之于木也,旦旦而伐之,可以为美乎?"孟子所讲良心,是指善心,即仁义之心。将仁与义相较,仁重于义,义本于仁。由此,良心亦即仁心。孟子常以

---

① 《李大钊文集》(下),人民出版社1984年版,第9页。

"仁""义"二字并论。最典型者为"仁,人心也;义,人路也。舍其路而弗由,放其心而不知求,哀哉!"在孟子看来良心即为仁心,孟子讲仁为人心,即将良心等同于人心,孟子不讲人心有恶,只讲人心有善,主张人心即为良心。这是从"本心论"出发的。在孟子那里,良心是指人的本心。

在孟子的良心论中,智或知不仅有维护和寻求良心的作用,而且智端本身构成良心的重要内容。孟子认为人皆有恻隐之心、羞恶之心、是非之心和辞让之心。此四端亦即仁端、义端、智端和礼端。良心主要由此四心或四端构成。其中,恻隐之心最为重要。四心合并也可称之为不忍人之心。人皆有不忍人之心,这是人之本性本心。因此,仁在孟子的良心论中占有核心位置。除仁以外,义、智、礼、信等也都是构成良心的要素。值得注意的是,孟子对智的重视程度不如孔子。孟子往往仁义并提,将义看得重于智。

良心自由是使个人保持独立关系的重要前提。独立关系是个人与国家关系中的另一重要方面。个人在成为国民以后,并没有完全依附于国家。国家对于个人并不拥有随意安排和处置的权力。进入国家生活以后,个人依然在许多方面保持着自己的独立地位。个人相对于国家的独立地位最突出的表现为个人可以放弃某国国籍,而选择加入其他国籍。先秦儒家倡导国民应有离国自由。国家出现暴政暴君,国民可以迁徙离去。这实质上是在主张国民应保持相对于国家的独立地位。个人相对于国家的独立关系表现在个人的良心思想活动方面。个人无论走到哪里,都不可能停止良心思想活动。国家权力对个人的良心思想活动是无法直接干预的。即使在专制主义国家中,政府也做不到禁止个人的良心思想活动。良心自由属于人的自然权利,是不可转让的,实际上也转让不了。

个人的独立性程度与良心自由的自觉程度是一致的。良心自由的自觉程度取决于人的智识学思。因此,智识学思对于维护个人相对于国家的独立地位是极为重要的,欠缺智识学思的国民容易盲目服从国家的专制权力。如果文盲在一个国家的国民中占有很大比例,该国出现暴政暴君的可能性就很大。增进智识学思对于增强个人的独立性和加强反向秩序关系有着重要的意义。

### 三、宗教和信仰自由

宗教和信仰自由是人的基本自由,在《世界人权宣言》和《公民和政治权利公约》中均有具体规定。由于该项自由与少数者的权利或少数民族的权利有着密切联系,其政治敏感性是不言而喻的。在这方面,需要高度关注的问题是:各国为禁止通过政治机构和组织宣传和散发构成煽动歧视、敌视和暴力的、针对任何宗教的、种族主义和仇外心理的观点和材料所采取的行动;为免受由诽谤宗教所引起的仇恨、歧视和强制行为提供法律和宪法保障;所采取的促进宽容和尊重所有宗教及其价值观的措施;旨在保证所有公共官员在履行官方职务中尊重不同宗教和信仰,并不以宗教和信仰为由而进行歧视的教育和训练方案或模式;基于对人权、多样性和不以任何理由歧视的宽容而采取的保证人人在法律上和实践中能够平等受到教育,包括所有儿童接受免费初级教育和成人终身学习和教育的措施;旨在支持和促进全球对话的行动,争取形成一种以尊重人权和宗教多样性为基础的和平与宽容的文化。

但是,需要注意,极端主义倾向以一种初看属于宗教的思想为基础,利用宗教来达到与普遍人权,特别是与宗教和信仰自由相去甚远的目的。一个宗教团体中绝大多数成员与声称要效忠于该宗教的极端分子之间的意见分歧,有时是公开且显而易见的。

如何在打击与恐怖活动相关联的极端分子与保护宗教和信仰自由之间找到平衡是一件比较困难的事情。理论上,任何以宗教和信仰自由为幌子进行恐怖活动的事都是不能容忍的。同样,任何以打击恐怖主义为幌子侵犯宗教和信仰自由的行为也是不允许的。

## 第八节 参与公共事务、选举与被选举及参与本国公务的权利

 **资 料**

**《公民和政治权利公约》第 25 条规定:**

每个公民应有下列权利和机会,不受第二条所述的区分和不受不合理的限制:

(甲)直接或通过自由选择的代表参与公共事务;

(乙)在真正的定期的选举中选举和被选举,这种选举应是普遍的和平等的并以无记名投票方式进行,以保证选举人的意志的自由表达;

(丙)在一般的平等的条件下,参加本国公务。

### 一、参与公共事务权

根据国际公约的规定,公民享有直接或通过自由选择的代表参与公共事务的权利,参与公共事务权是民主社会公民享有的基本政治权利。在专制主义时代,法律过多地强调民众的义务,而对于法律权利却很少涉及,在特殊情况下民众拥有一定的权利,在不危害统治阶级的治理时,也允许少数法律权利的存在。该权利的行使往往以一定范围的组织的形式来实行。

在民主社会,公民参与公共事务的讨论和决策是行使其公民和政治权利最

基本的途径。在不同政治制度下,公民参与公共事务权的形式、范围和程度均不同,无论在古代民主还是近现代民主中,参与公共事务权都是公民最基本的民主政治权利。在古代,氏族公共事务几乎都由全体氏族成年男女组成的议事会讨论决定。部落的公共事务虽由氏族酋长和军事首领等组成的议事会讨论决定,但部落的其他成员也都出席议事会会议,并都有权参加讨论和发表意见,因而这是一种直接民主形式。20世纪后期全球涌动四大潮流:经济全球化、信息化、市场化和民主化,尤其是前两者对公众参与公共事务权的影响极大,它决定了公众参与发展的不可逆转趋势。①

公民直接参与公共事务的管理,是直接民主的形式。此外,公民还可以选举代表、组织议会的方式参与公共事务的管理,也称议会制民主,或间接民主。直接民主与间接民主是民主发展的两种相互内在联系的重要形式。直接民主与间接民主的关系是相互补充、相互支持的。在没有条件实行直接民主的地方只能以间接民主替代,在有条件的地方间接民主应当向直接民主发展。

在全球化和信息化的广泛影响下,公民的参与公共事务权将与行政民主结合起来,并推动行政民主的改革,进而形成一种新型的模式,可以说,一个国家的民主化程度取决于公民参与和实现行政民主化的程度。

公民参与公共事务的具体途径主要包括:(1)选举公共权力的行使者。公民可根据自己的意愿直接或间接参与选举国家公职人员,由国家公职人员代为行使国家职权。从应然上说,经由选举产生的国家公职人员在行使国家职权时应该体现公民的集体意志,但实际上这种集体意志的体现程度往往与选举制度本身的价值取向和完善与否,以及相关配套制度的发达程度相联系。(2)参与法律创制。公民可以直接或选举代表参与国家宪法和法律的制定,随着信息社会的发展,公民参与法律创制更加便利,在一些地方,地方性法规出台前就可通过网络媒体广泛征求公民的意见。(3)参与公共决策。公民参与公共决策不仅体现了民主,也是促进民生建设的重大举措,随着民主制度和信息的发展,公民参与公共决策的范围日益广泛,环境治理、城市建设、医疗保险等一切和公民生活息息相关的重大决策,都应有公民参与,以保证政策的科学性和政策执行的群众基础。在现代社会,国家通过多种途径来保证公民行使参与公共事务权,如建立并完善行政听证制度、采取网络听证等新的听证形式等。

 思 考

参与公共事务权与其他人权是何种关系?

---

① 姜明安:《新世纪行政法发展的走向》,载《中国法学》2002年第1期。

## 二、选举权与被选举权

现代意义上的选举权是指公民依法参与选举或被选举,以及罢免人民代表大会(议会)的代表(议员)和其他国家机关公职人员的权利。选举权是公民参与国家及社会管理的权利中最基本、最重要的一项权利,在民主国家里,选举是公民意志的自由表达,是国家政权合法性的基础和标志。根据公约精神,选举权具有普遍性和平等性。选举权的发展受世界人权运动的推动,以妇女选举权为例,美国争取妇女投票权的斗争要追溯到 1839 年,1869 年怀俄明州成为美国第一个允许妇女投票的州,今天美国妇女已经全面拥有了选举权。

我国《宪法》第 34 条规定体现了选举权的普遍性和平等性,它规定:"中华人民共和国年满十八周岁的公民,不分民族、种族、性别、职业、家庭出身、宗教信仰、教育程度、财产状况、居住期限,都有选举权和被选举权;但是依照法律被剥夺政治权利的人除外。"2010 年《全国人民代表大会和地方各级人民代表大会选举法》的修改,也使得原来农村人口选举权仅相当于城市人口选举权 1/4 的状况得到修正,从法律上实现了城乡选举权上的平等。

对于被选举权,传统的宪法学理论认为它是一种被选举的资格,而非被选举的权利。因为对选举权的享有和行使虽有资格的要求,但公民只要具备了该资格,均可以选举人的身份参加投票选举,从而现实地享受该权利。被选举权则不同,具备资格之人无权要求他人必须选举自己为代表或公职人员,即便是获得了法律规定的当选的票数,在多数人参选的情况下,也并不一定能取得代表或公职人员的身份。因此被选举权仅为公民享有的一种资格,在许多情况下并不是一种现实的权利。同时,传统的宪法学还认为选举的普遍性只限于选举权的普遍性,不包括被选举权的普遍性,甚至因为被选举权在现实中受限制而根本否定被选举权具有普遍性。我们认为,被选举权也应具有普遍性,它贯穿在公民选举的过程,例如被公平地提名,正式候选人的确定、介绍、宣传,和其他人在同一平台上进行博弈。被选举人的普遍性使得绝大多数人的被选举权都能够得到法律的保障。当然,被选举权具有接受别人评断的特性,即是否投赞成票完全是选民自己评断的结果。

## 三、参与本国公务权

参与本国公务权是指,每一国家的公民都有权根据自己的意愿依照法定标准并经法定程序,使自身成为公共权力的行使者,从而参与国家权力的运行,参与对公共事务的处理,也就是公民担任国家公职的权利。《白俄罗斯共和国宪法》第 39 条规定:"白俄罗斯公民根据自己的能力和专业特长享有平等地获得国家机关任何职位的权利。"一些国家的宪法未明文规定此项权利,但事实上也是认同的。学理上对公民担任国家公职这一项权利没有给予足够的注意,甚至常常无视其为事实上存在的一项政治权利。国家权力的运行直接关系到公共利益与个体利益的实现状况,这决定公民参与国家权力运行、参与对公共事务的处理是参与、决定公共事务所不可替代的。因此,参与本国公务权必须作为公民政治权利的独立部分。

担任公职的人毕竟是公民中的少数,公民成为公共权利的行使者,更多需要通过全民公决制度来实现。全民公决是公民个人和公民全体的基本权利,近代以来,它已经成为专制主义国家向民主主义国家转变所采用的具有开端意义的普遍有效的方法。在民主国家中,全民公决虽不是经常被广泛使用,但作为体现国民主权原则的方法,已成为在某些重大事项上必不可少的使国家主权趋向国民主权的有效手段。例如,在过去几年中,世界各地普遍出现了以全民公决的方式和平解决国内、国际上重大政治问题的趋势:苏联和东欧某些国家解体后,陆续以全民公决的方式决定国家独立和创制新宪法;欧洲共同体各国分别举行全民投票,以决定是否参加《马斯特里赫特条约》;非洲和拉丁美洲的一些国家纷纷举行全民公决,以解决国际社会普遍关注的重大政治问题。

在从专制主义国家向民主主义国家转型的过程中,全民公决是避免社会发生暴力革命和流血的重要途径。在当今世界,任何一个社会的根本性变革都应该尽量避免以暴力方式进行,和平的方式被公认为唯一理性的选择。增强全民公决意识,需要和加强人权意识、宣传人权知识密切结合起来。要使全社会充分认识到全民公决权作为个人权利和集体权利的结合,在人权体系中占有十分重要的位置。全民公决是对一个国家的各种社会群体的人权意识的衡量,统治集团缺乏人权意识,就不可能允许举行全民公决;公民若缺乏人权意识,就不可能在公民投票中完全独立地作出正确的选择。增强全民公决意识、培养公决能力,还需要同加强宪治(即依宪治理)意识结合起来,要使全社会充分认识到全民公决宪法是建立宪治体制的第一步。宪治不可能在一夜之间建成,但是举行一次全民公决,却能奠定良好的宪治基础。全民公决是人权宪治意识的集中反映,可以坚定人们追求民主理想的信心。

从近代宪治史来看,将宪法付诸全民公决的做法同卢梭的社会契约论和人民主权说的影响是分不开的。1792年,法国国民议会通过了一项决议,宣布凡未经人民公认和批准的宪法不得视为宪法。该国民议会于1793年制定的宪法是最早交付人民投票表决的宪法,此后这一做法成为法国的宪法惯例。法国《第五共和国宪法》即是于1958年9月28日由公民投票通过的。公民复决也成为法国历次宪法所规定的重要内容。法国《第五共和国宪法》第3条规定:国家主权属于人民,人民通过自己的代表和公民复决来行使国家主权。1962年,法国改行总统直选制,《第五共和国宪法》第6条原文作了修改,改为总统由直接选举产生,修改后的条文于 1962 年 10 月 20 日由全民复决通过,并于同年 11 月 6 日颁布。在 19 世纪对宪法实行公民复决的国家,除法国外,还有瑞士和美国。瑞士和美国主要是各州陆续进行公民复决,州宪法由各州居民进行投票表决。在 20 世纪,公民复决制宪的做法已逐渐成为许多国家走向宪治道路所普遍采用的方法。

除公民复决以外,公民创制和直接罢免也是全民公决的重要形式。公民创制权和直接罢免权在现代宪治国家中起到了越来越重要的作用,许多国家宪法对公民创制和直接罢免权有明确的规定。在瑞士各州,公民创制既适用于制宪问题,也适用于普通立法问题。公民创制还可以适用于除制宪和立法问题之外的其他事项的动议,如 1976 年《德意志联邦共和国基本法》第 29 条修正条文规定,在一个密切相连、已经划定的移民区和经济区——它的各部分跨几个州——要求该区域成立统一的州时,必须由联邦法律在 2 年内作出规定;或者变更州的隶属关系,或者在有关各州内征询民意。直接罢免权起源于古希腊,古雅典于公元前 500 年创制"陶片放逐律",以保证民主政体不被改变性质。对于那些搞专制独裁、寡头政治和僭主政治的人物,公民可以将应被放逐者的姓名书于陶片而投入陶罐中,陶片满 6 000,即通过一件放逐案。"陶片放逐律"先是规定放逐期为 10 年,后又改为 5 年。亚里士多德认为陶片放逐律有政治理论上的根据,不失为一种政治补救办法。相对于创制轮番为治的良好的城邦体系而言,这是一种不得已而求其次的可取的手段。直接罢免也是一种古希腊各邦全体公民大会决议罢免官吏的重要制度。①

---

**【问题与思考】**

1. 《公民和政治权利公约》规定的公民的基本权利有哪些?
2. 我国法律与《公民和政治权利公约》还存在哪些差异?
3. 言论自由的价值与边界何在?
4. 我国法律对公民身体权的具体保护有哪些?
5. 公民参与权包括哪些具体权利,它在世界各国的实现程度如何?
6. 罪刑法定原则的历史渊源与基本含义。

**【进一步阅读推荐】**

1. 王瑞君:《罪刑法定的实现:法律方法论角度的研究》,北京大学出版社 2010 年版。
2. 王巍、牛美丽编译:《公民参与》,中国人民大学出版社 2009 年版。

---

① 杜钢建:《全民公决理论和制度比较研究》,载《法制与社会发展》1995 年第 2 期。

3. 陈泽宪主编:《〈公民权利与政治权利国际公约〉的批准与实施》,中国社会科学出版社 2008 年版。

4. 陈光中主编:《〈公民权利政治权利国际公约〉与我国刑事诉讼》,商务印书馆 2005 年版。

5. 莫纪宏:《国际人权公约与中国》,世界知识出版社 2005 年版。

6. 杨宇冠:《人权法——〈公民权利和政治权利国际公约〉研究》,中国人民公安大学出版社 2003 年版。

7. 杨化南:《中华人民共和国公民的基本权利和义务》,中国青年出版社 1955 年版。

8. 〔法〕孟德斯鸠:《论法的精神》,张雁深译,商务印书馆 2007 年版。

9. 〔日〕横田耕一:《什么是人权》,福冈县人权研究所 2006 年版。

10. 〔法〕罗贝尔·巴丹戴尔:《为废除死刑而战》,罗结珍、赵海峰译,法律出版社 2003 年版。

# 第五章 经济、社会和文化权利

按照人权的一般分类，经济、社会和文化权利是人权的一大类别，规定在《经社文权利公约》中。从形式上看，比起那些与人们的精神生活联系更密切的权利，例如思想自由、见解和言论自由，经济、社会和文化权利与人们的经济、社会生活具有更大的相关性。而人类社会的实践和经济基础决定上层建筑的理论分析表明，经济、社会和文化权利在很大程度上影响着人们的精神生活。另外，虽然经济、社会和文化权利一般被作为积极权利对待，但是经济、社会和文化权利也有自由的面向，其对应着国家的尊重、保护和实现的义务。经济、社会和文化权利包括食物权、住房权、工作权、社会保障权、健康权、受教育权等诸多权利。本章依次介绍工作权、适当生活水准权、受教育权和健康权这四项权利，内容主要包括这些权利的目的和价值、历史发展、重要法律渊源、核心内容、国家保障这些权利的义务和责任，以及中国对这些权利的保障情况等。

## 第一节 工 作 权

### 一、工作权产生的背景及其价值

（一）工作权产生的背景

工作权经历了理想化、概念化和实证化三个阶段。① 工业革命形成了工业社会和最早的工人群体。与工作有关的奴役、剥削、贫困、失业、恶劣的劳动条件、危险的工作环境、不公正的工资待遇等日益公开化和加剧为重大的社会问题，并引发社会动乱。工作是社会所有成员应有的基本权利，这一主张是法国大革命最早提出的。乌托邦社会哲学家傅立叶首次使用了"工作权"的提法，并从社会方面和心理健康方面强调工作对个人的重要性，主张国家有义务提供平等就业的机会，并提出实现工作权需要对社会进行完全重组。

19世纪末，迫于第一批工会的压力，一些国家通过了关于工作时间和工作条件的立法。20世纪初，为避免漠视劳工权益的国家在国际竞争中不当获利，制定普遍的国际劳工标准的建议被提出，1905年和1906年通过了最早的两个

---

① 〔挪〕K. 德罗兹维基：《工作权和就业中的权利》，载〔挪〕艾德等：《经济、社会和文化的权利》，黄列译，中国社会科学出版社2003年版，第254页。

国际劳工公约。第一次世界大战之后签订的《凡尔赛和约》在国际层面承认了劳动条件、社会正义与普遍和平间的相互依赖关系,为国际劳工组织的工作打下了基础。1919 年,国际劳工组织成立,其主要职能之一就是劳工立法,在工作和劳工领域制定国际标准,为废除和限制快速工业化带来的奴隶制和奴隶贸易、童工、对妇女的剥削、长久的工作时间、危险的工作条件、不良的保健等作出了努力。

**思 考**

工作权遇到的一个强大挑战是,认为严格保障工作权会降低商品的竞争力。在关贸总协定乌拉圭回合讨论社会倾销等条款时,这一问题强有力地凸显出来。保障工作权会阻碍经济和社会发展吗?

1929 年,大规模的经济危机重创了所有主要的工业国家,经济衰退伴随着大规模的失业,失业工人的示威和暴乱也随之而至。经济危机孕育与催生着政治危机,失业是德国民众支持纳粹法西斯的重要原因,并最终导致了第二次世界大战。第二次世界大战以后,为防止人类再度受难,联合国在其关于世界新秩序的目标和计划中给予了经济和社会方面更多的关注。随着人权保障国际化的进程,工作权也进入了国际人权立法的框架之中。

半个多世纪以来,随着社会的进步,经过联合国、国际劳工组织等持久的积极努力,工作权保障在多个方面取得了巨大进步,但是与工作有关的侵犯人权的事例仍不一而足。在经济全球化的背景下,工作方式、工作岗位、工作结构等都在发生着重大的变化,工作权也面临着新的、更复杂的挑战。为减少生产成本而进行的剥削和强迫劳动,以及危险、不健康、不安全的工作条件往往被作为应对贸易和金融自由化带来的激烈竞争的手段。

**小知识**

**国际劳工组织**

1969 年,国际劳工组织因其工作表现被授予诺贝尔和平奖。

国际劳工组织成立的首要目的是人道关注。《国际劳工组织章程》的序言指出,"现有的劳动条件使很多人遭受不公正、苦难和贫困"。其次是政治目的。第一次世界大战后国际社会开始有组织地和定期地处理劳动问题,以防止再次发生战时几乎席卷整个欧洲的革命性的动乱。最后是经济目的。由于改善工作条件不可避免地对生产成本带来影响,任何进行社会改良的行业或国家可能会发现自己被置于相对于竞争对手不利的地位。《国际劳工组织章程》的序言指出,"任何一国不实行合乎人道的劳动条件,会对愿改善本国条件的其他国家构成障碍"。

国际劳工组织的主要活动包括:(1)国际劳工立法:制定国际劳工公约和国际劳工建议书供成员国批准实施。(2)技术援助与技术合作:向组织成员国提供劳动领域的资金、技术和咨询援助与合作。(3)研究和出版:开展劳动科学领域理论与实践的研究工作,出版、散发各类相关期刊、专著和宣传材料。

### (二)工作权的价值

工作权是经济、社会权利的核心内容,不仅是人获取物质保障所必要的,也是实现人的全面发展所必需的,还是实现世界持久和平所不可或缺的。工作首先是谋生的手段,工作权作为社会成员谋取经济生存的手段,具有重要的价值。20世纪初,工作权的另外两个价值开始被认可:第一是强调劳动条件、社会正义与世界和平之间的相互依赖。失业不仅是对个人生存的威胁,而且是对民主本身的威胁。《国际劳工组织章程》序言指出:"鉴于现有的劳动条件使很多人遭受不公正、苦难和贫困,以致产生如此巨大的动荡,使世界和平与和谐遭受危害";"只有以社会正义为基础,才能建立世界持久和平"。第二是把劳动的概念提升为人的价值、社会需要以及自我实现和人的个性发展的手段,即从个人人身自由和尊严方面考虑劳动问题。工作权的这一价值在重要和鼓舞人心的《费城宣言》的声明中得到了最好的阐述,"劳动不是商品","所有人不分种族、信仰或性别都有权在自由和尊严、经济保障和机会均等的条件下谋求其物质福利和精神发展"。国际社会接受了"劳动"与人的尊严的概念之间的内在联系,因而为工作权进入国际人权系统铺平了道路。

**思 考**

从事让人身心紧张疲劳的工作为什么是一项权利?

## 二、工作权的法律渊源

在国际层面,工作权的法律渊源主要有国际劳工立法和国际人权法两个方面。

### (一)国际劳工立法

国际劳工组织的一项重要活动是从事国际劳工立法,即制定国际劳工标准。国际劳工标准有两种形式:国际劳工公约和国际劳工建议书。国际劳工公约是国际条约,以出席国际劳工大会2/3以上代表表决通过的方式制定,此后,经成员国自主决定,可在任何时间履行批准手续,即对该国产生法律约束力,对不批准的国家则无约束力;国际劳工建议书以同样方式制定,但无须批准,其作用是供成员国在相关领域制定国家政策和法律、法规时参考。在实践中,多采用在制定一个公约的同时另外制定一个名称相同但内容更为详尽具体的补充建议书的办法。

国际劳工标准按其内容可分为下列各类:

其一,核心劳工标准,包括结社自由和集体谈判权、废除强迫劳动、废除童工、同工同酬、消除就业与职业歧视等。

其二,劳动专业类标准,包括促进就业、劳动管理、劳资关系、工作条件、职业安全卫生、社会保障(包括工伤赔偿、抚恤、失业保险等)等方面的公约。

其三,针对特定人群和职业的标准,包括妇女、童工和未成年工、老年工人、残障人、移民工人、海员、渔民、码头工人、家庭工等。

截至2022年年底,国际劳工组织已经通过了190项公约,在诸如工作条件、职业安全和健康、社会保障、就业政策和职业培训等方面制定了广泛而细致的标准,并为妇女、移民等特殊工作主体提供保护。最新公约是国际劳工组织于2019年6月10日通过的《关于消除劳动世界中的暴力和骚扰的公约》(Violence and Harassment in the World of Work Convention,第190号)。

 资　料

**国际劳工组织8个核心公约(截至2023年5月9日):**

《强迫劳动公约》(第29号,1930年通过)

《结社自由和保护组织权利公约》(第87号,1948年通过)

《组织权利和集体谈判权利公约》(第98号,1949年通过)

《同酬公约》(第100号,1951年通过,中国于1990年批准)

《废除强迫劳动公约》(第105号,1957年通过)

《(就业和职业)歧视公约》(第111号,1958年通过,中国于2006年批准)

《最低年龄公约》(第138号,1973年通过,中国于1998年批准)

《最恶劣形式的童工劳动公约》(第182号,1999年通过,中国于2002年8月批准,2003年8月生效)

为应对全球化的挑战,国际劳工组织于1998年6月18日通过了《国际劳工组织关于工作中的基本原则和权利宣言》(以下简称《工作中基本原则和权利宣言》),将上文中所列国际劳工公约界定为核心公约,这些公约中的权利和标准是最基本的,反映了各国对"最低社会标准"的认可和对共同价值观的认同。《工作中基本原则和权利宣言》对国际劳工组织的所有成员国都具有约束力,不管其是否已经批准了那些核心公约。尚未批准核心公约的国家也有义务提交关于执行《工作中基本原则和权利宣言》所载原则的进展情况的报告。国际劳工组织每四年发表一份关于所有成员国执行基本原则的情况的报告,作为评估的基础。

(二) 国际人权法

在国际人权法中,工作权的主要依据是《经社文权利公约》第6条、第7条和第8条。其中,关于公平与良好(工作)条件的第7条和关于工会权利的第8条是关于工作权的第6条的补充。经社文权利委员会经常把这三个条款放在一起讨论。

 资　料

《经社文权利公约》

第6条:

一、本公约缔约各国承认工作权,包括人人应有机会凭其自由选择和接受的工作来谋生的权利,并将采取适当步骤来保障这一权利。

二、本公约缔约各国为充分实现这一权利而采取的步骤应包括技术的和职业的指导和训练,以及在保障个人基本政治和经济自由的条件下达到稳定的经济、社会和文化的发展和充分的生产就业的计划、政策和技术。

第7条:

本公约缔约各国承认人人有权享受公正和良好的工作条件,特别要保证:

(甲) 最低限度给予所有工人以下报酬:

(1) 公平的工资和同工同酬,没有任何歧视,特别是保证妇女享有不差于男子所享受的工作条件并同工同酬;

(2) 保证他们自己和他们的家庭得有符合本公约规定的过得去的生活。

(乙) 安全和卫生的工作条件;

(丙) 人人在其行业中有适当的提级的同等机会,除资历和能力的考虑外,不受其他考虑的限制;

(丁) 休息、闲暇和工作时间的合理限制,定期给薪休假以及公共假日报酬。

第8条:

一、本公约缔约各国承担保证:

(甲) 人人有权组织工会和参加他所选择的工会,以促进和保护他的经济和社会利益;这个权利只受有关工会的规章的限制。对这一权利的行使,不得加以除法律所规定及在民主社会中为了国家安全或公共秩序的利益或为保护他人的权利和自由所需要的限制以外的任何限制;

(乙)工会有权建立全国性的协会或联合会,有权组织或参加国际工会组织;

(丙)工会有权自由地进行工作,不受除法律所规定及在民主社会中为了国家安全或公共秩序的利益或为保护他人的利益和自由所需要的限制以外的任何限制;

(丁)有权罢工,但应按照各个国家的法律行使此项权利。

二、本条不应禁止对军队或警察或国家行政机关成员行使这些权利,加以合法的限制。

三、本条并不授权参加一九四八年关于结社自由及保护组织权国际劳工公约的缔约国采取足以损害该公约中所规定的保证的立法措施,或在应用法律时损害这种保证。

此外,《世界人权宣言》第 4 条、第 20 条、第 23—25 条,《公民和政治权利公约》第 8 条,《欧洲人权公约》第 3 条,《欧洲社会宪章》第 1—4 条、第 18 条、第 20—22 条、第 24 条和第 26—29 条,《非洲人权和民族权宪章》第 10 条,《美洲人权公约》第 6—7 条等都对工作权进行了规定。此外,《经社文权利委员会第 18 号一般性意见:工作权利》(2005)对工作权的规范性内容、缔约国的义务以及侵权行为都作了详细的诠释。

 **资　料**

《世界人权宣言》
**第 4 条:**
任何人不得使为奴隶或奴役;一切形式的奴隶制度和奴隶买卖,均应予以禁止。

**第 23 条:**
(一)人人有权工作、自由选择职业、享受公正和合适的工作条件并享受免于失业的保障。

(二)人人有同工同酬的权利,不受任何歧视。

(三)每一个工作的人,有权享受公正和合适的报酬,保证使他本人和家属有一个符合人的尊严的生活条件,必要时并辅以其他方式的社会保障。

(四)人人有为维护其利益而组织和参加工会的权利。

**第 24 条:**
人人有享受休息和闲暇的权利,包括工作时间有合理限制和定期给薪休假的权利。

在现代国际法中,虽然国际劳工立法和国际人权法不尽相同,但在保护与工作有关的权利方面依然有效并相互补充,并且相对发达的劳动权法律化的状态在很大程度上是国际劳工立法的贡献而不是国际人权法的贡献。国际劳工立法与国际人权法之间不是竞争性的而是适当平衡和相互依赖的关系。目前工作权立法仍未达到合理的法律化程度,主要表现在权利内容和相应的国家义务的模糊性和多样化。工作权立法的实证化、规范化,还有赖于监督机构的判例发展。

### 三、工作权的内容

工作权经常被作为一个包罗性概念来说明范围广泛的一系列权利,这些权利可以被进一步表示为"工作权和工作中的权利"。工作权是一个复杂的规范体系,而不仅仅是一个单一的法律概念。工作权包含着传统的第一代人权与第二代人权的内容,即工作权既有传统自由权的内容,也有社会权的内容,国家和政府对工作权既有需严格履行的法律义务,也有需诚实履行承诺的政治责任。

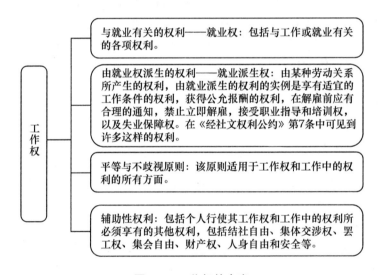

图 5.1　工作权的内容

#### (一) 就业权

指人人应有机会自由选择与接受工作。与就业有关的权利至少包括下述内容:

1. 免受奴役的自由

这是最早获得国际承认的人权之一。尽管传统的奴役形式在事实上已经减少,但在所有一般性的人权文件中,都可发现关于禁止奴役的规定(《世界人权宣言》第 4 条,《公民和政治权利公约》第 8 条,《欧洲人权公约》第 4 条,《美洲人权公约》第 6 条和《非洲人权和民族权宪章》第 5 条)。在许多人权公约中,对奴役的禁止是一项绝对的禁止,因而受到这些公约所载的监督制度的监督。在区域场合,《欧洲人权公约》第 4 条曾在若干案件中被援引,但有关请求并未得到确认。

2. 免服强迫劳动的自由

这是工作权的一个重要的组成部分。国际劳工组织通过的公约(《第 29 号公约》)和大多数人权公约(《公民和政治权利公约》第 8 条,《欧洲人权公约》第 3 条和《美洲人权公约》第 6 条)都禁止强迫劳动。这些公约的有关条款也列举了若干不被视为强迫劳动的情形,但公约的监督机构可能要对这些情形的范围作狭义的解释。现存的有关判例法主要涉及《欧洲人权公约》。欧洲人权法院认为,国家关于工作所作的说明并不具有决定性的意义。国际监督机构应根据所有情况对某一工作条件能否被理解为一般禁止的例外作出评价。

 **小知识**

在《欧洲人权公约》规定的申诉程序的框架之下,迄今关于履行职业义务的所有案件都被认为不属于强迫劳动的概念范围之内。例如,欧洲人权委员会认为挪威牙医提出的申诉是不可接受的,这位医生被要求在缺少牙医的该国北部从事有偿工作一年(Iversen v. Norway Application No. 1468/62)。在范德·穆塞尔诉比利时(Van der Mussele. v. Belgium)案中,律师为土著人被告免费提供法律援助的服务被认为没有违反《欧洲人权公约》免于强制劳动的规定。

**思 考**

有劳动能力的罪犯在监狱中的劳动改造是否属于强迫劳动?

3. 择业自由权

不得任意禁止个人工作或选择职业。《经社文权利公约》第 6 条、《欧洲社会宪章》第 1 条第 2 款和《消除对妇女一切形式歧视公约》第 11 条都规定了自由选择或接受工作的权利。择业自由包括选择职业、工作或其他有酬活动的自由,以及选择工作场所的自由。选择职业、工作和工作场所的自由通常要结合相称性和必要性原则来加以解释。对这项自由可以基于正当的理由进行一定程度的限制,例如基于"工作的内在要求""保护工作者的需要"和"国家安全的需要"等。有一些旨在防止妇女、儿童和年轻人等特定群体在某种条件下工作的限制性规定,包括规定禁止雇佣妇女和儿童从事地下工作、最低就业年龄、禁止某类工人从事夜间工作等。这些限制大多被广为接受,但是禁止妇女从事某些夜间工作的规定受到了挑战。这一趋势源于在妇女就业机会方面减少歧视性影响和确保更广泛地适用男女平等待遇原则的愿望。对择业自由的保护尤其需要通过适用公民权利和平等机会保障的办法来加强。

 **小知识**

2015年8月通过的《刑法修正案(九)》增加了第37条之一,规定"因利用职业便利实施犯罪,或者实施违背职业要求的特定义务的犯罪被判处刑罚的,人民法院可以根据犯罪情况和预防再犯罪的需要,禁止其自刑罚执行完毕之日或者假释之日起从事相关职业,期限为三年至五年"。2018年10月,最高人民检察院向教育部发送《最高人民检察院检察建议书》,即最高检"一号检察建议",要求教育行政部门联合有关部门建立性侵害学生违法犯罪信息库和教职员工信息查询制度。2019年4月,上海市出台《关于建立涉性侵害违法犯罪人员从业限制制度的意见》,要求从事与未成年人密切接触行业的企业、事业单位、社会组织等用人单位发现拟录用人员具有性侵害违法犯罪记录的,不得录用。

 **思　考**

终身从业禁止是否与择业自由冲突?
禁止妇女从事所有类型的夜间工作和井下工作是否可能构成保护性歧视?

### 4. 获得免费就业服务的权利

此项权利包括获得政府为谋职者提供的协助和指导的权利。该权利要求政府为谋职者提供就业信息和机会,指导和帮助他们得到适当的工作。根据国际劳工组织1919年《失业公约》(第2号)和更加全面的1948年《职业介绍设施公约》(第88号),国家有义务维持免费的公共职业介绍机构。1949年《收费职业介绍所公约(修订本)》(第96号)则允许国家在逐渐取消这些收费机构或对之加以监督之间作出灵活的选择。不过几十年来的实践表明,私人就业机构比公共当局管理的机构在运作上更为积极和有效,因此加强私人就业机构的作用已经成为趋势。① 在人权公约中,只有《欧洲社会宪章》第1条第3款明确规定了国家有"为所有工人建立和维持免费就业服务"的义务。

---

① See "The Role of Private Employment Agencies in the Functioning of Labor Markets", International Labor Conference, 81th Session, 1994, pp. 1-9.

**思　考**

工作权是否包括在某些特定条件下要求政府直接提供就业岗位的权利？例如安置转业军人、因公致残的警察等。

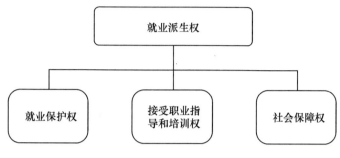

图5.2　就业权派生的权利

（二）就业派生权

此项权利是指已经就业的工作者在工作关系中所享有的权利，主要指享有适宜工作条件的权利、获得公允报酬的权利，以及在解雇前应有合理的通知期限，禁止立即解雇等。享有适宜工作条件的权利要求工作条件必须达到一定的标准，包括：工作时间的限制；休息时间的安排；带薪休假制度；劳动场所应当符合一定的安全和卫生标准，诸如噪声限制、粉尘限制、工作保护；妇女在工作中受到特别保护等。获得公允报酬的权利指工作者应当按其岗位设置及劳动的数量和质量获得合理适当的报酬，避免工作者被过度剥削，具体内容包括：工资不得低于最低工资标准，工资不得被任意扣除，物价上涨工资应随同变动以及同工同酬等。由就业派生的权利还包括接受职业指导和培训权。社会保障权，尤其是失业保障权也被列入这项权利中，即工作者除了享受普遍的和基本的社会保障之外，还应当享有与其工作时间和贡献大小相适应的社会保障，工作者在失业时应享有失业保险，有再就业意愿的有权获得再就业服务。

 **资　料**

改革开放以来，中国经济高速发展，劳动者的劳动条件也不断改善，但是相关的问题仍然不同程度地存在。例如户籍制度和城乡二元结构导致部分农民工享受不到城市的福利，不得不从事高强度的工作，忍受恶劣的工作条件，还面临着家庭分离、子女成为留守儿童等问题。

### (三) 平等与不歧视原则

该原则适用于工作权和工作中的权利的所有方面,在这些方面不得因任何人的种族、肤色、性别、宗教和政治见解、民族或社会出身、财产、出生或其他身份而予以任意的不合理的区别对待,任何区别对待只能基于工作本身的和保护工作者的需要。女性与男性在工作机会、工作报酬和晋升提职等方面享有同等的权利,工资级别的确定要根据工作条件、技术含量、劳动强度和创造价值等,而不能考虑工作者的性别。

在工作权领域存在歧视的方面很多,例如性别歧视、健康歧视、残障歧视等等,甚至出现了基因歧视。随着经济全球化的发展,移徙工人日益增多,他们在应聘、工作条件、工资报酬、家庭团聚、政治参与以及移入遣送等方面极易受到不公正待遇。1990年,联合国专门通过了《移徙工人权利公约》保障移徙工人获得就业国国民待遇。

 **思 考**

女性提前退休制度是否侵犯了女性的工作权?

### (四) 辅助性权利

辅助性权利指个人为行使其工作权和工作中的权利所必须享有的其他权利。直接的辅助性权利主要指结社自由、集体谈判权、罢工权等。间接的辅助性权利指集会自由、财产权、人身自由和安全等。工会权利是结社自由的一种重要形式。工会权利指个人组织和参加他所选择的工会以保护他的经济和社会利益的权利。集体谈判权指工作者就工资、福利待遇、工作条件、工作保护等集体与资方进行谈判和签订协议的权利。工会权利、集体谈判权和罢工权是保护工作者工作权的最重要手段。辅助性权利为实现工作权提供了必不可少的路径,没有这些权利,工作权的行使可能会受到严重影响。

 **思 考**

工作权是否应包括免于失业的保障权?

 **小知识**

中国在批准《经社文权利公约》时,对工会权发表声明:

"中华人民共和国政府对《经济、社会及文化权利国际公约》第八条第一款

(甲)项,将依据《中华人民共和国宪法》、《中华人民共和国工会法》和《中华人民共和国劳动法》等法律的有关规定办理。"

**《经社文权利公约》第8条第1款(甲):**

人人有权组织工会和参加他所选择的工会,以促进和保护他的经济和社会利益;这个权利只受有关工会的规章的限制。对这一权利的行使,不得加以除法律所规定及在民主社会中为了国家安全或公共秩序的利益或为保护他人的权利和自由所需要的限制以外的任何限制。

### 四、国家保障工作权的义务

最基本的义务是国家尊重免于奴役和免于强迫劳动的自由,尊重工作权各个方面的平等与不歧视原则,尊重结社自由、集体谈判权、罢工权等辅助性权利。此外,国家有义务规定最低工资标准、规定基本工作条件和工作保护措施,对法律实施进行监督检查,保证工作者不被任意解雇、能获得适当的工作条件和公正的报酬,在工作权的各个方面贯彻平等与不歧视原则等。

 **案 例**

28岁的王某2007年毕业于南京航空航天大学。2008年11月23日,王某参加了阿里巴巴在南京国信大酒店召开的南京专场招聘会,应聘销售代表(常州地区)职位。在通过了阿里巴巴常州地区人事部门和大区经理、上海公司总经理的三轮面试后,因体检结果显示乙肝小三阳,被要求复查乙肝DNA。12月8日上午,王某被电话告知因为乙肝DNA不正常不能入职。王某向工会求助,经多次催促,2009年6月19日,浙江省总工会回复称,案件已经转交杭州市总工会处理。6月22日,杭州市总工会回复称正联系阿里巴巴公司对事件进行调查。10月,阿里巴巴人力资源部向杭州市总工会出具了书面说明,否认不录用王某的原因是王某系乙肝病毒携带者。2010年3月19日,律师代表王某向杭州市西湖区法院递交了起诉材料。7天审查期满后,西湖区法院将案件材料退给了律师,用"退回通知"的形式告知律师此案不属于法院的受案范围,不予立案。3月31日和4月7日,律师又多次到法院要求按照《民事诉讼法》的规定立案,均被法院拒绝。

思考:在上述案例中,王某的工作权应如何保障?

**相关案例:**

2003年安徽张某著诉芜湖市人事局乙肝歧视案推动了反乙肝歧视立法。2003年张某著参加了安徽省芜湖市的国家公务员招考,笔试、面试均为其报考专业的第一名,9月,王某著接到市人事局的通知,因其是乙肝病原携带者,被取消录取资格。2003年11月,张某著以违宪为由状告芜湖市人事局。2004年5月31日,芜湖市中级人民法院作出终审判决:张某著胜诉。2004年12月1日,修订后的《传染病防治法》实施,规定疾病预防控制机构、医疗机构不得泄露涉及个人隐私的有关信息、资料,任何单位和个人不得歧视传染病病人、病原携带者和疑似传染病病人。2005年1月17日,《公务员录用体检通用标准(试行)》实施,提出"各种急慢性肝炎,不合格。乙肝病原携带者,经检查排除肝炎的合格"。2007年5月18日,国家劳动和社会保障部、卫生部联合发布《关于维护乙肝表面抗原携带者就业权利的意见》(劳社部发〔2007〕16号)。该意见规定:用人单位在招工时不得进行乙肝检测,各级各类医疗机构在对工作者开展体检过程中要注意保护乙肝表面抗原携带者的隐私权。

工作权并不是保证充分就业,并不是要求国家为每一个人提供一份工作。失业在任何国家都存在,但是各国政府都有义务通过一切适当的手段,例如制定法律、政策和为工作者组织和提供职业培训、职业介绍等,实现经济、社会和文化的稳定发展,逐步推进充分和有效的就业。

国家有义务为每个人提供工作岗位吗?为什么?

### 五、中国对工作权的保障

在20世纪初,中国的劳工权利保护问题就已经受到极大关注。

李大钊认为生存权可以分为劳动权、勤劳权、休息权、受教育权、团结交涉权、团体行动权等。李大钊根据当时的社会条件提出了代表劳工运动的"三八"主张,即工作八小时、修游八小时和休息八小时。为增进这些权利,李大钊还提出了改善工人境遇的其他一些主张,如八小时以外工作加薪,假期停工给薪,男女同工同酬,含有危险性工作应格外优待,取缔童工,多设正当娱乐场所及设备,等等。① 1922年5月1日,第一次全国劳动大会通过了保护工人利益的决议案。同日,毛泽东在湖南《大公报》发表《更宜注意的问题》,提请社会在"五一"纪念日之际"注意到劳工的三件事:一、劳工的生存权,二、劳工的劳动权,三、劳工

---

① 李大钊:《五一纪念日于现在中国劳动界的意义》,载中国李大钊研究会编注:《李大钊全集》(第4卷),人民出版社2013年版,第85页。

的劳动全收权"。①

在中国法律中,工作权的法律渊源主要有《宪法》第 42 条、第 43 条,以及《劳动法》《劳动合同法》《工会法》《就业促进法》等法律,以及一系列关于工作保护、工作条件、职业培训、社会保障等的行政法规和条例。

中国政府实行积极的促进就业政策,始终将促进就业作为国民经济和社会发展的战略性任务,将控制失业率列入国民经济宏观控制的主要目标。政府还开展了就业服务,开展职业培训,采取各种方式帮助支持残障人就业等。为更好地保护劳动者,2007 年颁布并实施了《劳动合同法》,明确了劳动合同的签订、解除、试用期等方面,增加了非法定原因不得解除劳动合同、用人单位自用工之日起超过 1 个月不满 1 年未与劳动者订立书面劳动合同的应当向劳动者每月支付 2 倍工资等规定。

尽管中国在保护工作权的实践方面已经取得了很大的成就,但是由于中国是世界上最大的发展中国家、人口压力大、经济发展不平衡、存在着城乡就业矛盾和结构性失业等问题,在工作权保障的各个方面还存在一定上升空间,尤其是工作条件、工作保护、职业病防治诊断等方面。中国政府必须在推动经济发展和社会进步的同时,改善就业环境,为工作权提供更为严格的保护。

近年来,中国政府采取了一系列保障工作权的举措。例如,2019 年的政府工作报告首次将就业优先政策置于宏观政策层面,并要求高职院校扩招 100 万人。当年 5 月又首次专门成立国务院就业工作领导小组,部署推进职业技能提升行动,强调为劳动者提供更有针对性的技能培训服务,努力培养知识型、技能型、创新型劳动者。2019 年 2 月,财政部、税务总局、人社部和国务院扶贫办等部门联合印发《关于进一步支持和促进重点群体创业就业有关税收政策的通知》,要求采取多种税收政策,支持和促进就业。2019 年,检察机关将打击"恶意欠薪"等拒不支付劳动报酬犯罪作为服务保障的重要举措之一,全国检察机关对上千件拒不支付劳动报酬犯罪案件的嫌疑人批准逮捕。2019 年 12 月 4 日,国务院常务会议通过了《保障农民工工资支付条例》,明确农民工有按时足额获得工资的权利,任何单位和个人不得拖欠农民工工资;要求公安机关等有关部门按照职责做好与保障农民工工资支付相关的工作。

2019 年 2 月,人社部、教育部等九部门印发《关于进一步规范招聘行为促进妇女就业的通知》,要求在招聘环节中不得限定性别(国家规定的女职工禁忌劳动范围等情况除外)或性别优先;不得以性别为由限制妇女求职就业、拒绝录用妇女;不得询问妇女婚育情况;不得将妊娠测试作为入职体检项目;不得将限制

---

① 《毛泽东文集》(第 1 卷),人民出版社 1993 年版,第 8 页。

生育作为录用条件;不得差别化地提高对妇女的录用标准。2019年6月,北京市人力社保局联合市教委等九部门印发《关于进一步加强招聘活动管理促进妇女就业工作的通知》,除上述规定外,还提出发展3岁以下婴幼儿照护服务,加强中小学课后服务,缓解家庭育儿负担,促进妇女就业。

## 第二节 适当生活水准权

适当生活水准权一般是指每个人均有维持符合一定条件的生活水准的权利。食物权、住房权、就业权、享受公平与良好工作条件权、工会权、社会保障权、健康权等,都有助于个人享有适当的生活水准。在这一系列具体权利之外,另规定一项具体的适当生活水准权,目的在弥补其他权利之间的漏洞,确保每个人都能维持一定的生活水准。

### 一、适当生活水准权的法律渊源

(一) 国际人权法渊源

《世界人权宣言》第25条规定:"人人有权享受为维持他本人和家属的健康和福利所需的生活水准……"适当生活水准权的主要国际人权法渊源是《经社文权利公约》。该公约第11条规定:"……人人有权为他自己和家庭获得相当的生活水准,包括足够的食物、衣着和住房……人人享有免于饥饿的基本权利",还规定了缔约国保障适当生活水准权的具体措施。《儿童权利公约》第27条也规定,"每个儿童均有权享有足以促进其生理、心理、精神、道德和社会发展的生活水平"。

 **资 料**

**《世界人权宣言》第25条第1款:**
人人有权享受为维持他本人和家属的健康和福利所需的生活水准……

**《经社文权利公约》**
**第9条:**
本公约缔约各国承认人人有权享受社会保障,包括社会保险。
**第11条:**
一、本公约缔约各国承认人人有权为他自己和家庭获得相当的生活水准,包括足够的食物、衣着和住房,并能不断改进生活条件。各缔约国将采取适当的步骤保证实现这一权利,并承认为此而实行基于自愿同意的国际合作的重要性。

二、本公约缔约各国既确认人人享有免于饥饿的基本权利,应为下列目的,个别采取必要的措施或经由国际合作采取必要的措施,包括具体的计划在内:

（甲）用充分利用科技知识、传播营养原则的知识和发展或改革土地制度以使天然资源得到最有效的开发和利用等方法,改进粮食的生产、保存及分配方法;

（乙）在顾到粮食入口国家和粮食出口国家的问题的情况下,保证世界粮食供应,按照需要,公平分配。

**《儿童权利公约》第 27 条第 1 款：**

缔约国确认每个儿童均有权享有足以促进其生理、心理、精神、道德和社会发展的生活水平。

（二）区域性国际人权法渊源

在区域性国际人权法中也有关于适当生活水准权的规定。

## 资　料

《美洲人权公约经济、社会和文化权利附加议定书》(又称《圣萨尔瓦多议定书》)第 12 条第 1 款规定:"人人有得到保证能够享受最高水平的生理、心理和智力发展所需要的足够的营养的权利。"

根据《欧洲社会宪章》关于公平报酬权的第 4 条第 1 款,缔约各国承诺:"承认工人享有足以为他们本人及其家属提供体面的生活水准的报酬的权利。"根据第 13 条第 1 款的规定,所有无充足财力的个人享有获得社会帮助的权利。欧洲社会权利委员会认为,这项权利应当作为一项真正的、主观的权利被授予个人,有关个人应有权向某一独立的机构提起诉求,新修正的《欧洲社会宪章》在原有的权利之外规定了若干新的权利,其中包括住房权以及享受免遭贫困和社会排斥的保护的权利。

## 二、适当生活水准权的主要内容

在目前的国际人权文件中,适当生活水准权获得较多关注的内容是食物权和住房权。"适当"一词的精确含义在很大程度上取决于普遍的社会政治、经济、文化、宗教以及气候、生态等条件。根据《经社文权利委员会第 12 号一般性意见:取得足够食物的权利》(1999),适当生活水准权中的"适当"的标准因各国经济和社会发展条件而异。它既是一个合理的最低标准,也是可能达到的最高标准。从纯物质的角度来说,适当的生活水准意味着有关社会的贫困线以上的生活。根据世界银行的规定,社会贫困线由购买最低水准的食物和其他必需品所需要的费用以及购买更多的东西所需的费用这两部分费用组成,这些费用反映了参与社会日常生活的费用,其数目因国而异。有关个人或家庭为自身消费而生产的必需品也应考虑进去,因为它们通常不是买来的,所以不能用金钱来计算。"适当"不仅应从生存和物质角度考察,还应从人性尊严、文化宗教等角度考察。例如衣、食、住作为最基本的生活必需品,不仅人人应该能够获得,而且应该能在不受羞辱和没有不合理障碍的情况下获得,即有尊严地满足基本需求,任何人都不应生活在只能通过乞讨、卖淫或债役劳动等有辱人格或丧失基本自由的方法来满足其需求的状况之中。

(一) 食物权——获得适足食物的权利

根据《经社文权利委员会第 12 号一般性意见:取得足够食物的权利》(1999),获得适足食物的权利主要包括四个要素:

(1) 所获得的食物应当在数量和质量上足以满足个人的饮食需求,包括满足身心发展和生理活动所必需的营养需求。

(2) 食物应不含有害物质。为此需要在诸如食物安全、卫生和环境保护等领域采取某些措施。

(3) 食物应当为某一特定文化所接受。例如人们不得被迫食用有辱其宗教信仰的食物。

(4) 应有以长期可持续的方式获取食物的机会和条件,包括对经济方面和自然方面的机会和条件的要求。对于无土地的人们和其他弱势群体而言,这一要求尤为重要。可持续性意味着可提供性,是指个人可以通过耕种田地来获取食物,或者通过运作良好的食物分配体系来获取食物。

(二) 住房权——获得适当住房的权利

获得适当住房的权利指每一个人,不论其年龄、经济地位或其他任何因素,都有享受适当住房的权利。根据《经社文权利委员会第 4 号一般性意见:适足住房权》(1991)和《经社文权利委员会第 7 号一般性意见:适足住房权:强迫驱逐》(1997),获得适当住房的权利包括下列一些要素:

(1) 住房的使用保障,即保证个人不被强制驱逐出住房。个人住房的形式包罗万象,包括自有房、租赁房、应急住房和非正规住房等。个人不论居住于哪种形式的住所,都应享有一定程度的使用保障,不得被强制驱逐、骚扰或受其他威胁。驱逐只有在某些特别例外的情况下才是被允许的,并且必须提供适当的可替代住房。

(2) 服务、材料、设备和基础设施的可提供性。一幢合适的住房必须拥有卫生、安全等所必需之设备。所有享有适当住房权的人都应能持久地取得自然和共同资源、安全饮用水、烹调取暖和照明能源、卫生设备、洗涤设备、食物储藏设施、垃圾处理、排水设施和应急服务。

（3）力所能及。与住房有关的个人费用或家庭费用应保持在一定水平，不至于使其他基本需要的获得与满足受到威胁或损害。

（4）住房应符合基本的安全、卫生标准和其他相关标准。适当的住房必须是适合于居住的，应使居住者免受严寒、潮湿、炎热、刮风下雨或其他健康威胁，避免建筑危险和传染病媒介的侵扰，使居住者的身体安全得到保障。

（5）住房应具有可获取性。必须使处境不利的群体充分和持久地得到适当的住房资源。对于老年人、儿童、残障人、疾病晚期患者、人体免疫缺陷病毒阳性反应的人，以及身患癌疾者、精神病患者、自然灾害受害者、易受灾地区人民及其他群体等处境不利群体，在住房方面应确保给予一定的优先考虑。

（6）应符合适当居住地点方面的标准。适当的住房应处于便利就业选择、保健服务、就学、托育和其他社会服务之地点。例如，不能以满足人们的居住需求为理由而迫使他们居住到十分偏远的地区，不能保证提供就业、保健服务和其他服务机会的地区，或威胁居民健康权利的污染地区。

（7）住房的建造方式、所用的建筑材料和支持住房的政策必须能恰当地体现住房的文化特征和多样性。人们不得被迫居住在不为文化或宗教所接受的住房内。

## 资　料

为唤起世界公众对获得适当住房的基本权利的关注，促使各国政府和人民解决与住房相关的问题，联合国大会于1982年第三十七届会议确定1987年为"无家可归者收容安置国际年"（Shelter for the Homeless），又称"国际住房年"。联合国大会又于1985年第四十届会议通过决议，确定每年10月的第一个星期一为"世界人居日"（World Habitat Day），又称"世界住房日"。1988年12月20日，联合国大会第43/181号决议又通过了《到2000年全球住房战略》，目标是到2000年人人享有适当住房。2002年联合国人居署（UN-Habitat）成立，致力于推动"人人享有适当住房"和"在城市化过程中的可持续性人居发展"两大目标的实现，其主要出版物为《世界人居年度报告》和《世界城市状况报告》。2016年，联合国人居署在厄瓜多尔举行会议，通过了《为所有人建设可持续城市和人类住居基多宣言》，提出"力求促进包容性，并确保今世后代的所有居民，不受任何歧视，都能居住和建设公正、安全、健康、便利、负担得起、有韧性和可持续的城市和人类住区,以促进繁荣,改善所有人的生活质量"。①

 **思　考**

在关于城市住房问题的讨论中,有学者提出廉租房应该不带私用厕所而只有公用厕所,如何理解和评价这个观点?

(三) 适当生活水准权的其他内容

适当生活水准权是一项综合性的权利,除食物权和住房权外,还包括获得适当医疗保健的权利、获得适当照料的权利和获得安全用水的权利等内容。

1. 获得适当医疗保健的权利

对于享有适当的生活水准来说,预防和促进健康十分重要。基础保健可采取使人产生对传染病的免疫力等选择性的干预方式。初级保健方案重视广泛的简易措施,应始终对通过测量生长而显示的营养状况、营养教育、哺乳建议和清洁的自然环境等问题给予特别的关注。

2. 获得适当照料的权利

"照料"比"医疗"的范围更为广泛。享有适当的生活水准还要求获得适当的照料,这种照料对儿童、老年人、残障人、孕妇等来说尤为重要。1990 年联合国行政协调委员会营养小组委员会为与促进营养权利有关的"照料"下了一个定义:照料是指家庭和社区提供时间、关心和支持,最有效地利用人力、经济和组织资源,以满足正在成长的孩子和其他家庭成员的生理、心理和社会需要,培养完全的生理和心理健康。例如照顾儿童和帮助那些因残障或年老而不能照料自己的人。尤其在儿童营养方面,照料需要充分利用家庭食物资源来喂养儿童,有效利用资源保护儿童免受感染,在儿童患病时给予照料。

**三、国家保障适当生活水准权的义务与责任**

根据以《经社文权利公约》第 2 条为核心内容的一般性国家义务,国家应采取步骤,尽其资源能力所及,逐渐充分实现适当生活水准权。国家对适当生活水准权也承担四种义务和责任:尊重、保护、促进和实现。

 **资　料**

一国如果未能确保个人享受免遭饥饿所需要的最基本的食物水准,便是未

---

① A/RES/71/256, 2016.

遵守《经社文权利公约》第 11 条第 2 款的规定。不过,重要之处在于区别缔约国是不能还是不愿遵守其义务[《经社文权利委员会第 12 号一般性意见:取得足够食物的权利》(1999)]。

国家为保护个人免遭饥饿所需采取的特殊措施被认为具有十分重要的意义,因此《经社文权利公约》第 11 条对这些措施进行了列举(第 2 款子项和丑项)。

### (一) 国家尊重适当生活水准权的义务与责任

不管各国的经济发展水平如何,各国都有义务确保尊重所有人的最低生存权。国家应当通过法律法规和公共政策及其他措施,为个人有效行使财产权、工作权和/或社会保障权等其他权利,创造相应的社会条件,至少不得剥夺个人维持适当生活水准的手段,或为个人维持适当生活水准制造障碍。

实现食物权的国家义务的第一部分内容就是尊重每一个能自力生产或通过交换办法(通常在市场购买)获得自己需要的食物的人的活动空间。这需要国家尊重个人的经济自由和资源基础。南非在种族隔离期间曾剥夺黑人的大片土地,被剥夺的黑人中大多数无法通过使用自己的财产来满足自己的食物需要。政府参与或至少默认剥夺弱势群体的土地的现象也发生在其他地方,美洲、澳大利亚、新西兰等地的土著人都曾因此受到影响。不承认土著人的集体土地权是世界上许多地方的土著人贫困的主要原因。这种状况慢慢得到改善,国家和国际社会都越来越承认土地权必须得到尊重和保护。

国家还时常为了促成强势群体认为重要的国家目标而造成对较弱群体的剥夺,比如因修建大坝而破坏坝区居民的固有生计而不进行有效的补偿。这些做法被称为"发展种族主义"。世界银行已开始处理这些侵权问题,要求开发项目尽可能避免迁移居民,如果不能避免,受影响的人应被重新安置在有同样良好条件的其他地方,任何人不得因开发项目的实施而处境更糟。

尊重住房权的义务要求缔约国及其所有机构和代理,不得实施、策划或容忍侵犯他人利用可获得的资源满足个人、家庭等住房需求的权利的任何做法、政策或法律措施。例如,缔约国不得实施、鼓励、容忍、强迫或专横地将任何个人或群体驱逐出自己的住宅。缔约国须尊重个人建筑自己房屋的权利,以及以最适合于自己的方式安排自己的生活环境。平等对待权、不歧视原则、家庭隐私权和其他相关权利构成尊重住房权义务的组成部分。① 缔约国大规模地将个人强制逐

---

① 〔英〕S. 莱基:《适当住房人权》,载〔挪〕艾德等:《经济、社会和文化的权利》,黄列译,中国社会科学出版社 2003 年版,第 176 页。

出住屋或拆毁房屋的行为违反尊重的义务。禁止强制逐出住房是公约所载的可以立即实施的权利之一。

 **案 例**

**南非政府诉格鲁特布姆(Grootboom)案**①

包括格鲁特布姆在内的一个居民群体有390名成人和510名儿童,居住条件十分恶劣。他们在改善居住条件无望的情况下,未经土地所有人许可而集体搬迁到了一个私人所有的运动场上,而该土地已经被标注要用于建设正式的保障性住房。政府应土地所有人的请求而命令他们在限定期限内离开。但是在政府限定期限届满的前一天,政府强行驱逐了他们,用推土机铲平了他们的临时居所,毁损了他们的物品。他们请求法院给政府发布紧急命令,要求政府立即给他们提供临时居所,直到他们能够获得长久住处。南非高等法院判决政府应该给儿童及其家庭提供临时住所。南非宪法法院确认政府的驱逐行动违反了其尊重住房权的消极义务。但拒绝接受经社文权利委员会提出的"最低核心义务"概念,拒绝判决政府有基于当事人的请求而为其提供住所的"最低核心义务",即权利人不具有要求政府直接为其提供住房的请求权。但法院同时又支持了权利人要求政府制定合理的住房政策的诉求,而合理的标准之一就是该政策能够回应那些处于极度绝望情形下的人的紧急需要。南非宪法法院因此判决政府的住房政策不合理,命令政府采取行动,包括设计、资助、实施和监督那些旨在对处于极度不良情形而具有紧急需要的人进行救济的措施。

### (二) 国家保护适当生活水准权的义务和责任

国家有义务保护个人的适当生活水准权免受第三方的侵害。例如,保护土著人或弱势群体的土地不被侵占;实行严格的食品安全监管,确保市场上的食品安全和卫生;保证建筑商提供的住房的安全性和可居住性;在顾及粮食贸易的情况下,调控粮食储备和市场贸易,保证生活必需品的可购买性;等等。国家实行粮食监控、食品安全监管、建筑质量监管等,是国家保护个人适当生活水准权的义务和责任,国家应当采用立法、行政、司法等手段,保证国家义务的履行。

---

① Government of the Republic of South Africa and Others v. Grootboom and Others, [2000] ZACC19, 2001(1) SA 46(CC), 2000(11) BCLR 1169(CC).

**小知识**

阿马蒂亚·森(Amartya Sen)1981年出版《贫困与饥荒:论权利与剥夺》一书,向传统的饥荒理论提出挑战。阿马蒂亚·森指出,在许多饥荒的实例中,食物的供应能力实际上并未显著减少。相反,正是另外的社会和经济因素,如工资降低、失业、食物价格昂贵、食物分配系统崩溃等,造成了社会中某些群体的人们陷于饥饿。换句话说,饥荒的形成并不是没有粮食,而是饥饿的人有需求而无消费——这些人的粮食消费权利被剥夺了!这样的饥饿群体,总是无钱无权的底层民众。森的结论是:饥荒不仅源于食物的缺乏,更源于食物分配机制上的不平等。饥荒出现的时候,也正是需要政府积极发挥职能的时候。由于饥荒的主要受害者是穷人,政府便可通过适当的就业方案,如实施某些公共工程等,提高穷人的收入,使他们有能力购买食物,同时严格平抑物价,使之保持稳定,从而防止饥民产生乃至死亡。即使是最贫穷的国家,只要政府采取了得当的干预措施,也能顺利度过严重的水旱灾荒,政府对人民遭受灾难的反应,取决于它受到的压力。投票选举、批评、抗议等行使政治权利的方法,都是施加压力的手段。只要政府认真努力,饥荒实际上不难预防。面对选举、反对党和独立报纸,一个民主政府除了竭尽全力采取合理的救灾手段以外,别无选择。相反,非民主国家易于发生灾难,就在于受难者没有地方发出他们的声音。森的结论非常明确:"在骇人听闻的世界饥荒史上,从来没有一个独立、民主而又保障新闻自由的国家发生过真正的饥荒。无论找到哪里,我们都找不到这一规律的例外。"

 **思 考**

民主国家不会发生真正的饥荒吗?

### (三) 国家促进适当生活水准权的义务

国家对适当生活水准权的实现程度有评价的义务。国家必须定期评价整个国家的现状,评价所采取的措施是否实际上改善了有关群体的状况,确认相关群体在享有适当的生活水准方面有何困难,以便在此基础上采取紧急措施加以补救,消除使弱势群体难以享有基本权利的障碍。经社文权利委员会要求国家提供地位不利群体的详细信息,例如无土地的和被边缘化的农民、农村工人、农村和城市的失业者、城市穷人、移民工人、土著人、儿童、老人。有时国内流离失所者、难民、被拘禁者或精神病机构内的患者等暂时处境艰难的人也被加入此名单中。

例如就食物权而言,最紧迫的任务之一是确认饥饿者及其饥饿的特定原因。

联合国粮农组织和其他机构合作,建立了"食物不安全和脆弱性信息和筹划系统"。该系统1997年开始工作,对食物不安全或弱势群体的成员、居住地及其弱势地位的特定原因予以精确确认,以提高相关补救措施的精确性和适当性。评价要求使用适当的指标,如包括食物、卫生条件和照料在内的适当生活水准的具体指标,以及包含按性别、种族或民族、城市/农村群体和收入群体等标准分类的营养结果指标,在农业领域应考虑农场主、小农和无地者的状况,等等。营养评价不仅仅由卡路里数组成,联合国行政协调委员会营养小组委员会已在逐步制定适当营养结果的指标。

住房情况的有效监测必须表明,国家已独自或在国际合作的基础上采取了必要的步骤,查清和提供了社会中在住房方面最易受害和处境不利群体的详细情况。这些群体包括:无家可归的个人和家庭、居住简陋和无法得到基本居住环境者、"非法"定居者、被强迫驱逐出屋者和低收入群体。

国家还有确定指标和采取适当措施的义务。例如经社文权利委员会鼓励各缔约国全面实施卫生组织制定的《住房保健原则》,因为就流行病学分析而言,住房作为环境因素往往与疾病状况相关联。各缔约国还应采取步骤确保与住房有关的费用的百分比大致与收入水平相称,为那些无力获得便宜住房的人设立住房补助;采取适当措施保护租户免受不合理的租金水平或提高租金的影响;采取步骤,保证供应建筑材料;等等。《经社文权利公约》和《儿童权利公约》的缔约国在向监督机构提交的报告中,需要指出这些评价,审查其选择的指标,概述在其评价指标的基础上所采取的旨在改变人们没有享有适当生活水准状况的措施。

国家还承担帮助的义务。例如,为所有人尤其是妇女等特定群体提供平等的机会;传播科技知识、营养知识;发展或改革土地制度以使天然资源得到最有效的开发和利用;改进粮食的生产、保存及分配方法;充分考虑特定群体的特殊住房需要;帮助接近贫困线或低于贫困线的人更好地行使他们拥有的权利;为人们提供提高其谋生能力的技术和职业培训,为残障人提供特殊的培训和援助;通过价格法规和补贴来确保对适当生活水准的享有;等等。

### (四) 国家实现适当生活水准权的义务

适当生活水准权并不意味着国家应该直接给所有人提供食物、住房、医疗等。

 **小知识**

联合国住房权前特别报告员撒查尔(Sachar)法官指出,
  住房权不应被理解为含有以下意思:

(a) 缔约国有义务为全体人民建筑住房；
(b) 缔约国应向所有提出要求者免费提供住房；
(c) 缔约国必须在承诺相关责任后，即刻实现住房权的所有方面；
(d) 缔约国政府本身或自由市场应独家确保所有人的住房权，或
(e) 住房权在所有情势和地方将以同样方式出现。

——《关于促进适当住房权的工作报告》①

但是，仅靠尊重权利、保护权利免受第三方侵害、帮助弱势者尽可能充分行使权利和保证每个人的平等机会，并不足以确保每个人都能享有适当的生活水准。当有关个人没有机会或无能为力或遇到特殊障碍，没有外界援助就不可能获得适当的生活水准时，国家有义务实现这些人的适当生活水准。例如，根据《儿童权利公约》第27条第2款的规定，负责照顾儿童的父母"负有在其能力和经济条件许可范围内确保儿童发展所需生活条件的首要责任"。第27条第3款规定了国家的义务：各国"按照本国条件并在其能力范围内，应采取适当措施帮助父母或其他负责照顾儿童的人实现此项权利，并在需要时提供物质援助和资助方案，特别是在营养、衣着和住房方面"。《世界人权宣言》第25条确认了国家负有这方面的义务，该条规定了"在遭到失业、疾病、残废、守寡、衰老或在其他不能控制的情况下丧失谋生能力时，有权享受保障权"。

在以市场经济为导向的社会里，国家可以通过实行再分配的措施来履行这一义务，如利用税收和其他公共资源建立有效的社会保障等。

各国保证在其管辖范围内的每个人享有适当生活水准的义务，既包括行为义务，也包括结果义务。各国负有确保免于饥饿所需的最基本的生活水准的即时性义务，并有继续促使尽快充分实现食物权，尤其是弱势群体和个人的食物权的即时性义务。即使在资源严重短缺的情况下，国家也应该采取措施确保食物权的实现，尤其是确保弱势群体的适足食物权的实现。在发生自然灾害的情况下，国家应当供应能够满足基本需求的必需品，但这些供应品的数量要取决于所能获取的资源。

（五）国家提供义务的范围

国家提供义务的范围涉及从儿童到难民的各种群体。国家必须采取特殊措施确保儿童享有适当的生活水平（《儿童权利公约》第27条）。被剥夺了自由的个人（拘禁在监狱和收容所里的人）显然不能通过自己的方法确保享有基本需求。因此，必须由拘禁或收容他们的人来提供。经社理事会1957年和1977年批准的《囚犯待遇最低限度标准规则》包含向囚犯提供适当的营养食物和饮用

---

① E/CN.4/Sub.2/1995/12,1995.

水的规定。与其他被收容者有关的类似规定也能被找到。寻求避难者、难民和流离失所者没有与他人同样的通过自身的努力获得适当的生活水准的机会。因此与普通公众相比,他们更需要获得国家的直接帮助,直到他们有条件自立为止。虽然难民在某种条件下应享有工作权已被承认,但在有偿工作的机会有限和高失业率的国家里,这一工作权受到了限制。

(六) 提供其他保障条件

和其他人权一样,适当生活水准权的实现离不开法治。例如《经社文权利委员会第 4 号一般性意见:适足住房权》(1991)指出,要使社会各阶层的住房权得以实现和维持并充分享受其他权利,言论自由、结社自由、居住自由、参与公共决策权等是必不可少的。同样,个人私生活、家庭、寓所或信件不受专横或非法干涉的权利是确定住房权的一个非常重要的方面。住房权的实现还需要法律救济措施,例如:(1) 提起诉讼,以求通过法院命令防止有计划的驱逐或拆房;(2) 遭非法驱逐后要求赔偿的法律程序;(3) 对房东(公共或私人)就租金水平、住所维修、种族或其他形式的歧视等方面所实施或所支持的非法行为提出起诉;(4) 对分配和提供住房方面存在的任何形式的歧视提出指控;(5) 就不健康或不合适的住房条件对房东提出起诉。在某些情形下,如无家可归者大量增加的形势下还应开拓促进集团诉讼的可能性。

### 四、国家保障适当生活水准权的具体措施

国家保障适当生活水准权的一般实施方法是:促进社会经济发展;完善社会福利和社会保险,尤其是疾病、伤残、失业、养老等社会保险;发展公共住房资金;立法,制定政策和采取行政措施等。

不论一国家处于何种发展状态,有些措施都是必须立即采取的。例如联合国大会于 1988 年 12 月 20 日通过的第 43/181 号决议《到 2000 年全球住房战略》和其他国际分析文件中指出的,促进住房权所需的许多措施只要求政府放弃某些做法,并致力于促使受影响群体的"自助"。

资　料

**经社文权利委员会在关于多米尼加共和国报告的最后意见中提出的措施:**

当住所被拆毁或者住户被逐出时,政府有义务迅速提供完全符合公约规定的适当住房。

政府应当适用其宪法中关于住房权的规定,并为此目的采取措施,可能的措施包括:

(a) 制定全面的关于住房权的法规;

(b) 在法律上承认受到影响的居民有权获悉对其权利具有实际或潜在影响的政府计划的信息；

(c) 制定城市改革法规，承认市民社会在实施公约方面的贡献，并对保障使用权和管理土地所有权的安排等问题作出规定。

委员会敦促报告国政府考虑那些旨在促进受到影响的人们参与住房政策的设计和实施的动议，这些动议可能包括：

(a) 正式承诺便利公众参与城市发展进程；

(b) 在法律上承认以社区为基础建立的组织；

(c) 建立旨在为贫困的社会阶层开通更多信贷渠道的社区住房金融系统；

(d) 强化市政当局在住房领域内的作用；

(e) 增进对住房问题负有责任的各个政府机构之间的协调，并考虑设立单一的政府住房机构。

由于各国情况不同，国际人权文件的规定只能为各国提供一般性的指导。国际人权文件还特别强调了国家应该采取的一些措施：

1. 针对社会不同情况和群体进行立法

根据《经社文权利委员会第4号一般性意见：适足住房权》(1991)，各缔约国必须对处境不利的社会群体给予优先考虑和特别照顾。政策与立法的制定不应在损害其他社会群体的情况下优惠已处于优势地位的社会群体。国家应根据现实条件并基于适当的评估和指标，制定适用于该社会不同情况和群体的立法。

2. 制定保障适当生活水准权的国家战略

在《经社文权利委员会第12号一般性意见：取得足够食物的权利》(1999)中，经社文权利委员会要求各国制定一项确保人人享有食物和营养安全的国家战略。此战略应"完全遵守责任、透明、人民参与"等原则；建立适当的机制以保障战略制定的代表性过程，规定责任和实施必要措施的时间范围；确保用于获取食物的自然资源和其他资源得到最持续性的管理和使用，特别应该注意防止在获取食物或食物资源时受到歧视；确保私营企业和民间社会的活动与食物权相符合。

经社文权利委员会认为，国家还应制定全国住房战略，便利受影响群体的自助，提供救济并监督居住情况。联合国大会于1988年12月20日通过的第43/181号决议《到2000年全球住房战略》要求，国家住房战略应确定发展住房条件之目标、实现这些目标可利用之资源和利用这些资源最有效益之方法，并建立实施必要措施的责任制和时间框架。为了具有针对性和有效性，国家住房战略应体现包括无家可归者、居住简陋者和他们的代表在内的所有受影响者的广泛、真诚的磋商和参与。

#### 3. 社会和政府双重保障

为保障适当生活水准权，国家应该充分调动市场的积极性，同时加强政府调控，并辅之以政府的直接行动。例如在保障住房权方面，私立房地产企业和政府动用公共住房资金直接建造住房可以并行发展。从总体上来说，所采取的措施应足以在最短的时间内以最大限度的资源实现个人的权利。

#### 4. 要求和进行国际合作

当保障适当生活水准权的措施超越了一个缔约国可以得到的最大资源时，恰当的做法是根据《经社会文权利公约》尽快地要求进行国际合作，并通知经社文权利委员会。根据《经社文权利公约》，发达国家并无任何法律义务向欠发达国家提供援助，以助其实现其经济、社会和文化权利。但是，各缔约国有义务基于自愿同意的国际合作的重要性，遵守采取联合和单独行动充分实现适足的食物权的承诺。《经社文权利委员会第12号一般性意见：取得足够食物的权利》(1999)指出，国家在紧急情况下有义务合作，提供灾难救助和人道主义援助，在提供食物援助时，应优先对最弱势的居民群体提供。

 **资　料**

**食物绝不应被用作政治和经济压力的工具**

必须把向一国的统治阶层施加政治和经济压力以迫使其遵守国际法的基本目标与给该国的最弱势群体间接带来痛苦区别开来。当为了国际和平与安全而决定实施制裁时，《经社文权利公约》所规定的义务仍然适用。被制裁国和参与实施、执行制裁的国家都负有义务。

作为制裁目标的国家仍然有义务根据《经社文权利公约》"尽其资源能力所及"采取措施，为生活在其管辖范围内的每一个人提供最大可能的经济、社会和文化权利的保护，并确保在这些权利的享有方面没有任何歧视。被制裁国必须"采取所有可能的措施，包括与其他国家和国际社会协商，把对该社会中的弱势群体的权利造成的负面影响降到最低限度"。

负责实施、维持或执行制裁的实体也负有义务，不管它是国际社会、国际性或区域性组织，还是一个国家或国家集团。在确定适当的制裁对象时，必须充分考虑经济和社会权利。在制裁实施期间，还应进行有效的监督以保护受制裁影响的人的经济、社会和文化权利。实施制裁者必须"个别和经由国际援助与合作，特别是经济和技术援助与合作，采取步骤"，以便对被制裁国内的弱势群体所遭受的不相称的苦难作出回应。

在任何时候都不应采取食物禁运或其他危及他国生产食物和获得食物的条件的措施。

故意以使平民挨饿作为战争手段已被规定为国际法上的犯罪行为,纳入《国际刑事法院规约》中。国际人道主义法试图保护武装冲突中的食物权,确保为难民或囚犯提供食物。

国际合作包括争取国际组织的支持和援助。联合国机构如联合国粮农组织、世界银行和联合国计划开发署等在增进食物权和住房权方面也有义务发挥重要作用。国际货币基金组织和世界银行在其贷款政策、信用协议、结构调整项目和处理债务危机的国际措施方面,应更加关注对这些权利的保护。

 **资　料**

**《经社文权利委员会第 4 号一般性意见:适足住房权》(1991):**
　　用于住房或人类住居的经费历来不到所有国际援助的 5%,而且这些资金提供的方式往往没有用于满足处境不利群组的住房需要。各缔约国,不论是受援国还是援助国,应确保大量资金完全用于创造条件使更多的人能够得到适足住房。促进结构调整措施的国际金融机构应保证这样的措施不会有损于享有适足住房的权利。各缔约国应在考虑国际财政合作时,努力指出与适足住房权利有关的外来资助最见成效的领域。这样的要求应充分考虑受影响群体的需求和观点。

 **案　例**

**X 先生的适当生活水准权**
　　X 先生是一位外国公民,在芬兰获得了临时居住许可。他向地方政府申请基本社会援助,但遭到了拒绝,理由是根据芬兰《社会福利法》的一个新条款,社会援助只向具有本国公民资格的人提供。X 变成了一个乞丐,没有永久住所,只能靠他人的施舍和垃圾桶中的剩物维持生活。他不时能得到非营利的慈善组织提供的临时栖身处所,但偶尔也不得不露宿。
　　在用尽了所有可以利用的当地救济办法之后(他向省行政法院提起了行政诉讼,但该诉讼请求被驳回),X 准备根据对芬兰具有拘束力的国际条约向芬兰提出控告。芬兰已经批准所有主要的联合国人权公约,也批准了《欧洲人权公约》和《欧洲社会宪章》。在本案中,X 可以声称芬兰侵犯了他的哪些权利?你建议他根据哪项公约提出控告?

### 五、中国对适当生活水准权的保障

中国法律虽然没有直接规定适当生活水准权,但是《宪法》和一系列法律法规都规定了与适当生活水准权相关的内容。

例如我国1982年《宪法》第44条规定了退休制度和退休人员的生活保障权;第45条规定了公民在年老、疾病或者丧失劳动能力情况下的获得物质帮助权,并规定了国家发展社会保险和社会救济的义务,国家和社会保障残废军人的生活、抚恤烈士家属、优待军人家属的义务,以及国家和社会帮助安排残障公民的劳动、生活和教育的义务。1999年国务院的《城市居民最低生活保障条例》第2条规定,城市居民共同生活的家庭成员人均收入低于当地城市居民最低生活保障标准的,有从当地人民政府获得基本生活物质帮助的权利。第6条第1款规定:"城市居民最低生活保障标准,按照当地维持城市居民基本生活所必需的衣、食、住费用,并适当考虑水电燃煤(燃气)费用以及未成年人的义务教育费用确定。"2003年国务院《城市生活无着的流浪乞讨人员救助管理办法》规定县级以上城市人民政府应当采取积极措施及时救助流浪乞讨人员,提供符合食品卫生要求的食物,提供符合基本条件的住处,对在站内突发急病的人员及时送医院救治。这些规定都接近国际人权法中适当生活水准权的某些要求。

改革开放以来,在发展经济的同时,国家也逐步建立健全了养老保险、失业保险、医疗保险等社会保险制度,以及城市居民最低生活保障、新型农村医疗保障、农村地区最低生活保障等社会保障制度,推进社会福利事业的发展,推进住房公积金制度、经济适用房制度、廉租房制度、两限房制度等住房保障制度,在提高人民生活水平、保障弱势群体的基本生活水平方面取得了巨大的成就。

但是,我国在取得这些成就的同时还存在着一些问题。例如,虽然已经解决了温饱问题,但是在少数脱贫地区,食物的营养还难以达到身心健康发展的标准。食品虽然丰富充足,但是某些含有有毒有害物质的食品也不时流向市场,严重危害着食用者的生命健康,婴幼儿奶粉行业就先后发生过"安徽阜阳大头娃娃事件"和"三鹿奶粉事件",暴露了我国食品安全保障机制中的问题。"三鹿奶粉事件"最后推动了《食品安全法》的颁行,十一届全国人大常委会七次会议于2009年通过的《食品安全法》在食品安全风险监测和评估、食品安全标准和检验、食品安全事故预防和处置等各个方面都更为细致严密。在住房权保障方面,虽然国家一再强调抑制房价过快上涨,但是房价的上涨速度超过了普通民众的收入增长速度,购房支出在消费中所占的比重仍然巨大。非法强拆等问题的影响更为严重,并酿成了一些社会事件。

**案　例**

**三鹿奶粉事件**

三鹿奶粉为国家免检产品。2007年12月,三鹿集团公司陆续接到消费者投诉。2008年6月,企业检验已发现奶粉中非蛋白氮含量异常,后确定其产品中含有三聚氰胺。8月1日,三鹿集团高层决定:一方面快速回收产品,对三鹿集团所有原料进行检测,产品暂不出库;另一方面向石家庄市政府汇报,建议政府严查原奶。但石家庄市部分官员明确反对,提出安抚家属和以经济赔偿息事宁人,强调保密,防止消费者上访,避免媒体炒作。从8月2日至9月11日事发这一个多月的时间里,问题奶粉源源不断流向市场。卫生部通报,截至2008年11月27日8时,全国累计报告因食用含三聚氰胺的奶粉导致泌尿系统异常的患儿达29万余人,不能排除与食用问题奶粉有关的死亡病例达6例。三鹿奶粉事件发生后,国务院启动了重大食品安全事件Ⅰ级响应:对患病婴幼儿实行免费救治;对不合格奶粉立即实施下架;尽快查明奶粉污染原因;严肃处理违法犯罪分子和相关责任人;建立完善食品安全和质量监管机制。2008年年底,包括国家质量监督检验检疫总局局长、石家庄市委书记等多名官员引咎辞职或被撤职,直接责任人员受到刑事制裁,"结石宝宝"的赔偿方案也基本确定。

思考:三鹿奶粉事件暴露了国家保障食物权方面的哪些问题?该事件是否构成对食物权的侵犯?

## 第三节　受教育权

### 一、受教育权的目的和价值、历史和属性

#### (一) 受教育权的目的和价值

受教育权是一项基本的人权,也是享有和实现其他人权不可或缺的手段。多种公民和政治权利,如见解和言论自由、集会和结社自由、选举权和被选举权或平等地获得公共服务的权利的实现,都有赖于最低限度的教育。许多经济、社会和文化权利,也只有在接受了最低水平的教育之后才能真正实现。

受教育权对儿童、妇女等社会群体尤其具有重大的保护作用。受教育可以帮助他们脱离贫困和增长才干,并拓展和加深他们对社会生活的参与。

受教育权的重要性并不只限于实用层面。个人受过良好教育、能够自由思考,其人生可能更畅达愉悦。

对受教育权的目标和任务,已经形成了下列一些广泛的共识:(1) 使人的个

性和尊严得到自由充分的发展;(2) 使人能够本着相互容忍和尊重其他文明、文化和宗教的精神,积极地参与自由社会;(3) 培养对父母、本国的民族价值观和自然环境的尊重;(4) 培养和增进对人权、基本自由和和平的尊重。

**资　料**

教育的目的在于充分发展人的个性并加强对人权和基本自由的尊重。教育应促进各国、各种族或各宗教集团间的了解、容忍和友谊,并应促进联合国维护和平的各项活动。

——《世界人权宣言》第26条第2款

教育的目的在于促进人权,人权也是教育的重要内容。受教育权包含着受人权教育的权利。1993年参加世界人权大会的171个政府"呼吁所有国家和机构将人权、人道主义法、民主和法治作为学科纳入所有正式和非正式教学机构的课程"。宽容和尊重人权应当成为受过教育者的重要特点。

(二) 受教育权的历史发展

在教育学和人类社会学的意义上,教育的历史与人类的历史一样漫长。

 **小知识**

2500多年前,孔子提倡"有教无类",开创私学,广收弟子。亚里士多德是历史上第一个主张要对教育进行立法的思想家。在古希腊、古罗马和古希伯来的法典中都可以找到与教育相关的内容,例如古希伯来的《法典大全》将"教子学习法典、教子娶妻生子、教子养成职业技能"规定为父亲的三项重任。在近代西方国家出现之前,欧洲的教育主要是由父母和教会来承担的,有关教育的法规也主要由教会来制定,如1179年,教皇召集第三次拉特兰主教会议,决定:每个主教堂都应配备一名专职教师,免费为穷学生上课,各教区应允许任何有能力的人开办学校。

资产阶级启蒙运动之后,教育被视为公共事业而受到国家的重视,大多数欧洲国家都开始制定教育法令,规范儿童、父母、教会和其他教育机构在教育方面的权利义务。18世纪末,法国的爱尔维修(Helvétius)最早明确提出受教育乃是人的"权利",同时代的巴贝夫(Babeyf)更进一步论证了受教育乃是人的原始权利。资产阶级革命胜利后,新兴的资本主义国家纷纷制定宪法,受教育权开始成为一项宪法权利。

**小知识**

在1789年法国的资产阶级大革命中,教育问题就是议会讨论的一个重要内容。大革命初期的10年间,各党派提出的教育立法方案就不少于25个。1793年《雅各宾宪法》获得通过,它首次对受教育权作出了明确规定:"人民享有受教育权、工作权和接受社会救济的权利。"这是受教育权第一次获得基本权利的地位。1849年的《德意志帝国宪法》在"德意志人民的基本权利"一章中用了至少7个条款来规定与教育相关的权利。教育被确认为国家的责任,穷人接受免费教育的权利得到保障。1918年通过的《苏俄宪法》宣布"给予工人与贫农完全的免费的受教育权"。1919年的《德意志魏玛宪法》在"权利宪章"部分对"教育和学校"作出了更为详细的规定,成为此后许多国家保障公民受教育权的模板。1936年制定的《苏联宪法》不仅明确规定了受教育权这项人权,并且把提供教育的首要责任转移给了国家。

第二次世界大战以后,受教育权开始进入国际法领域,受教育权的价值在此时得到了进一步的承认。《世界人权宣言》和《经社文权利公约》都有确认和保护公民受教育权的内容,保障受教育权的国际标准开始确立。国际人权法反过来又促进了各国国内法律在保障受教育权方面的发展。第二次世界大战后,受教育权已成为当代各国宪法和法律所保障的公民基本权利之一。

(三) 受教育权的属性

受教育权可同时归属三代人权,集中体现了所有人权的相互依赖性与不可分割性。① 作为人权的受教育权首先以自由权的形态出现,保障的侧重点是防止国家不当干涉受教育的自由,尊重父母为子女选择符合他们的宗教信仰和哲学信念的教育。《世界人权宣言》和《经社文权利公约》等国际人权法所确立的受教育权,具有第二代人权的属性。在受教育权的国际标准中,国家负有保障和实现教育的主要责任,国家应采取积极行动来发展各级各类教育,以便向每一个人提供合适的教育,并且在可能的条件下逐渐实现免费教育。

受教育权与作为第三代人权的发展权也具有某种联系。《经社文权利公约》第15条第4款要求国家承认"鼓励和发展科学与文化方面的国际接触和合作的好处"。同样,《儿童权利公约》第28条第3款要求各国"促进和鼓励有关教育事项方面的国际合作,特别着眼于在全世界消灭愚昧与文盲,并便利获得科技知识和现代教学方法"。从发展的角度诠释受教育权,受教育权的价值又得到了新的体现。因为发展的重要途径是受教育,尤其是现代人,要适应社会的发展、参

---

① "Report of the Committee on Economic, Social and Cultural Rights" (2000), E/2000/22, pp. 99-101.

与社会的发展、通过自己的劳动来实现生存和追求更好的生存状态,终其一生都离不开受教育。在受教育权得不到良好保障时,发展的可持续性就难以保证。

值得注意的是,最初的教育和受教育都是以义务的形态出现的,即监护人(主要是父母)和社会有教育的义务,受教育者有接受教育的义务,教育的内容由教育者决定。在承认受教育权为一项人权后,受教育仍然包含着一定的强制性因素。每个现代文明国家都确立了义务教育制度,要求政府向受教育者提供免费的初等教育,并规定了公民接受教育的最低年限和所受教育应达到的标准。

 **小知识**

斯巴达的法律规定,没有受过法定教育的人不能成为公民集团的成员,也不能获得国家分配的份地。德国是最早推行义务教育制度的西方国家。德国魏玛邦1619年公布的《学校法令》规定,父母必须送6—12岁的儿童入学,否则政府将强迫其履行义务。腓特烈二世于1763年颁布的法令规定5—12岁的儿童必须到学校受教育,否则将对其家长实行经济惩罚。我国《义务教育法》规定凡年满6周岁的儿童都应入学接受九年义务教育。目前部分西方发达国家义务教育的年限为12年。

**二、受教育权的国际法渊源**

受教育权在第二次世界大战以后通过的很多世界性和区域性人权文件中得到承认和规定,法律渊源十分丰富。

在联合国的人权文件中,《世界人权宣言》第26条对受教育权的目的、价值和内容作出了简明而全面的规定,既反映了受教育权的自由权属性,又反映了受教育权的社会权属性。《经社文权利公约》第13条和第14条是《世界人权宣言》第26条的延续和深化,进一步详细规定了受教育权的内容和国家保障受教育权的具体义务和责任,是国际人权法中对受教育权规定得最为广泛和全面的条文。《公民和政治权利公约》第18条第4款同样规定了父母对子女受教育的优先选择权。

受教育权在联合国的其他一些专门性国际人权公约中也有规定,如《取缔教育歧视公约》《儿童权利公约》《消除对妇女一切形式歧视公约》《残疾人权利公约》等。《儿童权利公约》对与儿童的受教育权相关的内容作了较为全面细致的规定,例如要求缔约国采取必要措施来确保学校执行纪律的方式符合儿童的人格尊严,以及规定受雇的最低年龄等措施来保障儿童获得应有的教育,等等。

在区域性国际人权文件中,《欧洲人权公约第一议定书》第2款主要强调了自由权形态的受教育权,即任何人不得被否定受教育的权利,父母有权为其子女选择应受教育的种类。《欧洲社会宪章》包含诸多与受教育权相关的条款,例如对16岁以下人员要限制工作时间以使其能接受职业培训。《非洲人权和民族权宪章》《美洲人权公约经济、社会和文化权利附加议定书》也规定了受教育权。

受教育权是"积极权利"还是"消极权利"?

### 三、受教育权的内容及与其相关的权利

(一)受教育权的内容

1. 受教育的自由

按照国际人权标准,父母或法定监护人有权为他们的孩子选择学校,包括非公立的但符合国家所规定或批准的最低教育标准的学校,并保证他们的孩子能按照他们自己的信仰接受宗教和道德教育。父母或法定监护人的这项权利,从儿童受教育权的角度表述,就是选择所受教育的自由。

社会主体有权建立私立学校,父母或法定监护人可为受教育者选择应受教育的类型,以此免受公立教育的影响。受教育者应根据法定义务到其父母或法定监护人选择的公立或私立学校学习——前提是这两种学校都符合国家规定的某个最低标准。根据《儿童权利公约》的规定,在所有事关儿童的行动中,"应以儿童的最大利益为一种首要考虑"。根据以解放儿童而非教导儿童为教育主要目标的观点,当前的国际法无法充分保证儿童自己选择自己所受教育的类型。如果教育旨在全面发展儿童的个性和才智并使儿童能够积极参与自由社会,那么进一步保障年轻人选择自己的教育和参加有关决策过程的权利就显得非常必要。

2. 受教育的权利

(1)接受初等义务教育的权利。初等教育是一个人接受的基本教育中最重要的部分,具有两个显著的特征,即"带有义务性质"和"一律免费",适龄儿童有权利且必须普遍接受初等义务教育。

(2)接受中等教育的权利。中等教育包括中等技术和职业教育,其功能是使人完成基本教育,巩固终身学习的能力,为就业和接受高等教育做准备。国际人权法要求,中等教育"应以一切适当方法普遍设立,并对一切人开放,特别要逐渐做到免费"。"对一切人开放"意味着每个人都有接受中等教育的权利。

(3)接受高等教育的权利。一切达到受高等教育标准的人,都有权接受高等教育。高等教育应根据成绩对一切人平等开放。

（4）接受基本教育的权利。凡是"基本的学习需求"没有得到满足的人，即所有未受到或未完成初等教育的人，都有接受基本教育的权利。接受基本教育的权利并不受年龄、性别等的限制，成年人（包括老年人）都享有这种权利。基本教育是成人教育和终身学习体系的一个部分。由于各年龄组的人都有权接受基本教育，故基本教育的课程和施行方式必须适合各年龄组的学生。

### 思 考

公民为什么有接受教育的义务？义务教育都包含了谁的义务？受教育的义务与禁止童工有联系吗？

### （二）教育应达到的标准

根据《经社文权利委员会第13号一般性意见：受教育的权利》（1999），各级各种教育都应该具有下列基本特征：

1. 可提供性

缔约国应在管辖范围内设置和运作足够的教育机构，提供教育方案、建筑物或其他遮蔽风雨的设施、男女卫生设备、教学材料等。有些教育机构还需要具备图书馆、电子计算机等设施。

2. 可获取性

缔约国应保证在其管辖范围内，人人都能够利用教育机构和教育方案，不受任何歧视。可获取性包含了互相重叠的三个因素：（1）不歧视；（2）实际可获取性；（3）经济上的可获取性，即教育费用在可以承担的范围内。为保证经济上的可获取性，缔约国应保证对初等教育"一律免费"，对中等教育和高等教育逐渐做到免费。

3. 可接受性

教育的形式和实质内容，包括课程和教育方法，必须得到学生的接受，包括文化上、宗教上的接受。在适当情况下，也应该得到学生家长的接受。

4. 可调适性

教育必须灵活，能够针对变动中的社会和社区的需求进行调适，使其符合各种社会和文化环境中的学生的需求。例如学习的内容应该能够与学生的生活需要相关联，能够给学生提供较灵活的、可供选择的课程计划等。

### （三）与受教育权密切联系的权利

为保证所接受的教育符合教育应当具有的价值和目的，下列权利与受教育权密切相关：

1. 宗教信仰自由

父母和法定监护人有为其子女选择符合自己的宗教或其他信仰的教育的权利。在公立学校中开展的宗教教育课程,必须是客观的、中立的和多元的,并尊重父母和监护人的宗教信仰。

 案　例

**美国"阿米什高中入学案"**①

美国威斯康星州法律要求适龄儿童必须接受包括高中阶段在内的义务教育,但阿米什传统教派认为普通高中强调科技和智力方面的成就,培养学生的自我个性和竞争精神,而这些都是跟与世无争的阿米什宗教信仰格格不入的。本案被告作为阿米什教徒,拒绝将其已经在公立学校完成了 8 年教育的孩子送入高中继续学习,而是将孩子留在阿米什社区接受社区教育和技术传授,被告因此而被罚款。美国联邦最高法院的多数意见认为,阿米什传统教派的宗教信仰是该教派成员所共享的,与他们能否获得拯救相关,并且 8 年正式的公立学校教育和严格的阿米什社区教育已经足以使阿米什儿童成长为称职的美国公民,因此被告的行为应该得到许可。

2. 免于不人道的和有辱人格的待遇

《儿童权利公约》第 28 条第 2 款规定,应以维护儿童的人格尊严的方式执行学校纪律,否则有关行为可能相当于对儿童受教育权的否定。任何形式的学校纪律都不得侵犯国际人权公约所保障的权利。当众羞辱显然有违人的尊严,体罚则可能构成有辱人格的待遇。《儿童权利公约》第 28 条第 2 款明确要求国家"采取一切适当措施,确保学校执行纪律的方式符合儿童的人格尊严及本公约的规定"。在科斯特洛-罗伯茨诉英国(Costello-Roberts v. the United Kingdom)一案中,欧洲人权委员会认为,对该 7 岁男童实施的相对节制的体罚不构成《欧洲人权公约》第 3 条所指的有辱人格的待遇,但是侵犯了他根据该公约第 8 条享有的私人生活受到尊重的权利。② 在 Y 诉英国(Y v. the United Kingdom)一案中,欧洲人权委员会认为,根据《欧洲人权公约》第 3 条,该私立学校校长用藤条抽打该 15 岁男孩的屁股 4 次的行为构成有辱人格的待遇。③

---

① Wisconsin v. Yoder, 406 U. S. 205. (1972).
② Costello-Roberts v. the United Kingdom, Judgment of 25 March 1993, Publications of the European Court of Human Rights, Series A. No. 247-C. 在该案中,欧洲人权法院认为该学校的体罚行为不违反《欧洲人权公约》第 3 条和第 8 条。
③ Y v. the United Kingdom, Publication of the European Court of Human Rights, Series A, No. 247-A.

**思 考**

学校和家庭教育中的体罚与人权保障是否根本不相容？

3. 设立教育机构的自由

《经社文权利公约》第 13 条第 3、4 款,《儿童权利公约》第 28 条第 2 款以及《美洲人权公约经济、社会和文化权利附加议定书》第 13 条第 5 款,均保障个人和机构根据国家规定的最低教育标准建立教育机构、管理教育机构的自由。

4. 大学自治

大学拥有一定程度的自治权,可以自行决定学术研究和教学政策。缔约国如果为了国家安全或维护公共秩序而关闭某所大学或其他教育机构,就必须负举证责任,说明它采取措施的正当理由。

5. 教学自由和学术自由

包括研究活动和教学活动的各项自由,例如自由选择研究课题和方法的权利,教学自由,学术合作的自由等。

### 四、国家保障受教育权的义务与责任

(一) 国家保障受教育权的义务

1. 国家尊重受教育权的义务

该义务要求国家不得采取任何妨碍或阻止受教育的措施,不得干涉个人受教育的自由。

(1) 国家必须保证尊重父母和法定监护人为儿童选择符合他们自己的宗教和哲学信念的教育的权利。公立学校开设宗教和道德的一般历史等课程,必须以不带偏见的客观方式进行,尊重信仰和良心自由。

(2) 国家必须尊重个人和团体设立和管理各种类型的教育机构的自由,不得随意关闭私立学校。设立和管理教育机构的自由是每个人,包括个人和法律实体以及公民和外国人的权利,并适用于各种类型的教育机构——从幼儿园、小学到大学和成人教育机构。这项自由并不是绝对的,教育机构必须符合国家规定的入学许可、课程、证书确认等方面的最低教育标准。并且,这些最低标准必须与《经社文权利公约》第 13 条第 1 款及《儿童权利公约》第 29 条第 1 款所列的目标与任务相一致。在符合这些条件的情况下,私立学校可以自由开设课程、采用特定的入学标准(即使这些标准在公立学校中被认为带有歧视性)和教学方法。私立学校也必须尊重儿童的一切基本人权,尤其是获得有尊严的待遇的权利。

(3) 国家必须尊重学术自由、教学自由,因为只有在学术自由的情形下,教

员和学生才有可能享受到真正的教育。尤其是在高等教育领域,教员和学生都有权享受学术研究自由,为此国家应尊重高等教育机构的自主自治。

2. 国家保护受教育权的义务

该义务要求国家采取措施,防止包括父母、学校、雇主甚至政府在内的任何人、任何团体和组织阻止和干扰受教育权的享有和行使,保证所有教育的平等开放。

 **案 例**

**1. 我国首例侵害考生受教育选择权案——考生程某诉武大附中案**①

原告程某系武汉大学附属中学(武大附中)学生,初中毕业前夕程某接到武大附中依照武汉市1994年高级中学招生程序发给的中考志愿表,并填写第一志愿为华中师范大学第一附属中学,第二志愿为武大附中。武大附中未经程某同意擅自改动考生的志愿,将程某核编至普通高中招生考场。程某中考成绩虽然达到重点高中华中师范大学第一附属中学的录取分数线,但最后被武大附中录取。程某的法定监护人数次与武大附中交涉。武大附中认为,程某作为非武大员工子女被接收进入武大附中,后者将其由一般的学生培养成为优秀学生。学校让其在本校继续就读,是行使学校学籍管理的正当权利。后程某以武大附中侵害其受教育选择权为由提起诉讼。

思考:程某受教育权的哪些内容受到了侵犯?

**2. 我国首例冒名顶替侵犯受教育权案——齐玉苓案**②

原告齐玉苓与被告之一陈晓琪都是山东省滕州市第八中学学生。1990年,齐玉苓统一招生考试成绩超过了委培生录取分数线,山东省济宁商业学校给齐玉苓发出录取通知书,由滕州八中转交。陈晓琪从滕州八中领取了齐玉苓的录取通知书,并在其父亲陈克政的策划下,以齐玉苓的名义到山东省济宁商业学校就读直至毕业。毕业后,陈晓琪仍然冒用齐玉苓的姓名,在中国银行滕州支行工作。齐玉苓发现陈晓琪冒用其姓名后,以姓名权、受教育权以及其他相关权益被侵犯为由,向山东省枣庄市中级人民法院提起民事诉讼。2001年,最高人民法院对此案作出批复,认定陈晓琪等以侵犯姓名权的手段,侵犯了齐玉苓依据宪法所享有的受教育的基本权利,并造成了具体的损害后果,应承担相应的民事责任。2008年年底,该批复被废止。

---

① 李成佳、夏威:《擅改考生志愿 武大附中败诉》,载《法制日报》1995年7月28日。
② 《齐玉苓诉陈晓琪等以侵犯姓名权的手段侵犯宪法保护的公民受教育的基本权利纠纷案》,载中国法院网,https://www.chinacourt.org/article/detail/2002/11/id/17765.shtml,访问日期:2023年5月9日。

思考：国家应如何通过法治保障受教育权？

3. 国家促进受教育权的义务

该义务要求国家采取积极措施，使个人和群体能够更好地享有更高质量的教育。

例如确保社区和家庭不依赖童工；消除社会中阻碍女童、妇女及其他处于不利地位的群体接受教育的成见；确保教育在文化上满足少数民族和土著人的需要；改善校舍，根据社会发展调整教学大纲，培训师资，促进教育领域的国际合作等。

4. 国家实现受教育权的义务

与其他人权的实现方式不同，教育主要被视为一项公共职责，受教育权实现的主要责任者是国家，即国家直接承担着提供教育的主要责任，国家有权并有义务提供教育，并强迫儿童学习。国际人权法对国家实现受教育权的义务规定得十分具体详细，包括：为达到法定年龄的所有儿童提供免费的初等教育；为所有人提供中等教育，包括中等技术和职业教育，并逐渐做到免费；为达到高等教育入学标准的人提供高等教育，并逐渐做到免费。

5. 国家保障受教育权的立即义务与渐进义务

根据国际人权法，国家尊重受教育权的义务、确保平等与不歧视的义务、提供免费初等义务教育的义务是国家的立即义务，即要求国家即刻实现这些义务。将国家实现层次的义务（提供免费初等义务教育）规定为立即义务在国际人权法中非常少见。

其他不要求国家立即实现的义务为国家的"渐进义务"，如中等教育和高等教育逐渐做到免费的义务。逐步实现意味着国家负有一项明确、持续的义务，必须"尽最大努力用尽一切适当方法"，尽可能采取迅速、有效、谨慎、具体和有目标的行动步骤。

6. 国家保障受教育权的行为义务与结果义务

国家保障受教育权的大多数义务是结果义务，包括：(1) 对一切人提供免费的、义务性初等教育；(2) 中等教育对一切人开放，并逐步实行免费教育并提供必要的财政支持；(3) 高等教育根据能力对一切人开放，逐步实行免费教育；(4) 对未能完成初等教育的人提供基础教育；(5) 为残障者开设特殊教育项目；(6) 消灭愚昧与文盲；等等。

同时国家也有保障受教育权的行为义务，例如：所有尚未实施免费义务初等教育的国家有责任在批准公约后的 2 年内，"制定和采取一个逐步实行的详细的行动计划，其中规定在合理的年限内实现一切人均得受免费的义务性教育的原则"。

7. 国家保障受教育权的最低核心义务

根据《经社文权利委员会第 13 号一般性意见:受教育的权利》(1999),国家实施受教育权的最低核心义务是:(1) 确保人人在不受歧视的基础上利用公共教育机构,任何人的受教育权不应当被剥夺;(2) 确保教育符合《经社文权利公约》第 13 条第 1 款所规定的目标;(3) 立即按照《经社文权利公约》第 13 条第 2 款甲项的规定为所有人提供初等教育,保护此项权利不被侵犯;(4) 制定并实施国家教育战略;(5) 在符合"最低教育标准"的前提下,确保选择教育的自由不受干预。

(二) 国家保障受教育权的基本原则

1. 平等和不歧视原则

受教育权平等包括入学机会平等、升学机会平等、受教育待遇和条件平等、学业成就平等等内容。在教育领域内,在任何一个环节,包括招生、教育内容和质量、学杂费、补助、奖学金、惩戒等各个方面,禁止基于种族、肤色、性别、语言、宗教、政治或其他见解、国籍或社会出身、财产、出生或其他身份等任何种类的不合理的区分。只有在特定条件下,才允许为男女学生以及出于宗教或语言目的建立和维持分离的教育体制。

 **资　料**

受教育权待遇的平等不仅包括物质因素上的平等,还包括精神因素上的平等。即使在教学设施、课程设置、教师薪金等物质化的因素上都能做到平等,以肤色为区别的隔离仍然"毁坏人的尊严,伤害人的心灵,使一个社会群体产生整体自卑感"。建立或维持分离的教育体制,即使设施待遇完全平等,依然是一种歧视。

——美国 1954 年"布朗诉托皮卡教育委员会案"

2. 不允许采取任何倒退措施原则

国家在保障受教育权方面不允许采取任何倒退措施,如果国家采取了倒退措施,就必须证明,这些措施是在极为仔细地考虑了所有替代方案之后所采取的,并且从充分利用国家的一切可利用资源这一角度来看,这些措施属于正当措施。

什么是倒退措施?

### (三) 国家履行义务和责任应采取的措施

国家应采取积极措施,以保证国家保障受教育权的义务的履行,这些措施应该包括但不限于下列内容:

1. 制定国家教育发展战略

发展战略应该在政府的工作事项中居于优先地位,而且必须加大执行力度。发展战略必须包括各级教学系统,但国家必须优先发展初等教育。这项战略还应包括一些机制,如受教育权的指标和基准等,并据以密切监测所取得的进展。

2. 确立最低教育标准

国家必须制定"最低教育标准",并涉及入学许可、课程和证书确认等问题。国家还须建立一项有透明度的、切实有效的制度,以监督此类标准的执行。

3. 不断改善教育条件

包括改善校舍和教学设施、改善教员的待遇、提高教员社会地位等。

### 思 考

可否通过教育商业化来改善教育条件?有什么利与弊?

4. 设立助学金和奖学金制度

国家必须确保建立学校助学金和奖学金制度,以资助经济有困难的学生和鼓励优秀学生。

5. 加强国际合作

《经社文权利公约》第2条第1款和第23条,联合国大会1990年《世界全民教育宣言》第10条以及1993年《维也纳宣言和行动纲领》第一部分第34段等,都强调各缔约国都有义务"单独采取步骤,或通过国际援助与合作尤其是经济和技术援助与合作采取步骤",以争取充分落实受教育权。在国际协议的谈判和批准方面,各国应采取步骤确保这些文件不对受教育权产生不利影响。各国还有义务确保其作为国际组织成员包括国际金融机构成员所采取的行动充分考虑了受教育权。

### (四) 国家义务与责任的监督评价

在评价国家履行义务情况的指标方面,联合国受教育权前特别报告员卡塔琳娜·托马舍夫斯基(Katarina Tomasevski)指出,使用指标的重要目的就是把缺乏承诺与无能为力区分开来。典型的评价指标包括:平等与不歧视、识字率,初等、中等和高等教育入学率、毕业率和辍学率,小学师生比,公共教育支出占国民生产总值比例,教育总支出与其他支出如军事开支的比较。对这些指标主要进行今昔对比。此外,所有指标还须放在总的经济和政治条件下解释,并要考虑到诸如贸易条件的恶化或发生国际或国内武装冲突等情况。认真考察几年内这些指标和相关要素的变化情况,以评价一国政府是否真正履行了义务。一般来讲,如果受教育权中最低限度的核心内容在连续的一段时间内不能得到保障,那么贫困和缺乏经济手段本身就不能成为国家不履行义务的理由。

**五、中国对受教育权的保障**

(一)中国保障受教育权的法律

我国1982年《宪法》第19条第1—4款规定:"国家发展社会主义的教育事业,提高全国人民的科学文化水平。国家举办各种学校,普及初等义务教育,发展中等教育、职业教育和高等教育,并且发展学前教育。国家发展各种教育设施,扫除文盲,对工人、农民、国家工作人员和其他劳动者进行政治、文化、科学、技术、业务的教育,鼓励自学成才。国家鼓励集体经济组织、国家企业事业组织和其他社会力量依照法律规定举办各种教育事业。"第46条第1款规定:"中华人民共和国公民有受教育的权利和义务。"此外,我国还制定和实施了《教育法》《义务教育法》《高等教育法》《职业教育法》《民办教育促进法》《教师法》等相关法律,《妇女权益保障法》《未成年人保护法》《残疾人保障法》中还规定了特殊权利主体的受教育权保障,这些法律法规形成了一个相对完整的教育法律体系。2015年4月21日,教育部和残疾人联合会联合发布了《残疾人参加普通高等学校招生全国统一考试管理规定(暂行)》,这是中国第一次从国家层面对残障人参加普通高考专门制定管理规定,要求为残障人参加高考提供合理便利,这也是"合理便利"概念第一次明确且正式地出现在中国的规范性法律文件中。2017年1月11日,国务院通过了《残疾人教育条例》,除了积极推进融合教育,还规定"残疾人参加国家教育考试,需要提供必要支持条件和合理便利的,可以提出申请。教育考试机构、学校应当按照国家有关规定予以提供"。

(二)中国保障受教育权的成就

新中国成立70多年来,中国在保障受教育权方面取得了十分巨大的成就,尤其是近几年来,更取得了突破性进展。2007年西部地区基本普及九年义务教育、基本扫除青壮年文盲攻坚计划如期完成。继2006年西部地区农村义务教育阶段中小学生免除学杂费后,2007年农村义务教育阶段教辅材料费、学具费、校服费、保险费、体检防疫费等代收费和存车费等服务性收费项目一律取消。2008年9月1日起,中国又首次实现城乡义务教育全部免除学杂费,对享受城市居民最低生活保障的家庭的义务教育阶段的学生继续免费提供教科书,对家庭经济困难的寄宿学生补助生活费。2009年,国家又加大教育投入,投入50亿元资金推进中西部农村初中校舍改造,建立健全家庭经济困难学生资助体系,实施了义务教育教师绩效工资。民族地区教育、残障人教育等也都得到了很大的提高,高等教育也已经进入大众化阶段。教育部考试中心多年来也为参加大学英语考试的残障考生提供了多种合理便利和优质服务,2017年开始提供盲文试卷。2019年,全国共有特殊教育普通高中班(部)103个,在校生8 676人,其中聋生6 083人、盲生1 629人、其他964人。残障人中等职业学校(班)145个,在校生17 319人、毕业生4 337人,毕业生中1 705人获得职业资格证书;全国有12 362名残障人被普通高等院校录取,2 053名残障人进入高等特殊教育学院学习。①

(三)中国保障受教育权存在的问题

中国在保障受教育权方面取得了巨大成就,但还存在着一些问题,特别是教育公平问题。

1. 流动人口子女的教育问题

按照我国户籍与学籍相关联的规定,儿童应当在户口所在地就近入学,这导致大量随父母在非户籍地居住生活的儿童无法与有当地户籍的儿童享有同等的受教育的机会和待遇。

 **案 例**

**1. 上海一公立中学隔离本地学生与外来流动人口子女**

上海有近38万外来流动人口子女,以往他们大多只能在校舍破旧、师资匮乏的农民工子女学校读书。为破除排外歧视,实现公平教育,上海推行"关停并转",把农民工子女学校并入公立学校。并入某公立中学的外来流动人口子女与本地生分楼上课,穿不同的校服,就餐时间、放学时间全部错开,仅本地生可以用新桌椅、评比奖学金、优先使用场地设施。

**2. 北京非京籍考生入学考试问题**

2010年5月,北京市废除了《北京市中、小学学生学籍管理办法》,规定非北京户籍学生在义务教育阶段享有与北京户籍学生同等的入学待遇。2012年年底北京市出台了《进城务工人员随迁子女接受义务教育后在京参加升学考试工作方案》,该方案规定,2013年进城务工人员随迁子女可以在北京参加中等职业学校招生录取,从2014年起放开进城务工人员随迁子女参加高等职业学校招生录取。具体申请条件为,进城务工人员持有在有效期内的北京市暂住证或工作居住证,在北京有合法稳定住所,在北京有合法稳定职业已满6年,在北京连续缴纳社会保险已满6年(不含补缴),随迁子女具有北京市学籍且已在北京连续

---

① 中国残疾人联合会:《2019年残疾人事业发展统计公报》,载中国残疾人联合会网站,https://www.cdpf.org.cn/zwgk/zccx/tjgb/0aeb930262974effaddfc41a45ceef58.htm,访问日期:2023年5月9日。

就读高中阶段教育3年学习年限。

2. 高校招生歧视问题

我国目前实行的高校招生和考试制度造成了大学的地方化倾向和录取标准的极端不公,不合理的高考和招生制度已成为阻挠中国教育迈向公平的最根本原因。高校按地域分配招生指标,导致不同地域考生的入学机会不平等,形成"倾斜的高考分数线",并引发了"高考移民""民族身份造假"等社会问题。除地域歧视外,高校招生中还存在着健康歧视、容貌歧视等身体歧视,以及其他一些不同类型的歧视。

 思 考

目前重点高校开展自主招生的范围一般为大中城市重点中学的学生,有人认为这种自主招生与90%以上的考生无关,是极少数人的特权。从受教育权平等角度该如何评价目前高校的自主招生?

 案 例

**孟母堂事件**

"孟母堂"是一家成立于2005年的全日制私塾学校,是由家长们自愿组成的现代家庭教育机构,由家长代表延请教师授课,课程包括诗经、英文、数理化、体育、文艺等。2006年7月17日,上海市松江区教育局下发告知单指出:孟母堂属非法教育机构,从事的是非法教育活动,应立即停止非法行为。义务教育必须入学,中华传统文化的教育不能与入学接受义务教育相抵触。孟母堂负责人则声称,"孟母堂"并非教育机构而是一种家庭教育,《义务教育法》并未规定适龄儿童必须在教育部门认可的教育机构就读,也未规定不允许在家教育,"读经教育"并没有违背《义务教育法》的精神,而是能更快、更好地达到国家规定的基本质量要求。

思考:用国际人权法中受教育权的内容及国家保障受教育权的义务和责任来分析"孟母堂"事件。

## 第四节 健 康 权

健康权是国际人权法及许多国家宪法所确认的一项基本人权,是指人人享有可能达到的最高标准的身体健康和精神健康的权利。

健康权有不同的表达方式,包括"健康权"(right to health)、"保健权"(right to health care)、"健康保护权"(right to health protection),以及"健康权利"(health rights)等。在国际人权法中最为常用的是"健康权"(right to health)这个表达。

## 一、健康权的历史发展和国际法渊源

有史以来,采取措施促进健康一直是人类的共识。近代公共卫生制度发端于19世纪欧洲工业革命时期,工业化社会中不卫生的工作和生活条件造成了严重的健康问题,使得国家有必要采取公共卫生措施。英国的埃德温·查德威克(Edwin Chadwick)推动了一场重要的公共卫生运动,促成了1848年《公共卫生法案》的通过。19世纪下半叶欧洲还组织了一系列国际卫生大会,以应对商业和交通发展背景下的传染病问题。

健康权成为一项人权是在第二次世界大战之后。1945年,在旧金山召开的联合国国际组织大会上,健康权被提议作为经济、社会和文化权利之一加以规定。宣称"医学是和平的支柱之一"的一份特别备忘录最终将健康问题写进了《联合国宪章》第55条。

1946年7月22日,世界卫生组织签署了《世界卫生组织宪章》,宣布:"享有可能获得的最高标准的健康是每个人的基本权利之一,不因种族、宗教、政治信仰、经济及社会条件而有区别。"健康权首次被宣布为基本人权。此后,《世界人权宣言》第22条和第25条、《经社文权利公约》第9条和第12条,对健康权作了更为详细明确的规定。

保障妇女和儿童权利的国际公约及其他一些国际组织的规定和区域性人权公约,也都有与健康权相关的条款。例如《消除对妇女一切形式歧视公约》第12条、《儿童权利公约》第24条、《欧洲社会宪章》第11条、《美洲人权公约经济、社会和文化权利附加议定书》第10条和《非洲人权和民族权宪章》第16条的规定。

许多关于健康和工作条件的国际劳工公约也规定了与健康有关的义务,例如《职业安全和卫生公约》(第155号)。另外,国际人道法中的某些条款也与健康权相关,例如《改善战地武装部队伤者病者境遇之日内瓦公约》中含有关于武装冲突期间的俘虏和平民在健康方面的待遇的条款。

在国家宪法层面,《智利宪法》早在1925年就规定了国家保障公民健康权的义务,这是国家宪法关于健康权的最早规定。目前,各国在宪法中规定健康权、保健权或其他与健康相关的权利(如享受健康环境的权利等条款)的做法已很普遍。

## 二、健康权的内容

健康权不是指获得健康的权利(a right to healthy)。正如"生命权"不是指获得永恒的生命的权利,健康权也不是指获得维持或达到完全健康所需要的一切东西的权利,健康权的内容具有特定的含义。考察国际人权法中健康权的主要目的是确定构成健康权的不同要素及其核心内容。[①]

### (一)健康权的要素

《经社文权利公约》第 12 条对健康权的规定最为详细:"一、本公约缔约各国承认人人有权享有能达到的最高的体质和心理健康的标准。二、本公约缔约各国为充分实现这一权利而采取的步骤应包括为达到下列目标所需的步骤:(甲)减低死胎率和婴儿死亡率,和使儿童得到健康的发育;(乙)改善环境卫生和工业卫生的各个方面;(丙)预防、治疗和控制传染病、风土病、职业病以及其他疾病;(丁)创造保证人人在患病时能得到医疗照顾的条件。"

根据《经社文权利委员会第 14 号一般性意见:享有能达到的最高健康标准的权利》(2000),《经社文权利公约》第 12 条第 1 款所讲的"享有能达到的最高的体质和心理健康"的权利,并不限于得到卫生保健的权利。健康权是一项综合性权利,一般来说,健康权的要素可分为两类:一类是与"保健"有关的要素,包括医疗保健、预防保健、初级医疗保健、儿童医疗保健和心理卫生服务等;另一类是与"健康的基本前提条件"有关的要素。健康权在一定意义上指向的是获得健康条件的权利,不限于医疗卫生保健服务方面的内容,而是与有可能影响或侵害健康的所有活动相关,包括安全的饮用水、适当的卫生设备、适当的营养、有关健康的信息、环境卫生和职业卫生,以及核武器的使用、水电站的建设、道路的修建、空气的质量、供水系统的提供,甚至禁止在公共场所吸烟,等等。

世界卫生组织"人人享有健康权"战略和"人人享有初级卫生保健"战略认为"应有一条健康底线,低于它任何国家的任何人都将无法生存",为了保障这一底线,"人人享有初级卫生保健"战略提出了几项必要的基本要求:

(1)在卫生保健方面,获得下列服务的权利:孕期和儿童保健,包括计划生育;主要传染病的免疫注射;对常见疾病和伤损的适当治疗;基本药物的提供。(2)在健康所需的基本前提条件方面,获得下列服务的权利:关于普遍的健康问题及如何预防和控制这些问题的教育;促进食物提供和适当的营养;充分提供安全用水和基本卫生。

2016 年,《经社文权利委员会第 22 号一般性意见:关于性健康和生殖健康

---

[①] See Brigit C. A. Toebes, *The Right to Health as a Human Right in International Law*, Intersentia Publishers Group, 1999, pp.34-37.

权利》发布,进一步强调了保障性健康和生殖健康权。根据该文件,性健康和生殖健康权包含一系列自由和权利,例如个人在不遭受暴力、胁迫和歧视的情况下不受阻碍地获得各种医疗设施、物资、服务、信息和机会,在涉及个人身体、性健康和生殖健康的事项上作出知情、自由和负责任的决定。该文件指出,缔约国有义务尊重、保护和实现所有人的性健康和生殖健康权。该文件还要求缔约国必须确保所有人都能诉诸司法,并在性健康和生殖健康权受到侵犯的情况下获得有意义的和有效的补救。

 **思 考**

国家在保障健康权方面的底线标准是什么?

### (二) 健康权的核心内容

联合国《经社文权利委员会第3号一般性意见:缔约国义务的性质》(1990)确认各缔约国有确保在最起码的、最低限度上满足健康权实施条件的核心责任,包括基本的初级医疗保健。《经社文权利委员会第14号一般性意见:享有能达到的最高健康标准的权利》(2000)具体指出缔约国保障最低限度的健康权的核心内容包括:

(1) 在没有歧视的基础上获得卫生设施、用品及服务的权利(尤其是对弱势群体及边远地区民众)。

(2) 最起码要有充足营养和安全的食品。

(3) 基本的住房、用水与卫生设施。

(4) 根据世界卫生组织随时修订的《必需药品行动纲领》提供必需药品。

(5) 公平地分配一切卫生设施、用品和服务。

(6) 根据流行病学的实际情况,采取和实施国家公共卫生战略和行动计划;该战略和行动计划应在普遍参与和透明的基础上制定,并定期审查;战略和计划应包括一些方法,如健康权的指标和标准,用以随时监测取得的进展;制定战略和行动计划的过程及其内容,都应特别注意各种脆弱和边缘群体。

### (三) 健康服务应达到的标准

(1) 具有可提供性:一国必须有足以供全体居民享用的一定量的健康服务。

(2) 在财务、地理和文化方面的可获取性:财务上的可获取性要求健康服务是支付得起的,并且要为那些无力支付必要服务所需费用的人作出健康服务的支付安排;地理上的可获得性要求服务设施位于每个人都能达到的距离之内;文化上的可获取性要求这些服务尊重人们的文化传统。

(3) 具备一定的质量:可利用的健康服务必须符合适当的质量标准。

(4) 具备平等性：每个人都应当平等地享受健康服务，并应对社会弱势群体的状况给予应有的关注。

(四) 健康权与其他人权的联系

各种武装冲突、突发事件、暴力、酷刑、歧视、水和食品及住房因素、习俗惯例等都与人的健康相关。《经社文权利委员会第14号一般性意见：享有能达到的最高健康标准的权利》(2000) 强调了健康权的实现依赖其他人权的实现，包括经济、社会和文化权利以及公民和政治权利，例如生命权，自由与人身安全，享有食物、住房和工作的权利，受教育权，参与权，享受科学进步与应用带来的利益的权利，文化权，寻求、获得和告知他人各种信息的表达自由，不歧视，禁止酷刑，结社、集会和迁徙自由等。对其他人权的侵犯往往会产生侵害健康权的后果，而不充分的健康权保障也会构成实现其他人权的障碍。

健康权与其他人权在内容上也有重叠之处。例如，生命权的概念中含有健康权的内容。《人权事务委员会第6号一般性意见：生命权》(1982) 对《公民和政治权利公约》第6条所载的生命权作了广义上的解释："对'固有生命权'一词的范围加以局限，就无法恰当地了解它的含义，而保护这权利要求国家采取积极措施……特别是采取措施，消灭营养不良和流行病。"可以认为，这一解释是对生命权条款的阐释和发展，其中包含着对健康权的保障要求。禁止酷刑或残忍的、不人道的或有辱人格的待遇的规定，禁止在未经本人自愿同意的情况下对之进行医学或科学试验的规定，都与健康权交叉。健康权与受教育权重叠，健康权中包括提供与健康有关的信息和教育的权利。健康权也与工作权重叠，健康权中包括职业卫生的内容。知识产权与健康权的关系也十分密切，例如制药公司的专利权保护使许多人得不到救命的药物，尤其是与治疗艾滋病等严重疾病相关的药物。一方面应保护和发展科学研究，另一方面应保护人们享受科学进步与应用带来的利益的权利。经济的全球化也给健康带来了一些影响，基于健康权的考虑，许多贸易法律和惯例都受到了挑战。健康与环境的关系十分密切，许多严重的健康问题是由环境恶化造成的，因此保障健康权与保障环境权互相促进。

艾滋病、肺结核、疟疾等传染病的暴发可以被认定为公共健康危机。世界贸易组织会议已同意对保护知识产权的规定进行解释和执行时应当考虑成员保护公民公共健康的权利，特别是促使每个人都能得到药物治疗。世界卫生组织成员同意政府可以批准强制的许可执照以预防紧急情况的发生，并应向没有能力生产药物的国家提供援助，发达国家应帮助发展中国家获得在医药领域的科技和知识转让。

### 三、国家保障健康权的义务和责任

影响人体健康的因素很多,自然灾害、环境污染、生活贫困、营养不良、假冒伪劣食品及药品、各种疾病等。而在今天的现实情况下,国家和政府对健康权的影响往往是关键性的。虽然国家不能保证个人的健康,但国家是创造条件使个人健康得到保护和改善的最适合的实体。例如国家可以制定政策,分配卫生资源、加强疾病防控、改善食物结构以提高营养水平、保护社会弱势群体、建立不同层次和类型的医疗机构、建立适合国情的医疗保障制度、控制有害健康的产业的发展、普及健康教育等。提高健康权的保障水平,首要的是明确国家和政府的义务和责任。

由于与健康权相关的问题的多面性,国家保障健康权的义务也具有多面性。在今天,除医疗卫生方面外,尤其应当强调的是国家保障一个健康的生活环境的义务,如为抵抗自然危害提供切实可行的保护、防治污染、保持有助于人类健康生存的生态平衡等。

(一) 国家保障健康权的义务

具体说来,国家在健康权方面负有以下义务:

1. 尊重的义务

国家有义务尊重任何个人平等享受可获得的健康服务,不妨碍任何个人或群体享受可得到的服务,例如不得阻碍、拒绝向一些群体如少数民族或受刑人提供医疗保障,不得阻碍、拒绝男性医生为女性患者医疗或不提供女性医生;国家还有义务杜绝和限制影响人们健康的活动,比如不使用核武器和化学武器、不进行造成环境污染的活动等。

2. 保护的义务

国家有义务采取立法和其他措施,确保人们有平等的机会享受健康服务。在由私人提供健康服务的情况下,国家必须采取必要措施,确保健康服务的私人提供者把健康服务的可获取性原则和平等原则等考虑进去,并适当尊重社会弱势群体。国家有义务保护人们的健康不受任何个人或团体的侵犯,例如国家应禁止建设破坏环境的水电站,禁止使用影响人们健康的杀虫剂,禁止向供水系统倾倒有毒废物,保护食品、药品及血液制品等的安全,为防止传染病传播而禁止人员自由流动和设置隔离区等。

另外,国家在履行对健康权的"保护的义务"时,必须在保护全体公众健康的需要与保护个人利益的需要之间求得平衡,不能采取侵犯人权的措施,例如不能侵犯某些传染病患者的身体完整权和隐私权。

**案　例**

**1. 荷兰血友病人因输血而感染艾滋病案**

《荷兰宪法》第22条规定,"政府应采取步骤促进全体居民的健康",促进健康包括消除对健康的威胁。1982年至1989年,荷兰的一些血友病人受到荷兰血液提供者从美国进口的被艾滋病毒污染的血液的感染。监察官检查了在此期间荷兰公共卫生部的行为,发现政府没有根据《荷兰宪法》的规定采取适当的措施来保护血友病人免受这种伤害。监察官认为,虽然在常规情况下政府不应卷入病人的医药治疗,但是如果医药开业者们不能找到恰当的解决方案,那么政府就必须通过积极干预来促进公共健康。在目前的情况下,政府应当对血友病人因输血而感染艾滋病采取更加警惕的态度,即政府应当积极干预,保护公民免于血液银行、医院、药物工厂等第三方的侵害。监察官认为荷兰政府在此案中违背了宪法。

思考:荷兰政府违反了保障健康权的什么义务?

**2. 菲律宾儿童控告政府过度砍伐森林案**

菲律宾由于过度砍伐森林,25年间1.6亿公顷的雨林只剩下1.2亿公顷。1993年43个儿童作为原告,由他们的父母作为代表,提出过度采伐导致了对当代和后代人的无法挽救的伤害,侵害了他们拥有一个健康环境的权利,要求政府撤销已颁发的采伐证并且不再颁发新的采伐证。原告引用了1987年《菲律宾宪法》的原则和《国家政策宣言》中的第15、16部分,其中规定了健康权和生态权:"政府应当保障和促进人们的健康权并且向人们灌输健康意识";"人们有权拥有一个符合自然节律与和谐的平衡而有利于健康的生态,政府应当保障和推进这种权利"。在最高法院,这些未成年人原告是否具有诉讼资格的问题被提了出来。最高法院认为,他们不仅有诉讼资格,甚至可以有资格代表他们尚未出生的后代。最高法院认定,国家有义务去保护控诉者拥有良好环境的权利,因此所有的许可证都会通过行政诉讼被吊销或者废止。

菲律宾最高法院的判决为司法保障环境权、健康权提供了一个积极范例。

思考:国家司法机构在保障健康权中如何发挥作用?

3. 促进的义务

国家有义务推行健康政策,进行健康的研究、教育和宣传,实施体检计划以防止某些疾病等。例如向所有人尤其是年轻人提供性教育、宣传艾滋病预防和资助避孕药具。

4. 实现的义务

实现的义务要求国家主动提供保障健康的医疗服务及健康的基本条件。例如,国家有义务将可获得的预算中的足够比例用于健康;为个人提供医疗费用的补偿;实行某些疾病的免疫接种;提供必要的健康服务或创造条件使个人有足够充分的机会享受包括保健服务、清洁饮用水和适当的卫生设备在内的健康服务。如果一国因其社会结构而不能向囚犯、移民或妇女等特定群体提供适当的健康服务,该国就可能侵犯了健康权。①

 **案 例**

《南非宪法》第27条第3款规定:"任何人不可被拒绝给予紧急医疗。"南非的苏布拉穆尼先生患有严重的肾衰竭,肾透析是挽救其生命的唯一途径。负责苏布拉穆尼先生卫生保健的医院有20台透析机,但这些机器全部运转不良。为了延长这些机器的使用寿命,它们被仅限于那些等候肾脏移植的患者使用。苏布拉穆尼先生由于患有其他许多严重的疾病,不能作为实际意义上的肾脏移植的候选者,因此不能使用透析机进行治疗。苏布拉穆尼先生无力负担任何私立医院的服务费用。苏布拉穆尼先生提起宪法诉讼,请求法院命令医院为他提供透析治疗。高等法院驳回了这一请求。申请人被许可向宪法法院提出上诉,宪法法院维持了原判决,认为"紧急医疗"一词不包括"为延长生命而对疾病的不断治疗"。因此,紧急医疗权不适用于申请人的病情不可挽回但其生命可因肾透析而得以延长的这种情况。苏布拉穆尼先生在法院作出判决3日之后死亡。

另外,各国都倾向于对非法居住的移民只提供紧急医疗,而把他们排除在公共保健服务之外。例如,1994年,将近60%的加利福尼亚人投票赞成第187号决议,根据此决议,该州只为非法居住的移民支付紧急医疗费用。在荷兰,一项特别法案将非法居住的移民排除在公共保健服务之外,仅在紧急情况下向他们提供服务。比利时仲裁法院裁定,被命令离开比利时领土之后仍留在那里的外国人,在此日期的一个月后,除紧急医疗援助外,不能再接受公共福利中心的援助。

(二) 评价国家义务履行情况的标准

健康权的实现在一定程度上要求社会资源的投入,因此有些目标的实现只能是逐步的。如果由于资源的紧缺而不能履行核心义务,国家"有义务证明,已尽一切努力,利用所有可以获得的资源,优先满足有关义务的要求"。

经社文权利委员会列举了若干指标,以作为衡量国家保障健康权的标准:

---

① See Brigit C. A. Toebes, *The Right to Health as a Human Right in International Law*, Intersentia Publishers Group, 1999, p.235.

(1) 政府健康支出占国民生产总值的比例；
(2) 初级保健支出占总的政府健康支出的比例；
(3) 患普通伤病时有机会得到经过培训的人员的治疗的人口比例；
(4) 有机会得到 20 种基本药物的人口比例；
(5) 孕妇在怀孕期间有机会接触经过培训的人员的比例和分娩时受到这些人员照顾的比例；
(6) 婴儿接受经过培训的人员的护理的比例；
(7) 婴儿对主要传染病的免疫；
(8) 预期寿命；
(9) 婴儿死亡率；
(10) 获得安全用水的人口比例；
(11) 获得适当的排泄物处理设施的人口比例。

如果一国不把可获得的预算的足够比例用于健康方面,该国可能违反实现健康权的义务。经社文权利委员会已对国家军事预算远远大于其健康预算的国家表示关注。它认为这种不平衡可表明一国没有"尽其资源能力所及"来实现健康权。

为了在这种评价中充分反映人权观点,一个重要的要求是按性别、城市/农村和/或社会经济或民族,分门别类地制定这些指标。可提供性、可获取性、质量和平等性的"指导原则"也可成为这方面的有用工具。例如,衡量地理上的可获取性可以表明农村人口获得健康服务的范围。

### 四、中国对健康权的保障

中国现行《宪法》中也有多项与促进和保障健康相关的条款。如第 21 条规定,国家发展医疗卫生事业,开展群众性的卫生活动,保护人民健康；第 26 条规定,国家保护和改善生活环境和生态环境,防治污染和其他公害；第 42 条规定,国家加强劳动保护,改善劳动条件；第 45 条规定,公民在年老、疾病或者丧失劳动能力的情况下,有从国家和社会获得物质帮助的权利。

1997 年颁布实施的《刑法》在分则第六章"妨碍社会管理秩序罪"第五节规定了"公共卫生罪"的 11 个具体犯罪。另外,我国还制定和实施了《药品管理法》《国境卫生检疫法》《传染病防治法》《职业病防治法》《执业医师法》《母婴保健法》《献血法》《禁毒法》《人口与计划生育法》《产品质量法》《国家突发公共卫生事件应急预案》《国家突发公共事件医疗卫生救援应急预案》等法律法规。

目前,中国在保障健康权方面取得了一些新的成就。根据 2017 年 9 月国务院发布的《中国健康事业的发展与人权进步》白皮书,中国人均预期寿命从 1981 年的 67.9 岁提高到了 2016 年的 76.5 岁,孕产妇死亡率从 1990 年的 88.9/10 万下降到了 2016 年的 19.9/10 万,婴儿死亡率从 1981 年的 34.7‰下降到了

2016年的7.5‰,居民的主要健康指标总体上优于中高收入国家平均水平,提前实现了联合国千年发展目标。

尽管国家已经作出了不少努力并取得了相当的成就,但不容忽视的是,我国的健康权保障还存在着问题与不足。为了提高健康权保障水平,近几年来,我国在医疗卫生体制改革、环境保护、食品安全保护等方面都进行了改革。2009年,以"人人享有基本医疗卫生服务"为目标的医药卫生体制改革获得较大进展,医改全面启动。为保护环境,国家通过了《环境保护法》,修订了《水污染防治法》《固体废物污染环境防治法》,发布了《危险废物经营许可证管理办法》《医疗废物管理行政处罚办法》和《全国危险废物和医疗废物处置设施建设规划》,实施了《环境信息公开办法(试行)》。食品安全是维持健康的基本条件。2009年《食品安全法》通过并正式实施。《食品安全法》规定了政府有关部门的信息公开制度,确立了民事赔偿优先原则和十倍惩罚性赔偿制度等一系列保护消费者的措施。国家还采取有力措施防治和控制重大传染病。

2019年12月28日通过的《基本医疗卫生与健康促进法》是中国第一部关于医疗卫生与健康促进的基本法,其立法目的就是"发展医疗卫生与健康事业,保障公民享有基本医疗卫生服务,提高公民健康水平,推进健康中国建设"。该法明确提出:"国家和社会尊重、保护公民的健康权";"公民依法享有从国家和社会获得基本医疗卫生服务的权利";"国家建立基本医疗卫生制度,建立健全医疗卫生服务体系,保护和实现公民获得基本医疗卫生服务的权利";"国家建立健康教育制度,保障公民获得健康教育的权利,提高公民的健康素养";等等。

2020年5月28日通过的《民法典》对健康权作出了详细规定。根据《民法典》,自然人享有健康权,其身心健康受法律保护,任何组织或者个人都不得侵害他人的健康权。当自然人的生命权、身体权、健康权受到侵害或者处于其他危难情形时,负有法定救助义务的组织或者个人应当及时施救。《民法典》还规定了为研制新药、医疗器械或者发展新的预防和治疗方法进行临床试验,从事与人体基因、人体胚胎等有关的医学和科研活动等,都不得危害人体健康,不得违背伦理道德,不得损害公共利益。

2020年新冠疫情全球肆虐。中国政府建立国务院联防联控机制,提出早发现、早报告、早隔离、早治疗的防控要求,确定集中患者、集中专家、集中资源、集中救治的救治要求,把提高收治率和治愈率、降低感染率和病亡率作为突出任务,坚持全力以赴救治患者,医疗费用全部由国家承担,最大限度提高治愈率和降低病亡率。2020年12月31日,国务院联防联控机制举行新闻发布会,宣布新冠肺炎疫苗的基本属性是公共产品,将为全民免费提供。

## 【问题与思考】

1. 工作权产生的社会背景是什么?
2. 工作权包括哪些内容?
3. 女性提前退休制度是否侵犯了女性的工作权?为什么?
4. 国家对工作权负有哪些义务?
5. 中国在保障工作权方面存在哪些问题?
6. 什么是适当生活水准权?
7. 获得适足食物的权利包括哪些要素?
8. 获得适当住房的权利包括哪些要素?
9. 保障适当生活水准权要求国家必须积极作为吗?
10. 国家应采取哪些具体措施保障适当生活水准权?
11. 为什么受教育权既是权利又是义务?
12. 根据国际人权法,教育应达到什么标准?
13. 国家实施受教育权的最低核心义务是什么?
14. 国家保障受教育权应采取哪些具体措施?
15. 《经社文权利公约》缔约国保障最低限度的健康权的核心内容是什么?
16. 国家对保障健康权有什么义务?
17. 衡量国家保障健康权状况的标准是什么?

## 【进一步阅读推荐】

1. 黄金荣主编:《〈经济、社会、文化权利国际公约〉国内实施读本》,北京大学出版社 2011 年版。
2. 柳华文主编:《经济、社会和文化权利可诉性研究》,中国社会科学出版社 2008 年版。
3. 柳华文:《论国家在〈经济、社会和文化权利国际公约〉下义务的不对称性》,北京大学出版社 2005 年版。
4. 刘海年主编:《〈经济、社会和文化权利国际公约〉研究》,中国法制出版社 2000 年版。
5. 〔挪〕艾德等:《经济、社会和文化的权利》,黄列译,中国社会科学出版社 2003 年版。
6. Asbjorn Eide et al. (eds.), *Economic, Social and Cultural Rights: A Textbook*, 2nd revised edition, Martinus Nijhoff Publishers, 2001.
7. David P. Forsythe, *Human Rights and Development: International Views*, St. Martin's Press, 1989.

# 第六章　特定群体的人权

本章中的特定群体，有时也称"弱势群体"①，是指在社会结构的一个或几个层面处于边缘或者底层，在社会经济与社会结构中处于不利地位，并因社会性资源占有的差异性而处于弱势地位并需要法律予以特别保护的社会群体。不论是发达国家还是发展中国家，他们都面临着歧视、暴力、虐待、贫困、疾病、战争、不平等待遇等问题，这些问题严重威胁着各国乃至整个世界的持续、稳定和健康发展。

弱势群体在其基本的群体特征上，具有经济利益的贫困性、生活质量的低层次性、政治参与的边缘性和心理承受能力的脆弱性。当前我国弱势群体主要包括以下几类人群：其一，生理原因形成的弱势群体，包括妇女、儿童、老年人②和残障人③；其二，社会和经济原因形成的弱势群体，包括少数民族、下岗失业人员、农民工和其他收入贫乏者；其三，自然原因形成的弱势群体，指因天灾人祸而导致的部分生活困难者。

法律是普遍适用的行为规范，法律的这种普遍性内在地要求其平等对待全体社会成员。但对弱势群体的特殊保护向法律的普遍性提出了挑战，法律所面对的是如何在普遍性与特殊性之间寻求平衡，其实质是如何实现人类社会永恒的价值理念和基本的行为准则——公平与正义。

法律的基本价值是公平，但值得注意的是，"公平始终是历史的、阶级的范

---

① 弱势群体是一个历史性范畴，随着社会的变迁，可能还会有更多的人成为弱势群体，像多元性别群体、消费者、艾滋病患者，甚至行政诉讼的原告、环境污染的受害者、肝炎病患者等，都属于弱势群体的范畴。

② 随着人口老龄化程度不断加深，老年人特别是高龄、空巢、独居等特殊老年群体日益增长，老年人权益保护面临新的挑战，需要进一步尊重和保护老年人的合法权益。

③ "残疾"的概念是一个历史演进的过程，早在20世纪80年代，随着中国特色残疾人事业的兴起，自古以来的"残废"一词被"残疾"所取代，这是我国关于残疾人理念的一次根本性改变，彰显了社会的进步。近年来，随着我国经济社会的发展、文明程度的提高、国际残疾人理念的传播，蔡卫平等10位代表在十三届全国人大一次会议第8109号建议中建议将"残疾"改为"残障"，将"残疾人"改为"残障人"。"残疾"强调的是客观存在，是身体的一种客观状态，偏重医学。"残障"这个概念在体现社会态度、消除基于残疾的歧视等方面具有积极意义。

然而我们也注意到，联合国《残疾人权利公约》对残疾的英文表述是"persons with disabilites"，对残疾人采用的是开放性的定义，根本的目的是消除"基于残疾的歧视"。1990年12月，七届全国人大常委会十七次会议通过了《残疾人保障法》，正式使用"残疾人"一词，2008年修订的《残疾人保障法》继续使用"残疾人"一词。"残疾人"是我国官方的标准用语。

本书在提到联合国文件或机构、我国《残疾人保障法》或中国残疾人联合会等相关场合时，将继续使用"残疾人"一词，在其他情形下均使用"残障"一词，以示消除基于残疾的歧视的积极社会态度。

畴,不同的历史时期以及不同的阶级有着不同的公平观,世界上从来不存在什么永恒的、抽象的、超阶级的公平观念"①。公平是指合理地分享。公平的理念是建立在平等的基础之上的。但公平是一个超越平等的概念,完全的平等并非绝对的公平,平等是公平的基础,公平是平等进一步发展的结果。社会弱势群体的存在,在很大程度上是社会权利分配不公和社会结构不合理等制度性障碍的产物。因此,矫正社会权利分配不公和社会结构的不合理是保护弱势群体的最基本的法律理念。这就决定了我们必须要制定好的法律来保护弱势群体的权利,几乎所有国家的宪法及宪法性文件都有保护弱势群体权利的特别规定。②

正义是现代法治的重要价值。美国学者罗尔斯指出:"正义是社会制度的首要价值,正像真理是思想体系的首要价值一样——在一个公正的社会里,平等的公民自由是确定不移的,由正义所保障的权利决不受制于政治的交易和社会利益的权衡。"③正义的重要内容之一是如何处理好弱势群体的权利保护。任何社会的资源都是有限的,强势群体和弱势群体占有不等的份额是客观存在的不平等。对经济和社会活动中的弱者,如果法律不加以适当保护,一个社会就失去了起码的正义基础,难以长治久安地发展下去。所以说,追求正义是政府保护弱势群体权利的理论价值诉求。

因此,建立对弱势群体的权利保障法律体系,实现社会公平和正义,也是对弱势群体保护的基本的法律理念。而要切实有效地保障弱势群体的权利,则必须贯彻平等与禁止歧视原则。平等与禁止歧视是国际人权法的一项基本原则和支柱,很多国际和区域性文件都要求适用这一原则。④

在国际层面,平等与禁止歧视主要规定在以下文件中:(1)《联合国宪章》序言及第1条第3款、第13条第2款、第55条第3款和第76条第3、4款规定禁止任何不合理的歧视行为,并对平等和不歧视作出了原则性规定。(2)《世界人权宣言》将《联合国宪章》中的平等和不歧视原则具体化,使平等与禁止歧视成为国际性规范而适用于不同的文化与政治制度。(3)国际人权两公约。《公民和政治权利公约》第2条第1款规定:"本公约每一缔约国承担尊重和保证在其领土内和受其管辖的一切个人享有本公约所承认的权利,不分种族、肤色、性别、语言、宗教、政治或其他见解、国籍或社会出身、财产、出生或其他身份等任何

---

① 李光灿、吕世伦主编:《马克思、恩格斯法律思想史》(修订版),法律出版社2001年版,第597—598页。
② 如日本宪法就有诸多关于弱势群体保护的条款,详见蒋新苗、李赞、李娟:《弱势群体权利保护国际立法初探》,载《时代法学》2004年第4期。
③ 〔美〕约翰·罗尔斯:《正义论》,何怀宏、何包钢、廖申白译,中国社会科学出版社1988年版,第3页。
④ 有的学者认为该原则已成为国际习惯法,如李步云、孙世彦主编:《人权案例选编》,高等教育出版社2008年版,第251页。

区别。"第 26 条规定:"所有的人在法律面前平等,并有权受法律的平等保护,无所歧视。……"而《经社文权利公约》第 2 条第 2 款也对人人平等享有权利不受歧视作出了相应的规定。(4) 其他相关公约,如《消除种族歧视公约》《消除对妇女歧视公约》《移徙工人权利公约》等。

## 资　料

《联合国宪章》第 1 条规定了联合国的宗旨,其第 3 款规定:"促成国际合作,以解决国际间属于经济、社会、文化及人类福利性质之国际问题,且不分种族、性别、语言或宗教,增进并激励对于全体人类之人权及基本自由之尊重。"

在区域层面,平等与禁止歧视主要规定在《欧洲人权公约》第 14 条及其第 12 议定书,《建立欧洲共同体条约》第 6a 条,《阿姆斯特丹条约》第 13 条,《美洲人权公约》第 1 条以及《非洲人权和民族权宪章》第 2 条。

## 资　料

《欧洲人权公约》第 14 条规定:应当保障人人享有本公约所列举的权利与自由。任何人在享有本公约所规定的权利与自由时,不得因性别、种族、肤色、语言、宗教、政治的或者其他见解、民族或者社会的出身、与少数民族的联系、财产、出生或者其他地位而受到歧视。

《欧洲人权公约》第 12 议定书规定了对歧视的一般性禁止,保障任何公共权力机构不得基于任何理由歧视任何人。

## 思　考

提问:《欧洲人权公约》第 14 条与《欧洲人权公约》第 12 议定书对禁止歧视的规定有何不同?

违反平等与禁止歧视原则表现为存在差别待遇,且差别待遇未经证明有任何客观、合理的根据;或者追求的目标与采用的手段之间缺乏相称性。平等与禁止歧视原则不仅要求形式上的平等,而且要求实质上的平等。这意味着,在不平等的情况下,如对弱势群体的权利保障,要求国家采取特别措施(也称"积极行动"或"正当歧视"),以保证实质平等的实现。

## 第一节 妇女人权

### 一、概述

妇女人权是保障妇女的尊严,发展妇女的人格,实现妇女的价值,在道德上、社会上、政治上、法律上,应当得到承认或已经得到承认的平等的、自由的生存权与发展权等一切权利的统称。① 从理论上来讲,妇女人权应当被包含在普遍人权体系中,妇女人权是普遍人权不可或缺的一个部分。但由于几千年来的男权统治,女性在各种领域中已经形成了根深蒂固的弱势地位。现行的政治、经济和社会制度具有男性中心的特征,并没有平等地考虑男性和女性的需求。妇女能力和发展机会受到限制,致使她们无法充分利用各种资源来实现自己的权利,而成为弱势群体。

妇女人权的演变经历了一个漫长的过程。人类社会进入 19 世纪后,随着西方近代工业文明的发展,封建社会义化对人类精神的束缚逐渐松动。在这种社会背景下,妇女要求在家庭中具有同男子平等地位的呼声越来越高,女权运动开始萌芽。女权运动者的初衷是:自然、法律和造物者对人都是公平的,无论是男还是女。妇女在生活、自由和对幸福的追求上具有和男子相同的权利。

首先,在西方最早是从 15 世纪开始就已经听到一些妇女的声音。18 世纪法国大规模兴起了女权主义运动,在 1789 年的法国大革命中,法国各阶层的妇女积极勇敢地投身于争取人权的革命,为革命作出了巨大贡献。

其次,19 世纪中叶,欧美国家出现了女权主义运动的高潮,斗争的主要目标是争取妇女的参政权、就业权和受教育权。1848 年 7 月,美国第一届妇女权利大会在纽约州的塞尼卡福尔斯举行,会议通过了《妇女权利宣言》,它以《独立宣言》为蓝本,指出男女平等应是美利坚合众国的基本精神,并明确地将妇女选举权作为妇女运动的目标。1867 年,英国妇女参政活动者在曼彻斯特市成立了世界上第一个"妇女参政促进会"。1869 年美国妇女选举权协会成立。1919 年,美国国会通过了宪法第十九修正案,明确规定妇女有选举权和被选举权。之后,新西兰、芬兰、挪威、丹麦、冰岛、奥地利、德国、卢森堡、荷兰、英国、加拿大、瑞典、西班牙、法国等国的妇女先后取得了与男子平等的选举权,并在一定程度上获得了与男性平等的受教育权、自由的工作权、财产权。②

---

① 徐显明主编:《人权研究》第 1 卷,山东人民出版社 2001 年版,第 464 页。
② 裔昭印:《国际妇女运动一百年》,载《文汇报》2010 年 3 月 6 日。

**思 考**

中国妇女何时开始享有选举权?

最后,从 20 世纪六七十年代一直持续到八十年代,是妇女运动的第一次高潮,她们的主要基调是要消除两性差别,并把这种差别视为造成女性对男性从属地位的基础。女权主义通过揭示女性受压迫的事实而提出各种提高妇女地位的举措,超越了形式上的平等,要求重视妇女作为与男性平等的主体的真正需求。与 19 世纪中叶的女权运动浪潮相比较,这次运动的目标和范围更加广泛,涉及婚姻、家庭、就业、参政、生育、堕胎、社会福利等各方面的权利和权益。

到目前为止,斗争仍在继续,妇女人权仍未完全体现,男女平等仍有差距,"妇女问题"与性别歧视仍是困扰当代社会的重要问题之一。有关妇女的一系列问题及其改进措施,无不引起社会广泛的关注和争议。我们探讨妇女权利,不仅要研究妇女在法律上应该享有哪些权利,更要注重这些权利的实施机制。

## 二、妇女人权的国际保护

### (一) 针对妇女人权保护的专门性文件

1.《消除对妇女一切形式歧视公约》①

1979 年联合国大会通过的《消除对妇女一切形式歧视公约》(以下简称《消除对妇女歧视公约》)是第一个把性别平等和非歧视要求法律化的国际条约,它建立在男女平等和保障妇女人权的原则上,被公认为国际妇女人权宪章。它界定了对妇女歧视的定义,通过立法程序规定妇女权利,使缔约各国对妇女享有平等权利负有不可推卸的责任,它要求政府通过法律、政策和方案措施,消除对妇女的歧视,是妇女运动和国际社会数十年努力保护与促进妇女权利的重要成果。《消除对妇女歧视公约》规定各国政府承担义务并采取一切措施(包括立法)保证妇女在与男子平等的基础上行使和享有人权与基本自由,此公约还进一步明确表示,只通过法律是不够的,各国政府必须确保妇女事实上能行使法律所赋予的权利。

《消除对妇女歧视公约》包括 1 个序言、6 个部分,共 30 条。在序言中,公约指出,男女平等为历来通过的国际人权文件所承认,但是歧视妇女的现象依然普遍存在。公约敦促各缔约国采取一切措施消除一切形式和表现的对妇女的歧视。

---

① 截止到 2023 年 5 月 9 日,共有 189 个国家批准了该公约。中国于 1980 年 7 月 17 日签署、1980 年 11 月 4 日批准该公约,并对该公约第 29 条第 1 款关于公约的解释或适用方面的争端解决方式提出保留。参见联合国人权高专办网站,https://indicators.ohchr.org/,访问日期:2023 年 5 月 9 日。

《消除对妇女歧视公约》第1条为"对妇女的歧视"的定义:它指基于性别而作的任何区别、排除和限制,以致或足以妨碍或破坏对妇女在政治、经济、社会、公民或任何其他方面的人权和基本自由的承认,或妇女无论已婚、未婚在男女平等的基础上对这些权利和基本自由的享有和行使。

第2条、第3条、第4条、第24条重新强调了公约序言中对缔约国义务的要求,指出各缔约国应在所有领域,采取一切必要措施消除一切形式的对妇女的歧视,保证她们在与男子平等的基础上,行使和享有人权和基本自由,各国为此目的采取的任何暂行特别措施不得视为歧视(即上述"正当歧视")。不仅如此,该公约还要求缔约各国采取一切适当措施改变男女的社会、文化行为模式,消除男尊女卑观念和关于男女定型任务的偏见、习俗和一切其他方法,以便移风易俗,从文化观念和历史传统上,重新树立女性在社会和家庭中的角色,为女性的个人发展开辟出自由的空间(第5条)。

第6条至第16条是关于缔约国义务的具体规定。据此,缔约国有义务禁止贩卖妇女和意图营利使妇女卖淫的行为;有义务保证妇女在与男子平等的条件下行使政治和公众事务、享受国籍、受教育、就业、保健、经济社会生活、法律能力和家庭婚姻关系方面的权利,并在必要情况下给予妇女特殊的保护。

第17条至第22条是有关设立消除对妇女歧视委员会及其职权的规定。委员会由缔约国选任的23位专家组成,以个人资格任职。按照现行公约的规定,该委员会的主要任务是接受和审查缔约国提交的落实公约义务的报告,并有权提出意见和建议,将这种意见和建议载入其通过经社理事会每年向联合国大会提交的工作报告中。从1992年起,消除对妇女歧视委员会还开始在其工作报告中载入对公约具体条款的一般评论。

该公约的不足之处在于它没有提及针对妇女的暴力问题,《消除对妇女歧视委员会第19号一般性建议:对妇女的暴力行为》(1992)的通过,弥补了这一不足。另外,该公约关于保留的条款也很模糊,一些国家对禁止歧视的核心条款[①]提出了保留。

2.《北京宣言》和《行动纲要》

1995年9月,联合国在北京举行的第四次世界妇女大会通过了《北京宣言》和《行动纲要》,这是对促进妇女发展和性别平等的全球承诺。但是与《消除对妇女歧视公约》不同,该文件没有法律拘束力。

《北京宣言》和《行动纲要》提出的目标和以行动促进平等、发展、和平的宗

---

① 如阿尔及利亚、孟加拉国对第2条(缔约国协议用一切适当办法,推行政策,消除对妇女的歧视)提出保留,埃及对第16条(缔约国应采取一切适当措施,消除在有关婚姻和家庭关系的一切事物上对妇女的歧视)提出保留。

旨,强调了不同环境和框架下的妇女权利相应的战略目标,以及政府和其他部门在推动社会性别平等方面应采取的具体行动,包括立法、政策和措施,是全球共同体在妇女赋权和性别平等方面迄今为止最全面的政治文件。《北京宣言》和《行动纲要》重申了《联合国宪章》《世界人权宣言》《消除对妇女歧视公约》《儿童权利公约》《发展权利宣言》等基本精神,确信赋予妇女权利和她们在平等基础上充分参与社会所有领域的发展,是实现平等、发展与和平的基础;确保妇女和女童的人权,作为所有人权和基本自由的一个不可剥夺、不可缺少、不可分割的部分;以各国政府名义承诺,在所有的政策和方案中体现性别观点,将性别观点纳入决策主流;并在此基础上,确定了推进性别平等的 12 个战略目标,并为此作出了体制和财政安排。

在此次大会之后,联合国采用每 5 年召开一次大会的方式对《北京宣言》和《行动纲要》执行情况进行评估,这就有了 2000 年的"北京加五"、2005 年的"北京加十"、2010 年的"北京加十五"和 2015 年的"北京加二十"。2020 年 10 月,联合国大会为纪念北京世界妇女大会 25 周年举行了高级别会议。习近平主席通过视频在会议上发言,提出了帮助妇女摆脱疫情影响、让性别平等落到实处、推动妇女走在时代前列和加强全球妇女事业合作的主张。

3.《保护生育公约》(第 3 号)①

1919 年的《保护生育公约》(第 3 号,以下简称《第 3 号公约》)是这方面的第一个标准。它为 1952 年的《保护生育公约》(第 103 号,以下简称《第 103 号公约》)所修正。前者只适用于工商业,后者则适用于工业、非工业和农业职业,包括在家庭工作的劳动者。两者均适用于公私企业的女工,不问其年龄、国籍、种族和信仰,以及结婚与否。

该公约规定了以下几方面的生育保险待遇:一是产假。产假指职业女性在分娩前后的一定时间内所享受的有薪假期,其宗旨在于维持、恢复和增进受保产妇的身体健康、工作能力及料理个人生活的能力,并使婴儿得到母亲的精心照顾和哺育。按照《第 3 号公约》的要求,产假至少为 12 周。2000 年的《保护生育公约》(第 183 号,以下简称《第 183 号公约》)又提出,妇女有权享受时间不少于 14 周的产假。

二是生育津贴。生育津贴指在职业妇女因生育而离开工作岗位、不再从事有报酬的工作以致收入中断时,及时给予定期的现金补助,以维护和保障妇女及婴儿的正常生活。《第 3 号公约》第一次对生育津贴作出了通用性的国际规范,1952 年在对该公约的修订中,明确这是一项属于与收入相关的社会保险制度,

---

① 该公约主要考虑以下两个方面:一是保护女工不从事过分艰苦的工作,特别是在生育期间;二是妇女应享有与男子一样的平等权利与待遇。由于 1919 年《第 3 号公约》、1952 年《第 103 号公约》和 2000 年的《第 183 号公约》规定的标准较高,迄今为止,批准国为数不多,中国没有批准这 3 个公约。

津贴不应低于原收入的 2/3。2000 年的《第 183 号公约》又提出,生育津贴应提高至妇女原先收入的全额。

三是医疗服务。医疗服务指由医院、开业医生或助产士为职业妇女提供的妊娠、分娩和产后的医疗照顾,以及必需的住院治疗。定期对孕妇进行体检,并提供从怀孕到分娩的一系列医疗服务,以了解孕妇身体健康状况和胎儿成长情况。

4.《(妇女)夜间工作公约》(第 4 号)①

国际劳工组织在其第一届大会上通过的 1919 年《(妇女)夜间工作公约》(第 4 号,以下简称《第 4 号公约》)规定,"凡妇女不论年龄,在任何公营、私营工业或其任何分部均不得于夜间工作(除所雇用工人仅为家属者外)"(第 3 条)。"夜间"系指"至少连续 11 个小时的时间,其中包括自晚 6 时至翌晨 5 时之间"(第 2 条第 1 款)。

《第 4 号公约》规定了不适用的一些例外情况:(1) 任何企事业因不可抗力的发生,以致工作中断,为事前所不能预料,且非循环性者[第 4(a)条];(2) 从事处理极易腐坏的原材料,以免使该项物料遭受某种损失,必须夜间工作时[第 4(b)条];(3) 对因气候关系日间工作特别有碍健康的国家,夜间时间允许有一定伸缩性(第 7 条)。

由于该公约对夜间时间规定过分严格,很多国家不愿批准,同时对其是否适用于执行管理与监督职务的妇女也产生了疑问,于是 1934 年又通过了《(妇女)夜间工作公约》(第 41 号,以下简称《第 41 号公约》)。除维持前一公约的一些规定外,此公约在"夜间时间"的计算上允许有更大伸缩性,并规定通常不从事体力劳动而执行管理职务的妇女不适用此公约。

1948 年的《(妇女)夜间工作公约(修订本)》(第 89 号,以下简称《第 89 号公约》规定给"夜间时间"更大的自由,即至少连续 11 个小时的时间内包括至少连续 7 个小时在晚 10 时至翌晨 7 时之间,主管机关可对各个区域、工业、企事业规定不同的时间,但如规定时间在晚 11 时以后开始者,应先征询有关雇主与工人组织的意见(第 2 条);规定下列妇女不适用本公约:(1) 担任管理或技术方面的职务者;(2) 受雇用于卫生及福利服务,通常不从事体力劳动者(第 8 条)。

5.《同酬公约》(第 100 号)②

国际劳工组织 1951 年制定《同酬公约》(第 100 号,以下简称《第 100 号公

---

① 批准该公约、1934 年对该公约进行修订的《第 41 号公约》和 1948 年的《第 89 号公约》的国家不多,中国没有批准这 3 个公约。目前怀疑该公约规定是否适宜的国家越来越多,只禁止妇女夜间工作而不禁止男子会使妇女的平等机会与权利受到影响,因此迄今已有塞浦路斯、捷克、英国、瑞士等国家解除了原先批准的《妇女夜间工作公约》。

② 中国于 1990 年 11 月 2 日批准了该公约。截止到 2023 年 5 月 9 日,共有 174 个国家批准了该公约。参见国际劳工组织网站,https://www.ilo.org/dyn/normlex/en/f?p=1000:11300:0::NO:11300:P11300_INSTRUMENT_ID:312245,访问日期:2023 年 5 月 9 日。

约》)和《对男女工人同等价值的工作付予同等报酬建议书》(第 90 号,以下简称《第 90 号建议书》),确定了同等价值工作同等报酬的原则。

《第 100 号公约》规定,批准本公约的成员国应以与现行决定报酬率办法相适合的各种方法将男女工人同工同酬的原则推行于全体工人,并在与此项决定报酬率办法相一致的条件下,保证此一原则的实施(第 2 条第 1 款)。本公约所称的"报酬"系指通常的、基本的或最低的工资或薪金以及雇主因雇用工人直接或间接付给工人的其他现金酬劳或物品酬劳;"男女同工同酬"系指不因性别而有差别规定的报酬率(第 1 条)。《第 100 号公约》规定同工同酬原则得以下列方法实施:国家法律或条例,依法制定或认可的决定工资办法,雇主与工人签订的集体协议,同时采用上述各种方法(第 2 条第 2 款)。

《第 90 号建议书》是对《第 100 号公约》的补充,对实施同工同酬原则方法提供了更详细的指导;指出了政府实行直接、间接监督时应采取的措施,以及推动同工同酬原则实施的方法,例如工作分析、职业指导、就业咨询、安置工作、福利和社会工作、增强公众了解、调查研究等。

6.《禁止贩卖妇女和儿童国际公约》

第一次世界大战后,在国际联盟的倡议下,1921 年 9 月,巴西、中国、英国、德国等 28 个国家签订了《禁止贩卖妇女和儿童国际公约》,它是全面禁止贩卖妇女和儿童的标志。1933 年 10 月,部分缔约国又在日内瓦签订了《禁止贩卖成年妇女的国际公约》,该公约强调惩罚贩卖成年妇女到其他国家为娼的犯罪活动。1947 年,1921 年和 1933 年的缔约国在纽约成功湖签订了《修正 1921 年 9 月 30 日在日内瓦签订的禁止贩卖妇女和儿童国际公约和 1933 年 10 月在日内瓦签订的禁止贩卖成年妇女的国际公约》。

7. 其他专门性国际公约或文件

除上述关于保护妇女权利的专门性公约外,联合国还通过了 1952 年的《妇女参政权公约》①、1957 年的《已婚妇女国籍公约》②、1962 年的《关于婚姻之同意、结婚最低年龄和婚姻登记之公约》③和 1993 年的《消除对妇女暴力宣言》④。

---

① 截止到 2023 年 5 月 9 日,共有 47 个国家签署、123 个国家批准了该公约。中国没有批准该公约。参见联合国网站,https://treaties.un.org/Pages/ViewDetails.aspx?src=IND&mtdsg_no=XVI-1&chapter=16&clang=_en,访问日期:2023 年 5 月 9 日。

② 截止到 2023 年 5 月 9 日,共有 29 个国家签署、75 个国家批准了该公约。中国于 1957 年 2 月 20 日签署、1958 年 9 月 22 日批准了该公约。参见联合国网站,https://treaties.un.org/Pages/ViewDetailsIII.aspx?src=IND&mtdsg_no=XVI-2&chapter=16&Temp=mtdsg3&clang=_en,访问日期:2023 年 5 月 9 日。

③ 截止到 2023 年 5 月 9 日,共有 16 个国家签署、56 个国家批准了该公约。中国没有批准该公约。参见联合国网站,https://treaties.un.org/Pages/ViewDetails.aspx?src=TREATY&mtdsg_no=XVI-3&chapter=16&clang=_en,访问日期:2023 年 5 月 9 日。

④ 该宣言不具有法律约束力。

## （二）保护妇女人权的国际人权机构和程序

目前，全球性的国际人权保护机构可分为两大类：第一类可称为以《联合国宪章》为基础的机构，它们是联合国系统内的人权保障机构。其设立的法律根据在于《联合国宪章》中关于保护人权的规定，除设立时委以具体任务关注某一人权现象或某一国家人权状况的工作小组、特别报告员、专家委员会以外，原则上所有联合国成员国都应就其承担的保障人权的义务接受这些人权机构的监督。

第六十四届联合国大会于 2010 年 7 月 2 日通过决议，成立联合国促进性别平等和妇女赋权实体（UN Entity for Gender Equality and the Empowerment of Women），致力于促进男女平等和禁止对女性的歧视。依据决议，联合国促进性别平等和妇女赋权实体可简称"联合国妇女署"（UN Women），将合并"秘书处的两性平等和提高妇女地位问题特别顾问办公室及提高妇女地位司"、联合国妇女发展基金和提高妇女地位国际研究训练所四个已有机构。[①] 联合国妇女署是联合国同各个成员国谈判以及全球女性组织倡导的结果。这是联合国改革议程的一部分，旨在为统筹资源和责任，发挥更大的作用。

纽约时间 2011 年 2 月 24 日（北京时间 2 月 25 日），联合国妇女署正式成立。联合国秘书长潘基文在联合国纽约总部任命智利前总统米歇尔·巴切莱特（Verónica Michele Bachelet Jerlia）女士担任联合国妇女署第一任执行主任。

联合国妇女署有一个执行主任和一个执行局。执行主任[在联合国大会决议（A. RES/64/289）中成为"实体负责人"]由联合国秘书长亲自任命，任期 4 年，可连任 1 次。[②] 执行局作为理事机构，为业务活动提供政府间支持、帮助和监督。执行局由 41 个成员国组成，其中非洲和亚洲各 10 个，东欧 4 个，拉丁美洲和加勒比 6 个，西欧和其他国家 5 个，捐助国 6 个。

第二类人权保护机构可称为人权条约机构。它们是依据联合国主持下制定的多边国际人权公约设立的机构，主要职责在于监督各缔约国履行公约义务的情况。消除对妇女歧视委员会是《消除对妇女歧视公约》的监督机构。1999 年 10 月 6 日第五十四届联合国大会通过了《消除对妇女一切形式歧视公约的任择议定书》[③]，该议定书规定了消除对妇女歧视委员会的两种职权。第 2 条至第 7 条是申诉程序，委员会有权接受和处理来自议定书缔约国的个人来文；第 8 条至第 10 条是调查程序，除非缔约国在批准或加入该议定书时表示不接受，委员会有权审查在议定书缔约国境内是否发生了系统地或非常严重侵犯妇女人权

---

① A. RES/64/289, 2010.
② 现任执行主任是来自约旦的西玛·萨米·巴胡斯（Sima Sami Bahous）女士，她于 2021 年 9 月经联合国秘书长任命接替第二任执行主任菲姆齐莱·姆兰博—努卡（Phumzile Mlambo-Ngcuka）。
③ 截止到 2023 年 5 月 9 日，115 个国家批准了该议定书。中国没有签署该议定书。

的情形。在这两种程序下,消除对妇女歧视委员会的工作都是非公开的。然而,按照有关规定,委员会可以邀请有关国家在其提交的执行公约的报告中指出所采取的相关措施和其他资料。而又按照《消除对妇女歧视公约》的规定,委员会有权对缔约国报告中的任何内容加以评论,并载于其提交给联合国大会的工作报告中;该议定书的第12条也规定,委员会在其工作报告中应包括它在上述程序中的活动摘要。这些都使得议定书的缔约国在考虑执行委员会在有关程序下的意见和建议时受到某种程度的监督,从而敦促缔约国尽力遵从委员会的意见和建议。

### 三、中国对妇女人权的保护

#### (一) 我国保护妇女人权的立法

各国对妇女权利的具体保护形式虽各不相同,但总的来说不外乎两种形式,即在宪法中原则性规定男女平等及不歧视原则,另外通过专门法对妇女权利予以保护。我国形成了以《宪法》为基础,以《妇女权益保障法》①为核心和主体,包括《全国人民代表大会和地方各级人民代表大会选举法》②《民法典》③《劳动法》④《人口与计划生育法》⑤《农村土地承包法》⑥《母婴保健法》⑦等10余部法律和相关司法解释以及40余种国家行政法规和80余种地方性法规在内的完整保障妇女人权和促进男女平等的法律体系。

1. 宪法

我国《宪法》第48、49条全面确立了妇女在政治、经济、文化、社会和家庭生

---

① 该法于1992年颁布,2005年第17次修订。
② 该法律制定于1953年,1979年重新修订,其后经过1982年、1986年、1995年、2004年、2010年、2015年、2020年7次修改。
③ 2020年5月28日,十三届全国人大三次会议表决通过了《民法典》,自2021年1月1日起施行。《民法通则》同时废止。
④ 《劳动法》已由八届全国人大常委会八次会议于1994年7月5日通过,自1995年1月1日起施行。根据2009年8月27日十一届全国人大常委会十次会议《关于修改部分法律的决定》第一次修正。根据2018年12月29日十三届全国人大常委会七次会议《关于修改〈中华人民共和国劳动法〉等七部法律的决定》第二次修正。
⑤ 2001年12月29日,九届全国人大常委会二十五次会议通过。根据2015年12月27日十二届全国人大常委会十八次会议《关于修改〈中华人民共和国人口与计划生育法〉的决定》第一次修正。根据2021年8月20日十三届全国人大常委会三十次会议《关于修改〈中华人民共和国人口与计划生育法〉的决定》第二次修正。
⑥ 2002年8月29日,九届全国人大常委会二十九次会议通过。根据2009年8月27日十一届全国人大常委会十次会议《关于修改部分法律的决定》第一次修正。根据2018年12月29日十三届全国人大常委会七次会议《关于修改〈中华人民共和国农村土地承包法〉的决定》第二次修正。
⑦ 1994年10月27日,八届全国人大常委会十次会议通过。根据2009年8月27日十一届全国人大常委会十次会议《关于修改部分法律的决定》第一次修正。根据2017年11月4日十二届全国人大常委会三十次会议《关于修改〈中华人民共和国会计法〉等十一部法律的决定》第二次修正。

活方面与男子平等的宪法原则,规定:婚姻、家庭、母亲、儿童、老人的权益受国家的保护;针对中国妇女在政治和经济方面存在问题的状况以及在婚姻自由方面和老人、妇女、儿童人身权利方面易遭受侵害的状况,特别规定:"实行男女同工同酬,培养和选拔女干部","禁止破坏婚姻自由","禁止虐待老人、妇女和儿童"。中国宪法对妇女人权的规定,使妇女成为平等的法律主体,为妇女人权的广泛实现提供了最根本的宪法依据和保障。

2. 专门法

(1)《妇女权益保障法》

1992 年 4 月 3 日,七届全国人大五次会议通过了《妇女权益保障法》,自 1992 年 10 月 1 日起施行。《妇女权益保障法》从政治权利、文化教育权益、劳动权益、财产权益、人身权利、婚姻家庭权益等六个方面,对妇女的各项权利作了保障性的规定。这部法律贯穿着几个基本原则:男女平等;对妇女权益实行特殊保护;强调逐步完善对妇女的社会保障制度,以体现国家对妇女某些特殊问题的关怀;用法律手段禁止歧视、虐待、残害妇女,以保证男女平等的真正实现。

2005 年 8 月 28 日,十届全国人大常委会十七次会议修订了《妇女权益保障法》,该法将妇女发展纲要纳入国民经济和社会发展规划,规定了反歧视原则,明确禁止性骚扰。这部法律的修订,以规定保障性的、协调性的、制裁性的、补充性的条款,填补了中国对妇女问题宪法规定上的空白和不足,也是中国承担国际公约责任,履行保护妇女人权义务的直接体现。

2018 年 10 月 26 日,十三届全国人大常委会六次会议通过了《关于修改〈中华人民共和国野生动物保护法〉等十五部法律的决定》,对《妇女权益保障法》进行了第二次修订。仅仅 4 年后,2022 年 10 月 30 日,十三届全国人大常委会三十七次会议又对该法进行了第三次修订。此次修订对该法进行了大幅度修改,将 2018 年《妇女权益保障法》的 9 章 61 条扩展至 10 章 86 条,几乎对每条条款都有所涉及,尤其在人身和人格权益、劳动和社会保障权益、婚姻家庭权益等章节有较大改动,更是新增了法律责任这一章节。在完善劳动和社会保障权益方面,新修订的《妇女权益保障法》规定"消除对妇女一切形式的歧视",明确了就业性别歧视的具体情形,将就业性别歧视纳入劳动保障监察范围。新法同时规定了用人单位女职工权益保障相关责任,明确劳动(聘用)合同或者服务协议中应当包含女职工权益保护相关内容,并且完善了生育保障制度,通过建立健全职工生育休假制度,明确了用人单位对女职工的生育保障义务,要求用人单位不得因结婚、怀孕、产假、哺乳等情形,限制女职工晋职、晋级、评聘专业技术职称和职务等。2022 年《妇女权益保障法》的主旨在 2018 年"促进男女平等"的基础上增加了"促进妇女全面发展",体现了立法者"以人为本"和"以人民为中心"的发展眼光,也更符合老龄化、少子化的现实情况,以及新的生育政策的现实需要。

(2)《婚姻法》

1950年5月1日,我国正式颁布《婚姻法》。1950年《婚姻法》以废除包办强迫、男尊女卑、漠视子女利益的封建主义婚姻家庭制度,实行婚姻自由、一夫一妻、男女平等、保护妇女和儿童权益的新民主主义婚姻家庭制度为核心,构成了新中国婚姻法制的初步法律框架。

1980年,五届全国人大三次会议修订了1950年《婚姻法》。1980年通过的《婚姻法》,与1950年的《婚姻法》相比较,针对重婚问题、家庭暴力问题、无效婚姻制度、夫妻财产制、离婚问题、保护老年人权益等作出更为明确的规定。该法还专设法律责任一章,对违法行为,分别情况规定应当承担民事责任、刑事责任等。

2001年,九届全国人大常委会二十一次会议再次修订了《婚姻法》,第一次规定"禁止家庭暴力",并将"实施家庭暴力"作为应准予离婚的一种理由。该法规定了居委会、村委会和公安机关对家庭暴力受害人的救助措施;规定了对实施家庭暴力构成犯罪者应追究刑事责任;规定了因家庭暴力导致离婚的,无过错方有权请求损害赔偿。新《婚姻法》不仅重申男女平等、婚姻自由、一夫一妻、保护妇女和子女合法权益的婚姻家庭制度,还根据中国改革开放二十多年来在婚姻家庭方面出现的新情况,发展和完善了该法的内容,尤其强调了在保护妇女合法权益方面的救助措施与法律责任。

2020年5月28日,十三届全国人大三次会议表决通过了《民法典》,自2021年1月1日起施行,《婚姻法》同时废止。在坚持婚姻自由、一夫一妻等基本原则的前提下,《民法典》将《婚姻法》纳入婚姻家庭编,并结合社会发展需要,对原《婚姻法》进行了修改和完善,具体体现在以下几个方面:

其一,首次将"家庭应当树立优良家风,弘扬家庭美德,重视家庭文明建设"写入法典,将社会主义核心价值观融入《民法典》,体现了立法者对婚姻家庭关系中道德伦理规则的尊重,有利于鼓励和促进人们培养良好家风,提升社会整体风气。

其二,《民法典》不再将"患有医学上认为不应当结婚的疾病"作为禁止结婚和婚姻无效的情形,该规定可以保证婚姻双方对于婚姻的知情权,以及对于婚姻的自主选择和决定权。疾病婚从无效婚姻转变为可撤销婚姻,体现了对公民婚姻自由的保护,保护存在重大疾病但又有意愿结婚的人的缔结婚姻的权利。

其三,设立30天离婚冷静期制度,有效避免夫妻冲动离婚、轻率离婚,有利于引导当事人理性对待婚姻,谨慎行使权利,同时对保护家庭关系、维护家庭稳定也起到了重要的缓冲作用。

其四,新增夫妻债务"共债共签"条款,明确了夫妻共同债务的认定标准。"共债共签"条款不仅有利于引导债权人加强事前风险防范,也有利于保障夫妻另一方的知情权和同意权,从债务形成的源头上尽可能杜绝"被负债"的现象,同时有效避免债权人因事后无法举证证明债务属于夫妻共同债务而遭受损失,对于保障交易安全和夫妻一方合法权益均有着积极意义。

其五,明确了哺乳期内子女抚养权归属。原《婚姻法》第 36 条规定:离婚后,哺乳期内的子女,以随哺乳的母亲抚养为原则。该规定过于简单,导致实践中法律适用不统一现象不时发生。《民法典》第 1084 条将抚养权的归属区分为三种情形:一是离婚后不满 2 周岁的子女,以由母亲直接抚养为原则。二是已满 2 周岁的子女,由双方协商解决;若协商不成,则由法院酌情按最有利于未成年子女的原则判决。三是子女已满 8 周岁的,应当尊重其真实意愿。如此具有可操作性的划分,将有利于司法裁判的统一。

(3)《母婴保健法》

1994 年 10 月 27 日,八届全国人大常委会十次会议通过了《母婴保健法》,该法自 1995 年 6 月 1 日起施行,其颁布的宗旨是保障母亲和婴儿健康,提高出生人口素质。

2009 年 8 月 27 日,十一届全国人大常委会十次会议通过了《关于修改部分法律的决定》,对该法进行了第一次修正。本次修正的主要目的在于提高我国公民母婴健康素养水平、普及孕产期相关知识和技能、进一步提高妇女儿童的整体素质,从而提高整个国家的素质。

2017 年 11 月 4 日,十二届全国人大常委会三十次会议通过了《关于修改〈中华人民共和国会计法〉等十一部法律的决定》,对该法进行了第二次修正。本次修正的主要目的在于开展母婴安全行动,全面提升妇幼健康服务水平,降低孕产妇和婴儿死亡率。此后,国家在规范孕产妇妊娠风险评估与管理、加强各级危重孕产妇救治中心和危重新生儿救治中心建设与管理、规范产前筛查与诊断等方面,出台了一系列代表性政策。比如,为贯彻落实《"健康中国 2030"规划纲要》《中国妇女发展纲要(2021—2030 年)》和《中国儿童发展纲要(2021—2030 年)》,响应世界卫生组织倡议,在全国范围内实现消除艾滋病、梅毒和乙肝母婴传播的目标,维护母婴健康权益。2022 年 12 月 5 日,国家卫生健康委发布了《消除艾滋病、梅毒和乙肝母婴传播行动计划(2022—2025 年)》。

(4)《人口与计划生育法》

2001年12月29日,九届全国人大常委会二十五次会议通过了《人口与计划生育法》。该法明确规定,夫妻双方在实行计划生育中负有共同的责任;强调禁止歧视或虐待生育女婴的妇女;规定"妇女怀孕、生育和哺乳期间,按照国家有关规定享受特殊劳动保护并可以获得帮助和补偿"。

2015年12月27日,十二届全国人大常委会十八次会议通过了《关于修改〈中华人民共和国人口与计划生育法〉的决定》,对该法进行了第一次修正。本次修正针对当前制约生育的主要因素,如经济负担、子女照料、女性对职业发展的担忧等,以及少生优育的生育观念,删去了"鼓励公民晚婚晚育"的规定,各省(自治区、直辖市)的人口与计划生育条例修订时也删除了晚婚晚育的条款。

2021年6月26日,《中共中央、国务院关于优化生育政策促进人口长期均衡发展的决定》发布。该决定以实施三孩生育政策及配套支持措施为主要内容,从提高优生优育服务水平、发展普惠托育服务体系、降低生育养育教育成本三个方面,提出了10条配套支持措施。该决定同时强调要加强宣传引导,弘扬中华民族传统美德,尊重生育的社会价值,提倡适龄婚育、优生优育,鼓励夫妻共担育儿责任。

2021年8月20日,十三届全国人大常委会三十次会议通过了《关于修改〈中华人民共和国人口与计划生育法〉的决定》,对《人口与计划生育法》进行了第二次修正。本次修正规定"国家采取财政、税收、保险、教育、住房、就业等支持措施,减轻家庭生育、养育、教育负担",并增加了推动建立普惠托育服务体系、促进婴幼儿活动场所及配套服务设施建设、加强婴幼儿照护支持与指导、积极促进优生优育等条款内容。

(5)《反家庭暴力法》

全国妇联2021年的一次调查显示:全国2.7亿个家庭中,遭受过家庭暴力的妇女已高达30%;其中,施暴者九成是男性;每年有近10万个家庭因家庭暴力而解体。

2008年起,全国妇联连续4年向全国人大建言,制定一部国家社会领域的综合性反家暴法。2011年,全国妇联和中国法学会相继向立法机关递交了各自的《反家庭暴力法》专家建议稿。

2014年11月25日,为了进一步增强政府立法工作的透明度,提高立法质量,国务院法制办公室将《反家庭暴力法(征求意见稿)》及其说明全文公布,征求社会各界意见。全国人大常委会于2015年12月27日通过《反家庭暴力法》,该法自2016年3月1日起施行。

3. 其他法律、法规

《全国人民代表大会和地方各级人民代表大会选举法》于1979年7月4日颁布,1980年1月1日起实施,其后经过1982年、1986年、1995年、2004年、2010年、2015年、2020年7次修改。1995年第三次修正后的第6条第1款第一次明确规定:"全国人民代表大会和地方各级人民代表大会的代表中,应当有适当数量的妇女代表,并逐步提高妇女代表的比例。"这是在宪法对妇女选举权作出了原则性规定外,《全国人民代表大会和地方各级人民代表大会选举法》对妇女选举权作出的明确保障性规定。

2002年8月29日,九届全国人大常委会二十九次会议通过了《农村土地承包法》。这部法律确认了妇女与男子享有平等的土地承包权,并且在土地承包中应当保护妇女的合法权益,任何组织和个人不得剥夺、侵害妇女应当享有的土地经营权,并明确规定保护出嫁妇女、离婚及丧偶妇女的土地承包权。

《刑法》规定,对侵犯妇女权益的犯罪行为予以严惩。如《刑法》专门规定了强奸罪、侮辱妇女罪、拐卖妇女罪、收买被拐卖的妇女罪、强迫他人卖淫罪等。

《民法典》等民事法律明确规定,妇女的个人财产权、继承权、人身权、人格权等受法律保护。

《劳动法》明确规定了妇女享有与男子平等的就业权、取得报酬权、休息休假权、获得劳动安全卫生保护权、接受职业技能培训权、享受社会保险和福利权等。

思 考

我国保护妇女人权的法律有哪些?
我国相关法律对妇女人权的哪些具体权利予以保障?

(二) 我国保护妇女人权的相关机构

中国高度重视促进男女平等和维护妇女的合法权益,建立了比较完整的保障妇女权益的组织机构。在中国政府部门中有国务院妇女儿童工作委员会,它成立于1990年2月,是国务院负责妇女儿童工作的协调议事机构,主要协调和推动政府有关部门执行妇女儿童的各项法律法规和政策措施,促进妇女儿童事业发展。其成立30多年来,制定并监督实施了与妇女儿童权利相关的发展纲要和法律(简称"两纲",即《中国妇女发展纲要》《中国儿童发展纲要》;"两法",即《妇女权益保障法》《未成年人保护法》),集中财力物力,解决了在降低孕产妇死亡率、减免农村义务教育阶段学生学杂费、免除贫困地区妇女宫颈癌和乳腺癌筛查费用等方面的政策及其财政支持等问题。目前,各省、自治区、直辖市和90%以上的地(市)、县(市)分别建立了妇女儿童工作委员会。

2001年11月,中宣部、中央政法委、最高人民法院、最高人民检察院、公安部、司法部、民政部、劳动和社会保障部、农业部、文化部、卫生部、国家人口和计划生育委员会、国家工商行政管理总局以及全国妇联等14个部门和非政府组织成立了妇女儿童权益协调组,作为国家级维护妇女儿童权益的协调议事机构。协调组通过会议、调研、案件督办等形式,沟通情况,研究重点难点问题,查处典型案件,推动《妇女权益保障法》的贯彻落实。

在立法机关中有全国人民代表大会内务司法委员会妇女儿童青少年室,其主要职责是承办有关妇女儿童和青少年方面立法的调研及草拟工作、负责涉及妇女儿童和青少年权益的法律执法检查、有关妇女儿童和青少年地方性法规的备案审查、处理有关妇女儿童和青少年方面的人民来信。各省、自治区、直辖市各级人大都有相应的保障妇女儿童权益的机构。

非政府组织中有中华全国妇女联合会,包括地方组织、基层组织和团体会员。全国各地都设有相应的妇女联合会,其基本职能是代表和维护妇女权益,促进男女平等。

由政府主管、人大监督、各有关部门参与,初步形成了维护妇女权益的法律体系、组织机构体系和社会化维权工作的格局,保障妇女合法权益的法治观念在全社会不断深入。

(三) 我国保护妇女人权的相关措施

1.《国家人权行动计划》中的措施

从2009年至今,我国先后颁布了4个《国家人权行动计划》,每个行动计划都规定了在促进和保护妇女人权方面的工作目标和具体措施,对于提升全社会尊重和保护妇女人权的意识、维护妇女的合法权益、促进社会和谐都具有重要的现实意义。

2009年国务院新闻办公室公布了我国历史上第一个国家人权行动计划(2009年—2010年),在实现和保障妇女人权方面制定了七个目标:(1) 提高妇女参与管理国家和社会事务的水平;(2) 保障妇女工作权利和获得经济资源的平等权利;(3) 保障女性受教育的权利;(4) 保障妇女的生育权利,完善生育保健服务;(5) 预防和打击拐卖妇女犯罪;(6) 禁止针对妇女的一切形式的家庭暴力,探讨建立预防、制止、救助一体化的反对家庭暴力的机制;(7) 对被监禁女性采取适合女性特点的管理方式。同时,该行动计划提出了相应的人权教育和人权合作措施。

2012年国务院新闻办公室公布了我国第二个国家人权行动计划(2012年—2015年),使妇女平等参与经济社会发展权利得到了有效保障,中国妇女事业取得新发展,具体体现在以下七个方面:(1)推动妇女享有平等参与国家和社会事务管理的机会;(2)促进女性享有平等就业权利;(3)农村妇女依法享有土地权益基本得到落实;(4)妇女贫困状况显著改善;(5)男女平等接受教育的权利和机会得到进一步保障;(6)妇女健康服务水平持续提高;(7)妇女人身权利得到进一步保障。

2016年国务院新闻办公室公布了我国第三个国家人权行动计划(2016年—2020年),在实现和保障妇女人权方面包括七项目标:(1)继续促进妇女平等参与管理国家和社会事务;(2)努力消除在就业、薪酬、职业发展方面的性别歧视;(3)保障妇女的健康权利;(4)保障妇女的婚姻家庭权利;(5)贯彻落实《反家庭暴力法》;(6)落实《中国反对拐卖人口行动计划(2013—2020年)》,有效预防和依法打击拐卖妇女犯罪行为;(7)预防和制止针对妇女的性骚扰。

在总结前三期国家人权行动计划执行情况和实施经验的基础上,依据国家尊重和保障人权的宪法原则,中国政府于2021年9月制定了我国第四个国家人权行动计划,确定了2021—2025年尊重、保护和促进人权的阶段性目标和任务。《国家人权行动计划(2021—2025年)》在妇女权益部分以全面落实《中国妇女发展纲要(2021—2030年)》为目标,为妇女权益保障制定了全面详细的阶段性目标和计划。

2. 认真履行《消除对妇女歧视公约》的报告义务

我国于1980年9月29日批准《消除对妇女歧视公约》。根据该公约第18条的规定,我国分别于1984年和1989年向联合国秘书长提交了第一次和第二次报告,并经消除对妇女歧视委员会审议。因筹备第四次世界妇女大会,我国未能及时提交第三次报告,故于1997年将第三次、第四次报告一并递交。我国政府于2004年提交了第五次和第六次合并定期报告,于2012年提交了第七次和第八次合并定期报告[①],于2020年提交了第九次定期报告。

---

① 该报告于2014年10月通过审议。

## 第二节 儿童权利

### 一、概述

现实世界是一个由成年人主宰的世界,儿童的权利一直以来没有得到应有的关注,当其他社会群体的利益诉求与儿童利益发生冲突时,儿童的弱势群体地位造成了其被整个成人世界忽视甚至其权利遭受侵犯,儿童权利保护的现状令人担忧。儿童应该与成人一样享有独立的权利主体地位,也就是说儿童是与成人具有平等地位的权利主体,意识不到这点一直是儿童权利保障的最大障碍。但是仅仅承认儿童是拥有权利的主体还是不够的,由于儿童权利主体的特殊性——他们的身体和心智尚未发育完全,缺乏自我权利意识和权利能力,所以他们享有的权利必定是建立在其自身所具有的特征的基础之上的。因此儿童权利的内容并不是简单地将一般人权内容推及儿童,其权利内容与成人权利内容并不完全重合。人权适用于所有年龄段的人群,儿童和成年人享有同样的基本人权。但是儿童特别容易受到伤害,所以他们还有着特别的权利,即儿童受到特殊保护的权利。

对儿童权利进行法律保护的前提是要对儿童的定义有所明确。对于儿童的范围,各国法律的规定不尽一致。联合国《儿童权利公约》规定:"儿童系指18岁以下的任何人,除非对其适用之法律规定成年年龄低于18岁。"这是为世界大多数国家所接受的一个年龄界限。在我国,儿童一般称为未成年人。

儿童权利是指儿童根据一个社会的道德或者法律而享有的从事某些行动的自由以及受到某种对待的资格。"从事某些行动的自由"是儿童的消极权利,他人或者社会若没有更高的道德正当性理由便不能干预,这意味着他人或者社会承担着某种消极的、不作为的义务。"受到某种对待的资格"是儿童的积极权利,他人、社会必须提供相应的帮助和福利,这意味着他人或者社会承担着某种积极的、作为的义务。

根据《儿童权利公约》,儿童的具体权利包括生存权、发展权、参与权和受保护权。

 资　料

1989年《儿童权利公约》是国际社会保护儿童权利最重要、最全面的法律文件。《儿童权利公约》由序言和54项条款组成,分为四部分:序言部分回顾了《联合国宪章》的原则,以及有关人权的宣言和公约中的条款。第1—41条是实质性条款,这一部分包括儿童的定义、《儿童权利公约》的四项原则以及儿童应当享有的生存权、受保护权、发展权和参与权的具体内容。第 42—45 条是程序性条款,这一部分规定缔约国有定期提交执行公约情况报告的义务,儿童权利委员会负责审议各缔约国的报告,并规定了儿童权利委员会的组成和任期。第 46—54 条是最后条款,这一部分涉及公约的签署、批准、加入、生效、修改、保留、退出等事项。

截止到 2023 年 5 月 9 日,共有 196 个国家批准了该公约。中国于 1990 年 8 月 29 日签署,1992 年 3 月 2 日批准该公约。在批准时中国对该公约第 6 条提出保留,因此第 6 条在与中国《宪法》关于计划生育的第 25 条及中国《未成年人保护法》第 2 条相关规定一致的前提下适用。

2000 年 5 月 25 日,联合国大会在《儿童权利公约》框架基础上通过了《〈儿童权利公约〉关于儿童卷入武装冲突问题的任择议定书》和《〈儿童权利公约〉关于买卖儿童、儿童卖淫和儿童色情制品问题的任择议定书》,以推动国际社会努力保护儿童,消除日益猖獗的残害儿童犯罪活动。这两项任择议定书为那些容易受到卖淫和儿童色情问题影响以及那些卷入武装冲突的孩子们提供了道德和法律上的盾牌。

2011 年 6 月 17 日,人权理事会经由其第 17/18 号决议通过了《儿童权利公约关于设定来文程序的任择议定书》。2011 年 12 月 19 日,联合国大会批准该议定书。2014 年 4 月 14 日,在达到 10 个批准国的规定 3 个月之后,该议定书生效。该任择议定书允许儿童及其代表向儿童权利委员会就其《儿童权利公约》和上述两项任择议定书中所载权利受到侵犯问题递交投诉。

### 二、儿童权利的主要内容

1. 生存权

儿童生存的权利是其首要的人权,指儿童享有生命健康受到特殊保护、生活受到特别保障的权利。生存权有广义与狭义之分:广义上的生存权不仅包括维持基本生活的权利内容,还包括受教育权、健康权、自由权等;狭义上的生存权仅指生命权、健康权,及带有一定文化内涵的最低限度生活的权利。

2. 发展权

儿童的发展权是指个人整个身心潜能和个性的充分自由发展,拥有充分发展的全部体能和智能的权利。《儿童权利公约》第 6 条规定了儿童生存和发展的权利,这里的"发展"作广义理解,它与作为个体的儿童相联系,不仅仅指身体健康的发展,还应当包括精神、情感、认知、社会、文化的发展。发展权主要包括信息权、受教育权、娱乐休息权、思想和宗教信仰自由、个性发展权等,在《发展权利宣言》中,发展权还包括对所有儿童的机会平等和分配正义。

3. 参与权

儿童的参与权是指儿童享有参与家庭、文化和社会生活的权利，儿童享有参与权的过程是儿童的意见和观点被倾听、被考虑的过程，是儿童对影响他们的任何事项参与决策、发表意见的过程。儿童的参与权既是儿童的基本权利，也是他们的基本需要，尽管儿童的参与权由于年龄限制而受到国家的诸如选举法方面的限制，但对于有关他们的事务应该享有发表意见的权利。《儿童权利公约》第12条第1款规定："缔约国应确保有主见能力的儿童有权对影响到其本人的一切事项自由发表自己的意见，对儿童的意见应按照其年龄和成熟程度给以适当的看待。"

4. 受保护权

受保护权指保护儿童免受歧视，免受身体、性及经济剥削和虐待，免受战乱、遗弃、照料疏忽；当儿童需要时，随时提供适当的照料或康复服务。

### 三、儿童权利保护的主要原则

1991年儿童权利委员会第一次会议选择了《儿童权利公约》第2、3、6、12条所涉及的思想作为保护儿童权利的一般性原则，即不歧视原则、最大利益原则、保护生存权和发展权原则、尊重儿童意见原则。不管是《儿童权利宣言》还是《儿童权利公约》都体现了儿童应受特殊保护的思想，因此特殊保护原则也应作为儿童权利保护的一项重要原则。

1. 不歧视原则

不歧视原则是指儿童的保护应是面向所有儿童提供平等的保护，即对所有儿童一视同仁的保护。不管儿童年龄的大小，身份的高低，或是身有残障，又或被控有罪，都应该享受儿童所应该得到的保护。此外，还要注意实质的平等，即对需要特殊保护的儿童要采取特别措施，例如对少数民族儿童的双语教育，对女童或残障儿童的特别保护等，目的是达到实质性平等。

《儿童权利公约》第2条第1款规定："缔约国应尊重本公约所载列的权利，并确保其管辖范围内的每一儿童均享受此种权利，不因儿童或其父母或法定监护人的种族、肤色、性别、语言、宗教、政治或其他见解、民族、族裔或社会出身、财产、伤残、出生或其他身份而有任何差别。"

2. 最大利益原则

"最大利益原则"最早由1959年的《儿童权利宣言》将其确认为保护儿童权利的一项国际性指导原则，该宣言原则二规定："儿童应受到特别保护……为达此目的，制定法律时，应以儿童之最大利益为首要考虑"，原则七又规定："……负儿童教育与辅导责任者应以儿童之最大利益为其指导原则……"

1989年《儿童权利公约》第3条第1款规定："关于儿童的一切行动，不论是由公私社会福利机构、法院、行政当局或立法机构执行,均应以儿童的最大利益为一种首要考虑。"

3. 保护生存权和发展权原则

生存是儿童生命存在的第一要素,没有生命的存在就无法奢谈其他权利。儿童处于一个不断成熟的过程,其发展权要求国家、社会、成人为儿童的发展提供必要的资源、适当的社会条件,其主旨是保证儿童在身体、智力、精神、道德、个性和社会等方面均得到充分发展。

4. 尊重儿童意见原则

《儿童权利公约》第12条明确规定:① 缔约国应确保能够形成自己看法的儿童有权对影响儿童的一切事项自由发表自己的意见,对儿童的意见应按照其年龄和成熟程度给以适当的重视。② 为此目的,儿童应特别享有机会在影响到儿童的任何司法和行政诉讼中阐述见解,以符合国家法律的诉讼规则的方式,直接或通过代表或适当机构陈述意见。

尊重儿童意见原则,体现了尊重儿童独立人格的精神。作为权利的主体,儿童表达自己见解的权利应该受到成人的尊重。该原则不仅适用于家庭,也适用于学校、司法程序和政治生活。

 思 考

儿童权利的主要内容是什么?
儿童权利保护的主要原则是什么?

### 四、儿童权利的国际保护

儿童权利委员会是《儿童权利公约》的监督机构。根据《儿童权利公约》第44条,缔约国承担义务,向儿童权利委员会提交关于它们为落实公约所采取的措施以及关于这些权利在其境内的享有方面的进展情况的定期报告。在1991年10月第一届会议上,儿童权利委员会通过了协助缔约国编写和安排其初次报告结构的准则。委员会建议各国政府根据这些准则编写报告,强调报告应指出各国在执行公约时所遇到的"各种因素和困难",换句话说,报告应针对问题并侧重自我批评。委员会还请各国具体说明"执行的优先顺序"和"将来的特定目标"。报告还得附带提交有关的法律文本和统计资料。儿童权利委员会设立的一个工作组在委员会届会之前对各国提交的报告进行初步审查,并为委员会与报告国的代表的讨论作准备。

在区域层面,欧洲与保护儿童有关的公约主要有:1950 年《欧洲人权公约》①、1996 年《欧洲儿童权利运用公约》、1980 年《关于承认和执行有关儿童监护的决定和关于恢复对儿童监护的欧洲公约》、1978 年《欧洲非婚生儿童法律地位公约》、2003 年《接触儿童公约》、2005 年《反对贩卖人口的行动公约》、2007 年《保护儿童免受性剥削与性虐待公约》和 2008 年《收养儿童公约》等。

美洲于 1969 年通过了《美洲人权公约》,1988 年通过的《美洲人权公约经济、社会和文化权利附加议定书》规定了儿童权利的保护内容。另外 1984 年由美洲国家间国际私法专业会议所通过的《关于收养未成年人的法律冲突的泛美公约》是一个儿童权利保护的专门性公约,该公约对未成年人的收养的法律冲突进行了规定。

由于非洲统一组织于 1981 年通过的《非洲人权和民族权宪章》不包括与儿童权利相关的内容②,1990 年该组织通过了《非洲儿童权利与福利宪章》③。

### 五、中国的儿童权利保护

我国现行保护儿童权利的法律体系基本上形成了以《宪法》为核心,以《刑法》《民法》等基本法律和《未成年人保护法》《预防未成年人犯罪法》《母婴保健法》《义务教育法》等单行法律为主干,并以司法解释性文件和地方性法规为补充的儿童权利保护框架。

1982 年《宪法》第 46 条第 2 款明确规定"国家培养青年、少年、儿童在品德、智力、体质等方面全面发展"。但这种重视在当时更多地表现为对儿童的关心和爱护,真正认识到对儿童权利的保护应该从尊重他们的权利出发,应该是在我国参与起草并批准《儿童权利公约》之后。

在此之后,我国明显加快了儿童权利保护专门法的立法步伐,首先是 1991 年制定的《未成年人保护法》。该法从家庭、学校、社会、司法等方面对儿童权利作了保护性规定,其立法指导思想是保护儿童的身心健康、合法权益,优化儿童成长的社会环境,从而促进儿童德智体全面发展。2006 年修订的《未成年人保护法》于 2007 年 6 月 1 日起施行。新法规定,未成年人享有受教育权、生存权、发展权、受保护权、参与权等权利。国家、社会、学校和家庭尊重和保障未成年人

---

① 虽然该公约并没有儿童权利保护的专门条款,但是公约所规定的权利主体是所有人,这自然被认为涵盖了儿童在内。事实上,欧洲人权委员会和欧洲人权法院在审理涉及该公约及其议定书所规定的人权的案件时,就表明了儿童也是该公约权利的主体。在相关案例中,主要涉及儿童权利保护的公约条款是第 3、5、8 条以及《欧洲人权公约第一议定书》第 2 条。

② 与其他同时代或之前的国际性与区域性人权保护公约相一致,《非洲人权和民族权宪章》中也缺乏对儿童权利的特殊规定,而使用了"人人有权"的规定。不过,这些规定也体现了儿童权利的保护观念。其中,第 17 条受教育权、第 18 条家庭权的规定应当被看作主要是保护儿童权利的规定。

③ 该宪章是儿童权利保护的专门公约,已于 1999 年 11 月 29 日生效。

的受教育权。2006年的修订体现了立法指导思想从对儿童权利的单纯保护转化为对未成年人权利的保护与尊重。2012年关于修改《未成年人保护法》的决定对个别条款作出了修改,以与修改后的《刑事诉讼法》规定相衔接。2020年再次修订《未成年人保护法》并于2021年6月1日起开始实施。此次修订的亮点是顺应新时代出现的新问题,强化了家庭监护责任、加强了未成年人网络保护。针对未成年人的安全教育和保护、勤俭节约意识培养、网络保护等作出了更加具体和明确的规定,进一步明确了监护人、学校、网络服务提供者的主体责任,并对当下未成年人热点问题如"留守儿童"①"网络防火墙"②"沉默的羔羊"③和"校园欺凌"④作出了回应。

为了有效预防儿童犯罪,保护儿童不受社会不良因素影响,我国于1999年又制定了《预防未成年人犯罪法》,作为《未成年人保护法》的补充。该法借鉴吸收了《联合国预防少年犯罪准则》中的基本原则,着重从创造和维护有利于少年健康成长的社会环境角度,规定了家庭、学校的教育和培养责任。该法强调了家庭和学校对少年的监护、教育和管理责任;规定了有关部门对那些事关少年健康成长的社会生活环境的管理责任,对文化市场、特种行业和场所的管理,对严重妨害少年身心健康的违法犯罪活动的惩处等;规定了有关行政部门、司法机关以及其他社会组织应当承担的责任;规定了对有父母离异、流浪出走等特殊情况及完成义务教育后未能升学的少年给予帮助,以增强他们自尊、自律、自强意识和辨别是非、抵御违法犯罪活动引诱和侵害的能力;规定了对有违法行为的少年的教育、挽救措施。《预防未成年人犯罪法》施行以来,发挥了积极作用,取得了良好成效。但随着我国经济社会的迅速发展,未成年人违法犯罪出现了一些新情况、新特点,预防未成年人违法犯罪工作遇到了一些新问题、新挑战,迫切需要在

---

① 新修订的《未成年人保护法》对父母或者其他监护人因外出务工等原因在一定期限内不能完全履行监护职责的,要求其委托具有照护能力的完全民事行为能力人代为照护;无正当理由的,不得委托他人代为照护。并且明确规定,确定被委托人时要"听取有表达意愿能力未成年人的意见",并规定未成年人的父母或其他监护人要与未成年人、被委托人至少每周联系和交流一次,了解未成年人的生活、学习、心理等情况,并给予未成年人亲情关爱。此规定将避免实践中监护人因外出务工等原因导致监护实际缺位的问题,保障未成年人的安全、健康、教育等。

② 新修订的《未成年人保护法》专门增设"网络保护"一章,针对未成年人沉迷网络等问题规定:网络产品和服务提供者不得向未成年人提供诱导其沉迷的产品和服务。网络游戏、网络直播、网络音视频、网络社交等网络服务提供者应当针对未成年人使用其服务设置相应的时间管理、权限管理、消费管理等功能。

③ 现实生活中,一些未成年人的合法权益受到侵害,但出于恐惧等原因不敢报告。新修订的《未成年人保护法》明确了相关组织和个人的报告义务,规定任何组织或者个人发现不利于未成年人身心健康或者侵犯未成年人合法权益的情形,都有权劝阻、制止或者向公安、民政、教育等有关部门提出检举、控告。

④ 在防治校园欺凌问题上,新修订的《未成年人保护法》明确规定,学校应当建立学生欺凌防控工作制度,对教职员工、学生等开展防治学生欺凌的教育和培训。学校对学生欺凌行为应当立即制止,通知实施欺凌和被欺凌未成年学生的父母或者其他监护人参与欺凌行为的认定和处理。

立法上作出回应。正是在这种背景下,我国 2020 年 12 月对《预防未成年人犯罪法》进行了修订,并于 2021 年 6 月 1 日开始实施。新修订的《预防未成年人犯罪法》的最大亮点之一就是改革完善了收容教养制度,并与《刑法修正案(十一)》相联系,规定其他不满法定刑事责任年龄不予刑事处罚的未成年人,教育行政部门会同公安机关可以决定对其进行专门矫治教育。① 《预防未成年人犯罪法》修订还特别注意与《未成年人保护法》的修改相呼应。②

党和国家始终高度重视儿童事业发展,先后制定了三个周期的中国儿童发展纲要,为儿童生存、发展、受保护和参与等权利的实现提供了重要保障。2001 年 5 月 22 日,国务院公布实施了《中国儿童发展纲要(2001—2010 年)》,将儿童优先原则写进了总目标,确定了四个优先领域,即儿童与健康、儿童与教育、儿童与法律保护、儿童与环境。2011 年 7 月 30 日,国务院颁布实施了《中国儿童发展纲要(2011—2020 年)》,提出了五大原则:依法保护原则、儿童优先原则、儿童最大利益原则、儿童平等发展原则和儿童参与原则;设置了儿童发展的五大领域,即"儿童与健康""儿童与教育""儿童与法律保护""儿童与环境"和"儿童与福利",每一领域分别列出了主要目标和为实现目标应采取的策略措施,共设置 52 项主要目标和 67 项策略措施。2021 年 9 月 27 日,国务院颁布实施了《中国儿童发展纲要(2021—2030 年)》,围绕健康、安全、教育、福利、家庭、环境、法律保护七个领域,提出了 70 项主要目标和 89 项策略措施。《纲要》提出,实施国家统一的未成年人网络游戏电子身份认证,完善游戏产品分类、内容审核、时长限制等措施,加强未成年人网络保护。

除此以外,有关的法律法规还有《母婴保健法》《义务教育法》《国务院禁止使用童工规定》《未成年工特殊保护规定》等。

## 第三节 残障人权利

### 一、概述

全世界约有 6.5 亿残障人,他们因为自身缺陷、机能障碍或社会障碍而长期遭受社会的歧视与排斥,甚至被剥夺了基本人权。联合国第一位残障人问题特别报告员迪保罗先生在给联合国人权委员会的报告中写道:"全世界各大洲的

---

① 这种制度设计的考虑主要有两点:一是关爱保护,二是教育挽救。这是由未成年人的特殊地位和违法犯罪的原因决定的。未成年人心智相对不成熟,认识水平较低,自控能力也差;未成年人触犯法律是多种原因造成的,不能简单地归罪于未成年人自身。正是基于这种特殊地位和特殊原因,对触犯法律的未成年人的最佳处理是教育,辅之以必要的惩戒和矫治,进而挽救感化,而不是主要依靠惩罚。

② 《未成年人保护法》注重保护,创造优良环境最大限度地保护未成年人健康成长;《预防未成年人犯罪法》注重预防,采取教育、干预、矫治、帮教等多种措施,千方百计地预防未成年人违法犯罪。

残障人在社会生活中正面临着各种歧视,如选举、就业、医疗服务、公共住房、教育、交通、信息、娱乐和政治参与等方面。"①

在传统观念当中,残障人被认为是社会的弱者,而不是社会的贡献者。然而残障人真正需要的是社会承认他们的能力和存在的意义,参与社会,在社会生活中实现自我价值。因此,社会对待残障人不应仅仅限于对他们进行救助、保障,使其被动接受社会的施舍,更重要的是建立完善的机制,帮助他们同社会其他成员一起公平地参与社会,享受社会发展成果。

《残疾人权利公约》②将"残疾"的定义确定为"确认残疾是一个演变中的概念,残疾是伤残者和阻碍他们在与其他人平等的基础上充分和切实地参与社会的各种态度和环境障碍相互作用所产生的结果"③,并确认了残障人的多样性,"残疾人包括肢体、精神、智力或感官有长期损伤的人,这些损伤与各种障碍相互作用,可能阻碍残疾人在与其他人平等的基础上充分和切实地参与社会"④。这个定义简洁明了,浅显易懂,认识到了"残疾"的定义并不是一成不变的,体现了残疾定义的动态性、发展性与多样性,并从机能障碍及社会障碍双重角度对"残疾人"作出定义,强调社会障碍对残疾人作为权利主体平等参与社会生活的影响,体现了以权利为本的残障观。

## 资 料

2006年12月13日,联合国大会第六十一届会议审议通过《残疾人权利公约》及《残疾人权利公约任择议定书》⑤。这是国际社会保护残障人权利最重要、最全面的国际法律文件。《残疾人权利公约》2008年5月3日起生效,该公约由序言和50条正文所组成。

正文50条涵盖了残障人权利保护的各个方面,大致可分为四个部分:

第一部分为公约的总则(共1—9条),对公约的立法宗旨、有关定义、一般原则、一般义务、平等与不歧视、残障妇女、残障儿童、提高认识及无障碍作出规定。

第二部分为公约的主体部分(第10—30条),内容很广泛,既有生命权,自

---

① 参见 UN Econ. & Soc. Council [ECOSOC], Comm. on Human Rights, Sub-Comm. on Prevention of Discrimination and Prot. of Minorities, "Human Rights and Disability: Final Report"(1991), E/CN.4/Sub.2/1991/31。
② 截止到2023年5月9日,186个国家批准了该公约。中国于2007年3月30日签署、2008年8月1日批准该公约。
③ 《残疾人权利公约》序言。
④ 《残疾人权利公约》第1条。
⑤ 截止到2023年5月9日,共有104个国家批准了该议定书。中国没有签署该议定书。

由和人身安全、获得司法保护、免受酷刑或残忍、不人道或有辱人格的待遇或处罚、免于剥削、暴力和凌辱、迁徙自由、隐私权和家居生活等传统意义上的公民、政治权利，也有保障和促进残障人获得教育、健康、康复、就业、社会保障、参与文化体育生活等权利。其中特别应指出的是，公约在第23条"尊重家居和家庭"中规定，缔约国应当采取有效的适当的措施，在涉及婚姻、家庭、生育和个人关系的一切事项中，在与其他人平等的基础上，消除对残障人的歧视。

第三部分为公约的执行和监督条款（第31—40条），对缔约国为落实公约收集适当的统计和研究数据、公约的实施和监测、国际合作、残疾人权利委员会、缔约国与委员会的合作、缔约国提交报告等作出规定。

第四部分为公约的"最后条款"（第41—50条），对公约的签署、生效、保留、修正、退约等作出规定，并规定了"应当以无障碍模式提供本公约文本"，以确保视力残障、智力残障等残障人方便地了解和应用公约。

## 二、残障人权利的主要内容

根据《残疾人权利公约》第二部分的内容，可将残障人权利的具体内容归纳为以下权利：

1. 平等权

《残疾人权利公约》首先强调了残障人享有和健全人一样的平等权利，保障残障人不受歧视，在法律面前人人平等；残障人在法律面前获得平等承认，尊重残障人保持其身份特性的权利。为了确保残障人平等权的实现，《残疾人权利公约》规定要为残障人提供合理便利，并通过推行各种措施，使社会接受残障人享有权利的事实，正确看待残障人。《残疾人权利公约》特别提出保障残障妇女和儿童的权利，比如防止受到多重歧视，确保其充分发展以及保障残障儿童自由表达意见的权利。

2. 基本的生活权利

残障人享有社区生活平等权；享有独立行动权；享有隐私权、家居和家庭生活的平等权，尤其是婚姻权和生育权；享有参与文化生活、娱乐、休闲和体育活动的权利；享有司法保护权；享有参与政治和公共生活的权利；享有获得适当生活水平和社会保护的权利；并且有权自由迁徙、自由选择居所和享有国籍。《残疾人权利公约》还保障残障人享有无障碍环境的权利，要求缔约国采取各种措施为残障人消除在建筑、道路、交通、室内外设施、信息、通信等方面的障碍。

3. 教育权

《残疾人权利公约》规定要采取有效措施促进残障人学习生活技能和社交技能的发展，使他们充分而平等地参与教育并融入社区。确保向残障人提供各类便利,以满足每个个体的需要。重视盲文、手语对残障人教育的便利性。

残障人的教育权包含了三方面内容:

首先,残障人有权接受教育,学校不得因为残障现象而歧视、拒绝残障人,造成事实上的不平等。

其次,学校应为残障人提供各种便利和设施,满足他们在学习中的特殊需求。

最后,学校应当考虑到残障人的特殊性,在教学方式方法上应能被残障人接受,并制定符合他们自身情况的课程。

4. 工作权

残障人享有工作权,各国应承认残障人的工作能力,保障残障人自由选择或接受工作的权利,保障他们的平等工作权,采取有力措施促使各工作场所向残障人开放。

残障人的工作权包含了三个层面的意思:

首先,残障人能够和健全人一样自由选择工作种类和工作方式。

其次,符合资格的残障人应得到雇主的平等考虑,享有机会上的平等,不因为残障现象而受到歧视。

最后,应为残障人提供各种便利和设施,满足他们在工作中的特殊需求。

5. 健康权

按照《残疾人权利公约》规定,残障人有权享有可达到的最高健康标准,享有便利的医疗保健服务和方案,禁止在医疗保险和人寿保险方面歧视残障人。在医疗卫生、就业、教育和社会服务方面,加强和推广综合的适应训练和康复服务,以促进残障人最大限度地实现自立并充分发挥和维持体能、智力、社会和职业能力。

6. 生命权

残障人享有生命权,《残疾人权利公约》保障其身心完整性,保障其免于不人道或有辱人格的待遇或处罚,免于剥削、暴力和凌虐,保障其人身安全。

## 三、残障人权利与不歧视原则

《残疾人权利公约》明确规定残障人权利的保护原则有非歧视原则和特殊保护原则。

不歧视原则是针对残障人一直以来受到的歧视状况提出来的。残障人作为普通公民,他们享有宪法、法律所规定的所有权利,任何组织和个人都不得非法侵犯残障人依法所享有的一切权利。但在现实生活中,残障人受到不公正待遇,遭受排斥、歧视,甚至被剥夺了基本人权。《残疾人权利公约》明确规定残障人和其他人一样,在法律面前有权不受任何歧视地享有法律给予的平等保护和平等权益,禁止一切基于残障的歧视,包括拒绝提供合理便利。这为各成员国采取有效措施消除对残障人的歧视提供了立法依据。要使残障人享有平等参与社会生活及生产活动、共享经济社会成果的机会,国家应该采取包括立法措施在内的积极作为方式,为残障人的发展创造良好的社会环境,确保残障人享有一切作为人应享有的基本权利。

不歧视原则派生出特殊保护原则。该原则要求针对残障人的特殊性采取特别措施从而保障他们不受歧视。残障人由于身心的功能障碍,在社会中处于弱势地位,平等参与社会生活、享受权利主体资格的能力受到限制,要确保残障人享有一切人的基本权利和自由,就必须要求法律针对残障人的特殊性制定特殊的残障人保障法,赋予其"特殊"的权利,以对残障人实行特殊的保护,保证残障人能够拥有像健全人一样同等的机会,实现其与一般主体法律人格的平等。

 **思 考**

残障人权利的内容有哪些?
残障人权利保护的主要原则有哪些?

## 四、残障人权利的国际保护

### (一) 残障人权利保护的国际文件

1971年12月20日,在国际智力迟钝者社会联盟的推动下,联合国通过了《智力迟钝者权利宣言》,这是国际社会第一次关注残障人这一特殊群体的权利保障问题。该宣言声称智力迟钝者与其他人一样享有相同的人权,并且规定了其他各项促进智力迟钝者发展其能力参加社会生活的权利,如教育、就业以及社区生活等。

1975年5月6日,经社理事会通过了《关于预防伤残和伤残复健的第1921(LVIII)号决议》。

1975年12月9日,联合国大会通过了第3447(XXX)号决议宣布的《残废者权利宣言》,该宣言要求各国采取国内和国际行动,保证以本宣言为共同基础和根据来保障残障人的基本权利,如残障人有权获得种种旨在尽可能使他们自立的措施等。

1982年12月3日,联合国大会第三十七届会议又通过了第37/52号决议《关于残疾人的世界行动纲领》,该行动纲领共分为第一章"目标、背景和概念";第二章"当前情况"以及第三章"执行纲领的意见"三个部分,重点是以国家行动(包括残障人参与决策、缺陷、残障和障碍的预防、康复、机会平等、社区行动,工作人员培训,以及宣传和公众教育等)、国际行动(包括设立信托基金,人权保护、技术和经济合作,以及宣传和公众教育等)以及研究、检测和评价等方式来执行该纲领,为国际社会促进残障的预防和康复提供了全面的政策框架,以实现残障人充分参与社会生活、国家发展以及平等的各项目标。

1993年通过的《残疾人机会均等标准规则》,将"平等、参与、共享"作为总的奋斗目标,该规则主要包括以下三大部分:第一,平等参与的先决条件,如康复和医疗服务等;第二,平等参与的目标领域,如无障碍环境、就业和教育等;第三,实施监督机制,如残障人组织的参与、特别报告员机制等。

2006年12月13日,联合国大会第六十一届会议审议通过了《残疾人权利公约》及《残疾人权利公约任择议定书》,并于2007年3月30日开放供签字。在开放供签字之日,有83个国家签署该公约,这是有史以来在开放供签字之日获得签字数量最多的联合国公约。从2002年至2006年公约谈判期间,大会一个特设委员会共开了八次会议,使它成为谈判速度最快的人权条约。中国于2007年签署并于2008年残障人奥运会开幕之前批准了该公约,截至2023年5月9日,中国尚未签署该任择议定书。

 **思 考**

《残疾人权利公约任择议定书》的主要内容是什么?
为什么中国没有签署该任择议定书?

### (二) 残障人权利国际保护机制

残疾人权利委员会是《残疾人权利公约》的监督机构,被授予以下权限:接受并审查各缔约国为实施《残疾人权利公约》所载各项权利而采取的步骤并提出的报告;就《残疾人权利公约》的履行存在的问题和注意事项作出一般性评论;接受并审议声称个人因缔约国违反《残疾人权利公约》规定而使其权利遭受侵害的个人来文。

 **资 料**

《残疾人权利公约》首届缔约国大会于2008年10月31日至11月3日在纽约联合国总部举行。会议选举残疾人权利委员会首批12名专家,中国专家杨佳教授(女)当选,任期从2009年1月1日至2012年12月31日。

《残疾人权利公约任择议定书》规定了个人来文程序和调查程序。其中第6条规定了在缔约国严重或者系统地侵犯公约规定的权利时,残疾人权利委员会可以采取一系列保护残障人权利的措施;第 7 条规定了在缔约国不及时提交报告或者调查结果时,残疾人权利委员会可以要求缔约国对其行为作出合理的解释。①

### 五、中国对残障人权利的保护

我国保障残障人权利的法律主要包括:《宪法》《刑法》《民法典》及诉讼法等基础性法律;《残疾人保障法》《残疾人教育条例》《残疾人就业条例》等专门性法律以及保障残障人权利的各项行政法规和地方性法规。我国已经初步形成以《宪法》为依据,以刑事、民事、诉讼等法律为基础,以《残疾人保障法》为核心,以行政法规、地方性法规为支撑的保障残障人权益的法律体系。

我国《宪法》第 45 条规定:"中华人民共和国公民在年老、疾病或者丧失劳动能力的情况下,有从国家和社会获得物质帮助的权利。国家发展为公民享受这些权利所需要的社会保险、社会救济和医疗卫生事业。国家和社会保障残废军人的生活,抚恤烈士家属,优待军人家属。国家和社会帮助安排盲、聋、哑和其他有残疾的公民的劳动、生活和教育。"

1990 年 12 月 28 日,七届全国人大常委会十七次会议通过《残疾人保障法》,这是我国第一部保障残障人权利的法律。《残疾人保障法》自 1991 年施行以来,对促进残障人事业发展、保障残障人合法权益发挥了重要作用。但随着经济社会的发展,在残障人权益保障方面出现了一些新情况和新问题,有必要对《残疾人保障法》进行修订。2008 年 4 月,中国修订《残疾人保障法》,第一次引入"禁止基于残疾的歧视"概念,突出"以残疾人权利为本"的理念,明确提出了国家保障残疾人享有康复服务、平等接受教育、劳动就业、平等参与文化生活、各项社会保障等权利,充实了为残疾人平等参与社会生活创造无障碍环境的内容,强化了侵害残疾人的权益所应承担的法律责任。

 **思　考**

我国为什么将"残废人"修改为"残疾人"?本书为什么用"残障人"取代"残疾人"?

1994 年 8 月 23 日,国务院颁布实施了《残疾人教育条例》,保障残障人受教

---

① 但《残疾人权利公约任择议定书》的第 8 条中又说,"缔约国可以在签署或批准本议定书或加入本议定书时声明不承认第六条和第七条规定的委员会权限"。虽然公约赋予了残疾人权利委员会很多的权力,但同其他国际条约一样,《残疾人权利公约》也必须通过国内立法来确立其强制地位,而很多国家根据《残疾人权利公约任择议定书》第 8 条的规定规避了第 6 条和第 7 条赋予残疾人权利委员会的权力。中国尚未签署该议定书。

育的权利。从那以后,各地各部门积极落实条例的有关规定,不断加大投入力度,残障人教育事业取得了较快发展。近年来,我国经济社会有了很大的发展,残障人教育的特殊需求也发生了新的变化。特别是《残疾人保障法》和《义务教育法》重新修订,2008 年 8 月 1 日,我国政府批准了联合国《残疾人权利公约》,使得《残疾人教育条例》的有些内容已显得不适宜或滞后,有必要与时俱进行修改、补充和完善。2010 年 3 月,由教育部牵头的修订《残疾人教育条例》的起草、调研工作全面启动,国务院将修改《残疾人教育条例》列入了 2010 年的立法工作计划。① 2013 年 2 月 25 日,为了进一步增强立法的公开性和透明度,提高立法质量,国务院法制办公室决定,将《残疾人教育条例(修订草案)(送审稿)》全文公布,征求社会各界意见。② 2015 年 6 月,国务院法制办征求了中国残联对《残疾人教育条例修订草案(征求意见稿)》的意见和建议,中国残联在吸收各有关方面意见的基础上,提出了 27 条修改意见和建议。2015 年 7 月 22 日,国务院法制办会同教育部经过认真研究,专程到中国残联交换意见。2017 年修订的《残疾人教育条例》于当年 5 月 1 日开始实施。《残疾人教育条例》从残疾人教育的发展目标和理念、入学安排、教学规范、教师队伍建设以及保障和支持等方面修改、完善了相关制度,并强调保障教育机会平等、积极推进融合教育、加强对残疾人教育的支持保障,体现了对残疾人平等受教育权的尊重。③

2007 年 5 月 1 日,《残疾人就业条例》开始施行,残障人就业权利有了明确细致的规定。《残疾人就业条例》以就业保护和就业促进为宗旨,对保护和促进残障人就业的形式、内容、政府职责、社会义务、组织实施、保障措施和应当遵循的原则等作出明确规定,以消除或减轻残疾障碍对残障人平等就业权利实现的影响,促进残障人与其他人群一道成为经济社会发展的重要力量。残障人就业保护原则在条例中主要体现在对残障人按比例就业制度的确立。残障人就业促进原则更多地体现在残障人个体就业、自主创业以及农村残障人就业方面。

为了预防残障的发生、减轻残障程度,帮助残障人恢复或者补偿功能,促进残障人平等、充分地参与社会生活,发展残障预防和残障人康复事业,根据《残疾人保障法》,国务院于 2017 年 2 月 7 日发布《残疾预防和残疾人康复条例》,

---

① 《残疾人教育条例修改工作启动 国务院已将其列入 2010 立法计划》,载法治网,http://www.legaldaily.com.cn/bm/content/2010-03/27/content_2096768.htm,访问日期: 2023 年 5 月 9 日。
② 《残疾人教育条例(修订草案)(送审稿)公开征求意见》,载中国政府网,http://www.gov.cn/gzdt/2013-02/27/content_2341027.htm,访问日期: 2023 年 5 月 9 日。
③ 如为了方便残疾人入学,提高残疾人的教育普及程度,《残疾人教育条例》规定:一是政府根据残疾人教育发展的需要,选择部分普通学校建立特殊教育资源教室或者设置特殊教育学校,招收残疾儿童、少年接受义务教育;二是残疾儿童、少年按照其接受教育能力,进入普通学校或者特殊教育学校接受义务教育,不能到学校就读的,通过送教上门或者远程教育等方式实施义务教育;三是扩大职业教育、学前教育招生规模,为残疾人接受非义务教育提供更多机会。

自 2017 年 7 月 1 日起施行。

另外,《刑法》《民法典》《刑事诉讼法》《民事诉讼法》《义务教育法》《母婴保健法》《个人所得税法》等多部法律规定均在各自领域规定了保障残障人权益的内容。

 **小知识**

中国政府是《残疾人权利公约》的积极倡导者和坚定支持者,愿与国际社会和世界各国共同努力,为残障人事业的发展、为和谐世界的建设作出新的贡献。《残疾人权利公约》纪念墙于 2008 年 8 月 30 日下午在北京残奥村和平广场揭幕。《残疾人权利公约》纪念墙的设立,喻示着"平等·参与·共享"的公约主旨与"超越·融合·共享"的残奥精神。

## 第四节　多元性别群体权利

### 一、概述

在西方的学术和社会运动的脉络里,多元性别群体常常指的是 LGBTI 群体:L 指的是 Lesbian,即女同性恋;G 指的是 Gay,即男同性恋;B 指的是 Bisexual,指的是双性恋;T 指的是 Transgender,即跨性别(性别认同或者性别表达和生理性别不匹配的人),包括想要通过手术变性的人或者性别表达违反主流性别规范的易装者等;I 指的是 Intersex,即间性人,指在染色体、荷尔蒙等生理学性征上既不符合男性标准也不符合女性标准的人,这些人往往被认为是非男非女或者亦男亦女。在有些情况下,LGBTI 后面还会加一个 Q,指的是 Queer,即酷儿,泛指一切在性和性别方面不符合主流规范的人,Q 也可指 Questioning,即性倾向或者性别认同模糊的人。LGBTIQ 的概念大概体现了一种联合更多人对抗歧视的心愿,团结起来力量大;但是有些跨性别和间性人觉得自己的社群和同性恋面临的很多问题并不一样,联合行动的时候常常使得反映自己需求的声音变得弱小。这种现象也让我们重新来看待并反思这些概念的产生。

要了解多元性别群体,国际上常常用 SOGIE 指代以下三个概念:性倾向、性别认同、性别表达。性倾向(sexual orientation)指的是在性欲和情欲上持久地被异性、同性,或者不止一种性别所吸引的状态。一般在说到性倾向的时候指的是同性恋、异性恋或者双性恋。近些年来,一些新的身份类型层出不穷,如无性恋(asexuality),即对任何一种性别都没有性的欲望;还有泛性恋(pan sexual),即对男性、女性、跨性别、间性人皆能产生性和情感的爱恋。

性别认同(gender identity)指的是一个人在社会性别规范之下对自己属于某个性别的一种自我认同。如果一个人对自己的性别认同不同于自己出生时的生理性别,如生理性别是男,自我认同为女,或者相反,就属于性别认同上的特定群体。需要指出的是,性别认同不一定在男女二分的框架下来进行,例如有些人既不认可自己是男性,也不认可自己是女性。还有一个例子是 Facebook 在客户的性别栏里除了男、女之外,还有 54 种性别选项。如无性别(Agender),指的是没有强烈的对某一性别的归属,不认为性别是自己的核心特质;如泛性别(Pangender),指的是自我认同为各种性别特质的混合体,还有各种跨性别的分类。需要指出的是,跨性别领域越来越多地弃用生理性别的概念,而代之以"被指派性别",即出生证明上的性别登记同样是社会指派的一种分类,也是社会建构的结果。正如酷儿理论学者、女权主义哲学家朱迪斯·巴特勒(Judith Butler)所说:"如果生理性别不可变的特质受到了挑战,那么也许这个称为'生理性别'的建构跟社会性别一样都是文化建构的;的确,也许它一直就是社会性别,结果生理性别和社会性别的区分证明其实根本就不是什么区别。"[①]生理性别和社会性别仍然维持了一种僵化的二元论:生理性别是自然,社会性别是文化,文化铭刻于自然。事实上,生理性别被认为是"前话语"的,先于文化的实存,同样是社会话语建构的产物,即生理性别是"被自然化"的,对社会建构进行了掩饰。

一些国家在相关的反歧视立法中常常把性倾向、性别认同和性别表达放在一起表述,不同的地方在于,性倾向和性别认同都不一定表达出来;另外的不同还在于,性别表达不指代一种身份。性别表达指的是通过衣服、声音、发型、体态等来表达自己的社会性别。当这种表达不服从于社会主流的性别规范时,一个人就成了弱势群体。需要指出的是,SOGIE 概念不仅仅指代弱势群体,正如性倾向概念也包含了异性恋,性别认同也包含了顺性别,即被指派性别和性别认同一致的人,性别表达也包含了体现主流性别规范的性别表达。正如我们常常进行白人和有色人种的分类,但白色也是一种颜色;我们常常以为普通话和方言是对立的,但普通话也是以某种方言为基础的;我们说到性倾向常常下意识地只想到同性恋等弱势人群,但异性恋也是一种性倾向,强调这些是要动摇习焉不察之主流规范的霸权。

---

[①] 〔美〕朱迪斯·巴特勒:《性别麻烦:女性主义与身份的颠覆》,宋素凤译,上海三联书店 2009 年版,第 10 页。

**思 考**

有一种说法是这样的,即 LGBTIQ 人权话语主要来自西方,和很多国家的传统文化相悖,因此不具有正当性,如何回应这种说法?

## 二、多元性别群体权利国际保护议题

《世界人权宣言》第 2 条规定,人人有资格享有本宣言的权利和自由,不分种族、肤色、性别、语言、宗教、政治或者其他见解、国籍或社会出身、财产、出生或其他身份等任何区别。《公民和政治权利公约》第 2 条第 1 款规定,每一缔约国承担尊重和保证在其领土内和受其管辖的一切个人享有公约所承认的权利,不分种族、肤色、性别、语言、宗教、政治或其他见解、国籍或社会出身、财产、出生或其他身份等任何区别。《经社文权利公约》第 2 条第 2 款规定,缔约各国承担保证,公约所宣布的权利应予普遍行使,而不得有例如种族、肤色、性别、语言、宗教、政治或其他见解、国籍或社会出身、财产、出生或其他身份等任何区别。同性恋、双性恋、跨性别、间性人等性倾向与性别认同应该在"其他身份"的囊括下获得平等保障。联合国人权事务委员会也曾经申明,《公民和政治权利公约》中的"性别"包含了性倾向。经社文权利委员会也确认《经社文权利公约》中的反歧视条款包括了性倾向和性别认同。

2003 年 4 月,巴西向人权理事会提交了一项禁止基于性倾向歧视的决议,人权委员会投票的结果是对该决议的讨论推迟到 2004 年。不断拖延的结果是,这个决议最终被撤销。

2008 年 12 月 18 日,阿根廷、法国、巴西、日本等国向联合国提交一份声明(A/63/635),希望表决后成为联合国新的决议。这项声明呼吁所有国家和有关国际人权机制积极促进和保护所有人的人权,而不论性取向和性别认同。这个努力也失败了。

2011 年南非牵头向人权理事会提出了一项决议草案,人权理事会通过了这项决议(A/HRC/17/L.9/Rev.1),要求联合国人权事务高级专员办事处(人权高专办)起草一份报告,"记录基于性取向和性别认同对个人的歧视性法律和做法以及暴力行为",以贯彻和执行《维也纳宣言和行动纲领》。决议以 23 票赞成、19 票反对、3 票弃权获得通过。这是联合国第一个关于人权、性倾向和性别认同的决议,被誉为"历史性的"大事件。2011 年 12 月,这份调查报告出炉,记录了全球各地区基于性取向和性别认同的侵犯人权行为,包括针对性别多元群体的仇恨犯罪、同性性行为的犯罪化和基于性倾向和性别认同的歧视。

2014 年,巴西、智利、哥伦比亚和乌拉圭牵头向人权理事会提出一项决议草案,27 票赞成、14 票反对和 7 票弃权,人权理事会第二次通过了这项以"人权、性倾向和性别认同"为内容的决议(A/HRC/27/L.27/Rev.1),要求人权高专办更新 2011 年的报告,以在适用现行国际人权法标准的情况下,交流攻克暴力和歧视的良好方法。这两项决议是性别多元群体权利在国际人权领域的重要进展,对于各国国内性别多元权利的倡导既是一个鼓舞,又是一个援引的依据,提高了相关议题的可见度和正当性。同时,我们也要看到,联合国通过的性倾向和性别认同权利的决议主要反对这个领域的暴力和歧视,这些议题相对能够得到更多国家的支持,同性婚姻议题在各国所面临的争议更大。虽然 2014 年联合国决定全面承认在联合国工作的职员和同性配偶的婚姻关系,在福利保障方面一视同仁,但是性倾向和性别认同权利还远远没有成为联合国核心关注的人权问题。

2016 年 6 月 30 日,人权理事会以 23 票支持、18 票反对、6 票弃权通过了一项旨在保护 LGBT 群体的措施(A/HRC/32/L.2/Rev.1)。该措施任命了一位为期 3 年的独立专家,其职责为监控和报告基于性倾向和性别认同而来的暴力行为。2017 年 9 月 29 日,人权理事会以 27 票支持、13 票反对、7 票弃权通过了一项决议(A/HRC/36/L.6),要求那些尚未废除死刑的国家,确保不会滥用死刑,或不会歧视性地使用死刑。其中包括不应该对相互同意的同性性行为适用死刑。2019 年,人权理事会通过一项决议,将性倾向和性别认同独立专家的任期延长 3 年。[①]

反对性倾向歧视比较重要的国际人权法领域的区域级文件还有 2000 年 12 月 7 日发布的《欧盟基本权利宪章》,第 21 条是反歧视的条款:任何基于性别、种族、肤色、血缘或社会背景、面容外貌、语言、宗教与信念、政治或任何其他意见、少数族裔成员、财产、出生、残障、年龄或性倾向之歧视,均应被禁止。2007 年《里斯本条约》签订,从而使该宪章对欧盟成员国具有约束力,从 2009 年开始执行。

另外一部比较重要的人权法文件是《欧洲人权公约》,尽管公约的文本没有提到性倾向和性别身份的问题,但是在实施的过程中,欧洲人权法院通过判例明确表达了对同性恋权利的保护。其中生命权,免受非人道对待的自由,私生活和家庭生活受尊重的权利,表达、集会和结社自由、结婚权等条款都在保护性倾向平等方面起到了重要作用。[②] 有一种人权法的观点认为,不需要为 LGBTI 创设新的权利或者特殊的权利,禁止对性倾向和性别认同的歧视只是在保障普遍享有的所有权利。

学术界在这一领域的努力体现为这样一个里程碑文件,尽管这个文件并不

---

[①] A/HRC/RES/41/8, 2019.
[②] 详情可参见韩蔚:《论〈欧洲人权公约〉对同性恋者权利的保护》,中国政法大学 2010 年硕士学位论文。

具有国际法的效力,仅仅是一种学理解释,但仍在国际人权法的适用中具有重要参考价值。这就是《日惹原则——将国际人权法适用于性倾向与性别认同的原则》(The Yogyakarta Principles on the Application of International Human Rights Law in Relation to Sexual Orientation and Gender Identity,以下简称《日惹原则》)。《日惹原则》于2006年11月6日至9日在印度尼西亚日惹市卡扎码达大学召开了一个国际人权法的专家会议上通过。《日惹原则》反映了现行国际人权法的有关性倾向和性别认同的情况,重要的联合国的人权机构都认为各国有义务为所有的人提供有效的保护,使任何人免遭性倾向和性别认同的歧视,这个原则澄清了各国在现有国际人权法之下的义务,在国际人权法有关性倾向和性别认同的问题上给出了一个比较完整、相对一致的理解框架。《日惹原则》所涉及的权利基本涵盖了两个人权公约所规定的人权和自由。

其中第2项原则是平等和非歧视权利,它强调:基于性倾向和性别认同的歧视包括任何基于性倾向和性别认同的区别对待、排斥、限制和偏袒,这样做的目的和后果是损害或者取消了法律面前人人平等。基于性倾向歧视和性别认同的歧视常常与性别、种族、年龄、宗教、残障、健康或者经济地位的歧视结合在一起。所以在反歧视措施中需要注意应对这种交叉歧视。①

### 三、多元性别群体权利国内保护议题

多元性别群体权利所涉及的议题很多,这里主要从职场和教育领域的反歧视来切入讨论,因为这两个领域是相当长时间内国内性别多元群体权利倡导的重心。

(一) 就业领域的性倾向歧视和性别认同歧视

 **案　例**

2014年10月两名深圳男子因约会而发生纠纷,他们在街头争吵的视频被上传到网上后爆红,因为其中一位头戴红帽而被称作"小红帽事件"。小红帽指责对方不给自己路费:"一百块都不给我。"这句话在网络上广为流传。于是"小红帽"成为网络红人获得很多演出机会,并推出网络单曲,而另一位主角穆易

---

① 最早提出交叉性(intersectionality)概念的是美国著名批判法学家克伦肖(Kimberle Crenshaw)。她批判美国反歧视法的局限性:一个黑人女性在就业的时候受到歧视,雇主可以抗辩说,我们没有歧视女性,我们有很多女性雇员;我们也没有歧视黑人,因为我们也有很多黑人的雇员。其实这里的女性雇员主要是白人,而这里的黑人雇员主要是男性。黑人女性这种交叉身份所面临的歧视在强调单一歧视的身份框架下无法获得救济。关于交叉性概念的分析可参见苏熠慧:《"交叉性"流派的观点、方法及其对中国性别社会学的启发》,载《社会学研究》2016年第4期。

(化名)却被公司解雇。穆易以就业歧视为由将原公司告上法庭。原告认为：性取向不是判断人的品行和能力的标准，而是与工作能力无关的个人隐私。每个人不应因性取向而受到歧视。被告认为原告没有证据表明被告以性取向为由解除其劳动合同。原告的离职申请表显示：解除劳动关系的原因是个人处事。庭审中，原告提供了一份录音资料，被告公司李经理表示，辞退原告的原因中，"这个视频也是一小部分原因，但不是最主要原因"。在录音资料中，李经理说："公司认为该视频曝光会影响公司形象。"被告律师也在法庭上提到，"是同性恋"和"与同性恋相关的视频在网上传播"是两回事。深圳南山区人民法院一审判决穆易败诉，因为法院无法确认上述对话录音资料是否确实为原告与被告工作人员之间所进行，故对录音资料的证明效力不予采信。法院同时认为即便原告提供的对话录音资料真实可信，也仍然未能明确解除劳动合同的原因是原告为同性恋还是有关原告的网络视频影响公司形象。因此，法院驳回原告诉讼请求。[1]

这个案例被称作"中国性倾向职场歧视第一案"，以之为切片来分析当下中国职场上的性倾向歧视问题非常合适。《就业促进法》第 26 条规定，用人单位招用人员，"应当向劳动者提供平等的就业机会和公平的就业条件，不得实施就业歧视"。在起诉状里，原告认为被告侵犯了自己的人格尊严和平等就业权，不仅造成了经济损失，而且造成了严重的精神损害，"致使原告沮丧、失眠、情绪低落、痛苦难当"。一审败诉之后，原告提起了上诉，第二审认可了录音证据的真实性，但是认为录音资料并不足以证明被上诉人系因上诉人的同性恋身份而解除劳动合同。[2]

中国有没有禁止性倾向歧视的法律呢？2014 年 3 月 20 日，日内瓦当地时间下午 7 点，人权理事会结束对中国人权状况的第二轮普遍定期审议。具有联合国咨商地位的国际 NGO 组织(Sexual Rights Initiative、COC Netherlands)提出了有关性倾向与性别认同的陈述，建议中国应该制定反歧视法，包括禁止基于性倾向和性别认同的歧视，确保 LGBT 人群在学校和工作场所都能够被平等对待。中国政府的答复是接受并已经执行。中国《宪法》明确规定公民在法律面前一律平等，并通过制定各项单行法律禁止可能出现的歧视现象和问题。中国《民族区域自治法》《妇女权益保障法》《老年人权益保障法》《未成年人保护法》《残疾人保障法》《就业促进法》等法律明确禁止基于民族、宗教、性别、年龄、残疾等方面的歧视。中国《劳动法》规定，劳动者就业，不因民族、种族、性别、宗教信仰不同而受歧视。《就业促进法》对反对就业歧视作出了较为系统的规定。

---

[1] 潘播：《深圳"百元都不给"男子被解雇，告公司就业歧视败诉》，载《广州日报》2015 年 4 月 23 日。

[2] 感谢"中国性倾向职场歧视第一案"原告律师刘潇虎提供的相关文件和资料。

值得注意的是，中国反对就业歧视的法律法规并没有明确禁止性倾向歧视和性别认同的歧视，《就业促进法》第3条规定，劳动者就业，不因民族、种族、性别、宗教信仰等不同而受歧视。一个"等"字显示，这是一个开放性条款而不是封闭性条款，性倾向和性别认同可以涵括在内，中国政府在关于中国人权状况的普遍定期审议时的表态也可以这么理解。而且从本案原被告双方的争点来看，中国现行法没有明确禁止性倾向歧视，并没有成为被告的抗辩理由。尽管性倾向歧视第一案的原告败诉了，但是法院在判决书里也只是认为现有的证据不能证明公司辞退原告的理由是原告（上诉人）的性倾向，而不是以法律没有明文规定性倾向歧视的禁止作为判决原告（上诉人）败诉的理由。

但就"中国性倾向职场歧视第一案"第一审原告穆易败诉的结果而言，我们还是看到了立法没有明确禁止性倾向歧视的负面后果，法官的性倾向平等和性别认同平等的理念缺失，这些与立法上的相关条款的缺失有很大的关系，所以还是应该有明确的立法，禁止性倾向和性别认同的歧视。在穆易案中，第一审法官判决原告败诉的理由之一是，不能证明公司辞退原告的原因到底是原告的同性恋身份，还是原告的网络视频影响了公司的形象。第二审法院的法官也认为，"小红帽事件"在网络上的广泛流传，并不仅仅因为反映了事件双方系同性恋的事实，更主要的是双方处理自己同性恋情感需求的方式和人生态度引发了大量负面社会评论。显然，这样的判决理由是不成立的。

美国宪法学家吉野贤治教授揭示了美国主流社会歧视同性恋的三部曲：第一个阶段是矫正同性恋，最典型的就是电击疗法，医生在男同性恋者想象同性欲望的时候进行电击，使他产生"恶心"反应。第二个阶段是强制同性恋冒充异性恋，最典型的就是美国军队从1993年开始到2011年才废除的"不问不说"政策，同性恋军人只有在不公开性倾向的情况下才能在军中服役。第三个阶段就是强制同性恋掩饰，那就是即使同性恋可以出柜了，也要淡化而不是招摇这样的身份。20世纪80年代，美国一位公开的女同性恋者得到了一个很不错的工作，但是因为大张旗鼓地举办了同性婚礼而遭辞退，并且在提起的反歧视诉讼中败诉。法院的理由是，法律只保护身份，因为这是"不可改变"的，而不保护张扬的行为。[①]"小红帽事件"所引发的案件中，用人单位提到了"公司文化"受到影响，这就是吉野贤治教授所说的主流社会强迫同性恋掩饰自己，否则就影响了公司形象。这种区别对待同性恋者的理由不能成立。在"小红帽事件"中，因为一个视频被非法泄露，当事人是同性恋的隐私被公开，作为一个受害者，穆易既没有违法，也没有违纪，即使在道德上遭遇了社会的负面评价，公司可以以此为理由

---

① 〔美〕吉野贤治：《掩饰：同性恋的双重生活及其他》，朱静姝译，清华大学出版社2016年版，第29—119页。

辞退员工吗？同性恋和跨性别本身就遭受着主流社会的很多道德负面评价，如果以社会的负面评价作为辞退的理由，那就是承认了社会道德污名的正当性。

跨性别在职场上遭遇的歧视可能比同性恋更加严重，部分的原因在于，公开承认自己是同性恋者还是少数，但是跨性别因为在性别气质上与主流不一致而更难以躲避歧视。2015年4月，生理性别为女、喜欢穿男装的跨性别青年小陈，入职一家体检中心，作为一名销售顾问被试用，7个工作日后，被告知不用来上班了。小陈说："他们说我是同性恋，有损公司形象。"单位人事部的负责人认为男生和女生在打扮上应该有明显的区别，小陈过于男性化的打扮确实是辞退的原因之一。2016年3月7日，小陈向贵阳市云岩区劳动人事争议仲裁委员会申请仲裁，要求拿回工资和赔偿金，3月14日，获得立案。① 在此案中，小陈作为一个跨性别人，被无端猜测为同性恋，这既体现了性倾向、性别身份和性别表达的紧密关系，也体现了企业对此问题的无知。人事部门负责人在知道此纠纷已经在劳动仲裁委员会立案的情况下，接受媒体采访时依然不掩饰对于性别表达不符合主流的群体的歧视，而不能说明跨性别身份在何种意义上不能胜任体检中心的工作。

2016年5月10日，贵阳市云岩区劳动人事争议仲裁委员会向小陈送达裁决书：贵阳市慈铭体检中心在裁决生效10日内，支付小陈在慈铭体检中心工作7天的工资402.3元，同时驳回小陈的其他请求。② 小陈要求认定慈铭体检中心违法辞退的主张并没有获得仲裁委的支持，所以并不认可这样的裁决结果，向法院提起劳动争议诉讼。之后，小陈又向法院提起一般人格权诉讼，贵阳市云岩区人民法院一审认定，劳动者依法享有平等就业权，劳动者不因民族、种族、性别、宗教信仰等不同而受歧视。对于被告慈铭体检中心提出的小陈不按照规定着工装才是辞退理由的说法，法院认为不能成立，原因是被告根本未向原告提供工装。所以，被告在没有合理理由的情况下，解除与原告的劳动关系，侵犯了原告的平等就业权，判决被告赔偿原告精神抚慰金2 000元。原告要求被告赔礼道歉的请求，法院没有支持。③ 虽然法院认定被告侵犯了原告的平等就业权，然而并没有明确判定构成性别认同歧视。小陈不服第一审判决，提起上诉，第二审法院判定个人的性别认同、性别表达属于一般人格权的保护范围，但是慈铭公司构成性别歧视的主张证据不充分。因此，驳回上诉，维持原判。④ 虽然法院认定被

---

① 明鹊、王婷：《贵阳跨性别青年"爱穿男装"被单位辞退，申请劳动仲裁受理》，载澎湃新闻，http://www.thepaper.cn/newsDetail_forward_1443974，访问日期：2023年5月9日。
② 同上。
③ 贵州省贵阳市云岩区人民法院民事判决书（2017）黔0103民初2174号。
④ 孙国平：《性别认同和性别表达歧视之解决——从我国首例跨性别歧视案说起》，载《贵州省委党校学报》2020年第1期。

告侵犯了原告的平等就业权,但并没有明确判定构成性别认同歧视。

我们也可以通过这个案件来分析性倾向歧视、性别认同歧视与性别表达歧视三者的关系。小陈,被指派性别(或所谓生理性别)是女性,他认为自己是男性,性欲望对象指向的是女性,认为自己的性倾向是异性恋,性别认同上是跨性别,因为这样的身份认同而遭遇的不合理的区别对待,就是身份认同的歧视。如果小陈在性别上的自我认同是女性,性欲望的对象是女性或男、女两性,性倾向的认同是同性恋或双性恋,因此而遭受的不合理区别对待就是性倾向歧视。如果小陈没有自我认同为跨性别,而只是在性别表达上与主流社会性别规范不同,因此遭受的不合理区别对待就构成性别表达的歧视。当然,这三种歧视类型的划分不是非此即彼的,有可能在某个案件中同时存在。

法院在判决书中明确认定劳动者因性别重置手术转换性别享有就业不受歧视的权利,体现在 2019 年高某某诉当当网信息技术有限公司一案中。高某某被诊断为"易性症患者",在做了性别重置手术以后休病假,单位以旷工为理由解除了劳动合同。在单位的辩护意见中,赫然出现下列文字:高某某所患疾病为易性症,当当公司的其他员工也表示无法与高某某一起工作。二审法院在判决书中明确表达了"社会宽容乃法治之福"的观念,认为要尊重变性人的人格、尊严及其正当权利。认定当当公司向高某某发送的函件中提及"精神病人发作,其他员工的恐惧、不安和伦理尴尬,如厕问题"等内容构成歧视。法院认为主流社会习惯于按照生物性别去理解社会,而总会有一些人按照自己的生活体验来表达性别身份,我们要改变态度,容忍多元化的生存方式。①

这个判决的表述具有里程碑的意义,清晰展现了对性别身份歧视的批判,然而对性别认同的平等对待,是否仍然要以"易性症"的存在为前提,应该如何看待跨性别的病理化,都远非这样一个判决所能解决的问题。

(二) 教育领域的多元性别平等

 **案 例**

民间公益组织"同城青少年资源中心"2014 年 8 月发布的《中国高校教科书中对同性恋的错误和污名内容及其影响调查报告》显示:在《变态心理学》《心理健康教育》等 90 本 2001 年后出版的教科书中,有 40% 的书将同性恋视为病态,有 50% 的专业书主张将同性恋治疗成为"正常"的异性恋,而心理健康教科书中则有 57.14% 将同性恋分为真性、假性和精神性。广东某高校一女同性恋者秋白(化名)向教育部申请公开其对此类教材的监管信息,但在法定期限内未获回

---

① 北京市第二中级人民法院民事判决书(2019)京 2 民终 11084 号。

应,于是 2015 年 8 月她将教育部告上法庭,北京市第一中级人民院受理了她的起诉。2015 年 9 月 10 日,秋白收到了教育部邮寄来的政府信息公开申请告知书,以及递交给法院的行政诉讼答辩状。对于公开信息"严重超期",教育部向北京市第一中级人民法院解释了延迟回复的理由:收发室在处理信件时,误将该信件投递至教育部下属事业单位教育部信息中心,未能及时答复非因故意回避或拖延,系工作失误。针对秋白要求的"教育部对高校使用教材的监管职能及对高校使用错误、不符合科学的教材的监督措施"的政府信息公开申请,教育部回应:高等学校具有编写和选用教材自主权,教育部不承担对高等学校教材编写和选用的审定职责。2015 年 12 月 25 日,秋白撤回诉讼,因为"起诉的基本诉求已达到"。①

这个案件被评为 2015 年中国十大宪法事例。言下之意,关于同性恋是不是病的问题,是一个事实问题。1973 年,美国精神病学会将同性恋从精神疾病的诊断列表中去除;1990 年,世界卫生组织也将同性恋去病理化;2001 年 4 月的中华医学会精神科学会的《中国精神疾病障碍分类与诊断标准》(CCMD-3)不再把同性恋视为精神疾病,但是在"性指向障碍"中,仍然保留了"自我不和谐的同性恋"。对自己的性倾向感到不安并寻求改变的同性恋者仍然被列为诊断对象。

然而从另外一个角度,把同性恋以及各种多元性别的身份或表达视为精神疾病却并不是价值无涉的,这种所谓的"病"一直都不缺乏各种社会力量的建构,以及主流排斥边缘的价值渗透,也就是说,科学所谓的"病"和民间所谓的"变态""恶心""道德败坏"有着千丝万缕的联系。

所以,很多心理学或者精神科的教材中把同性恋和跨性别病理化并推荐的各种所谓矫正性倾向的方法,与其说是犯了一个事实上的错误,不如说是对性倾向与多元性别的歧视。教育部应该在性别平等和多元性别的平等保护方面承担起更大的监管职责,条件成熟的情况下,应该有包括多元性别的"性别平等教育"的立法。

我国台湾地区的"性别平等教育法"第 18 条规定:学校教材之编写、审查及选用,应符合性别平等教育原则;教材内容应平衡反映不同性别之历史贡献及生活经验,并呈现多元之性别观点。第 19 条规定:教师使用教材及从事教育活动时,应具备性别平等意识,破除性别刻板印象,避免性别偏见及性别歧视,教师应

---

① 徐晓阳:《因教材"恐同"起诉教育部中大女生撤诉:基本诉求已经达到》,载澎湃新闻,http://www.thepaper.cn/newsDetail_forward_1421090,访问日期:2023 年 5 月 9 日;刁凡超等:《教育部承认答复中大女生"教材歧视同性恋"信息公开申请迟了》,载澎湃新闻,http://www.thepaper.cn/newsDetail_forward_1400646,访问日期:2023 年 5 月 9 日;邢丙银:《高校教材"污名"同性恋:教育部拒公开内情,女生起诉或立案》,载澎湃新闻,http://www.thepaper.cn/newsDetail_forward_1365275,访问日期:2023 年 5 月 9 日。

鼓励学生修习非传统性别之学科领域。这些规定不仅包含了性倾向与多元性别的平等，而且还督促各级教育主管机关成立性别平等教育委员会，研拟相关性别平等教育的法规、政策，协调各方资源，推动性别平等教育课程的教学与相关问题的研究与发展。这些内容可以为我们的教育领域的多元性别平等立法提供借鉴。

### 【问题与思考】

1. 我国弱势群体的权利保障主要存在什么问题？可以从哪些方面予以完善？
2. 我国社会弱势群体权利缺失体现在哪些方面？
3. 什么是社会性别主流化？其等同于禁止对妇女任何形式的歧视吗？
4. 新实体"联合国妇女署"的运作在哪些方面比其合并的四个机构的运作更有效？
5. 儿基会对全球儿童的权利保护作出了哪些贡献？
6. 我国儿童权利保护中存在的主要问题是什么？
7. 什么是儿童利益最大化原则？该原则在我国相关法律中是如何体现的？
8. 国际立法与国家立法在提高残障人权利保障方面起什么作用？
9. 我国采取了什么方法保障残障人权利实现？
10. 我国对弱势群体的权利保障取得了哪些成就？

### 【进一步阅读推荐】

1. 孔炜莉：《生态移民地区留守儿童权利保障》，社会科学文献出版社2021年版。
2. 薛宁兰：《社会性别与妇女权利》（第2版），社会科学文献出版社2018年版。
3. 丁勇、陈韶峰主编：《残疾儿童权利与保障》，南京师范大学出版社2015年版。
4. 赵树坤：《中国特定群体人权保护的理论与实践》，法律出版社2012年版。
5. 陈蕾、朱国辉主编：《公民维权"巧帮手"·特定群体权益保护篇》，中国民主法制出版社2010年版。
6. 王勇民：《儿童权利保护的国际法研究》，法律出版社2010年版。
7. 吴双全：《少数人权利的国际保护》，中国社会科学出版社2010年版。
8. 郑杭生主编：《中国人民大学社会发展研究报告2002：弱势群体与社会支持》，中国人民大学出版社2003年版。

9.《中国少数者权利状况考察》,北京大学法学院人权与人道法研究中心,2009年5月。

10.《中国农民权利状况考察》,北京大学法学院人权与人道法研究中心,2009年5月。

11.《中国艾滋病病毒感染者/乙肝病毒携带者权利状况考察》,北京大学法学院人权与人道法研究中心,2009年5月。

12. 朱媛:《论法律意义上弱势群体的相对性与确定性》,载《北京师范大学学报(社会科学版)》2014年第1期。

13. 杨海坤:《弱势群体权益公法保护的理论基础》,载《山东大学学报(哲学社会科学版)》2013年第6期。

14. Thomas Buergenthal et al., *International Human Rights in a Nutshell*, 3rd edition, West Group, 2002.

15. Gudmundur Alfredsson et al. (eds.), *International Human Rights Monitoring Mechanisms: Essays in Honour of Jakob Th. Möller*, Martinus Nijhoff Publishers, 2001.

16. Janet Benshoof, "Out-of-the-Box Approaches Advance Women's Rights", 23 *Perspectives* 3, 2015.

17. Stéphanie Hennette Vauchez, "More Women—But Which Women: The Rule and the Politics of Gender Balance at the European Court of Human Rights", 26 *European Journal of International Law* 195, 2015.

18. Loveday Hodson, "Women's Rights and the Periphery: CEDAW's Optional Protocol", 25 *European Journal of International Law* 561, 2014.

19. Mosope Fagbongbe, "The Future of Women's Rights from a TWAIL Perspective", 10 *International Community Law Review* 401, 2008.

20. Jane Fortin, "Accommodating Children's Rights in a Post Human Rights Act Era", 69 *The Modern Law Review* 299, 2006.

# 第七章　国际人权保护机制

国际人权保护机制,主要有两个体系,一个是以《联合国宪章》为基础的保护人权的体系,换言之,这些保护人权的机制是根据《联合国宪章》或者根据联合国的主要机关的决议建立起来的,其中主要包括人权理事会(过去是人权委员会)、联合国人权高专、联合国妇女署、联合国难民署、联合国儿童基金会等。另外一个体系就是以国际人权公约为基础建立的人权条约机构。例如,依据《公民和政治权利公约》建立的人权事务委员会,依据《儿童权利公约》建立的儿童权利委员会,依据《消除对妇女歧视公约》建立的消除对妇女歧视委员会,依据《残疾人权利公约》建立的残疾人权利委员会等。除了普遍的国际人权保护机制外,还有区域性机制,其中欧洲人权保护机制最为发达。但是从整体来看,目前国际人权保护机制还比较薄弱,有待进一步完善。

## 第一节　联合国人权保护机制

所谓联合国人权保护机制是指以《联合国宪章》为依据建立的机制,目前主要包括人权理事会、联合国人权高专、联合国难民署、联合国妇女署、联合国儿童基金会、联合国艾滋病毒/艾滋病联合规划署等机构所实行的机制。

### 一、人权理事会

(一) 历史背景

人权理事会是联合国大会的下设权力机构,其前身是人权委员会。

 **小知识**

**联合国人权委员会简介**

1946年2月16日,人权委员会根据经社理事会通过的决议建立。2006年3月22日,经社理事会通过决议,于当年6月16日正式解散人权委员会。

人权委员会是经社理事会下属的职司机构。它最初由18个成员国组成,后增加到53个。成员名额有地理分配:非洲,15个;亚洲,12个;拉美,11个;东欧,5个;西欧及其他地区,10个。人权委员会会员任期为3年,可以连选连任。人权委员会的职权主要包括:起草国际人权法案或国际人权宪章以及其他国际人权公约和宣言;就保护少数、防止歧视、其他人权问题,向经社理事会提交上述问题的提案、建议和报告。人权委员会每年春季在日内瓦召开会议,为期6周,除53个成员国外,联合国所有成员国均可派观察员参加会议。此外,联合国专门机构,其他国际组织,非政府组织(但需在联合国经社理事会取得咨商地位)可派代表作为观察员参加。观察员无表决权和答辩权。

联合国人权委员会自建立到解散的近60年的工作为推动国际人权保护所作出的贡献无论如何都是抹杀不了的。但是,正如联合国改革问题高级别名人小组在他们的报告中所指出的:近年来,人权委员会的信誉降低、专业精神减退,因此削弱了它履行这些职责的能力。尚未明确承诺增进和保护人权的国家是不可能制定加强人权的标准的。近年来各国谋求成为人权委员会的成员,不是为了增进人权,而是为了使本国免受批评,或是为了批评别国。如果人们认为人权委员会在处理人权问题时持有双重标准,那么它就无法享有信誉。[1] 联合国对人权委员会的改革已是大势所趋。

联合国改革问题高级别名人小组在他们的报告中建议扩大人权委员会,让所有国家参加,并建议人权委员会所有成员国指派有经验的知名人士担任其代表团团长。该报告还建议由一个咨询委员会或咨询小组协助人权委员会的工作。该咨询委员会或咨询小组将由大约15名独立专家组成,他们以个人身份工作,任期3年,可以连任1次。从长远的眼光看,该报告又建议建立"人权理事会"。[2] 联合国大会最终听取了第二个建议并于2006年3月15日通过了建立人权理事会的决议。

(二) 建立、组成和职能

人权理事会于2006年3月15日根据联合国大会通过的第60/251号决议[3]建立,取代上述人权委员会。人权理事会是联合国大会的附属机构,直接向联合国所有成员国负责。与过去作为职司机构的人权委员会相比,人权理事会是权力机构,地位得到提升,增加了阻止暴力、保护受害者和加强国家间合作的可能性。

人权理事会由47个成员国组成,经联合国大会所有成员国投票产生,当选者必须获得联合国大会成员半数以上的支持。对于人权理事会中严重并有计划侵犯人权的成员,经出席并在投票成员中有2/3多数成员投赞成票,联合国大会可决定暂时停止其在人权理事会的成员资格,这一机制是人权委员会所没有的。

---

[1] 《安南向联大提交〈更大的自由〉报告 就安全、发展、人权和联合国改革提出建议》,载联合国网站,https://news.un.org/zh/story/2005/03/31642,访问日期:2023年5月9日。

[2] 同上。

[3] A/RES/60/251,2006.

与过去的人权委员会不同,人权理事会成员国只能连任一次,这一机制有利于联合国的普遍性。

(三)普遍定期审议制度

 **小知识**

**普遍定期审议制度(UPR)简介**

普遍定期审议制度是人权理事会建立的联合国体系内独特的报告审议制度。在该制度下,所有联合国成员国每4年都要受到人权理事会的审议。普遍审议制度为联合国成员国提供了宣示其采取行动改善其国内人权状况、履行人权义务的机会。人权理事会的特点之一就是在人权状况问题上对每个成员国一律平等。

依据联合国大会60/251号决议,普遍定期审议是一个合作的过程,到2011年,每个成员国都应被审议一次。

普遍定期审议制度是联合国现存制度中唯一针对所有联合国成员国的审议制度,其目的是改善各国人权状况并指出任何对人权的侵犯。

人权理事会负责对所有联合国成员国履行人权义务和承诺的情况进行普遍定期审议。审议的原则是:范围普遍、平等对待;被审议国家的充分参与;补充其他人权机制;客观、透明、非选择性、建设性、非对抗、非政治化;充分的社会性别视角;所有利益相关者,包括非政府组织和国家人权机构的参与。

普遍定期审议以下述文件和法律为基础:《联合国宪章》《世界人权宣言》和成员国参加的人权公约;国家的自愿承诺;可适用的国际人道法。

被审议成员国的挑选标准是:人权理事会成员国在任期间都要受审议,因此任期一年或两年的应先被审议;人权理事会的成员国和观察员都应被审议;均衡的地域分配也是挑选时要考虑的因素。每审议一轮的间隔时间没有确定,只是规定了间隔要合理的原则。第一轮的定期审议时间为4年,即每年审议48个国家,4年审议完毕。在首轮审议中,中国作为理事会成员国已经于2009年2月9日被审议。

普遍定期审议的工作方法是:建立工作组,人权理事会主席担任工作组主席,工作组由47个成员国组成。此外还选派3个报告员,被审议国可以要求其中1个报告员与其来自同一地域。每个国家被审议的时间是3个小时(从第二轮审议周期起,审议时间延长为3.5小时),此外还有1个小时在人权理事会大会上考虑审议的结果。工作组用0.5小时通过每个受审议国的报告。但在审议与通过报告之间要留有合理的时间。最终结果将在人权理事会大会上通过。为资助发展中国家特别是最不发达国家参与审议,人权理事会专门建立了普遍定期审议自愿信托基金。

审议的最终结果包括下述主要内容:客观透明的评价;最好的实践;强调促进和保护人权方面的合作;在与相关国家商议并取得其同意的前提下,建议提供技术援助和能力建设;被审议国的资源承诺。结果通过之前需要征求各方意见,特别是被审议国的意见。

虽然根据《联合国宪章》的规定联合国大会及其下属机构作出的决议或意见均没有法律拘束力,但是被审议国仍然应当实施审议结果,以后的普遍定期审议设有普遍审议后续行动的事项。如果被审议国拒不实施审议结果,人权理事会将在用尽与国家进行合作的一切努力后公开一贯不合作的情况。

(四) 特别程序

特别程序是人权委员会建立的人权保护机制,该程序分为两种:国别的特别程序和专题的特别程序。人权理事会在建立后的 1 年之内对该程序审议后决定继续保留并予以接管。特别程序涉及包括公民权利、经济权利、政治权利和文化权利在内的所有人权领域。截止到 2023 年 5 月 9 日,专题任务共有 45 个[1],国别任务有 14 个[2];均由联合国人权高专办选派特别报告员或工作组并提供后勤和研究方面的支持。专题任务主要包括:任意羁押、自闭症、人权与跨国公司和其他工商业、文化权利、发展权、强迫或非自愿失踪、教育权、人权与环境、法外处决、食物权、外债与经社文权利、表达自由、和平集会和结社自由、有害物质影响、健康权、适当的住房、人权卫士、法官和律师独立性、土著人、国内流离失所者、促进民主和平等的国际秩序、人权与国际团结、麻风病、雇佣军(以雇佣军为手段侵犯人权并阻挠行使民族自决权问题)、移民与人权、少数者、老年人、极度贫困、隐私权、宗教或信仰自由、拐卖儿童、性取向与社会性别、奴役、反恐中的人权、酷刑、贩卖人口、真相和正义、对妇女的暴力、水与卫生、消除对妇女女童的歧视。国别任务中所涉及的国家是:白俄罗斯、柬埔寨、中非共和国、厄立特里亚、朝鲜民主主义人民共和国、伊朗、马里、缅甸、1967 年以来的巴勒斯坦被占领土、索马里和叙利亚。

(五) 人权理事会咨询委员会

这是人权理事会建立的新机构,它取代了过去人权委员会的促进和保护人权小组委员会。咨询委员会由 18 位来自世界五大区域(亚洲 5 位、非洲 5 位、东

---

[1] Thematic Mandates, available at https://spinternet.ohchr.org/ViewAllCountryMandates.aspx? Type = TM&lang = en,2023-5-9.

[2] Country Mandates, available at https://spinternet.ohchr.org/ViewAllCountryMandates.aspx? lang = en,2023-5-9.

欧国家 2 位、拉丁美洲和加勒比国家 3 位、西欧和其他国家 3 位)的专家组成,以个人身份任职,他们拥有人权领域公认的才干,德高望重并具有独立性和公正性。他们是人权理事会的智囊团,并在人权理事会的指导下开展工作。他们在这 5 个区域组推荐或认可的候选人中由人权理事会会议无记名方式选出,任期 3 年,可连任 1 次。

咨询委员会的职能是:在人权理事会要求的情况下,按照人权理事会所要求的方式和形式,并在人权理事会的指导下向人权理事会提供专家意见。咨询委员会可以在人权理事会规定的工作范围内向人权理事会提出进一步提高程序效率和进一步开展调查的建议;在提出实质性意见时,要得到人权理事会的请求,并且要遵循人权理事会发出的具体制度方针。人权理事会对咨询委员会的限制还是很严格的,例如"不得通过决议或决定""非经理事会授权不得设立附属机构"。又如,与过去的促进和保护人权小组委员会相比,咨询委员会不参加个人来文遴选程序。

(六) 申诉程序

2007 年 6 月 18 日,人权理事会通过了主席案文《联合国人权理事会:体制建设》,并据此建立了新的申诉程序。申诉程序是在改进人权委员会"1503 程序"的基础上建立的。为了该程序的公正和高效,人权理事会下设两个工作组,即来文工作组和情势(或情况)工作组。

来文工作组由 5 名成员组成,他们来自上述五大区域组,每组 1 名,由咨询委员会指定,在指定时要适当顾及性别平衡。来文工作组负责对指控某国家一贯严重侵犯人权和基本自由的来文作出是否受理的决定,对侵权案情的实质进行评估并提出建议。然后来文工作组将载有可受理来文和提出的建议交给情势工作组。如需对其中的案例作进一步建议,来文工作组可在会议结束后继续保持对该案的审议并请所涉国家提供补充资料。来文工作组每年召开 2 次会议,每次会期为 5 个工作日。

来文的可受理性标准是:来文是由声称自己是侵犯人权和基本自由的行为的一个或一群受害者提交的,或是由对侵犯人权的情况直接并可靠了解的人或非政府组织提交的;无明显的政治意图并且其宗旨符合《联合国宪章》《世界人权宣言》和其他人权文件;所述案件似乎显示存在一贯严重侵犯人权并且已经得到可靠证实的情况;目前尚未被一个特别程序、人权条约机构、联合国其他人权申诉程序或类似的区域申诉程序受理;已用尽国内补救办法等。这些标准基本上与人权委员会"1503 程序"相似,只是对案件的要求删掉了"大规模",只要求案件属于"一贯严重侵犯人权"。

情势工作组由 5 名成员组成,由每个区域各指定 1 名。他们以个人身份任职。情势工作组负责在来文工作组提供的资料和建议的基础上,向人权理事会提出关于一贯严重侵犯人权和基本自由并已经得到可靠证实的情势的报告,并负责向人权理事会提出应采取的行动的建议。采取行动的建议包括:停止对有关情势的审议;继续保持审议,并请所涉国家在合理时间内进一步提供资料,继续保持审议并任命一位独立高级专家检测该情势并向人权理事会提出报告;停止以秘密方式审议,改为公开审议;建议联合国人权高专向所涉国家提供技术合作、能力建设援助或咨询服务。

人权理事会每年至少审议一次情势工作组向其提出一贯严重侵犯人权和基本自由的情势,审议以秘密方式进行,但另有规定的除外。如果情势工作组建议人权理事会公开审议某一情势,人权理事会应当在下一次会议优先考虑此建议。

申诉程序所涉及的国家要与两个工作组和人权理事会合作,对于工作组或人权理事会的任何要求,应在要求提出后不迟于3个月的时间内用联合国六种正式语言之一尽力作出实质性答复。但必要时,所涉国家可要求延长该时限。为确保申诉程序的高效和及时,从申诉程序专呈所涉国家到人权理事会开始审议,间隔时间不得超过24小时。

## 二、其他联合国人权机构

### (一) 联合国人权高专

设立联合国人权高专的想法,首次被提出是在1947年起草《世界人权宣言》时,当时联合国秘书处人权司司长卡赞(Rene Cassin)先生提出在联合国设立专门负责人权事务的高级官员职位(attorney general)。之后又有过多次类似的提议,特别是1965年哥斯达黎加向联合国大会提交的关于"联合国人权高级专员的选举"的决议草案。那是首次在《联合国宪章》的框架下提出设立高级专员的职位并在人权委员会和经社理事会得到通过。[①] 但是,此事后来被搁置起来。在筹备1992年世界人权大会时,设立联合国人权高专的建议又一次被提出,并终于在1993年根据联合国大会关于"促进和保护人权高级专员"的决议[②] 建立起来。

联合国人权高专是联合国的主要人权官员,是联合国秘书长的下属。联合国人权高专的选派由联合国秘书长提名,经联合国大会批准。任期为4年,可以连任1次。到目前为止,已有8任人权高专。

---

① See Bhaswati Mukherjee, "United Nations High Commissioner for Human Rights: Challenges and Opportunities", in Gudmundur Alfredsson et al. (eds.), *International Human Rights Monitoring Mechanisms: Essays in Honour of Jakob Th. Möller*, Martinus Nijhoff Publishers, 2001, pp. 391-402.

② A/RES/48/141,1993.

**资 料**

**历届联合国人权高专**

蒂尔克(Volker Türk)先生(奥地利,2022—现在);

巴切莱特(Verónica Michelle Bachelet Jerlia)女士(智利,2018—2022);

侯赛因(Zeid Ra'ad Al Hussein)先生(约旦,2014—2018);

皮莱(Navanethem Pillay)女士(南非,2002—2014);

阿博(Louise Arbour)女士(加拿大,2004—2008);

兰姆查兰(Bertrand Ramcharan)先生(代理高专,圭亚那,2003—2004);

德米罗(SergioVieira de Melo)先生(巴西,2002—2003);

鲁滨逊(Mary Robinson)夫人(爱尔兰,1997—2002);

阿亚拉拉索(Jose Ayala-Lasso)先生(厄瓜多尔,1994—1997)

联合国人权高专在联合国总部纽约有办事处,此外在许多国家和地区均设有驻地代表(处),截至2021年12月月底,共有96个驻地代表(处)。

根据联合国大会第48/141号决议(1993)的规定,联合国人权高专的主要职责包括:促进和保护各种人权;对要求援助的国家提供人权领域的咨询和技术、财政支持;在人权领域的联合国教育和公共信息计划方面进行协调;消除全面实现人权的障碍;在保障对人权的尊重方面与政府对话;为促进和保护人权增强国际合作。

(二) 联合国难民署

 **小知识**

**联合国难民署简介**

1950年12月14日,联合国难民署由联合国大会建立,其任期为3年,到期解散。1951年7月28日,联合国《关于难民地位的公约》通过。1956年联合国难民署第一次面临由苏联军队镇压匈牙利革命造成的重大危机。从此,难民事件接连不断,再也没有人提过联合国难民署没有必要存在下去的主张。因此,其工作期限以5年为期并不断延续下来。联合国难民署是世界上主要的国际人道机构之一,截至2022年10月9日,遍布132个国家的18 000名工作人员为难民提供着帮助。在建立后的多半个世纪中,联合国难民署共为超过5 900万人提供了援助,并在1954年和1981年两度荣获诺贝尔和平奖。

联合国难民署是联合国大会的下属机构,其执行委员会由98名成员组成。现任难民高级专员是来自意大利的菲利普·格兰迪(Filippo Grandi)先生。他从

2016 年开始就任,有过 30 多年与难民和人道主义相关的工作经验。

联合国难民署负责领导和协调国际行动,在全世界保护难民和解决难民问题。联合国难民署确保:人人能够享有在另一国寻求庇护和安全避难,以及自愿返回家园的权利。联合国难民署也针对难民的困苦境况,协助他们返回本国或另一国定居,以寻求持久的解决办法。联合国难民署的任务得到《联合国难民署章程》的授权,以 1951 年联合国《关于难民地位的公约》及其 1967 年的议定书为指导方针。

联合国难民署的建立与挪威科学家和探险家弗里德约夫·南森(Fridtjof Nansen)的名字有着密切联系。因为他是 1921 年国际联盟设立的难民事务高级专员,专门负责救援并保护第一次世界大战造成的难民。国际联盟保护难民的一个重要举措是向他们颁发旅行证件,称为"南森护照"。第二次世界大战后产生了几个新的难民援助机构:联合国救济及复原管理办事处和国际难民组织,联合国难民署是在这些机构的基础上建立的。

联合国难民署的主要职责是在世界范围内保护难民,包括使他们得到临时的安全避难,通过帮助他们返回家园、协助他们在另一国定居等方法,持久地解决他们的问题。截止到 2019 年年底,全世界有 7 950 万被迫背井离乡的人,其中 2 600 万是难民,在这些难民中超过一半都是儿童。①

联合国难民署在北京和香港均设有办事处。中国于 1982 年加入了 1951 年《关于难民地位的公约》及其 1967 年议定书。由于 1978 年至 1979 年间大约 26 万来自越南的难民涌入中国,联合国难民署于 1980 年 2 月在中国建立了办事处,并于 1997 年将其升格为地区代表处,升格的代表处负责中国内地、香港特别行政区、澳门特别行政区和蒙古国的难民事务。除 26 万越南难民外,中国还先后给予泰国和老挝的难民以难民地位,对这些难民的大多数进行了重新安置、返回家园或融入当地社会的安排。

联合国难民署在香港的办事处正式建于 1979 年,在此之前是 1952 年建立的临时办事处。1979 年正式建立办事处是因为 1975 年以后大量难民涌入香港,最多时超过 21 万人。在香港办事处与香港政府的努力下,先后有 143 000 难民从香港重新安置到其他国家,67 000 人被遣送回到越南,其余的人均成为香港当地居民。最后一所难民营于 2000 年关闭,从而彻底解决了越南在香港的难民和船民问题。联合国难民署在澳门虽然没有建立办事处,但澳门参与了难民地位甄别程序。联合国难民署在澳门提供培训和关于制定特别行政区难民立法或行政法规方面的咨询。

---

① 参见《数据一览》,载联合国难民署中国网站,https://www.unhcr.org/cn/%e6%95%b0%e6%8d%ae%e4%b8%80%e8%a7%88,访问日期:2023 年 5 月 9 日。

### (三) 联合国妇女署

联合国妇女署(UN Women),全称是"联合国促进两性平等和妇女赋权实体",这是一个根据联合国大会决议(A. RES/64/289)建立的混合实体(详见本书第六章)。

联合国妇女署驻华办事处一直以来在中国积极开展工作,现有工作人员22名,现任国别主任是来自尼泊尔的安思齐(Smriti Aryal)。联合国妇女署驻华办事处把保障和促进妇女人权作为其工作的中心,主要围绕四个重点领域开展工作:第一,消除针对妇女的暴力;第二,提高妇女的领导力和政治参与能力;第三,在经济领域对妇女赋权;第四,促进在国家计划和预算方面的性别视角。此外,他们的工作还包括:从社会性别的视角面对气候变化和环境影响;消除艾滋病女性化;运用媒体促进社会性别平等。[①]

### (四) 联合国儿童基金会

第二次世界大战期间及战后造成的大量难民中有相当一部分是儿童,他们成为亟须得到保护的最弱群体。1946年,联合国解救康复管理机构建立了"国际儿童急救基金"(International Children's Emergency Fund, ICEF)。1946年12月11日,联合国大会通过决议,决定建立联合国儿童基金会(UNICEF,以下简称儿基会),以便对全世界的受难儿童进行紧急援助。随着儿基会活动范围的变化,联合国大会于1950年通过决议,决定扩展儿基会使命的范围,强调对欧洲以外区域儿童的支持。1953年,儿基会已经发展成为联合国的常设机构,其官方名称中"国际"和"急救"被删去了,但是缩略语仍然保留了"I"和"E",因此儿基会的英文缩略语还是UNICEF。

70多年来,儿基会的活动不仅包括支持国际和国内武装冲突中受难或成为难民的儿童,还包括帮助不发达国家贫民窟和棚户区的儿童;儿基会资助的项目涉及儿童生活的各个方面,包括卫生与健康、教育(包括正规学校教育和非正规的农村儿童教育)等各种领域。

儿基会在几乎所有国家开展工作,与中国政府的合作从1979年就开始了。儿基会在中国设有办事处。40多年来,儿基会与中国政府在许多领域开展各种资助项目,为维护和促进中国2.7亿儿童的权利和福祉作出了很大贡献。以《儿童权利公约》和联合国可持续发展目标为指引,儿基会驻华办事处致力于促进实现11个与儿童相关的目标:无贫穷、零饥饿、良好健康与福祉、优质教育、性别平等、清洁饮水与卫生设施、减少不平等、可持续城市和社区、气候行动、和平

---

① 欲了解更多联合国妇女署驻华办事处的情况,请访问联合国妇女署驻华办事处网站,https://asiapacific.unwomen.org/en/countries/china/chinese/un-women-chinese。

正义与强大机构、促进目标实现的伙伴关系。①

（五）联合国艾滋病毒/艾滋病联合规划署

联合国艾滋病毒/艾滋病联合规划署（以下简称联合国艾滋病规划署）是1996年1月1日在日内瓦正式成立的。作为联合国改革的典范，该机构是联合国唯一的由11个联合国机构组成的联合规划署，这些机构包括：儿基会、联合国开发计划署、联合国人口基金、联合国教科文组织、世界银行、联合国难民署、世界粮食计划署、联合国毒品与犯罪事务办公室、联合国妇女署、国际劳工组织和世界卫生组织。该机构也是唯一一个在其管理层有公民社会代表参加的联合国机构。

建立联合国艾滋病规划署的主要目的是通过与联合国其他相关机构以及全世界、各地区、各国和地方进行合作，最终消灭艾滋病。该机构致力于解决与艾滋病/艾滋病毒相关的问题。它时刻将艾滋病人和艾滋病毒携带者置于其决策的首要位置并将其作为其设计、施行和监控艾滋病反应（AIDS response）机制的核心，为各国和社区能够走上结束艾滋病的快车道而努力进行规划和指引。

联合国艾滋病规划署为服务于解救艾滋病人生命的政府、私营部门和社区提供策略指引、动员和协调，并为促进和联结领导层之间的关系提供必需的技术支持。此外，它还为全世界、各地区、各国和地方提供有用的信息，包括更新艾滋病流行的重要信息，以便建立有效的艾滋病反应机制。

1996年年初，联合国艾滋病规划署在华设立办事处，是首批国家办事处之一。办事处的主要职责是向政府、私营部门和社区提供协调和支持，开展倡导和动员工作。②

（六）与人权相关的其他机构和设置

1. 防止灭绝种族罪行特别顾问

20世纪90年代发生在卢旺达和巴尔干地区的种族灭绝惨剧从反面告诉联合国必须努力防止这种惨剧的发生。2001年，安理会邀请联合国秘书长向安理会提交在联合国体系内关于严重违反国际法的案件和那些由种族、宗教和领土争端或其他问题引起的潜在冲突情势的情报和分析。为了完成此项请求，联合国秘书长于2004年委派了防止灭绝种族罪行特别顾问。第一任特别顾问是美国的袁·曼德兹先生（Juan Mendez, 2004—2007）；第二任是弗朗西斯·登格先生（2007—2012）；第三任为阿达马·迪昂先生（Adama Dieng, 2012—2020）；现

---

① 欲了解更多儿基会驻华办事处的工作情况，请访问儿基会中国网站，https://www.unicef.cn/。
② 欲了解更多联合国艾滋病规划署在华办事处的活动，请访问联合国艾滋病规划署中国网站，http://www.unaids.org.cn/。

任防止灭绝种族罪行问题特别顾问是艾丽斯·瓦伊里穆·恩德里图（Alice Wairimu Nderitu）女士。

防止灭绝种族罪行问题特别顾问的主要职责是：在联合国体系内收集由种姓和种族引起的严重侵犯人权和违反国际法的情报，这些侵犯和违反如果不予防止或停止将导致种族灭绝；作为联合国秘书长的早期预警机制，就潜在的可能导致种族灭绝的情势提起联合国秘书长的注意，进而提起安理会的注意；通过联合国秘书长向安理会提出防止或停止种族灭绝的建议；在防止种族灭绝的行动中与联合国体系联络，提高联合国分析和处理关于灭绝种族或相关罪行情报的能力。为了更好地完成任务，2006 年联合国秘书长安南任命了预防种族灭绝顾问委员会。该委员会的主要工作是指引并支持防止灭绝种族罪行问题特别顾问的工作。

2. 负责儿童与武装冲突问题的秘书长特别代表

为使国际社会更多地关注在武装冲突中陷入悲惨境遇的儿童，儿童权利委员会建议任命一位独立专家来研究武装冲突对儿童的影响。据此，联合国大会于 1993 年 12 月 20 日通过 48/157 号决议，提议联合国秘书长作此任命。来自莫桑比克的格拉萨·马谢尔（Graca Mache）夫人于 1994 年获得任命，此前她是莫桑比克的教育部部长。作为独立专家，马谢尔夫人在联合国难民署和联合国人权事务中心的支持下展开了 2 年的研究工作，并于 1996 年在第五十一次联合国大会上向大会提交了题为《武装冲突对儿童的影响》的报告，以下简称《马谢尔报告》。作为对该报告的回应，联合国大会通过了 51/77 号决议，建议联合国秘书长任命一位任期 3 年的特别代表来负责研究武装冲突对儿童影响的工作。1997 年，联合国秘书长宣布任命来自乌干达的奥拉拉·奥图诺（Olara Otunnu）先生作为首任负责儿童与武装冲突问题的秘书长特别代表。现任（即第四任）特别代表是来自阿根廷的弗吉尼亚·甘巴（Virginia Gamba）女士。

特别代表的主要使命是成为树立遭受战争蹂躏的儿童需求意识的倡导者，提出加强对战争中儿童进行保护的想法和方法的促进者，召集联合国内外的主要行为人以便提高更加一致、有效的反应能力的召集者，采取人道和外交手段解除政治困境的调解者。

3. 冲突中的性暴力问题秘书长特别代表

2017 年 4 月 12 日，联合国秘书长任命来自毛里求斯的普拉米拉·帕滕（Pramila Patten）女士担任冲突中的性暴力问题秘书长特别代表职务。① 冲突中

---

① 欲了解更多联合国秘书长的特别顾问和特别代表的信息，请访问联合国秘书处的网页，https://www.un.org/en/about-us/secretariat。

性暴力问题秘书长特别代表办公室依安理会第(SCR)1888(2009)号决议于2010年4月,自瑞典的首任代表玛格·沃尔斯特朗姆(Margot Wallström)女士建立。2012年,来自塞拉利昂的扎伊娜卜·哈瓦·班古拉(Zainab Hawa Bangura)接替了沃尔斯特朗姆,成为第二任代表。

冲突中的性暴力问题秘书长特别代表的主要使命包括:第一,转变对冲突中性暴力行为有罪不罚的现象,通过坚持不断追诉和建立正义和问责文化,防止冲突中的强奸犯脱出法网;第二,在所在国建立以幸存者为本的反应机制,该反应机制应该以所在国为主导,因为只有以幸存者为本的反应机制才能促进她们康复,优先考虑她们的权利、需求和愿望;第三,探究冲突中对妇女的暴力问题的根本原因——机构性社会性别不平等和歧视、贫困和边缘化是战时和平时的隐性原因。

此外,联合国人口与发展委员会、联合国非政府组织委员会、联合国土著人问题常设论坛、联合国粮农组织、国际劳工组织、联合国教科文组织等都是与人权相关的机构或专门机构。

### 三、人权条约机构

#### (一) 人权条约机构概述

目前联合国核心人权公约主要有9个:《经社文权利公约》《公民和政治权利公约》《消除对妇女歧视公约》《消除种族歧视公约》《儿童权利公约》《禁止酷刑公约》《移徙工人权利公约》《残疾人权利公约》和《免遭失踪公约》。这几个人权公约建立了10个执行公约的机构,即相应的人权条约机构:① 经社文权利委员会(Committee on Economic, Social and Cultural Rights, CESCR)[①];② 人权事务委员会(Human Rights Committee, HRC);③ 消除对妇女歧视委员会(Committee on the Elimination of Discrimination against Women, CEDAW);④ 消除种族歧视委员会(Committee on the Elimination of Racial Discrimination, CERD);⑤ 儿童权利委员会(Committee on the Rights of the Child, CRC);⑥ 禁止酷刑委员会(Committee against Torture, CAT);⑦ 防止酷刑小组委员会(Subcommittee on Prevention of Torture and other Cruel, Inhuman or Degrading Treatment or Punishment, SPT);⑧ 移徙工人委员会(Committee on the Protection of the Rights of All Migrant Workers and Members of Their Families, CMW);⑨ 残疾人权利委员会(Committee on the Rights of Persons with Disabili-

---

① 应当注意的是,经社文权利委员会不是根据相应国际人权公约而是依据作为联合国主要机关之一的经社理事会通过的决议(Resolution 1985/17 of 28 May 1985)建立的。

ties，CRPD）；⑩ 强迫失踪问题委员会（Committee on Enforced Disappearances, CED）。上述人权条约机构均设立在日内瓦，并从位于日内瓦的联合国人权高专办的条约和委员会部门获得相关的秘书服务。①

这些人权条约机构的主要任务是监督缔约国履行公约义务。它们与联合国的人权机构的主要异同是：

（1）人权条约机构是根据相关人权条约建立的为监督缔约国在国际和国内（主要是在国内）执行该人权条约从而保护人权的机构。联合国的人权机构是根据《联合国宪章》和联合国主要机关的决议建立的促进和保护人权的机构，并不以任何人权条约为基础。这一区别的意义在于：人权条约机构的职权范围仅局限于参加了该条约或任择议定书的缔约国，对第三国没有管辖权。而联合国的人权机构职责所涉及的范围及于所有联合国成员国。②

（2）人权条约机构是由以个人身份工作的人权专家组成的，他们不代表任何国家或组织。联合国的人权机构则是由联合国成员国指派的代表组成的，是政府间官方机构。

（3）人权条约机构与联合国人权机构的相同之处是：它们都不是司法机构，它们对审理的案件作出的决定或提出的意见没有法律的拘束力。概括起来人权条约机构有如下一些特点：

第一，独立性。由人权专家组成的人权条约机构有相对的独立性，有利于个人人权的保护。

第二，专业性。由于人权条约具有一定的专门领域，人权条约机构处理的人权问题也具有一定的专业性，除两个人权公约外，其他都是涉及人权某一领域的内容，例如妇女、儿童、种族歧视和酷刑等。

第三，规范性。由于人权条约机构是在相关人权条约的基础上建立的，其职权、活动的范围等都必须以条约为基础，因此比较规范。

（二）人权条约机构的人权保护机制

1. 报告制度

这是除禁止酷刑委员会外，9 个人权条约机构普遍实行的一种比较有效的制度。缔约国一般是在相关人权条约对其生效后 1 年内向相关人权条约机构提交首次报告，以后定期提交，间隔时间从 2 年到 5 年不等，依相关人权条

---

① 但由于 CEDAW 与联合国妇女地位委员会的密切关系，自其建立后的几十年来一直将其办公地点设在联合国总部，直到 2008 年联合国改革方案实施后才正式搬到日内瓦。

② 这使人权理事会受理个人来文的权力范围不受任何人权条约的限制，因此与人权条约机构相比占有很大优势。

约的具体规定而定。① 2002年,人权事务委员会废除了每4年报告一次的惯例,采取了一个新的做法,即在审议报告之后作出的总结性意见中说明该缔约国下一次提交报告的最后期限。② 有的人权条约要求缔约国除了提交定期报告外还要随时按人权条约机构的要求提交报告,一般称为"特别报告"。③

报告制度是人权条约执行机制中唯一的具有强制性的制度,即国家没有任何选择的余地,只要参加了上述公约中的任意一个,就必须提交报告并接受人权条约机构审议报告的权力。

虽然在效力和效率等方面常常受到批评,但是报告制度的作用还是不能低估的。

其一,报告制度迫使缔约国彻底地反映它是否以及如何在国内法律制度中履行人权条约规定的义务。报告制度之所以重要是因为人权条约的执行主要取决于缔约国政府在国内对其条约义务的履行。一些国家认真对待报告制度,报告的内容比较全面,不仅有法律上的,也包括事实上的人权状况,同时还包括执行中存在的困难和问题。有一些政府在准备报告时还吸收一些非政府组织和研究机构参与以便增强报告的确切性和客观性。为了便于缔约国履行报告义务,有些人权条约机构通过了编写初期和定期报告内容和方式的指南。④ 此外,在联合国的咨询服务和技术合作项目中,缔约国会与独立的人权研究所合作组织研讨班,为准备报告训练政府官员。

其二,报告制度是人权条约机构与缔约各国建立对话联系的渠道。所有的报告都由人权条约机构公开审议,一般有相关国家的代表在场。人权条约机构审议报告一直坚持以建设性对话为基础的原则。在审议报告的过程中,人权条约机构充分听取相关国家代表的陈述。在审议之后作出的结论性意见中,人权条约机构尽量采取温和的措辞,以便维持良好的对话关系。⑤

随着联合国机制改革的逐渐深入发展,人权条约机构的报告体系也进行了一些改革尝试。值得一提的有两个方面:

---

① 报告周期具体为,每二年:CERD;每四年:CCPR、CEDAW、CAT、CRDP;每五年:CESCR、CRC、CMW;根据《免遭失踪公约》第29条的规定,CED没有要求缔约国递交定期报告。
② 该调整是根据2002年7月16日通过的《人权事务委员会第30号一般性意见:缔约国的报告义务》作出的。
③ 参见《公民和政治权利公约》第40条第1款;《消除对妇女歧视公约》第18条第1款(b);《移徙工人权利公约》第73条第1款(b)。
④ 如1989年2月24日通过的《经社文权利委员会第1号一般性意见:缔约国的报告》。
⑤ 各人权条约机构的总结性意见都十分注意这个问题,以避免与缔约各国发生不必要的对抗。总结性意见首先表扬报告的积极方面,然后用婉转的措辞指出存在的问题。根据问题的严重程度通常使用的词汇分别是:"注意到""关切地注意到""严重关切地注意到"等。

第一是共同核心文件。各缔约国提交一份与履行其所批准或加入的所有人权条约相关的本国基本情况的文件,其中包括:关于本国的一般资料,例如人口、经济、社会和文化特征,宪制,政治及法律框架等;关于本国保障和促进人权的概况,例如保障和促进人权的框架等。各缔约国提交的共同核心文件是提交给所有相关人权条约机构的,这一改革减少了缔约国的负担。提交了这个共同核心文件,以后的定期报告中就不用包含这部分内容了。但是,各个缔约国应及时更新其共同核心文件,使其能够反映本国基本情况的新发展和新变化。

第二是简化报告程序。未经简化的程序(以下简称一般程序)是先由缔约国递交报告,再由人权条约机构根据缔约国的报告提出一个问题单,缔约国书面回答问题并提交给人权条约机构现场审议(人权条约机构与缔约国之间的对话),由人权条约机构提出总结性意见,最后是缔约国落实总结性意见。简化报告程序的第一步是由人权条约机构向缔约国提出一个问题单(List of Issues Prior to Reporting Procedure, LOIPR),再由缔约国根据问题单撰写定期报告,后面的程序就和一般程序一样了。根据简化报告程序,最大的改变是缔约国不是主动提交定期报告而是要根据人权条约机构的问题单提交报告。

目前,由于共同核心文件减轻了缔约国的负担,该做法已经在所有人权条约机构普遍施行。但是由于简化报告程序是由缔约国选择使用的,现在还是与一般程序并行存在的。

**思　考**

简化报告程序与一般报告程序的主要区别是什么?

从 20 世纪 80 年代中开始,人权事务委员会的成员针对有关国家的人权作出具有准结论性的意见就成为人权事务委员会的普遍实践。1992 年 4 月开始,人权事务委员会作为一个整体对每一个国家的报告都要以协商一致的方式通过关于国家报告的结论性意见。① 结论性意见一般由以下部分组成:第一,一般性介绍,即介绍缔约国提交报告的主要内容,以及审议报告的情况;第二,积极方面;第三,影响公约履行的因素及困难;第四,人权事务委员会要关注的问题;第五,人权事务委员会的具体意见和建议。

---

① 提出结论性意见的做法在其他人权条约机构也是普遍实践。

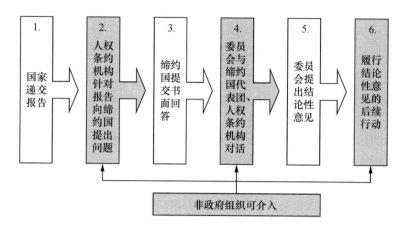

图 7.1 缔约国报告审议一般程序流程图

 **思　考**

非政府组织如何参与缔约国报告程序并积极发挥作用？

2. 国家对国家的指控制度

这是人权条约普遍作出规定的制度。一般为任择性质，即在相关人权条约中有一个条款规定这一制度，缔约国可以随时作出声明接受这一制度，否则对缔约国无效。这就意味着，被指控的国家必须是声明接受此制度的条约缔约国，否则委员会不得受理。只有《消除种族歧视公约》（第 11 条）规定对国家指控制度不是任择性质的。这就意味着所有批准了该公约的缔约国都自动地接受了这一制度，而且原则上这一条是不能保留的（第 20 条第 2 款）。所有人权条约都有关于国家对国家指控的规定。下面以《公民和政治权利公约》为例，简单予以介绍：

《公民和政治权利公约》第 41 条规定：缔约国可以随时声明承认委员会有权接受和审议一缔约国指控另一缔约国不履行条约义务。根据这条规定，委员会在提出指控国和被指控国都已声明承认委员会有权接受指控的情况下，才可以受理该项指控。

即使使用该程序，委员会的作用也仅限于谋求有关国家之间的友好解决，如果不能得到友好解决，就成立一个由 5 个人组成的和解委员会，和解委员会的成立要得到相关国家的同意，其作用仍然是提出友好解决的意见，而且该意见没有法律拘束力。

2018 年消除种族歧视委员会首次受理了《消除种族歧视公约》生效近半个

世纪以来首次国家对国家的指控,并打破了所有人权条约机构此类指控制度的零实践纪录。卡塔尔于 2018 年根据《消除种族歧视公约》第 11 条分别控告了沙特阿拉伯和阿拉伯联合酋长国;同年巴勒斯坦控告了以色列,从而打破了几十年来国家对国家控告零实践的局面。①

3. 个人来文制度

个人来文制度是《消除种族歧视公约》首先建立起来的制度,现已基本在 9 个核心人权公约中普及。② 所谓个人来文(individual communications)是指人权遭到侵犯的个人向人权条约机构提交的控告信。

在起草《公民和政治权利公约》时,是否建立个人来文制度是一个争议很大的问题,最后采取了折中的办法,即在单独的任择议定书中对个人来文制度作出规定。③ 这是一个比较有效的准司法程序。④

根据《第一任择议定书》第 1 条和第 2 条的规定,只有个人可以向委员会提出申诉,团体或非政府组织以及其他实体均不得向委员会提出申诉。因此,关于自决权的申诉不能适用个人来文程序。

个人来文的可受理性标准是比较严格的,要求不能是匿名的,不能滥用申诉权或违反任择议定书的规定。没有时间的限制,但是要求用尽当地救济。⑤ 此外,议定书还要求不能同时向不同的国际人权机构提出申诉。

---

① "Inter-State Communications", available at https://www.ohchr.org/en/treaty-bodies/cerd/inter-state-communications,2023-5-9. 出现国家对国家指控的案例与《消除种族歧视公约》的相关规定没有选择性有很大关系。目前为止,其他人权条约机构尚未出现类似案例。但是,与普遍性人权条约机构不同,欧洲人权法院的国家对国家指控制度在"冷战"时期不仅曾经多次被使用,而且还有一定效果。自从 1957 年第一个案例(希腊控告英国)以来,已经有 20 多个国家间控告的案件。"Inter-State Applications", available at https://echr.coe.int/Pages/home.aspx? p=caselaw/interstate&c= ,2023-5-9.

② 《移徙工人权利公约》的投诉机制部分尚未生效,《儿童权利公约关于设定来文程序的任择议定书》已于 2011 年 12 月 19 日通过,并于 2014 年 4 月 14 日(在达到 10 个批准国的规定 3 个月之后)生效。

③ 在 7 个已经建立和 2 个正在建立个人来文制度的国际人权公约中,有 5 个是通过任择议定书的方式建立的,即《公民和政治权利公约》《经社文权利公约》《消除对妇女歧视公约》《残疾人权利公约》和《儿童权利公约》;其他 4 个都是通过条约本身的任择条款建立的,即《消除种族歧视公约》第 14 条、《禁止酷刑公约》第 22 条、《移徙工人权利公约》第 77 条和《免遭失踪公约》第 31 条。

④ 关于《公民和政治权利公约》的个人来文制度,详见 Alfred de Zayas, "The Examination of Individual Complaints by the United Nations Human Rights Committee under the Optional Protocol to the International Covenant on Civil and Political Rights", in Gudmundur Alfredsson et al. (eds.), *International Human Rights Monitoring Mechanisms: Essays in Honour of Jakob Th. Möller*, Martinus Nijhoff Publishers, 2001, pp.67-121;关于《消除种族歧视公约》的个人来文制度,详见 Theo van Boven, "CERD and Article 14: The Unfulfilled Promise",载同上书,第 153—166 页;关于《禁止酷刑公约》的个人来文制度,详见 Bent Sorensen, "CAT and Articles 20 and 22",载同上书,第 167—183 页。

⑤ 参见《第一任择议定书》第 5 条第 2 款丑项的规定。

**小知识**

用尽当地救济是国际法上外交保护中常用的概念,意思是在国家为行使外交保护权将一项争端提交国际机构解决之前必须穷尽国内各种救济程序。在个人来文制度中,用尽当地救济是指人权条约机构受理来文的条件之一是来文作者必须在来文所针对的国家内穷尽一切救济程序,除非救济办法有"不合理的拖延"。

根据《第一任择议定书》第 4 条,一旦委员会决定申诉是可以接受的,来文的情况将通知给被控告的国家,要求国家在接到通知的 6 个月内书面向委员会提出解释或声明,说明原委。如果该国已经采取了救济办法,也一起作出说明。

委员会要根据个人和国家提供的一切书面材料对来文进行审议,审议是秘密的,并仅仅在双方书面材料的基础上进行。审议之后向个人和有关国家提出解决的意见。因此,整个过程没有口头答辩,没有证人证据的审议,没有事件调查程序。

关于案件的处理意见,将作为"最后的意见"(final views)包括在委员会的年度报告中,向世人公布,而且是全文公布,其中包括委员会成员的反对意见和个别意见。如果委员会认为《公民和政治权利公约》的规定被违反了,它会建议有关国家对受害者提供救济,例如释放被关押的人,给予适当金钱赔偿,或者采取适当措施以免类似事件再发生等。但是,有些国家不遵守这些意见。为此,委员会于 1990 年委派了一个特别报告员,专门对监督国家遵守委员会提出的"最后意见"的问题进行研究。① 尽管委员会的建议没有法律的拘束力,但多数情况下均能得到执行。对于不执行的缔约国,委员会可以在审议缔约国报告的过程中给相关国家施加压力。

4. 颁布一般性意见/建议

除上述关于个别国家的意见(或评论)外,人权条约机构还根据相关人权条约的规定作出一般性意见或评论。评论是针对缔约各国整体的,不针对任何个别国家。以人权事务委员会为例,根据《公民和政治权利公约》第 40 条第 4 款的规定,委员会应研究公约各缔约国提出的报告,并应把它自己的报告以及它可能认为适当的一般建议送交各缔约国。委员会从建立之初就开始颁布一般性建

---

① 该特别报告员的研究结果见人权事务委员会 1990 年度报告, CCPR, A/45/40, Vol. I, pp. 44-45, Vol. II, Appendix XI(1990)。关于人权条约机构审议意见的后续程序, see Markus G. Schmidt, "Follow-up Procedures to Individual Complaints and Periodic State Reporting Mechanisms", in Gudmundur Alfredsson et al. (eds.), *International Human Rights Monitoring Mechanisms: Essays in Honour of Jakob Th. Möller*, Martinus Nijhoff Publishers, 2001, pp. 201-216。

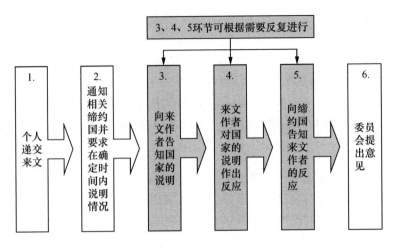

图 7.2 个人来文审理程序流程图

议,这些建议反映了委员会成员对于该公约规定的实体和程序内容的观点和解释。一般性评论是委员会以协商一致的方式通过的,是解释《公民和政治权利公约》的重要参考资料。应当特别指出的是,由于人权条约机构是由人权专家以个人身份组成的机构,他们的意见或评论对于缔约国并无法律拘束力。

## 第二节 区域性人权保护机制

### 一、欧洲人权保护机制

欧洲是区域性人权国际保护发展最早,也是最发达的地区。1998 年以前,依据《欧洲人权公约》建立的欧洲人权委员会、欧洲人权法院与欧洲部长委员会共同构成欧洲人权保护机构。但是,那时的欧洲人权法院仅受理来自国家和欧洲人权委员会提起的诉讼。个人如果控告侵犯人权的国家只能通过欧洲人权委员会,不能直接到欧洲人权法院进行申诉。由于这种机制限制了人权案件的处理效率,许多案件在提交到欧洲人权法院之前需要等待 3—5 年的时间。1998 年,随着《欧洲人权公约第十一议定书》的生效,欧洲人权保护机制有了很大调整。调整之后,欧洲人权委员会退出了历史舞台。新的欧洲人权法院可以受理个人、非政府组织或者个人组成的团体作为侵犯人权的受害者提交的案件。

 **小知识**

**欧洲人权法院简介**

欧洲人权法院建立于 1959 年,位于法国斯特拉斯堡。法院对个人或国家关于违反《欧洲人权公约》的申诉享有管辖权。1998年后,根据《欧洲人权公约第十一议定书》进行了法院的改革,个人可以直接向法院提起诉讼。

随着《欧洲人权公约第十四议定书》的生效,法院又开始进行一系列新的改革措施,其中包括简化案件审理程序。例如根据该议定书第7条,《欧洲人权公约》增加了新的第27条,该条规定"单一法官即可宣布申诉不可受理或者将其从根据第34条提交的案件清单中拿掉"。①

50多年来,法院对1万多件案件作出了判决。判决对相关国家具有拘束力,导致它们在许多方面修改了立法和行政政策。法院的案例法使《欧洲人权公约》成为能够迎接新挑战、与时俱进、促进欧洲法治的活的法律。

欧洲人权法院受理案件流程②:

(1)向法院提出申请。

(2)初步分析可受理性标准(可受理性标包括:用尽国内救济;国内最后司法程序完结起6个月之内提出申请;以《欧洲人权公约》为法律基础;申诉者受到严重不利影响)。

(3)初审可能有三种结果:第一,不可受理,案件被取消;第二,可以受理,作出可受理决定并作出没有违反公约的判决;第三,对可受理性和实质案情进行审议后认为违反了公约。

(4)要求重审。重审要求如被拒绝,案件被撤销;如被接受,案件将提交到大审判庭(the Grand Chamber)。

(5)大审判庭审议有两种结果:判决认为没有违反公约,案件被撤销;判决认为违反公约,欧洲人权法院的程序就此结束。

法院判决的执行由欧洲部长委员会负责。

建立50多年来,欧洲人权法院通过其判决解释《欧洲人权公约》,在欧洲大陆保护人权。目前,欧洲人权法院监督47个批准了《欧洲人权公约》的国家尊重其国内830万人的人权。"冷战"的结束导致欧洲人权法院的管辖范围迅速扩大,案例剧增。法院收到的诉讼申请从1999年的8 400件猛增到2003年的27 000件和2009年的57 200件,积压的申请达到119 300件。为了解决案件积压的严重问题,1998年法院进行了改革,取消了欧洲人权委员会,建立了常设的、纯司法性的欧洲人权法院。但是,随着案件的逐年增加,法院的工作压力日

---

① "Protocol No. 14 to the Convention for the Protection of Human Rights and Fondamental Freedoms, Amending the Control System of the Convention", http://www.echr.coe.int/Documents/Library_Collection_P14_ETS194E_ENG.pdf,2023-5-9.

② "The Life of an Application", available at http://www.echr.coe.int/Documents/Case_processing_ENG.pdf.

益增大,终于在 2004 年欧洲理事会部长委员会上通过了再次改革欧洲人权法院的《欧洲人权公约第十四议定书》。

改革的目的是通过集中处理涉及重要人权问题的案件来提高法院的效力并减轻法院和部长委员会的工作压力。关于法院改革的《欧洲人权公约第十四议定书》终于在 2010 年 6 月 1 日生效。改革措施主要包括:筛选诉讼申请(即案子的可受理性)的决定可以由 1 名法官作出,此前这种决定只能由 3 名法官组成的委员会作出,改革的目的是简化程序、节省时间;为加速办案,可受理性与实质案情同时审理;新的筛选标准,即法院有权宣布那些没有明显根据、申请者没有遭受严重不利、没有要求法院对实质案情进行调查、对于《欧洲人权公约》的实施或解释均不发生影响、不产生与国内法相关的重要问题的案子为不可受理;鼓励法院在程序早期阶段进行友好解决;此外还对判决执行和法官选举的改革作出了规定。为了让法院发挥更多保护人权的作用,根据 2018 年生效的《欧洲人权公约第十六议定书》,公约赋予法院以咨询管辖权。这是欧洲人权保护机制的第三次重大改革。

 **思　考**

欧洲人权保护机制进行了哪些重大改革?

## 二、美洲人权保护机制

美洲人权保护机构主要是由美洲国家间组织为了贯彻《美洲人的权利和义务宣言》(以下简称《美洲人权宣言》)而建立的美洲人权委员会和依据《美洲人权公约》建立的美洲人权法院。《美洲人权公约》规定这两个机构的职责都是监督美洲国家、《美洲人权公约》的参加国和美洲人权组织的成员国在尊重和保护人权方面所履行的义务。

(一) 美洲人权委员会

 **小知识**

**美洲人权委员会简介**

美洲人权委员会建立于 1959 年,它是为了执行 1948 年 4 月通过的《美洲人权宣言》而建立的。委员会由美洲国家间组织大会选举产生的 7 名成员所组成,他们以个人身份任职,不代表任何国家。委员会是美洲国家间组织的自治常设机构,每年召开几次会议。委员会的主要职责包括:接受、分析并调查指控侵犯的个人来文;就一个国家的人权问题进行深入的现场调查;组织并进行研究、研讨活动,宣传关于美洲人权体系的信息和知识;向美洲人权法院提交案件并出庭;等等。

美洲人权委员会是美洲国家间组织建立的,在时间上早于《美洲人权公约》。因此,它不是依据《美洲人权公约》建立的机构,尽管该公约后来赋予它一些监督履行公约的职责。

受理个人来文是美洲人权委员会的主要职责之一。任何个人、群体或非政府组织均可就违反《美洲人权公约》或《美洲人权宣言》所保护的权利向委员会提出申诉,但是所涉及的国家必须是美洲国家间组织的成员。申诉所涉及的国家如果是《美洲人权公约》的缔约国,委员会就会适用该公约,否则就适用《美洲人权宣言》。个人来文的受理条件之一是用尽当地救济,而且来文必须在国内最后程序作出后 6 个月之内递交。委员会审理来文的程序与人权条约机构类似。来文审理结束后,委员会将准备一份报告,写明其结论和建议。报告并不公开发表,而是交给申诉者和相关国家,并给国家留有一定时间去执行委员会的建议,以便解决问题。时间到期后,委员会有两种选择:一是委员会再准备一个报告,内容与前一个类似,给相关国家一定的时间去执行委员会的建议。到期后,委员会将发表该报告。二是委员会在第一个报告转交给相关缔约国后的 3 个月内将案件提交到美洲人权法院。

(二)美洲人权法院

 **小知识**

**美洲人权法院简介**

位于哥斯达黎加首都圣何塞的美洲人权法院建立于 1979 年,由 7 名法官组成。法官任期 6 年,可以连选连任一次。7 名法官中不得有 2 名法官属于同一国籍。法官只能以个人身份履行职责。法院的主要职责有两种:司法管辖和咨询管辖。

关于司法管辖,应当指出的是,只有《美洲人权公约》的缔约国和美洲人权委员会才有资格在法院提起诉讼。法院的判决属于终局判决,不可上诉。但是,在判决作出后 90 天内,如果对判决的意思或范围有不同意见,法院可以根据任何当事方的请求作出解释。法院通过审议缔约国定期报告的方式来实现对判决执行情况的监督。从 2007 年开始,法院建立了一个新的监督机制,即举行关于执行法院判决的听证会。

关于咨询管辖,美洲国家间组织的成员国或该组织的机构可以请求法院提供咨询意见。

此外,法院还有权在必要时发布临时措施命令。

美洲人权法院是现存3个区域人权法院之一,具有咨询和诉讼管辖权,但是后者是任择性的,即《美洲人权公约》的缔约国可以在批准、加入或以后的任何时候宣布接受法院的管辖。① 2018年迎来了美洲人权法院成立40周年。在2019年的年度报告序言中,法院院长麦克格雷乔·珀伊司欧特(Judge Eduardo Ferrer Mac-Gregor Poisot)法官总结了2019年法院的工作情况。他说2019年法院的产出是有史以来最大的:法院对21个案件作出了判决,发出了51个监督执行判决的命令以及18个采取临时措施的命令。此外,法院还在经济、社会、文化和环境权利方面取得进展,肯定了社会保障权(特别是养老金)和健康权是独立并可受法院裁判的权利,并对这两项权利的具体内容、潜在的侵犯该权利的具体形式以及在个人被剥夺自由的情况下法院适用该权利的情势都作出了判决。②

### 三、非洲人权保护机制

非洲的人权保护机构主要是依据《非洲人权和民族权宪章》建立的非洲人权和民族权委员会及名称相同的法院。

(一)非洲人权和民族权委员会

 **小知识**

**非洲人权和民族权委员会简介**

依据《非洲人权和民族权宪章》第30条,非洲人权和民族权委员会于1987年11月2日在埃塞俄比亚的亚的斯亚贝巴建立,由11名成员组成,他们以个人身份独立进行工作,任期6年,可连选连任。《非洲人权和民族权宪章》规定了委员会的主要职责是促进和保护非洲的人权和民族权(第30条),并具体规定了委员会的以下主要职责(第45条):

——促进人权和民族权;

——保护人权和民族权;

——解释宪章的规定;

——非盟国家和政府首脑会议指定的任何其他任务。

为保护人权和民族权,委员会可以根据《非洲人权和民族权宪章》的规定受

---

① 《美洲人权公约》第62条。截至2023年5月9日,已经有25个国家接受法院的管辖。

② I/A Court H. R. Protecting Rights, Annual Report, available at https://corteidh.or.cr/docs/informe2019/ingles.pdf, 2023-5-9.

理个人申诉。个人、非政府组织或个人团体均可以对违反《非洲人权和民族权宪章》的行为向委员会提出申诉。

依据《非洲人权和民族权宪章》第45条,非洲人权和民族权委员会的主要职责是促进和保护人权和民族权。为促进人权和民族权,委员会负责:

(1) 收集人权领域的文件,进行关于非洲人权问题的研究,组织研讨会和大会,传播信息,鼓励与人权和民族权相关的国家和地方机构等活动;

(2) 制定与人权和民族权和基本自由相关的原则和规则以便为非洲各国政府的立法提供基础;

(3) 与其他非洲或国际促进和保护人权的机构进行合作;

(4) 审议缔约国提交的关于履行宪章的定期报告。

为保护人权和民族权,委员会负责依据宪章和联合国议事规则的条件受理关于违反宪章的申诉。委员会审理申诉的程序是高度保密的。申诉的来文分为来自国家的和个人、非政府组织或个人团体的。

 思 考

递交到委员会的来文(communications)与递交到法院的诉状有什么区别?

如果是国家对国家的申诉,被申诉国应该在收到来文3个月之内向申诉国提出书面解释或声明,以阐明此事。如果3个月内不能得到解决,当事国任何一方(即申诉国和被申诉国任何一方)均有权通过委员会主席提交委员会解决,并通知其他有关各国。这是先通过当事国友好协商解决,然后再由委员会介入解决的方法。此外,根据《非洲人权和民族权宪章》第49条,缔约国还可以不通过协商而直接通过委员会主席将问题提交到委员会解决,提交给非盟和有关国家。

如果来文是由个人、非政府组织或个人团体提交的,将由委员会过半数的多数成员决定是否提交到委员会进行审议。委员会只有在确定来文的可受理性后才能开始进行实质性审理。

 资 料

非洲人权和民族权委员会来文可受理性条件(《非洲人权和民族权宪章》第56条):

(1) 尽管可以要求审议时为匿名,但来文本身必须是表明作者的;

(2) 来文与非盟不相矛盾;

(3) 来文不是用诽谤的语言写成,直接攻击有关国家及其机构或者直接指向非盟的；

(4) 来文不是仅仅以大众媒体的信息为依据的；

(5) 当地救济已经援用无遗；

(6) 来文是在从当地救济援用无遗之日起或者从委员会了解此事之日起的一个合理期限内提交的；

(7) 来文不是已经解决了的案件。

### (二) 非洲人权和民族权法院

由于宪章没有规定建立一个相应的人权法院,非洲统一组织(现在的非盟)从1994年开始筹备建立非洲人权和民族权法院[①],终于在1998年6月9日通过了《非洲人权和民族权宪章关于建立非洲人权和民族权法院的议定书》(以下简称《议定书》)。《议定书》于2004年1月25日生效,非洲人权和民族权法院随之成立。该法院由11名法官组成,除院长外,其他法官均为兼职。依据《议定书》第11—14条的规定,法官是通过非盟国家和政府首脑会议匿名投票选举产生的,法官候选人均为在人权和民族权领域道德品质高尚并有丰富实践经验的著名法学家。现任法院院长是来自坦桑尼亚的亚布德大法官(Justice Imani Daud Aboud),副院长是来自刚果共和国的奇卡亚大法官(Justice Blaise Tchikaya)。法官的任期为6年,院长和副院长任期2年,均只能连任1次。该法院的职能主要为审判、调解和咨询。该法院的对事诉讼管辖权与其他的区域人权法院有很大不同:除了审理关于解释《非洲人权和民族权宪章》及其议定书的争议外,它还有权受理缔约国提交的关于任何其他人权文件的解释方面的争议。该法院对人的诉讼管辖是任择性的,即只有在缔约国声明接受法院对此类案件的管辖权时,该法院才能受理控诉该缔约国的案件。这与人权条约机构的实践是一致的。[②] 当管辖权的问题发生争议时,法院有权决定它是否具有管辖权。

法院有权对非盟侵犯人权的行为作出最终而且具有法律拘束力的判决。

除上述诉讼管辖外,法院还享有咨询管辖权。

法院可以提供与宪章或任何其他人权文件相关法律问题的咨询意见,但非洲人权和民族权委员会正在审议的事项除外。任何非盟成员国(54个)、非盟各个机关(11个)或者非盟承认的任何非洲组织(8个非洲区域经济共同体组织和在非盟获得观察员地位的组织),均可以请求法院提供咨询意见。

---

① 关于筹建该法院的情况,详见朱利江:《简评即将成立的非洲人权和民族权法院》,载《人权》2005年第4期。

② 同上。

**思 考**

什么是法院的对人管辖和对事管辖?
什么是诉讼管辖和咨询管辖?

### 四、亚洲人权保护机制的孕育

在国际人权保护方面,亚洲地区的情况是比较特殊的,主要表现是:在亚洲不存在国家或政府间专门性保护人权的国际公约,也不存在国家或政府间保护人权的国际机构。从这个角度来看,亚洲的人权发展还有很长的路要走。这个问题也受到了国际社会的重视。

**思 考**

为什么亚洲没有保护人权的公约和相应机构?

值得关注的是,东盟各国领导人于2007年11月20日签署的《东盟宪章》于2008年12月15日生效。《东盟宪章》第14条规定:"1. 按照《东盟宪章》的宗旨和原则,东盟将设立一个东盟人权机构。2. 该东盟人权机构将按照东盟外长会议确定的任务书运行。"东盟政府间人权委员会于2009年10月23日在第十五届东盟峰会召开期间宣布正式成立。该委员会由9名成员国指定的代表组成,任期3年,可连任1次。委员会的宗旨是促进和保护东盟地区人民的权利,提高民众的公共意识,促进教育,向政府和东盟团体提供咨询服务。

2011年4月25—29日,委员会在马来西亚召开了第五期会议。会议通过了东盟人权宣言起草小组的任务书、委员会基金的议事规则和东盟公司社会责任专题研究的任务书。2012年11月18日,东盟各国领导人在金边签署了《东盟人权宣言》,东盟政府间人权委员会的下一个任务应该是制定东盟人权公约。

虽然东盟政府间人权委员会只是一个亚洲次区域机构,但是这毕竟是一个好的开端。尽管与其他区域相比,亚洲像是一盘散沙,但是亚洲国家还是有一些共同点的。例如,亚洲的绝大多数国家都有被殖民、被外国侵占的历史。因此,它们对国家主权的重视以及对国家领土完整和不干涉内政等国际法原则的重视是一致的。这些国家主张不应该以保护人权作为借口来干涉别国的内政。在1993年维也纳世界人权大会之前,亚洲国家在曼谷通过了一个关于人权的宣言,称为《曼谷宣言》。该宣言不仅规定了一些国家应该尊重的人权内容,还特别强调了国家主权、领土完整和不干涉内政这些国际基本原则的重要性。它们特别强调了不能把实施人权作为一种干涉别国内政的政治手段。从这种情况看,近期要在整个亚洲地区形成一个类似于《欧洲人权公约》《美洲人权公约》那样的有法律拘束力的国际人权公约是不太现实的。

## 第三节 与人权保护相关的国际法庭和法院

### 一、纽伦堡国际军事法庭和远东国际军事法庭

#### (一) 纽伦堡国际军事法庭

1943年10月30日,美国、英国和苏联通过《莫斯科宣言》,以35个同盟国家的名义宣布,同盟国家对那些在其领土范围内犯罪的战犯进行审判,那些犯罪地点没有地理限制的主要战犯,由同盟国政府共同决定进行审判。1945年8月8日,4个主要同盟国家(英国、法国、美国、苏联)在伦敦签订《关于控诉和惩处欧洲轴心国主要战犯的协定》。该协定的附件是《欧洲国际军事法庭宪章》。根据这些文件建立的纽伦堡国际军事法庭由4名法官和1名检察官组成。该法庭从1945年11月10日至1946年10月1日对22名主要战犯进行了审判。法庭判决其中12人绞刑、3人无期徒刑、4人10年至20年有期徒刑,另有3人被宣判无罪。

#### (二) 远东国际军事法庭

1945年,中国、美国、英国三国签订的《波茨坦公告》(后来苏联也附署了该公告),宣布:"吾人无意奴役日本民族或消灭其国家,但对于战罪人犯,包括虐待吾人俘虏者在内,将处以法律之严厉制裁。"[①]1945年9月2日,日本呈递的投降文书中接受了《波茨坦公告》的所有条款。1946年1月19日,根据《远东盟军最高统帅总部特别公告》公布了《远东国际军事法庭宪章》。同时,远东国际军事法庭宣告成立。该法庭由来自与日本作战的11个远东国家选派的11名法官组成。[②] 从1946年5月3日至1948年11月2日,位于东京的远东国际军事法庭对28名被告中的25名[③]战犯进行了审判并予以判决。这25名战犯中,7人被判处绞刑,16人被判以无期徒刑,2人被判以有期徒刑。[④]

---

① 《中美英三国促令日本投降之波茨坦公告》,载世界知识出版社编:《国际条约集(1945—1947)》,世界知识出版社1959年版,第78页。

② 中国选派的法官是梅汝璈博士。关于东京审判,详见梅汝璈:《远东国际军事法庭》,法律出版社1988年版。

③ 三个没有被审判的是松冈洋右等三人,原因是死亡或丧失行为能力。

④ 关于远东国际军事法庭的审判,参见《远东国际军事法庭判决书》,张效林译,群众出版社1986年版。

### （三）纽伦堡国际军事法庭和远东国际军事法庭的意义

1. 实施战争法和国际人道法的开端

这两个国际军事法庭审判的都是被称为"甲级战犯"的轴心国国家领导人，即当年纳粹德国和法西斯日本政府中对筹划、准备、发动或执行侵略战争负有最高或主要领导责任的人物。他们对于国家侵略战争政策的制定和侵略战争的进行起过重大作用。"对于这类主要战犯或甲级战犯由正式组织的国际法庭依照法律手续加以审讯和制裁，是第二次世界大战后国际生活中的一件大事，也是人类历史上的一个创举。在这以前，一个战败国的领导人物，即使他们是发动侵略战争的元凶巨魁，一般都是逍遥法外的，从来没有受到过法庭的审判和法律的制裁。"① 两个国际军事法庭的审判具有重要的历史意义，标志着战争法和国际人道法的实施开始得到保障。②

2. 确定个人应为战争罪行承担责任

在法庭上被告都极力主张战争是一种主权行为，因此是"国家行为"，个人不应当为国家行为负责。两个国际军事法庭的绝大多数法官认为侵略战争是国际法上的罪行，所有参加者都应当负有个人责任。③ 所有甲级战犯都得到审判的事实实现了《欧洲国际军事法庭宪章》和《远东国际军事法庭宪章》规定的原则，即从事构成违反国际法的犯罪行为的个人应当承担个人责任，并应当受到惩罚。这个原则，连同其他原则一起被统称"纽伦堡原则"。

3. 纽伦堡原则得到后来国际刑事法庭的接受

1946年，联合国大会通过了第95（Ⅰ）号决议，确认了《欧洲国际军事法庭宪章》和两个军事法庭司法判决中体现的"纽伦堡原则"，这些原则于1950年得到联合国国际法委员会的编纂，它们是：

（1）从事构成违反国际法的犯罪行为的个人应当承担个人责任，并应当受到惩罚；

（2）不违反所在国国内法不得作为免除国际法责任的理由；

（3）被告的官职地位不得作为免除国际法责任的理由；

（4）政府或上级命令不得作为免除国际法责任的理由；

（5）被控有违反国际法罪行的人有权得到公正审判；

---

① 参见梅汝璈：《远东国际军事法庭》，法律出版社1988年版，第1—2页。梅汝璈博士认为，尽管落入敌手的战败国元首或政要被杀害或囚禁的情况屡见不鲜，但用法律制裁战败国领导人的确是第二次世界大战后的一个创举。

② 关于纽伦堡审判，参见〔民主德国〕P. A. 施泰尼格尔编：《纽伦堡审判》（上卷），王昭仁等译，商务印书馆1985年版。

③ 只有远东国际军事法庭的印度籍法官坚持自己的见解，即侵略战争不是犯罪，全体被告应该被宣告无罪开释。参见梅汝璈：《远东国际军事法庭》，法律出版社1988年版，第17—18页。

(6) 违反国际法的罪行包括反和平罪、战争罪和违反人道罪;
(7) 参与这些罪行的共谋也是违反国际法的罪行。

前南斯拉夫问题国际刑事法庭和卢旺达问题国际刑事法庭规约以及《国际刑事法院规约》都接受了上述原则。

## 二、前南斯拉夫问题国际刑事法庭和卢旺达问题国际刑事法庭

前南斯拉夫问题国际刑事法庭(以下简称"前南刑庭")的全称为"起诉应对1991年以来前南斯拉夫境内所犯的严重违反国际人道主义法行为负责的人的国际法庭"。该法庭依据安理会通过的第808号决议于1993年正式建立,目的是审判在南斯拉夫境内从事违反国际人道法行为的犯罪。紧接着安理会又通过了第827号决议,于1995年正式建立卢旺达问题国际刑事法庭(以下简称"卢旺达刑庭"),以便对在卢旺达境内从事此等行为的罪犯进行审判。

与上述纽伦堡审判和东京审判不同,这两个临时建立的法庭不是由战胜国建立以审判侵略国主要战犯的,而是安理会专门为审判在前南斯拉夫和卢旺达国内武装冲突中违反国际人道法的罪犯而建立的。这两个法庭的管辖权均有严格的地域和时间限制。前南刑庭仅受理1991年以后在前南斯拉夫境内所犯的罪行,但截止期限没有确定。卢旺达刑庭仅受理1994年在卢旺达境内所犯的罪行。实际上这两个法庭不仅规约相同,一些机构上也是共享的。两个法庭的检察官由一个人担任,上诉庭也是同一个。

2015年12月31日,卢旺达刑庭正式关闭。该法庭在20年的存续期间共指控93人。2017年12月31日,前南刑庭正式关闭。该法庭在24年的运作期间总计起诉161人。法庭关闭后未完成的上诉事宜由余留机制处理。

## 三、国际刑事法院

### (一) 法院建立的背景

早在20世纪50年代联合国大会就已经提出了建立一个常设的国际刑事法院的建议。但是直到1994年,联合国大会才决定以联合国国际法委员会起草的《国际刑事法院规约草案》为基础开始为建立这样的机构做准备。为此,联合国大会建立了一个特设委员会(the Ad Hoc Committee)。尽管在该委员会中就国际刑事法院建立的可行性、该法院的管辖权、与缔约国国内法院以及安理会的关系等问题存在重大分歧,但在激烈的辩论之后,该委员会决定建立一个符合正义标准的法院,而且保障这些标准的原则和规则都将规定在规约中。

1995年,联合国大会又建立了准备委员会(Preparatory Committee, Prep Com)。该委员会由联合国大会成员国、非政府组织和各种国际组织组成。从1996年到1998年,准备委员会召开了多次会议,对联合国国际法委员会起草的

《国际刑事法院规约草案》提出了大量修改建议。特别应当提到的是,1998年1月在荷兰召开的会议将各种修改建议汇总成一个条文草案,准备委员会的最后一期会议又作了一些修改。之后,草案被提交到罗马外交会议考虑。经过准备委员会的修改,联合国国际法委员会起草的《国际刑事法院规约草案》已经面目全非。[1]

建立国际刑事法院全权外交代表会议于1998年6月15日在罗马联合国粮农组织总部召开。160多个国家代表参加了会议。此外,各种国际组织和上千个非政府组织也参加了会议。会议期间两个组织起了重要作用:一个是所谓"共识集团"(the like-minded),由来自不同地区的国家组成,成员最终扩展至60多个与会国;另一个是非政府组织联盟(the Coalition of Non-Governmental Organizations)。共识集团的原则是:建立一个对灭绝种族罪、危害人类罪、战争罪和侵略罪(核心罪行)实行管辖的法院;取消安理会对起诉的否决权;设立具有自动启动诉讼程序权利的独立检察官;禁止对规约提出任何保留。这些原则最终全部反映在规约中。非政府组织联盟在促进建立一个公正、有效和独立的国际刑事法院方面,特别是提高国际社会对该法院的认识、敦促签字国批准规约、加速规约生效等方面发挥了重要作用。[2]

《罗马规约》于1998年7月17日在罗马外交大会上通过。2002年4月11日,批准规约的国家超过了规约生效所要求的60个,根据《罗马规约》第126条,该规约于2002年7月1日生效。[3] 人类历史上第一个常设国际刑事法院正式成立。

(二)法院的组成

国际刑事法院坐落在荷兰海牙,由4个主要机关组成:院长会议;司法部门;检察官办公室和书记官处。司法部门分为上诉分庭、审判分庭和预审分庭。院长会议由院长和副院长组成,主要负责法院日常事务的管理和规约赋予的其他职务;上诉分庭由院长和其他4名法官组成;审判分庭由不少于6名法官组成;预审分庭由至少6名法官组成。

法院的18名法官由缔约国大会选举产生。每个缔约国可以在选举时提出一名候选人,候选人不一定是提名国但必须是缔约国的国民。但是在任何时候,

---

[1] 参见 William A. Schabas, *An Introduction to the International Criminal Court*, 4th edition, Cambridge University Press, 2011, p.17.

[2] 该联盟在国际刑事法院建立之后依然存在,其主要使命是推动《罗马规约》的普遍接受和批准、促进在缔约国实施《罗马规约》的国内立法。欲了解该联盟的具体情况,请访问他们的网站:http://www.iccnow.org。

[3] 截至2023年5月9日,已有123个国家成为《罗马规约》的参加国,其中非洲国家33个、亚太国家19个、东欧国家18个、拉美加勒比国家28个、西欧和其他国家25个。参见国际刑事法院网站,https://asp.icc-cpi.int/states-parties,访问日期:2023年5月9日。

不能有 2 个以上法官为同一缔约国国民。规约要求法官具有法院需要的两方面素质:刑法和国际法。国际人道法和人权方面的经验也是选举法官时的特别参考因素。① 法官任期 9 年,除少数例外情况外,不得连任。②

### (三) 法院的管辖权

国际刑事法院的管辖权一直是一个非常敏感的话题。在规约起草阶段,围绕国际刑事法院管辖权的性质和范围展开了激烈争论。

#### 1. 补充性管辖权

联合国国际法委员会的《国际刑事法院规约草案》规定法院享有与前南刑庭和卢旺达刑庭类似的优先管辖权,即在与相关国家的国内法院发生管辖权冲突时,国际刑事法院有优先管辖权。起草规约的专门委员会提出了补充性管辖权的概念。所谓补充性管辖权,是指只有在相关国际国内法院不愿或不能行使管辖权时,国际刑事法院才能行使管辖权。③ 国际刑事法院管辖权的这种补充性质最后规定在《罗马规约》序言中并体现在《罗马规约》的不同条款中。《罗马规约》在序言中"强调根据本规约设立的国际刑事法院对国内刑事案件管辖权仅起补充作用"。

#### 2. 对人管辖权

根据《罗马规约》第 12 条,国际刑事法院对于下列国家行使管辖权:

(1) 有关行为在其境内发生的《罗马规约》缔约国,如果犯罪发生在船舶或飞行器上,该船舶或飞行器的注册缔约国;

(2) 犯罪被告人的国籍缔约国;

(3) 依照《罗马规约》的规定声明接受本法院对有关犯罪行使管辖权的非缔约国。

按照规约的上述规定,国际刑事法院可能对发生在缔约国境内的非缔约国的国民行使管辖权。为了避免发生这种情况,美国与相当数量的规约缔约国签订了协议。④

---

① 关于法官选举的具体办法,详见 William A. Schabas, *An Introduction to the International Criminal Court*, 4th edition, Cambridge University Press, 2011, pp. 372-377。

② 少数例外情况是指根据《罗马规约》第 36 条第 9 款,通过抽签决定 1/3 任期 3 年的法官可以连选连任一个满期。

③ 关于国际刑事法院的补充性管辖权,参见《罗马规约》序言和第 1、11、12、17、18、19 条。

④ 签订这种协议的目的是让对方承诺不将在其境内犯罪的美国人提交国际刑事法院。参见《罗马规约》第 98 条,即:"在放弃豁免权和同意移交方面的合作 (一)如果被请求国执行本法院的一项移交或协助请求,该国将违背对第三国的个人或财产的国家或外交豁免权所承担的国际法义务,则本法院不得提出该项请求,除非本法院能够首先取得该第三国的合作,由该第三国放弃豁免权。(二)如果被请求国执行本法院的一项移交请求,该国将违背依国际协定承担的义务,而根据这些义务,向本法院移交人员须得到该人派遣国的同意,则本法院不得提出该项移交请求,除非本法院能够首先取得该人派遣国的合作,由该派遣国同意移交。"

### 3. 对事管辖权

国际刑事法院仅对四种核心罪行行使管辖权:(1)灭绝种族罪;(2)危害人类罪;(3)战争罪;(4)侵略罪。

《罗马规约》第6、7、8条对除侵略罪外的上述三种罪行进行了界定,并形成了根据《罗马规约》第9条由缔约国大会2/3多数通过的《犯罪要件》(Elements of Crimes)。但是,由于存在巨大争议,侵略罪尚无定义和犯罪要件。

关于国际刑事法院的管辖权还有一点应当注意,即属时管辖权问题。根据《罗马规约》第11条,该法院仅对规约生效后实施的犯罪具有管辖权;对于在规约生效后成为缔约国的国家,该法院只能在规约对该国生效后实施的犯罪行使管辖权,除非该国已经事先声明接受该法院的管辖。

### (四)国际刑事法院审理案件的情况

截至2022年8月19日,国际刑事法院共立案31起,涉及50名嫌疑人或被告人。已对17项情势展开调查:阿富汗、孟加拉国/缅甸、布隆迪、中非共和国一号和二号、科特迪瓦、达尔富尔(苏丹)、刚果民主共和国、格鲁吉亚、肯尼亚、利比亚、马里、菲律宾、巴勒斯坦国、乌干达、乌克兰和委内瑞拉玻利瓦尔共和国一号。在这些国家中乌克兰于2000年1月20日签署了《罗马规约》,但至今尚未批准加入。苏丹并未签署《罗马规约》,但是由于安理会通过了第1593号决议,决定把苏丹达尔富尔的情势提交国际刑事法院,后者就对这个案件享有管辖权。达尔富尔情势是安理会向国际刑事法院提交的第一个案件,也是国际刑事法院第一次对一个非参加国进行调查以及第一个涉及种族灭绝罪的案子。

值得注意的是,布隆迪于2004年9月21日交存《罗马规约》的批准书,但是布隆迪退出《罗马规约》的声明于2017年10月27日开始生效,换言之,从这天起布隆迪就不再是《罗马规约》的参加国了,国际刑事法院对其不再具有管辖权。但是,检察官对布隆迪情势的调查申请是在布隆迪退出《罗马规约》的声明生效之前(2017年10月25日)获得批准的。因此,国际刑事法院对于2004年12月1日至2017年10月26日之间发生在布隆迪和由布隆迪人所犯的罪行可以行使管辖权。①

菲律宾也退出了《罗马规约》,与布隆迪情势不同的是,检察官申请对菲律宾情势开展调查时(2021年5月24日),菲律宾的退出声明在2019年3月17日已经生效了。2000年12月28日,菲律宾签署《罗马规约》;2011年8月30,菲律宾交存批准书。2021年9月15日,第一预审分庭批准了检察官此前提出的请求,并授权其开始调查关于2011年11月1日至2019年3月16日期间在

---

① "Situation in the Republic of Burundi", available at https://www.icc-cpi.int/burundi, 2023-5-9.

"禁毒战争"运动背景下在菲律宾境内实施的法院管辖范围内任何被控罪行的情势。2021年11月10日,菲律宾提出等候其就相关情势进行"调查和诉讼"的请求,检察官随后就此通知了第一预审分庭,但认为此项等候请求并无必要。2023年1月26日,经过审慎的考虑,第一预审分庭授权检察官重启对菲律宾情势的调查。①

 资　料

**安理会向国际刑事法院移交案件[《安理会第1970(2011)号决议片段]**

4. 决定把2011年2月15日以来的阿拉伯利比亚民众国局势问题移交国际刑事法院检察官;

5. 决定阿拉伯利比亚民众国当局必须根据本决议与法院和检察官充分合作并提供一切必要协助;在确认不是《罗马规约》缔约国的国家并不承担规约规定的义务的同时,敦促所有国家以及相关区域组织和其他国际组织与法院和检察官充分合作;

6. 决定阿拉伯利比亚民众国以外的不是《罗马规约》缔约国的国家的国民、现任或前任官员或人员,要为据说是安理会规定或授权在阿拉伯利比亚民众国采取的行动引起的或与之相关的所有行为或不作为,接受本国的专属管辖,除非该国明确放弃这一专属管辖权;

7. 请检察官在本决议通过后2个月内并在其后每6个月向安理会报告根据本决议采取的行动;

8. 确认联合国不承担因案件移交而产生的任何费用,包括与案件移交有关的调查或起诉费用,此类费用应由《罗马规约》缔约国和愿意自愿捐助的国家承担;

## 第四节　人权非政府组织与人权保护

### 一、非政府组织概述

(一)非政府组织的定义及主要特性

目前尚不存在令人满意的定义。顾名思义,非政府组织首先应该排除政府

---

① "Situation in the Republic of philippines", available at https://www.icc-cpi.int/philippines, 2023-5-9.

机构。但是，以获得利润为主要目标的公司和企业也不是非政府组织。因此，非政府组织在当代社会的话语中有其特定含义，不是政府机构之外的所有组织都是非政府组织。非政府组织是指由当地、国家或国际层面的公民组成的、独立于政府的、非营利性的在目标和相关价值方面具有非自我服务性的自愿团体。

首先，非政府组织应独立于政府，不受任何当局的支配或控制。这是其基本特性。因此，它不是由政府建立的，其工作人员不是国家公务员，其资金来源主要不是政府拨款。离开政府的资助就不能存在下去的组织不是非政府组织。其次，非政府组织应该是非营利性的，以谋取经济利益为目的而设立的公司或类似机构，即使独立于政府也不是非政府组织。最后，非政府组织是为了实现特定的目标和相关价值而设立的，这种目标和价值均非自我的私人利益。例如人权非政府组织的目标和价值都是促进和保护人权。

**思　考**

1. 你了解哪些非政府组织？
2. 工会是不是非政府组织？
3. 什么是非政府组织的基本特征？

**小知识**

**红十字国际委员会简介**

红十字国际委员会初建于1863年，发起人是瑞士商人和人道主义者亨利·杜南。

依据1949年日内瓦四公约和《国际红十字与红新月运动章程》，红十字国际委员会的主要职责是探视被关押者、组织救援行动、帮助离散家庭重新团聚，以及在武装冲突期间进行类似的人道活动。

红十字国际委员会由大会(最高管理机构)、大会理事会(大会的附属机构，具有在某些方面代表大会的职能)和指导委员会(执行机构)共同管理。大会和大会理事会主席均由红十字国际委员会主席雅各布·克伦贝格尔博士担任。红十字国际委员会的资金来源包括日内瓦公约的缔约国(政府)；各国红十字会和红新月会；超国家组织(例如欧盟委员会)以及公众和私人的自愿捐助。

(二) 人权非政府组织与联合国的联系

人权非政府组织在筹备建立联合国时就发挥了重要作用，《联合国宪章》中关于人权的规定与非政府组织的积极努力是分不开的。对于联合国建立之初通过的《世界人权宣言》以及后来通过的两个国际人权公约和其他核心人权公约的制定,非政府组织均作出了很大贡献。为了确保联合国与非政府组织的密切合作,《联合国宪章》第71条规定:"经济及社会理事会得采取适当办法,俾与各种非政府组织会商有关于本理事会职权范围内之事件。此项办法得与国际组织商定之,并于适当情形下,经与关系联合国会员国会商后,得与该国国内组织商定之。"为此,经社理事会还建立了一个下设机构,即非政府组织委员会。自1948年以来,截至2022年12月31日,经社理事会已经与6 434个非政府组织建立了咨商联系,换言之,这些非政府组织在联合国获得了咨商地位。①

为了加强非政府组织与联合国的对话关系,使它们能够更多地参与联合国经济和社会方面的活动,联合国秘书处专门设立了民间社会网络②,该网络除了为非政府组织委员会提供必要的服务外,还为联合国体系内的各国代表、联合国成员国和民间社会提供与非政府组织相关的信息。

 **小知识**

**非政府组织在经社理事会的咨商地位**

《联合国宪章》第71条的规定为非政府组织与联合国建立协商性联系敞开了大门。1996年7月24日,经社理事会在其第48次全体会议上通过了一项题为《联合国与非政府组织之间的咨商关系》的决议。该决议确立了联合国与非政府组织建立咨商关系所适用的原则,规定了与经社理事会建立咨商关系应该具备的条件。根据这些条件,凡是处理与经社理事会及其附属机构的大部分活动有关的问题的非政府组织即可取得一般咨商地位;凡是从事某些特别领域活动并在该领域有专门能力对经社理事会的活动作出贡献的非政府组织即可获得特别咨商地位;只是在某些情况下能够对经社理事会的活动作出贡献的非政府组织只能取得名册咨商地位。在这个意义上,非政府组织的咨商地位被分为三类,即一般、特别和名册。

## 二、人权非政府组织在国际人权保护中的作用

人权非政府组织在国际人权保护中发挥着重要作用,特别是在国际人权法的制定和实施方面,它们在各自具有特长的领域对国际人权法的发展作出了巨大贡献。

---

① "Basic Facts about ECOSOC Status", available at http://csonet.org/index.php?menu=100,2023-5-9.

② 欲了解更多关于民间社会网络的情况,请访问民间社会网络网站,http://csonet.org/。

### 1. 在国际人权法制定中的作用

国家是国际法的主要主体,国际人权法也不例外,因此参与制定国际人权法的主要是国家,此外还有国际组织。尽管非政府组织尚不具备直接参与制定国际人权法的资格,但这并不证明它们在这方面不能发挥任何作用。实际上,非政府组织对国际人权法的制定所发挥的作用从《联合国宪章》旧金山制宪会议上就已经开始了。后来的《世界人权宣言》、两个国际人权公约和其他核心公约的起草过程都有非政府组织的积极影响。[①]

### 2. 在国际人权法实施中的作用

国际人权法的实施主要是在国际人权公约缔约国国内进行,这是因为:其一,国际人权法的主要渊源是国际人权公约;其二,国际人权公约的主要内容是缔约国承担尊重、促进、保护和实现在其管辖范围内的所有公约规定的人权的义务。非政府组织主要在国际和国内两个层面上促进缔约国在国内实施国际人权法。在国际层面,例如,在缔约国报告制度中,所有人权条约机构都为非政府组织的参与作了安排,听取它们针对相关缔约国提交的报告所发表的口头意见。非政府组织还可以利用审议缔约国报告的会议休息期间和用餐时间与人权条约机构的成员直接交谈以便表达它们的意见。此外,非政府组织还可以通过向人权条约机构递交影子报告或平行报告来发表书面意见。在国内层面,例如,非政府组织可以通过各种途径参与缔约国报告的撰写和修订过程(当然,前提是相关国家的这种过程对非政府组织开放),敦促相关国家执行人权条约机构审议报告的总结性意见等。

### 3. 人权非政府组织在其他方面的作用

无论在国际还是国内层面,非政府组织均可以利用各种机会进行游说从而影响国际人权保护的进一步发展。例如,在联合国召开人权大会或其他相关国际会议时,人权非政府组织可以通过召开影子会议来影响会议的结果。例如,1995年第四届世界妇女大会在北京召开时,在怀柔举行了非政府组织论坛。后来的"北京加五""北京加十"等活动非政府组织均有参与并发挥了重要作用。

---

**【问题与思考】**

1. 从在联合国的地位、组成、职能等方面对比人权理事会与其前身联合国人权委员会的异同。
2. 联合国大会在促进人权尊重方面的作用有哪些?
3. 人权理事会的主要职责有哪些?

---

① 例如,关于《儿童权利公约》的起草,参见 Cynthia Price Cohen, "The Role of NGOs in Drafting the Convention on the Rights for the Child", 12 *Human Rights Quarterly* 137, 1990。

4. 普遍定期审议制度的法律依据有哪些?
5. 人权理事会的申诉制度与人权条约机构的个人来文制度的区别。
6. 人权条约机构的缔约国报告制度在人权保护中的作用有哪些?
7. 人权条约机构的个人来文制度在人权保护中的作用有哪些?
8. 如何评价欧洲人权法院的改革?
9. 美洲人权保护机制与欧洲人权保护机制有哪些异同?
10. 东盟政府间人权委员会的主要职责有哪些?
11. 非政府组织如何在接受政府资助的情况下保持独立?
12. 经社理事会给予非政府组织咨商地位的标准。

**【进一步阅读推荐】**

1. 〔奥〕曼弗雷德·诺瓦克:《国际人权制度导论》,柳华文译,北京大学出版社 2010 年版。

2. 〔奥〕曼弗雷德·诺瓦克:《〈公民权利和政治权利国际公约〉评注》(修订第 2 版),孙世彦、毕小青译,生活·读书·新知三联书店 2008 年版。

3. Gudmundur Alfredsson et al. (eds.), *International Human Rights Monitoring Mechanisms: Essays in Honour of Jakob Th. Möller*, Martinus Nijhoff Publishers, 2001.

4. Anne F. Bayefsky (ed.), *The UN Human Rights Treaty System in the 21st Century*, Kluwer Law International, 2000.

5. Philip Alston and James Crawford (eds.), *The Future of UN Human Rights Treaty Monitoring*, Cambridge University Press, 2000.

# 第八章 国家人权保护机制

国家签署人权条约,就承担了尊重、承认和保证人权实现的义务。人权条约在国内的实施是国际人权法上一个重大的理论和实践问题,国内的法治、经济发展及人权教育等因素都决定了国内的人权保护状况。

## 第一节 国家的人权保护义务

人权保护的主要责任在各国政府,人权保护义务主要依靠各国政府在自己国家内履行,人权的国际保护只是辅助性的。明确国家的人权保护义务,是国家在国内有效履行人权保护义务的前提。

### 一、国家是人权保护义务的主要主体

国家承担人权保护的主要职责,人权的国内保护是人权保护的首要和基本的途径,这是由国际人权法的性质决定的。首先,从人权条约的产生来看,所有人权条约都是国家在平等自愿的基础上制定的,有关人权的国际习惯法也是主权国家实践的结果。其次,从个人与国家的关系来看,个人首先是特定国家管辖下的自然人,个人与国家的联系要比与国际社会的联系更密切,而且只有国家才能负担起保护人权所需要的人力、财力和物力。一国人权状况的促进和改进,最终要依靠国家在国内落实。再次,从国际人权法的实施来看,人权保护主要由国内法规定,人权主要依据国内法加以保障。任何权利,都是由国家法律确认的,只有在个人的权利被国家法律确认后,国家才能在个人权利受到侵害时,通过法律手段使权利享有者得到救济。最后,从侵犯人权事件的管辖来看,除大规模严重侵犯人权的事件外,违反人权的事件均由各国依国内法予以惩治。现存的有关国际机制除了在某些情况下可以直接为权利受到侵犯的个人或群体提供救济之外,更为重要的作用还是监督、促进和帮助国际人权法在有关国家国内实施。虽然人权条约规定了个人可以向国际人权机构申诉的制度,但也都以"用尽当地救济"为条件,也就是说,对侵犯人权事件的管辖主要是国内管辖,国际管辖只是一种补充作用。此外,国家根据国际人权法所承担的义务主要涉及这些国家与其管辖下的个人和群体之间的关系,国际人权法的目的在于保护和实现个人权利。一个国家根据人权条约承担的义务,在形式上是针对其他缔约国的义务,但实际上是对其领土内和受其管辖的个人的义务,因此国家承担保护人权的

首要义务。

## 二、人权法的横向效力

人权法除了约束政府外,还对非政府机构、企事业单位、其他社团法人以及个人产生约束力。从理论上讲,个人是权利的享有者,相应的义务承担者为国家,但在很多领域,例如在反对家庭暴力的问题上,涉及传统上被认为是"私"的领域。另外,关于反歧视的规则不仅约束政府机构,而且约束雇主的行为。《消除对妇女歧视公约》第2条第5项规定:"应采取一切适当措施,消除任何个人、组织或企业对妇女的歧视。"因此,人权法既针对国家侵犯人权的行为(纵向效力),也针对私人侵犯人权的行为(横向效力)。

## 三、人权的国际保护

人权的国际保护也是必要的,需要设置国际人权机构以监督和保障国际人权法在国内的实施。但国际保护只能发挥次要的和补充的作用,只有一国严重侵害人权可能危及国际和平与安全时,国际社会才予以干预,因为该国不仅侵犯了其本国国内的人权,也危害了整个人类国际社会的利益。另外,国内的诸因素也决定了各国人权国内保护的改进是一个长期的和艰难的过程,在这个过程中,单靠国家自己的力量不足以实现人权保护的重任,需要借助国际社会的监督和合作。一方面,如果国家不愿意改善人权状况,国际社会将敦促其认真对待人权;如果国家无力改善人权状况,国际社会将通过国际合作来帮助其改善人权保护状况,例如《经社文权利公约》第2条第1款的规定就提到了"国际协助与合作"。另一方面,如果国家违反了人权,国际社会将通过监督程序迫使违法国家予以纠正;如果国家严重侵害具有国际强行法性质的人权,国际社会可以对该国实施惩罚和制裁。

## 四、国家人权保护义务的依据

国家人权保护义务来自各国批准的人权条约、国际习惯和一般法律原则。这些人权条约、国际习惯和一般法律原则为各国确立了应该遵循的国际人权标准,这正是国际人权法的主要目的和作用之一。根据诚实履行国际义务原则,各国均应一秉诚意地履行公认的国际法原则、规则和国际条约所承担的义务。普遍性和区域性的人权条约和有关国际习惯都为缔约国创设了在国内尊重、保护、促进和实现人权的义务,这些义务要求受其约束的国家以适当的方式在国内予以遵守和履行。

根据《中国共产党尊重和保障人权的伟大实践》白皮书,中国已加入或批准包括《经社文权利公约》在内的 26 个国际人权条约。① 自 2009 年以来,我国先后实施了四期人权行动计划,最新颁布的第四期为《国家人权行动计划(2021—2025 年)》。本期行动计划含多方面内容,共分导言,经济、社会和文化权利,公民权利和政治权利,环境权利,特定群体权益保障,人权教育和研究,参与全球人权治理,实施、监督和评估等八个部分,包含近 200 项目标和任务。篇幅比第三期大幅增加,目标和任务增加近 30 项,其中约束性指标大约占 1/3。

### 五、国家人权保护义务的内容

国家根据国际人权法承担的人权保护义务是多方面和多层次的,一般包括:(1) 尊重、承认和保证个人享有人权的义务;(2) 对侵犯人权事件进行调查和对违法者予以惩处的义务;(3) 对受害者提供有效救济的义务。保证人权的实现需要对侵犯人权的事件进行查处并对受害者提供救济。这三种义务是联系在一起的,只是尊重和承认人权而没有具体的救济机制是无法实现对人权的保证的。

#### (一) 尊重、承认和保证的义务

主要的人权条约都使用"尊重""保护""保证"等术语。例如,《公民和政治权利公约》第 2 条规定:"本公约每一缔约国承担尊重和保证在其领土内和受其管辖的一切个人享有本公约所承认的权利,不分种族、肤色、性别、语言、宗教、政治或其他见解、国籍或社会出身、财产、出生或其他身份等任何区别……"《儿童权利公约》第 2 条规定:"缔约国应尊重本公约所载列的权利,并确保其管辖范围内的每一儿童均享受此种权利……"

国家尊重和承认人权的义务,基本上属于消极义务,即国家不进行干涉的义务,只要国家不妨碍个人行使其权利,就履行了"尊重"人权的一般义务。"保证"人权的义务比"尊重"人权的义务在内容上更广泛,是指国家有义务采取必要的立法、行政、司法等措施保证相关权利在最大可能的限度内得以实现。早期的国际人权法学者将国际人权分为"消极权利"和"积极权利",公民和政治权利被视为消极权利,因为这些权利的享有和实现要求国家不予干涉,即国家负有尊重这些人权的义务。但事实上这些权利又是积极的,因为"保证"的义务意味着国家必须采取措施防止对人权的侵犯。国家"保证"人权的义务,包括了"尊重"义务,但"保证"比"尊重"具有更广泛的实质内容。人权条约规定的国家人权义务不仅是尊重人权,国家还要保证其管辖下的个人实际享有人权,这就要求国家

---

① 参见国务院新闻办公室:《中国共产党尊重和保障人权的伟大实践》(2021 年 6 月),载中国政府网,http://www.gov.cn/zhengce/2021-06/24/content_5620505.htm。

采取积极措施使每个人享有人权,人权受到侵犯后能够得到有效救济。

(二) 对侵犯人权事件进行调查和对违法者予以惩处的义务

第二次世界大战以后对纳粹德国和日本战犯进行的纽伦堡审判和东京审判,确立了战争罪、反人道罪的行为是国际法上应受惩罚的罪行,犯有战争罪行的任何人,包括国家元首、政府官员均应受到惩处,不因其国内法而加以免除。1948年《惩治灭种罪公约》是最早的人权条约之一,其第4条专门规定,犯灭绝种族罪或有第3条所列其他行为之一者,"无论其为依宪法负责的统治者,公务员或私人,均应惩治之"。其第5条要求国家制定相关的法律对上述行为者实施"有效的惩治"。

许多人权条约规定了国家有"调查"和对违法者予以"惩处"的义务。例如,《禁止酷刑公约》第12条规定:"每一缔约国应确保在有适当理由认为在其管辖的任何领土内已发生酷刑行为时,其主管当局立即进行公正的调查。"《消除种族歧视公约》第4条也规定了对煽动种族歧视行为和组织、宣传此种行为应规定为犯罪行为,依法惩处。虽然《公民和政治权利公约》《经社文权利公约》这些一般性的人权公约没有明确规定"调查"和"惩处"的义务,但有些学者认为,主要人权条约中国家的"保证义务"条款中包含了调查和惩处的义务。[①]

按照国家责任的理论,国家义务可以分为行为义务(obligation of conduct)和结果义务(obligation of result)。行为义务又称为手段义务(obligation of means),按照国际法委员会2001年二读通过的《国家责任条款草案》第20条的规定,一国的行为如不符合要求它必须采取某一特定行为的国际义务所规定的行为准则,即为违背该国际义务。结果义务赋予国家一定的自由来选择适当的手段以达到国际法所规定的目的。国家的调查义务和防止义务都属于行为义务或手段义务,不能仅仅因为调查没有取得满意的结果,就认定违反了上述义务。但是,对这一行为义务应认真和严肃地履行。美洲人权法院的司法判例指出,《美洲人权公约》中"尊重和保证"条款包含了国家对严重侵犯人权的行为负有防止、调查和惩处的积极义务[②],这些措施通过遏制和威慑当前和未来的侵犯人权的事件来"保证"人权,具有重要的意义。

(三) 对受害者提供有效救济的义务

主要的普遍性国际人权文件,如《世界人权宣言》《公民和政治权利公约》,以及区域性人权条约,如《欧洲人权公约》和《美洲人权公约》等都明确规定了国

---

① Naomi Roht-Arriaza, "State Responsibility to Investigate and Prosecute Grave Human Rights Violations in International Law", 78 *California Law Review* 449, 1990.

② Velásquez Rodríguez v. Honduras, Series C No. 9[1990]IACHR.

家应向受害者提供救济的义务。《世界人权宣言》第8条规定了救济权,即"任何人当宪法或法律所赋予他的基本权利遭受侵害时,有权由合格的国家法庭对这种侵害行为作有效的补救"。如前所述,《公民和政治权利公约》不仅要求国家保证任何一个被侵犯了该公约所承认的权利或自由的人能得到有效的补救,而且公约的任择议定书还专门规定了个人申诉程序这一国际救济措施。依据这一程序,如果公约缔约国批准了该议定书,该缔约国管辖下的受害者可以对该国侵犯公约所载的权利的行为向人权事务委员会提出书面控告。《曼谷宣言》认为,国家应负有主要责任并建立适当机构和机制,以促进和保护人权,在人权遭到侵犯的情况下,必须主要通过这种机制和程序给予救济。对侵犯人权进行救济,可以防止以后此类侵犯再次发生。

虽然主要的人权条约都规定了对侵犯人权的受害者给以适当和有效的救济,但它们并没有具体列出救济的措施和范围。哪种救济是有效的取决于具体案件情况。一般情况下,国家采取的救济符合下列标准才是有效的:该救济能够为受害者实际获得,也就是说,受害者实际享有援引一定程序获得救济的权利;救济能够给受害者一个法律上终局性的结论;救济应该是及时的,使受害者能在合理的期限内获得救济。

应当指出的是,人权条约建立的人权条约机构受理个人申诉的制度都是任择性的,即只有缔约国选择了同意人权条约机构行使受理个人申诉的职权,人权条约机构才能受理控告该缔约国的个人来文。

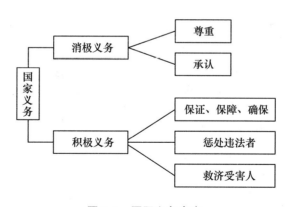

图 8.1　国际义务内容

## 第二节　人权条约的国内适用

人权条约的适用是指一个已经对一国生效的人权条约如何在该国范围内得到履行和实施,主要问题是该国法院是否可以直接援引该人权条约。它涉及国际法与国内法关系的理论和实践问题。

## 一、关于国际法与国内法关系的理论

关于国际法与国内法的关系,理论上有一元论和二元论两种学说。

一元论认为,国际法和国内法构成法律的一个统一体,两者发生冲突时,要么国际法优先,要么国内法优先,国际法在国内实施无须转化为国内法。一元论的理论基础是自然法学派关于国内法和国际法都以自然法为基础及个人是国际社会的基本单位的思想。

二元论认为国际法和国内法是两个不同的法律体系,相互独立。二元论的学说反映19世纪欧洲实在法学派以国家为核心的理论。实在法学派认为,国际社会是由独立的主权国家构成的,国际法仅仅调整国家之间的关系,国家与个人间的关系由国内法调整,国际法只有通过主权国家采纳和转化才能在国内适用。

 思 考

中国的实践更接近一元论还是二元论?

## 二、人权条约在国内适用的实践

### (一) 立法实践

人权条约在国内适用的方式取决于国内法的规定。多数国家都在宪法中对已经参加的国际条约是否属于该国法律体系的一部分、是否具有直接效力作出规定。目前国际上主要存在两种方式确认人权条约在国内的适用,一种是"纳入式"(adoption),一种是"转化式"(transformation):

(1) 纳入式:国家批准人权条约,该人权条约便自动成为国内法的一部分,具有国内法上的效力,不需要另行制定国内法。

(2) 转化式:指人权条约必须由立法机关制定法律转换为国内法后才能由国内机关适用。

美洲许多国家的宪法采用纳入式,规定人权条约在国内具有直接的、优先的效力。例如,1985年《危地马拉宪法》第46条规定:"危地马拉接受和批准的人权条约和公约优于国内法之基本原则从此确立。"1987年《尼加拉瓜宪法》第46条在承诺保护和促进人权的同时,特别赋予《世界人权宣言》《美洲人权宣言》《公民和政治权利公约》和《美洲人权公约》优先地位。

采用转化式的国家主要有英国、英联邦国家、北欧国家等。例如《印度宪法》第253条规定:"议会有权为印度全境或部分地区制定法律,以执行双边或多边条约、协定、公约,或者其他在国际会议、组织或其他机构所作的决定。"

(二) 司法实践

国内法院实施人权条约的关键问题是,人权条约在国内法院的地位如何,即国内法院在具体案件中最终是否适用了这些人权规则。在采用一元论的国家,从理论上来看,国内法院可以直接适用人权条约,但实际上条约直接适用的前提是该条约中的条款必须"具体、清楚和明确",这些条约被称为"自动执行"的条约,而人权条约往往被视为非自动执行的条约,即条约虽取得国内法效力,但被法院认为因"条款内容不具体、完整或含糊不清""没有在国内创设具体的权利和义务",而不能在法院直接适用。① 美国于1992年6月8日批准了《公民和政治权利公约》,尽管《美国宪法》规定,合众国缔结或将要缔结的条约与《美国宪法》一样是美国的最高法律,但美国在批准公约时声明,"《公约》第1条至第27条是非自动执行的",这就要求参议院将公约的条款转化为国内法,但美国至今尚没有全面进行立法转化。

在实践中,只有少数采用一元论的国家的法院直接适用人权条约对案件作出判决,例如荷兰、比利时、意大利、塞内加尔和委内瑞拉。在有些国家,人权条约被等同于宪法,国内法院直接适用本国宪法。日本法院很少直接适用《公民和政治权利公约》,在法院看来,人权条约的内容、范围和效果与本国宪法是一样的,如果政府的行为按照宪法是合法的,那么就应当符合人权条约。②

还有些国家因为本国宪法所确立的人权标准高于人权条约的标准,所以法官选择适用本国宪法。例如,德国原则上承认人权条约有直接适用的效果,但事实上法院直接适用人权条约的案例极少。这不是由于法官适用法律不当,或司法实践中的疏忽,而是因为基本人权的国内保护机制的有效性。《德意志联邦共和国基本法》关于公民基本权利的保护与人权条约相比确立了更高的标准和更广泛的内容,而人权条约只确立了人权保护的最低标准。因此,在日常审判活动中,法院有很正当的理由直接适用本国宪法,而不会舍近求远去援引人权条约的规定。只有在涉及外国人的个别领域内,如对于外国人的结社自由权,《德意志联邦共和国基本法》规定了公民的基本权利,而给予外国人的政治权利的保护很有限,人权条约在这方面可填补空白。

(三) 人权条约的间接适用

尽管绝大多数国家的法院不会直接适用人权条约,但人权条约所具有的间接效力是毋庸置疑的。人权条约转化为国内法适用包括复杂的转化程序,受国

---

① 参见美国最高法院的案例,Sei Fujii v. California, 38 Cal. 2d, 718, 242, 1952。
② 参见王光贤:《缔约国在实施国际人权条约方面的经验与问题》,载《法学评论》2002年第2期。

内立法用语和转化方法等因素的制约。越来越多的国内法院开始在具体案件中参照人权条约来解释和发展国内法。法院依据人权条约的原则、精神，或者参照人权条约的具体规定来审理案件、厘清当事人的权利义务关系、划定法律责任。但人权条约不是裁判的最终依据，这种不直接以人权条约为裁判依据的适用，被界定为"间接司法适用"。如北欧各国是采用二元论的国家，国际人权法规范不能在国内直接适用，而必须经过国内立法程序。从表面看来，这不利于国际法在国内的适用，但国际人权法规范在具体案件中所发挥的作用是很大的。北欧各国早在20世纪50年代就批准了《欧洲人权公约》，在公约被正式转化为国内法之前，国内法院经常参照公约解释国内法的规定。1989年瑞典最高法院在一判决中指出，虽然《欧洲人权公约》还没有成为瑞典国内法的一部分，但公约的地位决定了它必然影响对宪法的解释。①

澳大利亚作为普通法系国家，传统上采用二元论。条约只有经过立法转化为国内法，才能被澳大利亚法院适用。然而，即使人权条约尚未通过立法转化为国内法，这些条约对法官审理案件仍有重要的影响。澳大利亚联邦法院的梅森法官指出："尽管《儿童权利公约》尚未被转化为澳大利亚国内法，但并不意味着批准该公约对澳大利亚国内法律没有任何意义，当法律和辅助性立法含糊不清时，法院应参照与澳大利亚作为缔约国的国际条约的义务相一致的方式进行解释，这是因为议会要履行澳大利亚在国际法上负担的义务。"②可见，司法机构面对一个对该国已经生效的条约，需要考虑国家在国际法上的承诺、议会批准公约的行为，以及议会未来制定国内法转化公约的立场，才不至于导致公约实际适用时的不协调甚至相冲突的情况发生。

《国内法院适用国际人权规则的班加罗尔声明》对没有被转化为国内立法的人权条约在二元论的国家司法适用的问题做了系统的研讨③，该声明指出，法官在审理具体案件时应以国内需求为根基，通过对人权条约一般原则的引用增强其裁判的说服力。法院援引人权条约不只是为了解决国内法的不足和模糊性问题，更是为了使国内法符合国际人权法的含义与价值，按照人权条约所确立的人权价值改进国内法。

---

① Henry J. Steiner and Philip Alston, *International Human Rights in Context: Law, Politics and Moral*, 2nd edtion, Oxford University Press, 2000, p.985.

② Ibid., p.999.

③ 国际人权法律保护中心（INTERIGHTS, International Centre for the Legal Protection of Human Rights）和英联邦秘书处（Commonwealth Secretariat）分别于1988和1998年召开会议，会上对没有被转化为国内立法的人权条约条款应如何在奉行二元论的国家法院进行适用的问题进行了系统的研讨，最终形成"国内法院适用国际人权规则的班加罗尔原则"，以下简称"班加罗尔原则"（Bangalore Principles on the Domestic Application of International Human Rights Norms, the Bangalore Principles）。

（四）人权条约的国内适用问题的评述

无论采用一元论还是二元论，国家都有义务保证人权条约中的权利在国内充分和完全的实现。只要人权条约的内容有效地成为国内法的一部分，两种方法都是成功的；相反，如果国家批准人权条约，但国内的法院和行政机构根本不直接或间接地适用人权条约的规定，国家将违反人权条约义务。因此，国家的这一义务首先要求国内立法机关保证国内法律符合人权条约；其次，国内司法机关应认真对待人权条约，适用人权条约，或援引和参照人权条约解释国内法。通过诉讼使国际人权法规范在国内司法化，才能更好地保障国际人权法在国内的贯彻实施。《欧洲人权条约》的成功，正是由于它规定了一个有效的个人申诉制度，并设立了欧洲人权法院，而人权法院作出了一系列的司法判决，使人们逐渐认识到国际人权法的确是法律，也使个人权利受到侵犯时可以援引法律的规定向司法机构和行政机构寻求救济。

将人权条约划分为"非自动执行"的条约，会极大地削弱国际人权法规范在国内法的作用。首先，国际人权法规范是多种多样的，不可能只有"自动"和"非自动"两种选择，即要么可以全面和直接适用，要么法官在审理案件时根本不予考虑。法律条款可以多种方式、在不同程度上实施，非自动执行的概念是相对的，所以自动执行和非自动执行的条约的划分不现实。① 其次，这种条约自动执行的理论，会限制某些国际人权法规范在国内的适用，例如，《公民和政治权利公约》第19条关于见解和言论自由的规定比较清楚和明确，可以直接适用。但若将人权条约视为非自动执行的条约，将排除国内法院对该条款的直接适用。最后，条约是否自动执行完全是由国内法院来判断的，人权条约及人权机构都积极鼓励国内法院适用人权条约。经社文权利委员会认为，对绝大多数国家来说，一个条约的条款是否属自动执行的问题，应由国内法院决定，而不是立法和行政机构决定。法院为了有效地履行其职责，必须了解条约的性质和内容，以及司法救济在实施条约中的重要作用。经社文权利委员会在解释《经社文权利公约》的国内实施时指出："国内法院应在适当行使其司法审查职责的权限范围内，考虑公约规定的权利，这是保证缔约国履行公约义务必不可少的，忽略这一义务将违背国际人权必须具备的法治原则。"②

### 三、人权条约在中国的适用

我国已缔结26项人权条约，包括6项联合国核心人权公约。但是《宪法》

---

① 参见〔意〕M. 谢宁：《作为法律权利的经济和社会权利》，载〔挪〕艾德等：《经济、社会和文化的权利》，黄列译，中国社会科学出版社2003年版，第32—51页。

② 《经社文权利委员会第9号一般性意见：〈公约〉在国内的适用》（1998），E/C.12/1998/24。

和《立法法》没有规定国际条约在中国法律中的地位及其效力,人权条约适用的司法实践也不太清晰。

(一) 现行法律关于人权条约适用的规定

我国《宪法》没有规定国际条约的法律地位,对如何在国内适用人权条约,无法从宪法中找到直接的法律指引。《宪法》和《缔结条约程序法》只规定了条约缔约权的主体和缔约程序。2004年《宪法修正案》增加了"国家尊重和保障人权"条款,但并未针对人权条约的司法适用作出规定。

从中国现有的法律分析,我们既有纳入的方式,也有转化的方式。1986年《民法通则》第142条第2款规定:"中华人民共和国缔结或者参加的国际条约同中华人民共和国的民事法律有不同规定的,适用国际条约的规定,但中华人民共和国声明保留的条款除外。"《民事诉讼法》《行政诉讼法》《海商法》《商标法》《专利法》中也有类似的规定。2021年1月实施的《民法典》并没有沿用《民法通则》的上述规定,其第12条规定:"中华人民共和国领域内的民事活动,适用中华人民共和国法律。法律另有规定的,依照其规定。"可见,《民法典》对国际条约在中国的适用规定更加模糊,未明确在国内法与国际条约有冲突时,适用国际条约。但《民法典》第10条规定"法律没有规定的,可以适用习惯","习惯"应该解读为包括国际条约和国际惯例,在解决民事纠纷时,我国法律没有规定的,我国法院可以直接适用民商事条约。

人权条约能否在中国法院直接适用缺乏国内立法根据。中国目前关于直接适用国际条约的法律规定大多出现在有关涉外关系的法律适用的专门条款中,几乎没有涉及人权领域。中国与保障人权有关的法律,例如《工会法》《劳动法》《残疾人保障法》《未成年人保护法》《妇女权益保障法》中均不含有直接适用对应的人权条约的规定。

(二) 人权条约司法适用现状

虽然我国批准或加入的人权条约是否具有司法适用性并不明确,但近几年的司法实践出现了适用人权条约的个案。除法院适用的情况外,也有当事人援引人权条约的案件,体现了公众人权意识的提高。而法院援引的联合国核心人权公约主要集中在《儿童权利公约》。法院适用人权条约包括下列情形:第一,在国内法没有明确规定的情况下,法院援引了人权条约中的原则。[1]

---

[1] 陈某与罗某某监护权纠纷案,上海市第一中级人民法院民事判决书(2015)沪一中少民终字第56号,2016年6月17日。本案涉及代孕子女监护权,在我国法律没有明确规定的情况下,法院援引《儿童权利公约》第3条儿童最大利益原则,即在确定子女监护权归属时,理应尽可能最大限度地保护子女利益。

第二,法院依国内法指引,优先适用人权条约。① 第三,在人权条约与国内法均有规定的情况下,法院同时援引人权条约与国内法,依次强化论证理据。② 第四,使国内法解释为与人权条约的规定一致,以人权公约的原则为指导,解释相关国内法。③ 上述这些零星的实践与人权条约在国内适用的发展趋势相一致,是值得肯定的积极探索。审判实践中适用人权条约,可以弥补国内法规定不足对权利保障造成的局限,符合中国加入的人权条约的要求。

(三) 人权条约在我国适用的模式选择

人权条约在中国法院的直接适用,需要国内法的授权。这种授权或者分别规定于各个有关人权保障的普通法律中,或者在宪法中予以统一规定。在目前既没有宪法的明确规定又缺乏普通法律授权的情况下,人权条约可以通过间接适用的方式在中国法院得以实施。另外,考虑到宪法在各国法律体系中具有的最高地位和较强的稳定性,以"权利法案"的方式将本国批准的人权条约全面转化为国内法上的权利是最有效的实施方式。制定人权法案一方面将实现人权条约内国化,另一方面将整合、细化国内宪法、宪法性法律之基本权利规范,形成专门化、体系化的人权规范。很多国家都采用了这一方法,例如英国1998年通过了专门的《人权法案》、挪威1999年制定了《人权法案》。这样既建立起人权条约与国内法在人权保障上的逻辑对应关系,适时将人权条约的内容转化为宪法性基本权利,又完善了宪法的基本权利体系,确立了人权法诉讼制度。

**思 考**

如果在中国制定"人权法案"需要通过什么程序?

如何从理论上和实践中推动人权条约在中国适用?

---

① 狄某某与董某某离婚纠纷案,上海市第二中级人民法院民事判决书(2013)沪二中民一(民)终字第1661号,2013年9月22日。法院认为,依照《涉外民事关系法律适用法》及《民法通则》关于法律适用的有关规定,本案应优先适用《儿童权利公约》,因此依照《儿童权利公约》认定子女与母亲一方生活更为有利。

② 杨某甲、马某故意杀人案,广东省广州市南沙区人民法院刑事判决书(2017)粤0115刑初255号,2017年6月30日。法院认为,我国《刑法》《未成年人保护法》《妇女权益保障法》以及我国加入的联合国《儿童权利公约》均对儿童生命权予以特别保护;被告人应依法受到制裁,以实现国家法律和国际公约对儿童基本人权的保护。

③ 中国太平洋财产保险股份有限公司淮南中心支公司与鄂尔多斯市舜龙物流有限责任公司财产保险合同纠纷,安徽省淮南市中级人民法院民事判决书(2017)皖04民终742号,2017年8月11日。本案涉及交通事故受害人的遗腹子是否可获得赔偿的问题。法院认为,我国已批准加入的《儿童权利公约》第3条第1款规定,关于儿童的一切行动,不论是由公司、社会福利机构、法院、行政当局或立法机构执行,均应以儿童的最大利益为首要考虑。上述原则在《未成年人保护法》《继承法》等相关法律中均有体现。法院通过论证认定国内法的规定与公约相一致,从而依据国内法作出裁判。

## 第三节 国家保障人权的主要制度和条件

人权保障离不开一定的政治、经济和法律的制度和条件,没有一定的制度作保障,人权理想是难以实现的。世界各国没有统一的保障人权的模式,但各国在长期的历史实践中存在共同的经验。宪治与法治是国家保障人权的主要制度,民主、法治与人权成为现代政治制度的核心,市场经济、物质文明的提高及人权教育的普及也是保障人权的必要条件之一。

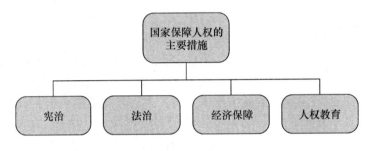

**图 8.2　国家保障人权的主要措施**

### 一、宪治

宪治,就是宪法主义或者按照宪法治理国家,是国家以保障人权为根本价值目标所进行的政治和法律的制度安排。人权与宪法密切相关,人权是宪法的根源和基础。宪法主要由两部分内容组成:一部分规定国家的形式、政权结构、任命程序和规则;另一部分规定国家追求的价值、宗旨和目标,即宣告和保护人权。

宪法产生于资本主义政治文明时期,限制公权力和保障人权直接催生了现代宪法。1776 年的美国《独立宣言》是世界上最早宣布人权内容的宪法性文件,1789 年法国《人权宣言》在人类历史上第一次宣布,权利无保障和分权未确立的社会没有宪法。十月革命胜利以后,俄罗斯社会主义联邦苏维埃共和国很快发表了《被剥削劳动人民权利宣言》(1918),这是人类历史上第一个社会主义人权宣言。发展到今天,几乎所有国家都用宪法确定人权内容。近年来,还出现了一种使国家宪法向国际人权最低标准看齐的潮流①,即宪法国际化或宪法的全球化。宪法的国际化或全球化可以理解为日益被广泛接受的人权在全球范围内的普遍传播导致世界各国宪法内容的日益趋同;人权条约被越来越多的国家直接

---

① 〔奥〕曼弗雷德·诺瓦克:《国际人权制度导论》,柳华文译,北京大学出版社 2010 年版,第 15 页。

纳入国内宪法，从而形成了国际人权法与国内宪法越来越多的互动和相互渗透。[①]

国家制定了宪法，通过宪法规定民主政治的原则和制度，并在实践中实现宪法规定的民主政治。民主可以调动社会成员的积极性、主动性、创造性，使社会成员充分表达自己的利益诉求，实现决策的科学化，有效化解矛盾；民主还可以对专横意志和权力滥用起到监督和制约作用。虽然民主非常重要，但是它本身并不是最终目的，民主的目的是实现人民生活幸福。民主强调多数人的统治的政治制度，但多数人的统治有可能忽视少数人的利益，甚至导致多数人的暴政。民主必须以人权为目的，只有把人权、公民的权利和自由作为治理国家的基础才能对民主作出正确的理解。这就是说，民主不能只重视形式上的少数服从多数，而且要特别重视尊重和保障每一个人的人权。一方面，民主的目的是实现人权；另一方面，人权对民主具有保障和促进作用，对民主的不恰当运用具有制约作用。

人权可以分为三种形态：应有人权、法定人权和实有人权。人权的发展和实现是一个由应有人权到法定人权，再到实有人权的过程。作为国家根本大法，宪法在人权的上述三个层面的转化过程中起着非常关键的作用。因而，宪法保障人权的价值就在于确定国家权力的合理配置与正常运行并规定公民权利及其保障措施。

（一）宪法通过合理配置权力保障人权

宪法对国家权力进行合理配置，使权力之间相互制衡，从而防止国家权力滥用导致侵害人权。权力分立制与议行合一制是配置国家权力的两种基本形式。西方国家主张立法、行政、司法既相互独立，又相互制衡。我国实行议行合一原则，国家权力由全国人民代表大会统一行使，各级政府、法院、检察机关依法行使职权，对同级人民代表大会负责，并受其监督。

（二）宪法宣告基本人权原则

宪法的基本原则是宪法本质特征的集中表现，是规定国家制度和社会制度时所遵循的根本标准。基本人权原则的内容就是尊重和保障人权。保障基本人权是宪法的最高价值目标，也是判断所有立法和国家行为的基本准则。

（三）宪法确认人权内容

现代人权是伴随着资产阶级革命而产生和发展的，人权的发展也推动了宪法的发展，世界各国的宪法都对人权的内容进行了不同程度的规范。20 世纪以前的宪法侧重于对公民人身自由、政治自由和私有财产权的确认。现代宪法内

---

[①] 参见 Mark Tushnet, "The Inevitable Globalization of Constitutional Law", 49 *Va. J. Intl Law*, 985, 2009.

容扩展到经济、社会和文化权利。随着人权内涵的深化和人权范围的扩大,越来越多的人权条款被写入宪法,进而带来了宪法权利的不断发展。

### (四)通过建立宪法保障制度保护人权

很多国家都是通过实施宪法监督、开展违宪审查维护宪法权威,从而实现宪法对人权的保障价值的。主要形成了下列几种违宪审查形式:一是以美国为代表的普通法院审查制,这是历史上最早形成的违宪审查制,以权力的分立与制衡为理论基础。二是以奥地利为代表的专门机关审查制,是由1920年《奥地利宪法》所首创。其显著特点是在普通法院之外设立专门的宪法法院或宪法委员会来对法律的合宪性进行审查。德国、法国、意大利等欧洲国家大都采用这一模式。这些违宪审查的专门机构名称不同,有的称为宪法法院,有的(如法国)称为宪法委员会,还有的国家(如比利时)称为仲裁法院。这些专门机构行使违宪审查权的方式和权限因国家而不同,但概括起来有如下几种:(1)解释宪法;(2)对法律等规范性文件的合宪性进行预防性审查并作出裁决;(3)结合具体案件对规范性文件的合宪性进行审查;(4)宪法控诉。三是人民代表机关审查制。此制度是由1918年的俄罗斯社会主义联邦苏维埃共和国所首创,为包括中国在内的社会主义国家所采用的一种审查制度。按照我国《宪法》的规定,全国人大及其常委会承担宪法监督和违宪审查的职责。

## 二、法治

人权必须制度化、法律化才能得到充分的实现和保障。法治的性质和特点决定了它是人权的根本保障。法律规范不仅具有具体、明确、概括统一等特点,还具有普遍性、公开性、平等性、可预见性、不溯及既往等特征。因而它是人类社会文明的重要体现,用法律的手段对人所应当享有的各种权利加以确认和保障,是人权实现最可靠的保障。法律具有权威性,法治的核心是法律至上,任何组织、个人都要严格依法办事,法律只有得到普遍遵守才能实现法治。

法治对人权的意义表现在:第一,从宏观的角度来说,法治有利于保证良好的社会秩序,而这正是保障人权必不可少的条件。第二,法治是控制国家权力的有效手段,民主虽然可以最终实现对国家权力的控制,但是没有法治的保证仍然会导致国家对人权的侵犯。法治要求国家权力的运作以法律为依据,形成以法律支配权力的运行秩序,权力的行使必须有法律的授权,严格依据法定的程序,未经法律授权,不得自设权力。第三,法治既为人权的行使规定了必要的程序,为了防止人权的滥用,也为人权的行使设定了界限。法治对人权的保障也包含了对人权的限制,这种限制最终是为了实现真正意义上的人权。

法治与人治相对立,二者的区别在于:法律的作用是什么,法律面前是否人人平等。人治的社会虽说也制定法律,但法律的主要目的是确认国家的统治权、等级制,法是用来治民的而非保护人权的。法治的根本目标和价值是保护人权,法治如果偏离了保护人权的目标,就不是良法之治。

 **思 考**

法治是否等于依法治国?
如何理解法治、民主与人权之间的关系?

### 三、必要的经济保障

一个社会的经济发展水平并不必然反映人权的保障状况,但经济发展本身肯定有利于人权的全面实现。经济发展使国家可以用更多的资源改善人权状况,尤其是经济、社会和文化权利的实现更依赖于经济发展状况。发展中国家一直强调发展权,要求通过建立国际经济新秩序来保障发展权的实现。

发展经济绝不意味着允许以牺牲人权为代价,如果一个国家经济的发展是建立在残酷剥削劳动力之上的,那么这种经济发展一定是暂时的、不可持续的。如果一个国家的经济发展不是以改善民生为本,就可能导致社会财富的极端分配不均,这不仅意味着一部分人的生存权得不到保障,而且意味着这些人的许多公民和政治权利也会受到损害。

### 四、人权教育

人权教育是人权实现的基础。大学中的人权教育为人权的发展提供了必要的专业人才和未来人权发展的人力保障。而针对公职人员的人权教育和培训,特别是针对公安、检察院、法院、监狱、行政执法机构等部门的人员的人权教育和培训将是落实人权的直接要件。联合国在推进人权事业的过程中重视人权教育,提出了人权教育的目标、过程与方式等具体内容,并要求各国从人权教育入手改善各国人权保障的环境。《世界人权宣言》对人权教育的基本要求是:"教育的目的在于充分发展人的个性并加强对人权和基本自由的尊重。"联合国大会宣布 1995—2004 年为联合国人权教育十年。《1995—2004 年联合国人权教育十年行动计划:人权教育——终身的课业》(以下简称《十年行动计划》)就人权教育提出了一个为国际社会所公认的目标,即"传授知识及技能和塑造态度,建立普遍的人权文化"。联合国大会于 2011 年 12 月 19 日通过的《联合国人权教育和培训宣言》第 1 条第 1 款规定:"人人有权了解、寻求和得到所有人权和基本自由方面的信息,并可获得人权教育和培训。"据此,接受人权教育本身就是一项人权。第1条第2款强调:"根据人权的普世性、不可分割和相互依存的原则,人权教育和培训是促进人人享有的所有人权和基本自由得到普遍尊重和遵守的关键。"《欧洲人权公约》通过后,人权教育问题成为人权发展中的重要内容,欧洲理事会在《关于学校人权教育和学习的建议》中明确了开设人权教育课程的目的除了传播人权知识与技能外,更重要的是"使学生理解和接受正义、平等、自由、和平、尊严、权利和民主的观念",进而培养学生识别成见、偏见和差别,理解与容忍差异,与他人建立非对抗性的建设性关系,以非暴力的方法解决对立,以及承担责任、参与决策的能力。

自2009年以来,我国先后实施了四期人权行动计划。第四期的《国家人权行动计划(2021—2025年)》对人权教育和研究作出了进一步的规定,明确要求"将人权教育纳入国民教育体系,开展人权研究,加强人权培训,普及人权知识,增强全社会尊重和保障人权的意识"。

**资　料**

《十年行动计划》指出,人权教育的目的是:
(1) 加强对人权和基本自由的尊重;
(2) 充分发展人的人格和人的尊严感;
(3) 促进所有民族、土著人,以及种族、民族、宗教和语言群体间的了解、容忍、男女平等和友谊;
(4) 使人都能在自由社会中有效参与;
(5) 推动联合国维护和平的活动。

《十年行动计划》由联合国人权高专负责协调。《十年行动计划》的五项目标为:(1) 评估需要和拟定战略;(2) 建立和加强国际、区域、国家、地方各级的人权教育方案;(3) 发展和协调编制人权教育材料的工作;(4) 加强大众传媒的作用;(5) 促进《世界人权宣言》的全球传播。《十年行动计划》要求各国政府创建国家人权教育委员会,由政府和非政府组织人员组成,负责拟定和落实一个综合性、有效和可持久的国家人权教育行动计划。

**思　考**

人权教育的意义是什么?
如何评估和推动我国的人权教育?

## 第四节 国家人权机构

随着人权理念的普及和发展,人权的内容和人权保护的方式也在不断扩大,人权实践越来越丰富,人权的保护从只追求司法保护这一单一的保护模式,转向多元化的保护模式,旨在保护和促进人权的国家人权机构应运而生,成为国家保障人权的一种行之有效的重要形式。

### 一、《巴黎原则》

20世纪六七十年代,人权条约的数量急剧增加,尤其是《公民和政治权利公约》和《经社文权利公约》通过后,与《世界人权宣言》一起形成了国际人权宪章,越来越需要建立一种机制保障这些人权标准在国内的实施。联合国期望国家人权机构在这方面发挥重要的作用。

1978年9月,联合国人权委员会在日内瓦召开了关于"促进和保障人权的国内和地方机构"的研讨会,会议首次确定了国家人权机构的结构与功能方面的指南。按照该指南,国家人权机构分为两类:一类是一般性地促进人权,主要是开展人权教育和培养人权意识;另一类可以直接采取行动,例如审查国家政策、向国家相关机构提出建议。自1981年以来,联合国大会的一系列决议将国家人权机构所赖以发展和保护的基础——人权的概念和内容阐述得越来越明确、系统。国家人权机构的职责可以概述为两个方面:一是保护人权,二是促进人权。前者包括受理人权申诉、调解案件、将相关问题提请司法或监察机构注意、提供法律咨询或代理诉讼;后者包括参与人权立法、宣传人权知识、从事人权教育等。

1994年3月4日,联合国大会以第48/134号决议通过了《关于促进和保护人权的国家机构的地位的原则》,又称《巴黎原则》。《巴黎原则》规定了建立国家人权机构的职责及其组织设置方面的要求和标准,集中解决了三个方面的重大问题:(1)国家人权机构的职责及其主要任务;(2)机构的组成,尤其重要的是为保障机构的独立性和多元性规定了人员的任命标准、经费的保障等要件;(3)机构的运行,包括如何与民间团体合作等。《巴黎原则》在国家人权机构发展史上具有重要意义,为世界各国建设和完善本国的人权机构提供了标准和借鉴。

2004年在韩国召开了第七届"世界国家人权机构大会",会上发表了《汉城宣言》,对通过国家人权机构推进人权发展提出了有益的建议。宣言指出,国家人权机构的特殊功能是,把国际人权标准适用于国家生活层面,保障人权的持续发展,建立符合《巴黎原则》的具有特殊法律基础与多元主义的国家人权机构,通过政府与市民社会之间的对话解决社会面临的侵害人权的情势。在人权保障机制中国家人权机构成为具有普遍意义的保护方式之一,也是国际社会保护人权的基本经验。鉴于其保护人权方面行之有效的作用,世界各国几乎普遍建立了国家人权机构。

### 二、国家人权机构的种类

根据《巴黎原则》,国家人权机构是指由一国政府依据宪法、法律或法规而建立,专门负责促进和保护人权的机构。

国家人权机构的种类是多种多样的,各个国家政治体制的不同,决定了设立国家人权机构的条件也不同,可以通过宪法或国家立法机关的立法或总统的命令来设立。这种不同的政治条件在一定程度上决定了国家人权机构的权力与功能、制度的合法性、功能意义上的独立和经济上的自治。

联合国将国家人权机构归为三类,即人权委员会、议会人权机构、人权督察专员。综合上述分类,国家人权机构可归为下述三类模式:人权委员会模式,咨询委员会模式,人权督察专员模式。

1. 人权委员会模式

人权委员会是国家人权机构的经典模式,与《巴黎原则》中所描述的模型最相符。英联邦国家多采用这种模式,也被称为"联邦模式",例如澳大利亚人权委员会(1981年成立),加拿大人权委员会(1977年成立),新西兰人权委员会(1977年成立)和英国人权委员会(1976年成立)。这些早期人权委员会的工作集中在反歧视或平等的立法与实施。人权委员会由多名"专家"组成,符合《巴黎原则》要求的人员组成多元化的理想模式。人权委员会的权限包括:就人权问题向政府作出建议;监督政府人权义务的履行情况;开展人权宣传和培训活动;调查申诉和调解案件以促成和解。

2. 咨询委员会模式

咨询委员会模式的国家人权机构一般不扮演人权卫士的角色,而是在民间社会和政府之间起桥梁作用。该模式以法国全国人权协商委员会为代表,因此也被称为"法国模式",非洲法语国家的国际人权机构多采用该模式。咨询委员会通常不接受申诉,也不具有强大的调查权力,主要专注于根据政府的要求,通过提供专家咨询协助政府保护人权,并就人权问题开展研究。此外,咨询委员会可以从事人权教育和宣传活动,这方面与人权委员会类似。委员会汇集了来自不同背景的人,包括学者、非政府组织、人权专家和政府官员,其组成的人数比人权委员会更多,更具有多样性和广泛性。

3. 人权督察专员模式

人权督察专员最早起源于北欧,致力于监测公共行政的合法性和公平性及其实施过程。20世纪90年代以后,督察专员发展为典型的申诉专员和人权委员会模式相结合的国家人权机构,也被称为"混合机构"。采用混合模式的人权机构并不单纯充当"行政监察机构"的角色,也被明确赋予促进和保护人权的职能。一些拉丁美洲以及中欧和东欧国家开始加强其人权机构的建设,多采用该种模式。人权督察专员的工作重点通常在于调查申诉和监督国家对不同层次人权的遵守情况;提出建议和提案,并就与人权有关或对其产生影响的政府政策和立法提出意见和发表声明。不同于传统的人权督察专员模式,混合机构也从事类似于人权委员会所开展的人权教育和培训活动。但在人员组成方面,人权督察专员模式明显不同于其他类型的国家机构,它往往是单人机构,这意味着《巴黎原则》要求的成员组成多元化要求无法满足。除此一明显区别外,人权督察专员和人权委员会之间的界线已经变得越来越模糊。

表8.1 国家人权机构基本模式

|  | 人权委员会 | 咨询委员会 | 人权督察专员 |
| --- | --- | --- | --- |
| 组成 | 委员数名 | 学者、非政府组织、人权专家、政府官员等各方代表 | 单人机构(通常由一至数名副手协助) |
| 任务/主要目标 | 促进和保护人权 | 就人权问题向政府提出建议和咨询意见 | 保护人权 |
| 监督功能 | 监督人权的遵守情况;调查申诉;调解案件 | 监督人权的遵守情况 | 调查申诉;监督人权的遵守情况 |
| 咨询功能 | 在人权领域向政府和其他行动者提出建议;发表意见和声明 | 仅在政府请求时向其提出建议 | 根据申诉向政府提出建议;发表意见和声明 |
| 教育功能 | 开展人权宣传;从事人权领域培训活动 | 偶尔开展一般的人权宣传 | 偶尔开展一般的人权宣传 |
| 研究功能 | 为完成咨询任务和促进人权而进行研究;有时是为答复公众问询而进行研究 | 有限的研究功能 | 通常没有具体的研究功能 |

从职能上划分,国家人权机构大致分为三类:一是具有综合性职责的国家人权机构,其职权不仅有处理个人申诉,还包括开展人权教育与审查立法;二是具有咨询性质的委员会,它没有调查与处理个人申诉的职能,主要作用在于对政府的人权政策与立场提出建议和咨询;三是专门负责反歧视这一特定领域的职责。无论采用哪一种国家人权机构模式,其目的都是有效地保障和促进人权。

**思　考**

国家人权机构在人权保护方面主要发挥什么作用？
我国建立人权机构的必要性和可行性。

### 三、国家人权机构的特点

根据《巴黎原则》，国家人权机构的特征主要有：
（1）根据的法定性：依据宪法、法律、法令；
（2）地位的独立性：经费、成员组成和任期、运作方式上的独立；
（3）职能的准司法性：行使类似司法的职责；
（4）成员的代表性和多元性：独立的并具有广泛的代表性；
（5）资源的充足性：费用的保障；
（6）利用的便宜性：程序的简便，费用的免除。

（一）独立性

决定国家人权机构有效运作的最关键的因素是其独立行使职权的能力，这种独立性必须在其法律职责中予以明确规定。但独立性是相对的，一个国家人权机构的独立性绝不意味着其与国家的其他机构、组织之间没有任何联系。另外，在严格界定各国家机构的权限和职责的基础上，还需要发挥各国家机构之间的联系和合作，共同促进和保护人权。根据《巴黎原则》，国家人权机构通过如下几个方面实现其独立性：其一，通过立法实现独立。绝大多数国家的国家人权机构是通过法律或议会法案形式设立的，为保证国家人权机构有效运作，在法律或议会的授权性法案中应该清晰地规定国家人权机构具有独立地位，并应保证其享有充分的权力、相应的地位和明确的责任。其二，通过委员会的组成保证独立。保证国家人权机构的独立性还需要保证其成员个人的独立，因为如果无法保证该机构的成员在单独或集体行动中的独立性，即使赋予该机构较高的法律地位、业务独立、技术或财政的支持，还是无法保证国家人权机构的独立性。因此在成员的任命、任职期限、职务的解除等方面必须明确规定一般标准。其三，通过财政保证独立。保证人权机构独立的一个关键因素是为机构"提供充足的经费"，也就是说，机构能"具备使其顺利开展活动的基础结构"，避免政府通过"经费控制"干扰机构的独立工作。它包括两层含义：一是国家人权机构经费的取得不会影响其成员的政治主张；二是经费应充足，以满足国家人权机构高水平、专门化运作的需要。

（二）准司法性

准司法权是指具有类似的"司法职能"，但行使该司法职能的不是司法机关而是行政机构或行政官员。国家人权机构的准司法性表现为:其一,可以接受关于违反人权的申诉。其二,可以实地考察和调查。其三,可以依据相关人的请求,或依其职权将申诉提交给调解委员会并启动调解程序。如果双方当事人对争议的事项达成了和解,各自在和解协议上签字,调解委员会给予认可,申诉程序就此结束;如果当事人没有达成和解,调解委员会将作出决定公平解决申诉。其四,如果国家人权机构经过调查发现确实存在着违反人权的情况,它可以向被申诉人提出如下建议:停止侵犯人权的行为、恢复原状、损害赔偿或给予其他必要救济;为防止同样的或类似的侵犯人权行为的再次发生而需采取必要的措施;纠正或改进相关法令、政策或实践。这种准司法权是保证国家人权机构具有实际效力的重要因素。应该注意的是,因为不是司法机关,所以国家人权机构最后作出的只能是没有法律拘束力的"建议"。

(三) 综合性

国家人权机构的职责在于保障人权,一般情况下,其管辖的事项是多方面的,包括:分析和研究人权法令、司法制度和实践,并对此发表意见、提出改进的建议;对侵害人权和歧视行为进行调查和救济;审查人权问题和人权环境;进行人权教育,提高公众人权意识;提供侵害人权行为的类型和判断标准以及有关预防侵害人权行为的措施方面的原则、建议或指导;为政府提供有关加入人权条约以及履行相关条约方面的意见和建议;与国内或国际上的人权非政府组织、其他国家人权机构以及国际人权机构进行交流合作,以促进和保护人权。

(四) 咨询性

监督国家的人权实践是国家人权机构的重要职责,监督国家的人权实践的方式之一是赋予国家人权机构咨询权,使其可以就立法、司法实践、政策规定等提出建议。政府、立法机构、司法机构等国家机关被赋予在各自的职权范围内保证人权的职责,作为非政府机构的国家人权机构主要依靠与政府机构的对话与合作互动来发挥其咨询作用。

### 四、中国设立国家人权机构的必要性和可行性

从广义上讲,中国的所有国家机构都负有保障人权的职责。但这些机构并不是专门的人权保护机构。此外,中国还有一些全国统一的非政府机构,例如中国残疾人联合会、中华全国律师协会、中华全国青年联合会、中国新闻工作者协会、中华全国总工会等。虽然这些机构中有的设立了与人权相关的委员会,例如中华全国律师协会下设的宪法和人权专业委员会,但是他们并非国家机构,其权力相当有限。中国有必要参照其他国家人权保护的基本经验,结合中国的实际,

设立专门的国家人权机构。这是因为：第一，设立国家人权机构是中国人权事业发展的客观需要。中国人权事业的发展取得了积极的成果，但也存在理念或制度相对滞后的问题，如人权理念还没有普及、人权制度尚不健全、人权保护义务主体缺失等。设立国家人权机构可以极大地改善人权环境，推动人权事业的进步。第二，由于国家人权机构的独立性，它可以合理地协调国家与社会之间发生的冲突与矛盾，使社会的发展保持平衡与和谐。第三，它可以弥补人权保护上的制度性缺陷。我国的人权救济还很薄弱，救济途径单一，人权救济有时会遇到一定的障碍。国家人权机构的设立与运作，可以在一定程度上弥补其功能上的不足，扩大人权救济的范围。第四，开展人权教育的需要。人权教育在人权发展中具有非常重要的作用，在推进人权的过程中，中国需要统一规划人权发展政策和人权教育的机构。第五，有助于我国参与国际人权事务，扩大人权事业的开放度，增加国际交流与合作的渠道。

中国设立国家人权机构也是可行的。首先，《宪法》将"国家尊重和保障人权"确定为基本原则，使之成为国家的基本价值观，为设立国家人权机构提供了法理依据。其次，中国已经批准或加入了 26 项人权条约，遵循条约的规定，完成和提交了履约报告，并参加了上述各人权条约机构对报告的审议会议。这些人权领域的实践都为国家人权机构的设立积累了一定的经验。最后，中国高校的人权教育和研究有了突破性进展，大学的人权教育逐渐普及并受到一定重视，这些都为人权机构的设立储备了必要的专业人才。

---

**【问题与思考】**
1. 国际法与国内法的关系在理论上有哪些学说？
2. 关于人权条约在国内法上的地位存在哪些立法模式？
3. 人权条约在一国法院的地位如何？
4. 人权条约在中国如何适用？
5. 中国建立国家人权机构的有利条件和障碍？
6. 中国应该建立什么类型的国家人权机构？
7. 人权条约在中国适用的模式选择？
8. 如何理解宪治、法治，它们与人权的关系是什么？
9. 你对中国人权教育的现实和未来发展如何看？
10. 人权国际保护的必要性？
11. 国家在人权条约下承担什么义务？
12. 我国履行条约义务的状况如何？

**【进一步阅读推荐】**

1. 张晓玲主编:《人权法学》,中共中央党校出版社 2014 年版。
2. 张伟:《国家人权机构研究》,中国政法大学出版社 2010 年版。
3. 《监察员、调解员和其他国家人权机构在促进和保护人权方面的作用》(2020),A/75/224。
4. 戴瑞君:《我国对国际人权条约的司法适用研究》,载《人权》2020 年第 1 期。
5. 袁钢:《〈巴黎原则〉与中国国家人权机构的设立》,载《人权》2016 年第 2 期。
6. 范继增:《拉美国家人权监察机构在国家政治转型中的作用——以危地马拉、萨尔瓦多和秘鲁人权监察机构为例》,载《人权》2015 年第 5 期。
7. 万鄂湘、杨帅:《论国家人权机构与司法机关的关系》,载《法学论坛》2010 年第 5 期。
8. 王光贤:《缔约国在实施国际人权条约方面的经验与问题》,载《法学评论》2002 年第 2 期。

# 第九章 工商业与人权

## 第一节 工商业与人权概述

> 普遍人权究竟始自何处？在接近家的小地方——如此接近，如此微小以至于我们无法在任何世界地图上找到，但它们却是每个个人的世界：他所居的邻里、他所上的学校和学院、他工作的工厂、农场或办公室。这些就是每个男人、女人和儿童寻求同等公正、同等机会、同等尊严的地方。除非权利在这些地方有其意义，否则它们在任何其他地方都意义甚微。
>
> ——埃莉诺·罗斯福①

### 一、什么是工商业

认识"工商业"这一概念需要将其与诸多其他概念区别和联系起来。"工商业"可能会与"商业"混用，而后者是一个相对狭义的概念，其一般意义是指以市场为依托，通过以高于成本的价格出让产品来赢利的交换行为。它以产品生产为基础且是产品价值的实现过程，即所谓的"流通领域"，与之相对应的是作为"生产领域"的农业和工业。

英文中的"business"一词是"工商业"最为契合的翻译，它们都包括多重更为广泛的内涵。首先，它可以指代市场主体为实现其既定目标而采取的行为，包括生产和交换的所有环节，其核心是以所有权和市场导向为基础的决策或调整行为，即"商务"或"生意"；如果把"business"这个层面的意义引入人权，它所指的就是与人权相关的各种市场关系的行为范围。其次，它可以指代提供商品和服务的有组织的市场主体或工商业实体，主要是公司和合伙制工商企业，其作用是通过一定的组织形式，利用、协调人力和其他市场资源，以充分提升效率，实现组织共同利益最大化的目标，在这个意义上，"business"所表述的是与人权之间的相互关系的主体范围。上述两重意义也使"business"成为一种职业范畴。最后，"business"也可以在宏观意义上指代整个由市场行为、市场组织和从业人员

---

① Available at https://www.un.org/en/observances/human-rights-day/past-observance-2021，2023-5-9.

等组成的生态系统或市场体系,在这个意义上,它经常被当作一种社会力量来对待,例如市场调控(business regulation)。也正因为如此,在很多情况下,工商业对人权的影响并非由个别的行为或者单独的主体所造成,问题可能源于整个市场体系的缺陷,例如经济危机导致的大量失业。此外,这一术语还可以与其他概念相结合,在宏观层面上指代一定的市场部门或一定范围、条件中的工商业与市场,如"生产、贸易相结合的综合性农业"(agribusiness)、"现代工商业"(modern business)等。

可见,"工商业"是一个可以涵盖经济和市场运行中所有环节、所有主体和所有事务的概念,比"商贸"(commerce)、"经济(体)"(economy)以及"市场"(market)等词语的内涵和外延都更为广泛,因而在讨论有关"工商业与人权"的问题上能产生更加普遍和深入的相关性。这也使二者已经成为联合国系统内外通用的对译,当然,本章也将在必要的时候应用更有针对性的具体概念,如工商业(市场)行为、工商业(市场)主体、工商业实体、工商业组织、(工商)企业,以及工商业活动等。

**资　料**

原始社会末期,在今河南商丘一带有个叫"商"的部落,生产活动以畜牧业为主,因从事商品交换而颇有名气,所以别的部落把从事商品交换的人叫"商人",把交换的产品叫"商品",公元前11世纪,周武王灭商,把殷商移民迁到成周。由于土地不足或失去土地,殷商移民出于谋生的需要而大量从事商品交换这一行业,因此人们把商族人和从事商品交换的人混同起来,称之为"商人"。从此"商人"的称谓在社会生活中被广泛使用。[1]

## 二、工商业的基本特点及其人权意义

工商业组织的建立和运行、工商业行为的决策和实施以及工商业体系的产生和发展都具有一定的前提或特点。虽然不同学派对这些特点的总结各不相同,但是都至少包括资源、所有权和社会分工(和交换)三个方面,这些也都构成考虑所有与工商业相关的问题(包括人权问题)时的出发点。

(一) 资源

工商业活动的出发点和根本目的是获取一定的资源,而资源具有稀缺性。所谓稀缺性是指,相对于人的欲望而言,人力、土地、商品、技术、服务等可用资源

---

[1] 《思想政治(必修)(一年级上册)》(第2版),人民教育出版社2003年版,第7页。

都是不足的;可用资源的相对稀缺性是人类社会的一个永恒问题。在人类社会的任何时期和任何地方,不仅资金、原材料、土地等实物资源是稀缺的,而且时间、劳动技能和经验等无形资源也不可能满足所有人的所有欲求。因此,这就产生了经济学和工商业活动的一个基本问题:所有决策和活动都受到可用资源的限制。

资源的有限性进而促生了竞争和选择:各个工商业组织之间需要为获取有限资源进行竞争,而企业内部和整个社会则必须根据可用的资源状况在不同的"生产可能性"之间作出选择,以实现社会资源的最有效率的配置。假如一个社会共有500吨钢材,它就必须决定将多少吨钢材分别用于制造坦克(每辆5吨)和汽车(每辆2.5吨)。最终来看,一个社会对稀缺资源的配置过程就是作出三个关键决策的过程:第一,如何更有效率地利用其资源,即如何生产的问题;第二,生产何种"可能性"的商品组合,即生产什么(多少)的问题;第三,给予每个人、每个组织多少不同商品的产出,即为谁生产的问题。无论以何种方式作出上述决策,衡量社会资源配置有效性的标准都是"最符合经济原则",即一个社会、一个企业或一样产品能够使用相对较少的资源来满足社会中的需求。在一定技术水平下,能够利用所有可用资源生产出最大产出量的社会或企业被认为是在经济上最有效率的经济体或工商业组织。

为了实现更高效率以及社会资源的更优配置,每个社会和每个工商业组织在不同"生产可能性"之间的选择也意味着"机会成本"(opportunity cost)的变化,即把一定资源用于某一特定用途时所牺牲的其他用途的最大收益或替代性代价。如果前例中的社会将500吨钢材平均用于生产坦克和汽车,那么这个社会可以拥有50辆军用坦克和100辆民用汽车,而如果该社会决定将所有钢材悉数用于制造坦克,那么这一决策的机会成本就是100辆汽车。同样,一块土地既可用于建设医院以保障多数居民的健康权,也可用于建设少数人消费的高级商场以发展商业并产生税收。这样,资源的限制就可能使工商业与人权互为机会成本。实际上,工商业与人权之间的冲突,或者工商业对人权的诸多不利影响,都可能与个人、组织或全社会的资源稀缺密切相关。

这一问题在国际人权法的发展中已经引起了重视。例如,《经社文权利公约》第2条第1款规定:"每一缔约国家承担尽最大能力个别采取步骤或经由国际援助和合作,特别是经济和技术方面的援助和合作,采取步骤,以便用一切适当方法,尤其包括用立法方法,逐渐达到本公约中所承认的权利的充分实现。"由于多数经济、社会和文化权利要求国家的积极投入,这使国家的可用资源的状况与权利实现的程度直接联系起来,也使得公约起草者不得不在有关国家义务的第2条中加入"尽其资源能力所及"(to the maximum of its available resource)的限定用语。但是,经社文权利委员会反对将人权作为经济发展的机会成本对待,其曾在其一般性意见和相关报告中指出:"人权的实现不能仅以其他发展的副产品或者偶然结果的方式来达到,无论这种发展如何积极",而且国内经济情况的恶化并不能解除国家的公约义务,"即使当可用资源严重不足,缔约国仍负有义务在这种情况下努力保障有关权利最大可能的享有"。① 经社文权利委员会后来还指出,在与工商业活动相关的场景下,国家可能更需着力落实针对人权的"实现的义务"(obligation to fulfill),即"在其现有资源范围内尽可能采取必要措施,便利并促进《公约》权利的享有,并在某些情况下直接提供对享有这些权利至关重要的产品和服务"。②

(二)所有权

资源的稀缺性与人类欲求之间的矛盾决定了大部分资源最终被不同的主体所占有和支配,这就产生了所有权的观念和相应的法律制度。从历史上看来,所有权的行使主体错综复杂且经常变化,部落、宗族、国家、宗教团体、企业以及个人等都可能是拥有资源的主体,并因此产生了公有制、共有制和私有制等不同的所有权制度。无论主体如何变化,所有权的一个根本意义是在不同的主体间产生对特定资源,尤其是商品的支配权的确认和承认,从而使商品的交换成为一个必要而可能的资源重新配置的过程。商品经济产生和存在的决定性条件,是生产资料和产品属于不同的物质利益主体。因此,商业实现的过程也是所有权转移或产生变化的过程。

在历史上和现实中,所有权都是一种最完全的法律权利,一旦权利的主体被法律确定,这一权利就具有绝对性、排他性、永久性的特征,仅在少数情况下才可加以限制。所有权的绝对性意味着所有者通过自己的行为即可直接实现占有、使用、收益和处分的权能,而所有者之外的任何不特定主体都负有尊重这一权利的义务;排他性的意义在于任何"标的物",即资源和商品都只能存在一个所有权,对于实现所有权过程中遇到的妨碍,所有者都有权予以拒绝和排除;永久性则是指所有权因标的物的存在而永久存在,没有预设的期限限制。所有权的这三个特性不仅保障了交换和工商业活动的发生,也能使社会资源借助商品交换而朝着相对优化的方向加以配置:所有权的绝对性能够使所有者充分参与市场,考虑合适的对价并自由地实现交换;排他性使得所有者用于交换或出让的标的物是其他所有者所需要的资源或商品,交换所获取的对象标的物则是自己缺少的资源或商品,这使所有人的福利得到提升;所有权的永久性则确保了交换的持

---

① 参见《经社文权利委员会第 3 号一般性意见:缔约国义务的性质》(1990),E/1991/23;以及《经济、社会和文化权利委员会世界人权会议的声明报告》(1992),E/1993/22。
② 参见《经社文权利委员会第 24 号一般性意见:关于国家在工商活动中履行〈经济、社会及文化权利国际公约〉规定的义务》(2017),E/ C.12/GC/24。

续进行。

个人对资源的所有权形成了私有或共有财产权。洛克等古典自由主义思想家把私人(私有)财产权看作保障个体尊严和自由的前提,认为财产权确立了个体主权并制约了公共权力。在现代社会,财产权不仅是市场体系和商业活动的基础,而且在很多国家被确认为一项基本人权。《世界人权宣言》第17条首先规定"人人得有单独的财产所有权以及同他人合有的所有权",并重申了财产权针对公共权力的排他性,"任何人的财产不得任意剥夺"。1966年两个人权国际公约没有明确规定财产权,但《经社文权利公约》在一定程度上承认了财产性资源对权利保障的基础作用。该公约第11条第1款规定:"本公约缔约各国承认人人有权为他自己和家庭获得相当的生活水准,包括足够的食物、衣着和住房,并能不断改进生活条件。……"《欧洲人权公约》《美洲人权公约》以及《非洲人权和民族权宪章》都将财产权确认为一项基本人权。

### 资 料

私人财产所有权,容许专业化和交换,从而容许人们获得有效收益。但是,同样重要的是,私有财产权也为人们提供了某种保护和绝缘手段,以使个人免遭市场"盲目力量"的伤害。不管这些"盲目力量"最终来自何处……私有财产权,就潜在的剥削经济关系而言,提供了可行的退出权或避免进入的权利,保护了个人的自由。只要个人仍能在若干可选择的方案中"自由地选择",只要存在许多可选择的方案,我们就不必或无须担心……私人的或独立的财产权是自由的守护者,无论政治的或集体的决策是怎么作出的。当然,其直接的含义是,必须设定有效的宪法制约,这种制约应有效地抑制政治对(法律界定的)财产权利及涉及财产转移的自愿的契约安排的公开侵扰。如果个人自由要得到保护,那么,这些宪法限制就必然优先于且独立于任何的民主治理。①

我国2004年3月通过的《宪法修正案》将《宪法》第13条修改为:"公民的合法的私有财产不受侵犯。国家依照法律规定保护公民的私有财产权和继承权。国家为了公共利益的需要,可以依照法律规定对公民的私有财产实行征收或者征用并给予补偿。"2020年5月通过的《民法典》第207条(物权通则)又规定:"国家、集体、私人的物权和其他权利人的物权受法律平等保护,任何组织或者个人不得侵犯。"

---

① 〔美〕J. M. 布坎南:《财产权是自由的守护者》,翟小波译,第五章、第九章和第十八章,载中国法学网,http://iolaw.cssn.cn/oldcloumn/xspl/200308/t20030818_4586348.shtml,访问日期:2023年5月9日。

### (三) 社会分工和交换

社会分工是超越一个经济组织或工商业实体的社会范围的生产分工，包括把社会生产分为农业、工业等部门的一般分工以及把这些大的部门再分为重工业、轻工业、种植业、畜牧业等产业或行业的特殊分工。在社会分工之下，还存在行业内部或组织内部对生产经营活动参与者之间的个别分工。恩格斯在《家庭、私有制和国家的起源》一书中提出，在原始社会后期发生了三次社会大分工，即游牧部落从其余的野蛮人群中分离出来；手工业和农业的分离；以及商人阶级的出现。① 可见，社会分工是人类文明和进步的标志之一，也是商品经济发展的基础。社会分工的优势是使每个人"各尽其能"，使平均社会劳动时间大大缩短，生产效率显著提高。社会分工是商品经济存在的前提，是一切商品生产的一般基础，从事不同产品生产的不同财产权利主体，为了维护各自的经济利益，在互通有无时，唯一能够接受的方式就是等价交换。这样，产品便表现为商品，产生了商品交换。可见，社会分工不仅建基于对诸多人权的认可和实际运用，而且也提供了人们保障和实现各类人权的更多机会。与此同时，社会分工也会导致在不同的分工、竞争和交换场景中，不同个体或群体的不同权利之间的竞争和冲突。

 **思 考**

进一步来看，从事商品和服务交换的贸易权是不是一项基本人权？

社会分工在国际社会中的体现就是所谓"比较优势原理"，即大卫·李嘉图（David Ricardo）提出的"比较成本贸易理论"，或后世所称的"比较优势贸易理论"。该理论认为，国际贸易的基础是生产技术的相对差别（而非绝对差别）以及由此产生的相对成本的差别。每个国家都应在国际分工中权衡利弊，集中生产并出口其具有"比较优势"的产品，进口其具有"比较劣势"的产品。比较优势贸易理论在更普遍的基础上解释了贸易产生的基础和贸易利得的结构，同时也是国际供应链甚至于贸易全球化产生和存在的理论基础。国际分工使得资本和技术相对缺乏的国家只能依赖其社会资源进行国际贸易，或承接国际性的生产转移，这直接造成了后殖民时代在发展中国家普遍存在的以牺牲劳工权利、自然资源权利、土著人权利等代价换取投资和国际贸易的现象。

---

① 参见《马克思恩格斯选集》（第4卷），人民出版社2012年版，第176—182页。

**资　料**

在商业完全自由的制度下,按照常理,各个国家都会把自己的资本和劳动投放在对本国最有利的行业上。这样,个体对利益的追求就会和整体的幸福很好地结合在一起。鼓励勤勉、奖励娴熟且最有效地利用自然所赋予的各种特殊条件,这些做法使劳动的分配方法达到最经济、最有效的极致。而且,增加生产总额会使所有人都得到益处,并且用利害关系和相互交往的共同纽带可把文明世界各民族结合成一个统一的整体社会。基于这样的共同利益,葡萄酒要在法国和葡萄牙酿制,谷物要在美国和波兰种植,贵金属制品及其他商品要在英国制造,这些都是必须遵守的原则。①

### 三、人权发展中的工商业

人权作为一个政治术语起源于欧洲资产阶级革命时期,是作为"工商业者"的新兴资产阶级反对封建皇权压迫和剥削,通过争取其政治权利确认和保护经济利益的旗帜。因此人权被定义为一个人作为人而享有的自然权利,其核心主张是这种权利既不来自也不依存于世俗政府的权力和认可,而是与生俱来的"天赋人权"。可见,"天赋人权"的观念是保护资产阶级工商业者及其工商业资源和权益的意识据点。在这个意义上,工商业的发展促进了人权理念的形成与普及。值得一提的例证就是始于19世纪初的废奴运动,以1841年英国、奥地利、法国、普鲁士和俄国在伦敦签署《关于取缔非洲奴隶贸易的条约》为代表性事件。

自然权利观念在资本主义成熟发展阶段遇到了新的挑战。由于绝对皇权的消失和政府对社会活动的调整,包括日益频繁而活跃的工商业活动的需要,人的社会属性,即他与他人和社会的关系,开始得到强调,人权也因此被置于社会共同体观念和社会规范中加以界定。这样,法律、习惯等规范一方面被认为是人权的渊源(人权是见诸法律规定的权利),另一方面它们也设定了人权的范围(人权是受到法律保护的权利),也即"法赋人权"。根据这种理论,人权虽然也涉及个人与政府的关系,但是它也能在积极的意义上强调个人权利和政府目标的实现均应以法治为基本原则:人权依赖于并取决于法治,而法治的价值目标之一应是保障人权。可见,工商业的快速发展与工商业关系的复杂化又促进了人权理念的规范化和法治化,以及法治化基础上的国际化。可以说,1919年国际劳工

---

① 〔英〕大卫·李嘉图:《赋税原理》(全译典藏图本),王文新等译,人民日报出版社2009年版,第80页。

组织成立并开始制定国际性的劳工标准是这个时期工商业与人权互动关系的代表性事件。

当人类进入 20 世纪,尤其是经历了两次世界大战以后,各国之间相互依赖的程度,尤其是经济和工商业关系上的依赖程度不断加强,这为突破主权的限制提供了现实可能性。人权的国际化也应运而生,其最重要的表现就是以《世界人权宣言》为基准的国际人权法的产生。另外,"三代"人权的划分实际反映了人权的历史发展进程,而工商业在其中也有一定的作用。18 世纪到 19 世纪的欧洲资产阶级革命倡导人的"自由",反对国家权力的干涉和侵害,因而更加关注生命权、人身自由权、私有财产权、结社自由、宗教信仰自由等公民和政治权利。从 19 世纪后期开始,随着资本主义的发展,其内在经济矛盾不断显现,同时社会主义革命兴起,反抗剥削、工作、社会保障、教育、健康等权利在资本主义世界和社会主义国家都得到了强调,人权的价值更加倾向于"平等"。进入 20 世纪中期,反殖民主义斗争和经济全球化成为民族自决权、发展权等集体权利的历史背景,第三世界国家积极主张此种更多以"博爱"为价值取向的权利。同时,也是在这样的背景下,第三世界国家开始更多地主张人权的文化相对性,这在某种意义上为工商业组织在不同国家推行不同的权利标准提供了支持。

可见,在不同条件下,工商业对人权体现出不同的影响,而且积极影响与消极影响经常结伴而行。因此,在二者关系的问题上,尤其是在国际上处理二者关系问题方面也相应出现了不同的理念主张,主要可以分为两种:一种是出于关注工商业对人权的消极影响而主张就人权议题对工商业进行法律规制;另一种则是为了促进工商业对人权的积极影响而主张与工商业合作解决相关的人权问题。

在过去的 70 多年里,联合国体系内外出现了很多致力于这一宗旨的倡议和行动,本章下文将以联合国系统内的几个主要倡议来说明关于处理工商业与人权关系的不同理念和复杂路径。

## 思 考

虽然从理论上来看,不同的机构可以采取不同的理念,而且多种理念也可以相互协调或者产生一个中间路线,但从国际实践上来看,在工商业与人权议题上,似乎从未形成一种能够被普遍接受的介于法律管制和合作之间的中间路线,为什么?

## 资 料

在相当长一段时期内,英美烟草公司的与人权相关的企业政策"全球化与人权"中包括以下内容的声明：

"尊重多元文化。

"我们相信在业务、发展问题、环境、劳工标准或恰当的法规等问题上，本地的决定至关重要。国家、政府和公民是定义优先顺序的最佳人选，并决定什么是对他们所在社会起作用的行动。

"在发达经济体中看似合理的全球化法规和标准似乎有疏远正在崛起的民族并低估他们的竞争力的风险。

"我们支持普遍认同的基本人权及高标准的道德行为，我们也存在顾虑，即盲目追求全球化标准，也可能会因其基于'西方的就是最好的'的假设，导致一种道德和文化上的'帝国主义'。

"我们认为多边组织、政府、非政府组织和跨国公司应该尊重本地价值，并以建设性合作精神进行工作，解决危险的复杂问题。注意不要将'全球化解决方案'强加于人，避免出现将一国的价值观和优先顺序强加给另外一国的情况。"

2020年，英美烟草公司修订了其人权政策，在其《2020企业行为标准》中，关于人权的主要内容如下：

"我们力求识别并了解我们所运营社区的独特的社会、经济和环境利益。我们在全球范围内开展业务，包括遭受冲突或民主、法治或经济发展脆弱，以及人权受到威胁的国家。我们必须确定可能与我们的运营有关或受其影响的特定人权风险。在此过程中，我们将征求利益相关者，包括员工及其代表的意见。我们将采取适当步骤，以确保我们的运营不会助长侵犯人权行为，并纠正我们的行动直接造成的任何不利的人权影响。"①

## 思 考

如何评价该公司在人权问题上的政策变化？

## 第二节　联合国《跨国公司和其他工商企业在人权方面的责任准则》

### 一、产生背景

人权与经济的协调发展，或者《联合国宪章》中所宣称的"大自由中之社会

---

① "Our Standards of Business Contruct 2020", available at https://www.bat.com/group/sites/UK__9D9KCY.nsf/vwPagesWebLive/DOB3HL23/$file/BAT_Standards_of_Business_Conduct-2020.pdf, 2023-5-9.

进步及较善之民生",是联合国的创立宗旨之一。因此,联合国自成立开始就在探寻为代表社会进步的"人权"与促进民生改善的"工商业"构建基于国际法律规范的协进发展。在这个方面,联合国的第一个重大尝试就是在1948年3月由53个成员国签署的《国际贸易组织宪章》(又称《哈瓦那宪章》)中包括了一个"公平劳工标准"条款,但《哈瓦那宪章》由于美国未批准等原因最终未能生效,联合国将国际贸易体制与劳工权利标准进行规范嵌合的第一个重大努力宣告失败。此后的非殖民化运动使得发展中国家渐成主体的联合国开始关注发达国家的工商业组织对发展中国家人民的权利的影响,这使得联合国跨国公司委员会从20世纪70年代初开始探索起草旨在约束跨国公司经营行为的"跨国公司行为守则",其中包括一个非常简单的"跨国公司在运营地国家应当尊重人权和基本自由"的条款。[1] 但这一为跨国公司的社会和人权影响建立国际法律规制的尝试最终也因为当时不同国家群体对待跨国公司的严重立场分歧而流产。

20世纪70年代末开始,随着经济活动全球化的深入,跨国公司在全球的扩张以及与之相关的人权问题再次成为国际社会关注的重点议题。一些国际治理机构在这一方面作出了一些努力,例如,经济合作与发展组织(Organization for Economic Co-operation and Development, OECD)在1976年制定了《跨国企业准则》[2],国际劳工组织也在1977年发布了《关于多国企业和社会政策的三方原则宣言》(以下简称《三方原则宣言》)[3],这两个文件都包含了零散的针对跨国公司人权影响的指导性规范。但是这些"软法"文件或者缺乏适用范围的普遍性,或者缺乏人权规范的系统性和完整性,因而在长时期内并没有产生实质影响。

另外,随着反殖民运动的发展和越来越多新独立国家加入联合国,联合国的成员国构成发生了巨大变化,新独立的发展中国家以发展权为理念基础,再次将以国际法律规则规制跨国公司的人权影响提上了联合国的制法议程。1994年,时任联合国秘书长的布特罗斯-加利在一份报告中指出,国际社会制定规范和进行监督将可以大力推动跨国公司按照促进发展权利、充分尊重所有人权的建设性原则开展活动。他认为,经济活动日益一体化和国际化以及国家操作余地的减少进一步提高了为创造一个适当和有利的国际环境开展国际合作和承担集体责任的重要性,而实现发展权利的共同责任必须扩大到私营部门的经营者,因此

---

[1] E/1988/39/ADD. 1, 1988; UNCTAD, "Transnational Corporations, Services and the Uruguay Round", Annex IV, ST/CTC/103, Sales No. E. 90. II. A. 11, 1990, pp. 231-243.
[2] 《经合组织跨国企业准则》(2011年版),载经济合作与发展组织网站,http://mneguidelines.oecd.org/guidelines/MNEGuidelines-Chinese.pdf,访问日期:2023年5月9日。
[3] 《关于多国企业和社会政策的三方原则宣言》(2022年版),载国际劳工组织网站,https://www.ilo.org/wcmsp5/groups/public/---ed_emp/---emp_ent/document/publication/wcms_579898.pdf,访问日期:2023年5月9日。

必须在国家和国际一级制定"基本规则",防止"滥用经济集中和限制性贸易惯例"。①

 **资　料**

跨国公司的活动和工作方法关系到可否有效实现一系列人权,其中包括:各国人民的自决权和对本国自然财富和资源的永久主权权利;发展权;人人享有足以保持本身及家庭健康和幸福的生活水准的权利和不断改善生活条件的权利;人人享有可以达到的最高的体质和心理健康的标准的权利;充分的生产就业的权利;人人享有公正和良好工作条件的权利;成立和加入工会的权利、罢工的权利和集体谈判的权利;人人享有社会保险的权利;人人享有科学进步及其应用所产生的利益的权利;人人享有社会和国际秩序的权利。跨国公司的做法还关系到某些群体和居民的权利,包括妇女、儿童、移徙工人和土著人的权利。②

此外,布特罗斯-加利还认为,正在制定的许多国际规则以及已有的规则未能管束和促进跨国公司的社会责任,"例如世贸组织和其他经济机构的规则并未涉及这类企业活动的社会方面"。因此,1996年,他在题为《铭记有关此问题的现有国际准则、规则和标准,说明跨国公司的活动和工作方法对充分享受所有人权,特别是经济、社会和文化权利和发展权利的影响》③的报告中提出:构建新的国际管理制度的基本原则包括:必须考虑和解决跨国公司正在改变的全球战略,也即子公司和附属公司的责任问题;为跨国公司规定行为标准和它们的经济及社会义务,目的不仅在于制裁还在于防止;同时,基本人权,例如平等、无歧视和社会公正应成为管束和监督跨国公司的基本内容。

 **思　考**

这几项原则体现了联合国对以跨国公司为代表的工商业实体怎样的基本立场?

以秘书长的这两份背景报告作为工作依据,1998年8月20日,联合国人权委员会下设的促进和保护人权小组委员会(以下简称小组委员会)通过了其第1998/8号决议,决定设立一个由5名委员组成的为期3年的"跨国公司工作方

---

① 参见《人权的享受,特别是国际劳工和工会权利的享受同跨国公司的工作方法和活动之间的关系》(1995),E/CN.4/Sub.2/1995/11。
② 同上。
③ E/CN.4/Sub.2/1996/12。

法和活动会期工作组",以明确和审查跨国公司的工作方法和活动对享受人权的影响。小组委员会在其2001年8月15日第2001/3号决议中决定将工作组的任期延长3年,明确要求其"起草关于人权和跨国公司以及其他具有人权影响的经济单位的规则"并"分析建立适用制裁和为跨国公司实施的侵害以及带来的损害获取赔偿的监督机制的可能性,并致力于为此起草拘束性规则"。小组委员会在其2002年8月14日第2002/8号决议中要求工作组继续拟订《跨国公司和其他工商企业在人权方面的责任准则和评注(草案)》。2003年8月,工作组协商一致议定草案并将其提交小组委员会。2003年8月13日,小组委员会核可了工作组提交的草案并决定将《跨国公司和其他工商企业在人权方面的责任准则》(以下简称《责任准则》)①递交人权委员会审议。

 思 考

《责任准则》是联合国人权机制为私营部门规定直接的人权责任的第一个尝试,但是在联合国层面推进管制私营部门人权影响的规则方面,小组委员会是否是一个合适的机构?

## 二、《责任准则》的规范体系

### (一) 适用范围

顾名思义,《责任准则》不仅仅适用于"跨国公司"。依其定义,跨国公司是指"在不止一个国家中经营的一个经济实体或在两个或两个以上国家经营的一群经济实体"。同时,这一定义不受此类经济实体的法律形式、活动所在地以及是单独经营还是集体经营的影响,可见,《责任准则》在主体上的首要适用范围在于涵盖所有跨越一个以上国家的管辖范围的所有工商业实体。②

《责任准则》还适用于"其他工商企业"。根据《责任准则》的定义,这一概念"包括任何工商实体,不论其活动的性质是国际的还是国内的,因此包括跨国公司、承包人、分包者、供应商、特许经营人或经销商;而且不论用以建立企业实体的是公司、合伙关系还是其他法律形式;也不论实体所有权的性质"。虽然有如此宽泛的定义,但是根据《责任准则》的措辞,它似乎并不单纯而直接地适用于这些"其他工商企业"。《责任准则》"按照惯例"(as a matter of practice)指出,如果工商企业与某个跨国公司有任何关系,从而使其活动的影响范围不完全限于当地,或其活动涉嫌违反人身安全权(参与战争罪、危害人类罪,以及种族灭

---

① E/CN.4/Sub.2/2003/12/Rev.2。
② E/CN.4/Sub.2/2003/12/Rev.2,第20段。

绝、酷刑、强迫失踪、强迫劳动、扣押人质、法外处决、即审即决和任意处决等行为，以及参与其他违反国际人道法的行为，或从上述行为中谋利），则认定适用准则。①

因此，从主体角度来看，《责任准则》意在适用于整个工商业和供应链关系，而跨国公司则是适用《责任准则》的连结点。

 **思 考**

一个活动范围严格而完全地限于一国之内，且与跨国公司没有任何关系的商业实体，例如一家只向本地居民销售自产农产品的农户，是否具有人权方面的影响与责任？

此外，《责任准则》在对事适用方面则适用了"利益相关方理论"。根据《责任准则》的目标，从实际运用角度来看，除直接受到工商企业活动影响的各方外，这一理论的延伸就使得"利益受到或将受到跨国公司和其他工商企业活动巨大影响的间接利害关系方"也包括在内，如消费者群体、客户、政府、邻近社区、土著人和社区、非政府组织、贷款机构、供应商、行业协会等。在对事适用所针对的权利方面，《责任准则》采用了实在法思路，即国际人权宪章中载明的公民、文化、经济、政治和社会权利，以及发展权和国际人道法、国际难民法、国际劳工法、联合国系统通过的其他有关文书中所承认的权利。② 因此，在《责任准则》中，"人权"和"国际人权"所指相同。

 **小知识**

利益相关方(stakeholder)：与组织的任何活动或决策有利益关系的个人或群体。

——ISO26000《社会责任指南》(2010)

 **思 考**

在这样的适用规则之下，是否还存在不会受到《责任准则》管辖的工商业实体或者工商业行为？

---

① E/CN.4/Sub.2/2003/12/Rev.2，第21段。
② E/CN.4/Sub.2/2003/12/Rev.2，第22、23段。

## (二) 一般义务

《责任准则》首先明确了国家与跨国公司和其他工商企业的一般义务。一方面,《责任准则》明确了国家负有首要责任以"增进、保证实现、尊重、确保尊重和保护国际法和国内法承认的人权",这种责任也包括确保跨国公司和其他工商企业尊重人权。另一方面,跨国公司和其他工商企业则在其"各自的活动和影响范围内",有义务"增进、保证实现、尊重、确保尊重和保护国际法和国内法承认的人权"。①

根据小组委员会对《责任准则》的评注,这一要求反映了《责任准则》的主要态度,它确立了理解《责任准则》其余部分的基调。首先,跨国公司和其他工商企业根据这些准则而承担的义务,不仅适用于跨国公司和其他工商企业在其本国或领土进行的活动,而且适用于该工商业实体从事活动的任何国家。其次,《责任准则》中确立的一般义务也要求跨国公司和其他工商企业采取适当行动,确保其活动不会直接或间接助长侵犯人权的行为,而且不得直接或间接从它们意识到或应当意识到的侵权行为中谋利。再次,跨国公司和其他工商企业还应进一步防止从事可能破坏当地法治以及损害政府和其他方面增进和确保尊重人权的努力,并应利用它们的影响力协助其实现。为此,《责任准则》要求跨国公司和其他工商企业对其"主要活动和拟议中的重要活动"进行人权影响评价,以避免参与侵犯人权的行为。最后,《责任准则》之所以明确国家负有首要责任,目的在于防止国家在未能采取行动——如通过执行现有法律——保护人权时,以《责任准则》作为推卸责任的辩解。

 思 考

作为整个文件的出发点,小组委员会在《责任准则》前言中重申了跨国公司和其他工商企业、其高级职员——包括经理、公司理事会理事或董事和其他行政人员——和为其工作的人具有人权义务和责任,这一"重申"有无先前确立的国际法依据?

如何在国家的"首要责任"与跨国公司的基于"活动和影响范围"的责任之间划清彼此的界限?

## (三) 实体规范

在一般义务之外,《责任准则》为跨国公司和其他商业实体列出了六类具体的人权规范,包括:平等机会和非歧视待遇权、人身安全权、工人的权利、尊重国

---

① E/CN.4/Sub.2/2003/12/Rev.2,第1段。

家主权和人权、保护消费者的义务以及保护环境的义务。

这里需要特别注意的是"尊重国家主权和人权"的要求。《责任准则》要求跨国公司和其他工商企业承认并尊重国家的社会、经济和文化政策以及企业经营所在国的权力,确定这些政策和权力的基本准则包括可适用的国际法准则、国家法律和条例,以及行政惯例、法治、公共利益和发展目标等。在尊重国家政策和权力的基础上,《责任准则》强调了跨国公司和其他工商企业在尊重和实现发展权方面的责任,要求它们在"其资源和能力所及的范围内,拓展经济机会以鼓励社会进步与发展",并着重强调了发展权的两个方面:尊重受其活动影响的当地社区,包括土著人与社区的权利,以及保护和执行知识产权时的方式问题。就后者而言,它要求知识产权的保护和执行应有助于促进技术革新和技术的转让与传播,以及技术知识生产者和使用者的共同利益,还要有助于社会和经济福利,最后还应有助于在权利和义务之间达成平衡。①

 **思　考**

跨国公司是否有义务做发展权的"奶牛"?为什么小组委员会认为知识产权的保护和执行方式会是"尊重国家主权和人权"的主要要求之一?

### 三、《责任准则》的实施机制

#### (一) 业务规则

作为执行《责任准则》的第一步,该准则要求每个跨国公司和其他工商企业"通过、传播和执行符合准则的内部业务规则"。为了确保在工商业实体内部和供应链上执行《责任准则》中载明的保护规定,《责任准则》提出了两种机制要求:定期报告并采取其他措施充分执行《责任准则》的要求,以及在与商业伙伴(包括承包商、分包商、供应商、许可证持有者、经销商或与跨国公司和其他工商企业签有任何协议的自然人)订立的合同或达成的其他安排和交易中适用和纳入《责任准则》的要求。②

小组委员会在评注中提出了落实上述两种机制的六项具体步骤:(1) 传达:企业应将符合《责任准则》的内部业务规则以及执行程序传达给所有有关的利益相关方;(2) 培训:企业应在其资源和能力所及的范围内,对其管理人员、工人及其代表进行符合《责任准则》的商业实践的有效培训;(3) 选择:确保只与遵从《责任准则》要求的商业伙伴进行交易,对于不符合《责任准则》要求的商业

---

① E/CN.4/Sub.2/2003/12/Rev.2,第10、12段。
② 同上,第15段。

伙伴,应要求其改进或减少违反现象直至终止与他们的交易;(4) 透明:提高企业活动的透明度,及时并经常公开与其活动、结构、财务状况和业绩有关的可靠资料,包括说明其办事处、附属公司和工厂的地点;(5) 通知:如造成可能威胁健康、安全或环境的情况,企业应及时通知可能受影响的所有人;(6) 改进:企业应不断改进执行《责任准则》的水平。

**思　考**

在上述设想的义务框架下,如果某跨国公司的商业伙伴违反了商业合同中纳入的《责任准则》的要求,作为当然适用《责任准则》的实体,该商业伙伴则应同时违反了《责任准则》本身和商业合同,将会产生怎样的责任关系?

(二) 国际监督

《责任准则》最具革命性的突破在于其所设想的国际监督机制,即跨国公司和其他工商企业应受到联合国以及在执行方面已经存在或有待建立的其他国际和国家机制的定期监督和核查,虽然《责任准则》也明确限定这种监督"应在出现针对违反准则行为的控告后进行"。① 鉴于既有的国际监督机制的内在限制,小组委员会在评注中指出"应通过扩充和解释跨国公司和其他工商企业行为方面的政府间、区域、国家和地方标准来实现监督和执行"。

**思　考**

谁有权扩充和解释相关的政府间、区域和国家的标准?这一建议会面临怎样的效力问题?

《责任准则》的评注接着对联合国机构在这一领域可以采取的措施提出了建议。例如,各人权条约机构应为缔约国规定额外的报告要求和要求缔约国批准解释条约义务的一般性意见与建议;联合国及其专门机构应以《责任准则》作为就需要购买的产品和服务作出采购决定的依据;联合国人权委员会的国家报告员和主题程序应通过《责任准则》和其他有关国际标准来引起对跨国公司和其他工商企业在其各自权限范围内的行动的关注。此外,小组委员会还建议联合国人权委员会设立专家小组或工作组,负责接收信息并在企业未能遵守《责任准则》时采取有效行动。

这同时产生了跨国公司和其他工商企业的两重责任:第一,为了保证国际监

---

① E/CN.4/Sub.2/2003/12/Rev.2,第15段。

督的有效性,小组委员会要求跨国公司和其他工商企业尽到配合和便利监督的责任。这包括它们应确保监督过程的透明性,提供合法和保密的途径以使工人针对违反《责任准则》的行为提出申诉,以及在收到有关违反《责任准则》的指控时作出记录,并接受独立调查或求助于其他适当的部门。第二,人权影响评估的责任。这一责任首先要求每个跨国公司或其他工商企业对其遵守《责任准则》的情况进行年度或定期评估,并将评估结果提供给利益相关方;其次,跨国公司或其他工商企业在进行一项重要行动或项目之前,应在其资源和能力所及范围内,根据这些研究项目的人权影响,向有关的利益相关方提供研究结果,并在下一步行动中考虑它们的一切反应。

 思 考

在上述设想的国际监督框架之下,哪个或哪些机构将在能力和资源领域面临最严重的挑战?

(三) 赔偿责任

《责任准则》最后要求跨国公司和其他工商企业对由于未能遵从《责任准则》而遭受不利影响的个人、实体和社区提供立即、有效和适当的赔偿,包括对造成的任何损失和夺走的财产给予赔偿、复原、补偿和恢复。

这里尤其值得注意的是,《责任准则》规定,在确定损失方面、刑事处罚和所有其他方面,应根据国家法律和国际法由国家法院和/或国际法庭加以执行。[①]

### 四、《责任准则》引起的争议

《责任准则》试图为工商业实体强制规定直接的人权责任和义务,因而在制定之初即引起了激烈的争议,各方对其价值和内容反响不一。《联合国人权事务高级专员关于跨国公司和有关工商企业在人权方面的责任的报告》(2005)指出,雇主团体、许多国家和一些企业对《跨国公司和其他工商企业在人权方面的责任准则(草案)》(以下简称《准则草案》)提出批评,而非政府组织、一些国家和企业以及单个利害关系方,如学者、律师和顾问则给予支持。[②]

根据这一报告的总结,对《准则草案》表示欢迎的各方主要认为《准则草案》:

(1) 是最综合性的、最清楚和最全面的工商企业与人权问题的倡议或标准,超过了劳工标准。

---

① E/CN.4/Sub.2/2003/12/Rev.2,第18段。
② E/CN.4/2005/91。

（2）试图阐明企业的具体人权责任，丰富了而不是重复了现有的倡议和标准。

（3）提出了一套所有企业应该遵守的人权标准，可为同行企业营造一个公平的竞争环境。

（4）为评价现有和未来做法提供了一种工具。准则草案是有关权利和责任的范本，有助于企业审视和评估自己的人权活动，协助其了解其活动如何影响个人和社区。

（5）正确平衡了国家与公司的人权义务。准则草案并没有否定国家应承担的主要义务，明确说明了企业在各自活动和影响领域对人权负有次要责任。

（6）为国家采取行动提供了一个规范和范本，协助国家制定国内法律，确定了国家应该在哪些具体方面监管企业活动，以实现其保护人权的目标。

（7）可以解决企业经营地所在国不愿意或没有能力保护人权的情况。明确了企业应直接承担的国际义务，有助于解决国家不愿意或没有能力在特殊情况下保护人权的问题。

（8）解决了民间团体目前对自愿倡议的"疲劳"和不信任——这些倡议是为善意者制定的，虽然很有价值，但并不覆盖所有企业，而且也不足以全面减轻对享受人权的所有威胁。

（9）有可能向侵权行为受害者提供补救，有助于解决不受独立机构监督，也不一定保证对侵权行为受害者提供补救的自愿倡议的缺陷。

另一方面，对《责任草案》的主要批评意见是：

（1）《准则草案》是企业自愿遵守国际人权标准的一个重大转变，但这种转变的必要性尚未显现。

（2）《准则草案》的风格对企业过于否定，语气不平衡，没有充分考虑到企业对享受人权所作出的重要的积极贡献。

（3）确认企业有义务"增进、保证实现、尊重、确保尊重和保护人权"的条款没有任何根据，是对国际法的误读——在国际人权法下只有国家负有法律义务。

（4）《准则草案》中人权的内容含糊不清、不准确。例如，在序言和定义中提到的国际条约和其他文件有的只是建议，批准的国家不多，且缺少执行机制或根本不是人权文件。这些文件没有说明国际人权法的现状。

（5）《准则草案》所列出的企业的法律责任超出了对国家适用的标准。准则草案的行义要求企业履行其经营所在国可能不批准的条约标准。

（6）《准则草案》要求企业作出更适合政府作用的平衡决定。有些人权要求政府决定最适合的实施形式，对相互冲突的利益加以权衡。民主国家比企业更有能力作出这样的决定。

（7）要求企业承担法律责任，可能将保护人权的义务从政府转移到私营部门,为国家逃避自己的责任提供口实。

(8)《准则草案》的执行条款过于烦琐,不具有操作性。准则草案的某些条款含混不清,法庭在收到申诉时难以作出判决。《准则草案》的报告要求也过于苛刻。《准则草案》采取的约束性办法只注重最低限度标准,将削弱自愿努力,可能事与愿违。

(9)《准则草案》与其他倡议和标准,特别是与经济合作与发展组织的《跨国企业准则》和国际劳工组织的《三方原则宣言》重叠。

 **思 考**

在保护人权方面,国家、企业、非政府组织三者的价值追求是否相同?分歧何在?

### 五、《责任准则》的后续发展

人权委员会在其 2004 年 4 月 20 日第 2004/116 号决定中表示,《责任准则》载有"有用的内容和意见",可供其审议,但作为小组委员会建议的草案文本则没有法律地位。此外,这一决议明确要求"小组委员会不应在这个方面履行任何监督职能"。人权委员会的这一决定被《责任准则》的批评者们视为一个重要胜利。

2003 年 12 月,"商界领袖尊重人权倡议"(Business Leaders Initiative on Human Rights,BLIHR),一个由 10 家(当时数字)大型跨国公司组成的人权工具和策略研究组织对《准则草案》进行了一次"路考"。最后,该组织在其 2006 年报告中给出结论:"许多问题没有得到《准则草案》的回答,讨论仍需继续。"①

2006 年 3 月 15 日,根据联合国大会第 60/251 号决议,新成立的人权理事会取代了人权委员会,小组委员会的职责也随之终止,《责任准则》此后再未进入人权理事会的审议视野。

 **思 考**

《责任准则》为规制跨国公司的人权责任提出了很多开创性的设想,但为什么其最终仍会流产?

---

① Business Leaders Initiative on Human Rights,"Submission to the Office of the UN High Commissioner for Human Rights Relating to the 'Responsibilities of Transnational Corporations and Related Business Enterprises with regard to Human Rights'"(2004),available at https://www2.ohchr.org/english/issues/globalization/business/docs/blihr.doc,2023-5-9;Business Leaders Initiative on Human Rights,"Report 3:Towards a 'Common Framework' on Business and Human Rights:Identifying Components"(2006),available at https://www.globalgovernancewatch.org/library/doclib/20140206_BLIHR-3rd-report-June-2006.pdf,2023-5-9.

## 第三节 联合国全球契约

### 一、全球契约的产生背景与工作机制

进入 20 世纪 90 年代,东欧剧变等国际政经格局的变化使得跨国公司在全球的扩张进入了一个更加迅猛的时期,之前支持制定《责任准则》的很多发展中国家转而改变国内政策吸引跨国直接投资以发展本国经济,"去管制化"成为新一波全球化的重要政策特征。这不仅导致了《责任准则》的流产,也使得国际治理体系中管制跨国公司的声音降到了一个新低。

与之相适应,在企业的人权影响方面,推动企业参与国际合作治理、主动和自愿管理其人权影响则成为主要的政策工具。因此,最迟从 20 世纪 90 年代末期开始,企业界自愿或者与其他社会行为者合作推出的自愿性倡议和标准成为全球化供应链上治理企业的人权影响的主要措施。从 20 世纪 90 年代初开始,跨国公司开始制定适用于其供应商的供应链劳工绩效标准,而一些国际非政府组织也开始推出面向跨国公司供应链的社会和劳工标准,供跨国公司通过供应商审核或认证等方式管理其供应链上的劳工和人权问题。[①]

这些趋势也影响到了联合国在企业人权责任领域的基本观念,也即放弃强制性的国际法律规制而代之以自愿性的价值观指引和行动倡导。1999 年 1 月,在达沃斯世界经济论坛年会上,时任联合国秘书长的安南正式提出了"全球契约"倡议:"我建议,你们,齐聚达沃斯的商界领袖,和我们,联合国,发起一项关于共有价值和原则的全球契约,以给予全球市场一张人类面孔"[②],呼吁全世界业界领袖"接受、支持并执行"人权、劳工和环境领域里的一套核心价值,这些价值原则即构成"全球契约"。2000 年 7 月,安南代表联合国与 40 余家跨国公司、国际雇主组织和国际自由工会联盟等机构在联合国总部启动了这一计划,安南表示,"我们必须确保全球市场根植于反映全球社会需求的广泛共享的价值和实践,并使世界所有人民共享全球化的利益"。

---

[①] 例如,一个早期的、最具影响的类似标准则是美国的"社会责任国际"组织(Social Accountability International)在 1997 年推出的 SA8000 标准,它是诸多美国跨国公司认可并在其供应商中推行适用的标准。See "How We Work", available at https://sa-intl.org/about/how-we-work/,2023-5-9. 发源于欧洲的一个类似标准则是 BSCI,由欧洲的贸易商发起并在其全球供应链上推广适用。See "amfori BSCI: Improving Social Performance in Global Supply Chains", available at https://www.amfori.org/content/amfori-bsci,2023-5-9.

[②] United Nations, "Secretary-General Address to the World Economic Forumin Davos"(1999),SG/SM/6881.

**资 料**

"你们可以通过自己业务中的自己的行为来直接支持人权、体面劳工和环境标准。你们真的可以将这些价值用作联结你们的全球企业的黏合剂,因为它们是全世界人民都认作自有的价值。你们可以确保在自身的企业实践中支持并尊重人权,并且不共谋对人权的侵害。"(安南)①

 **思 考**

全球契约的产生机制与《责任准则》有何不同? 安南秘书长的倡议是否在与虎谋皮? 变身商业俱乐部的联合国总部意味着联合国如何在工商业与人权问题上改弦更张?

全球契约号召全球商界认可并共同遵守有关人权、劳工标准、环境及反腐败方面的十项原则。这些原则皆来源于已有的国际公约或宣言,因此这些原则本身并无任何新意(见下文)。然而,全球契约的一系列推广和实施机制给联合国在工商业与人权领域的战略与实践带来了全新的机遇、挑战、论辩和思考。

作为一项完全自愿参与的会员制网络系统,全球契约有两个主要目标:一是将全球契约十项原则纳入企业战略和运营中,确保负责任地开展业务;二是以合作和创新为重点,采取战略行动推动更广泛的社会目标的实现,比如联合国可持续发展目标。为了实现这些目标,全球契约通过多种机制提供学习和参与的机会,包括政策对话、学习、地方网络以及合作项目,但参加全球契约(如企业会员)须首先签署并承诺遵守全球契约的十项原则。截至 2023 年 5 月 9 日,全球契约的参与者已经超过了 22 000 个,包括来自世界上 160 多个国家的近 19 000 个工商业实体,成为"世界上最大的企业可持续倡议"。②

 **资 料**

全球契约在人权、劳工、环境和反腐败方面的十项原则享有全球共识,这些原则来源于:

- 《世界人权宣言》
- 《工作中基本原则和权利宣言》

---

① United Nations, "Secretary-General Address to the World Economic Forumin Davos"(1999),SG/SM/6881.

② See "Our Participants", available at https://www.unglobalcompact.org/what-is-gc/participants,2023-5-9.

- 《关于环境与发展的里约热内卢宣言》
- 《联合国反腐败公约》

十项原则为：
- 人权

原则1：企业应该尊重和维护国际公认的各项人权；

原则2：企业决不参与任何漠视与践踏人权的行为。
- 劳工标准

原则3：企业应该维护结社自由，承认劳资集体谈判的权利；

原则4：企业应该消除各种形式的强迫性劳动；

原则5：企业应该支持消灭童工制；

原则6：企业应该杜绝任何在用工与职业方面的歧视行为。
- 环境

原则7：企业应对环境挑战未雨绸缪；

原则8：企业应该主动增加对环保所承担的责任；

原则9：企业应该鼓励开发和推广环境友好型技术。
- 反腐败

原则10：企业应反对各种形式的贪污，包括敲诈勒索和行贿受贿。

为了促进对这些原则的认可和实现，"全球契约"也实体化为隶属于联合国秘书处的国际组织（故也被称为"联合国全球契约组织"），并得到了整个联合国体系的支持和认可。例如，全球契约与联合国人权高专办、国际劳工组织、联合国环境规划署、联合国开发计划署以及联合国工业发展组织等建立了正式的工作机制，以确保为在联合国体系内实施这些原则提供一致的支持。此外，联合国大会10余年来通过的多个关于全球伙伴关系的决议，都专门肯定并要求促进全球契约的地位与作用，"联合国全球契约组织在提高联合国与私营部门战略合作能力方面继续发挥至关重要的作用，在联合国系统内和全球企业界提倡联合国的价值观和负责任的企业做法"[①]。这种伙伴关系也使企业有机会参与旨在寻找解决世界重大问题的方法的对话。

同时，全球契约还在世界各国和各地区成立了将近70个地方网络，其作用是协助参与全球契约的企业在实施十项原则方面取得进展，以便在一个特定的地区或行业部门里促进全球契约及其各项原则。除了企业以会员身份参与组织这一根本区别之外，全球契约与联合国体系内外的其他国际组织还有一些其他重要的区别。比如，全球契约成立了理事会，由来自企业界、社会和劳工组织的

---

① See "Towards Global Partnerships: A Principle-Based Approach to Enhanced Cooperation Between the United Nations and All Relevant Partners" (2018), A/RES/73/254.

代表组成,为全球契约提供持续性的战略和政策建议。联合国秘书长是全球契约理事会的当然主席,且理事会成员由联合国秘书长亲自任命,而政府与联合国机构也作为利益相关方群体参与全球契约的治理。① 又比如,除了向企业界收取会费之外,联合国还成立了全球契约基金会,从私营部门集资,以支持全球契约开展活动,在活动中全球契约可公布捐助方的名字。

 **思 考**

企业在上述所有机制中与联合国以及其他联合国机构是怎样的关系?在人权领域可能产生怎样的争议?

## 二、企业界参与全球契约的要求

### (一)承诺

对于参与全球契约的企业和其他工商业实体而言,加入全球契约就意味着赞同其根本理念,即植根于普世原则的业界实践有利于使全球市场更加稳定、更加公平和更具包容性,并有助于建设繁荣昌盛的社会。因此,参加全球契约时,企业应由最高管理者(总裁或首席执行官等)致信联合国秘书长,表达对全球契约以及关于人权和劳工权利等各项原则的支持。根据全球契约的要求,首先,作出此项承诺的企业应该启动对企业业务的改革,使全球契约及其各项原则成为管理、战略、文化和日常运作的一部分。其次,企业还应该在年度报告或类似的公开报告(例如可持续发展报告)中说明支持全球契约及其各项原则的方法与行动,这一要求即"进展情况通报"(communication on progress)。再次,企业还应利用新闻稿、讲座等交流方式公开倡导全球契约及其各项原则。最后,全球契约还建议企业通过参加政策对话、学习论坛和伙伴关系以最大限度地获得参与的利益。

### (二)参与

企业加入全球契约以后,参与全球契约的主要方式包括发展伙伴关系、参与地方网络、政策对话和学习,以及集体行动。

全球契约鼓励各企业与其利益相关方参加各种合作项目,以推动实现联合国制定的各种更广泛的目标,例如联合国可持续发展目标。全球契约认为企业与政府、民间社会、当地社区和其他社会组织发展伙伴关系的必要性在于工商业利益与社会目标越来越吻合,伙伴关系可以使各方取长补短且相互支持,而且跨

---

① See "Our Governance", available at https://www.unglobalcompact.org/about/governance, 2023-5-9.

部门的合作可以使应对那些一个组织或部门难以独自应对的挑战(如人权挑战)成为可能,并通过资源和能力的创造性结合使各种努力获得更大的成效。

为了提高企业界参与解决人权等问题的能力,全球契约在世界各地组织与全球化和企业公民意识有关的具体问题的会议和研讨班,以此使企业界与联合国各机构、劳工组织、非政府组织等聚集在一起,并鼓励各企业与全球契约办公室、地方网络以及其他参与者在会议和研讨班上分享范例和经验,寻求各种问题的解决方案。2019年,全球契约学院正式成立,为企业界提供包括认识和处理人权挑战在内的系统化、实用性培训课程。①

全球契约鼓励企业参与业界的集体行动。全球契约相信,通过与其他企业合作,企业可以建立信任并有助于找到和发展应对挑战的创新解决方案,同时还可以创造一个平等的竞争环境,增加对当地企业实践的有效影响,而"任何单独一家企业都不具备这种能力"。

  思 考

如何衡量上述参与措施的效果?

(三) 通报

全球契约要求参与者每年通报落实十项原则和参加合作项目以支持联合国发展目标的进展情况。全球契约认为,进展情况通报是参与者就其在业务活动中执行全球契约的进展情况向其利益相关方作出的通报,也是一个参与者对全球契约及其各项原则所作承诺的重要证明,同时也是"发挥领导能力、推动学习、激励对话和促进行动的工具"。因此,在内容上,全球契约要求通报包括对已采取的行动和所取得的成果的说明。

根据2023年开始执行的《企业进展情况通报政策》(Policy on Communication on Progress)②,进展情况通报(CoP)包括以下内容:(1) 一份首席执行官持续支持声明,阐明将继续支持全球契约,并重申参与企业对全球契约倡议及其原则的持续承诺。为提交首席执行官持续声明,参与企业需进入电子签名系统。(2) 在全球契约网站上回答一份问卷,其中包含与全球契约十项原则和可持续发展目标相关的企业行动问题。除非问卷中有明确说明,否则所有问题都是强制性披露的。如果个别参与企业被要求根据全球契约的诚信措施政策中所规定

---

① See "Discover the UN Global Compact Academy", available at https://www.unglobalcompact.org/academy, 2023-5-9.

② "Policy on Communication on Progress", available at https://ungc-communications-assets.s3.amazonaws.com/docs/about_the_gc/UNGC_CoP_Policy%20%5BMay2023%5D_English.pdf, 2023-5-9.

的程序在问卷中提供额外信息,则该信息也视为强制性披露。在回答问卷的问题之外,参与企业还可以选择上传 PDF 格式的报告作为附件,也可以提供一个包含该报告的网页链接,但不能以上传 PDF 格式的报告来代替回答问卷。在提交期内提交年度进展情况通报的参与企业将在全球契约网站上被列为"活跃"状态。如果参与企业未能在提交期结束前提交前述任意一项或两项内容,则该企业将在全球契约网站上被列为"未通报"状态。在参与企业于当年的 12 月 31 日之前提交所有强制要求披露的信息之后,则会恢复其"活跃"状态。如果处于"未通报"状态的参与企业未能在变成"未通报"状态后的 6 个月内提交进展情况通报,则该企业将在次年 1 月因"未能通报进展"被全球契约除名。

形式上,全球契约要求参与企业每年通过全球契约网站提交进展情况通报,参与企业每年必须在规定的时间段内提交,这一规定时间段通常是每年的 3 月至 6 月。首席执行官声明和参与企业对问卷的答复(以及附件)将在全球契约网站上公开。新加入企业应在加入后下一年的提交期内提交其第一份进展情况通报,在任一年 7 月至 12 月加入的企业可以通过在企业主页中选择"私密"模式而不公开披露其第一份进展情况通报的内容。选择此做法的新加入企业仍然需要提交对问卷的所有答复,如果未能在截止日期内提交完整的进展情况通报(无论是选择公开还是私密模式),则可能被列为"未通报"状态,并可能最终被除名。

 **思　考**

比较全球契约的通报机制与国际人权条约中的报告制度。

### 三、全球契约的诚信机制

全球契约的自愿性、企业参与动机和目的的复杂性以及企业在人权等议题领域日趋重要的影响力,使得许多人对全球契约及其运作机制提出了批评和关切,包括其在人权等领域易被企业界捕获,成为企业利用联合国推进其商业目的或粉饰其人权表现的依托。鉴于此,2005 年 6 月,时任联合国秘书长的安南根据全球契约顾问委员会的建议,制定了《全球契约诚信措施说明》(United Nations Global Compact Note on Integrity Measures),列出了一系列监督参与者实施全球契约的措施。①

虽然说明中重申了全球契约的自愿性质,且声明契约"并不是监测或衡量

---

① "United Nations Global Compact Note on Integrity Measures Policy", available at https://ceowatermandate.org/files/Integrity_Measures_Note_EN.pdf,2023-5-9.

参与者的绩效,也没有这种任务或资源",即它不提供合格印章,也不对履约业绩作出评判。但这一说明所设立的监督机制在某种程度上借鉴了国际法领域,尤其是人权公约的监督和实施机制的做法。

其一,参与者不得滥用与联合国或全球契约的联系与关系,包括不得滥用全球契约的名称和徽标[注意:联合国大会1946年12月7日通过的92(I)号决议禁止为商业目的使用联合国名称及标志]。例如,全球契约一般会批准企业在促进全球契约及其目标的活动中使用全球契约标识,但也特别指出,使用标识"不得以任何方式明示或暗示联合国全球契约赞助过或批准过该组织的活动、产品和/或服务项目,以及联合国全球契约为任何此类活动、产品和/或服务提供来源"①。

### 思 考

为什么全球契约对其标识的使用非常敏感?假如企业的广告中出现了"我们支持全球契约"的标识,你会对这个企业产生怎样的看法?

其二,明确了利益相关方就企业的违规行为,主要是系统性或严重性的违反全球契约原则的情况,向全球契约提出申诉的机制。同样,全球契约再次强调它无意成为一个合规审查倡议。但是,"若要维护全球契约及其参与者的声誉、完整性和有益努力,必须以透明的方式处理对系统或严重违反全球契约总体目标和原则的情势提出的可信申诉"②。在接到申诉后,全球契约办公室通过一系列程序促使相关企业通过对话等非诉讼措施解决相关申诉。企业不配合,或者在对申诉的性质和企业的回应进行审查后,全球契约认为该企业有损于全球契约的声誉和诚信的,则该企业可能会被除名。

需要格外注意的是,作为这一申诉机制的基调,全球契约强调它不会以任何方式卷入任何当事方针对全球契约参与者提出的任何法律主张,上述措施也无意影响、优先于或取代任何管辖区域内的其他管制或法律程序。③

### 思 考

1. 如何理解全球契约处理违反人权原则的申诉的出发点或者最终目的是

---

① "United Nations Global Compact Logo and Branding Guidance", available at https://d306pr3pise04h.cloudfront.net/docs/about_the_gc%2FUN_Global_Compact_Brand_Guidelines.pdf, 2023-5-9.
② "United Nations Global Compact Integrity Measures Policy", available at https://d306pr3pise04h.cloudfront.net/docs/about_the_gc%2FIntegrity_measures%2FIntegrity_Measures_Note_EN.pdf, 2023-5-9.
③ Ibid.

"确保全球契约及其参与者的声誉和诚信",而不是保护人权?

2. 在上述机制下,全球契约办公室是一个什么性质的机构?

3. 全球契约的申诉机制和人权条约中的申诉机制有何区别?

## 第四节　联合国工商企业与人权指导原则

### 一、产生背景与基本理念

进入 21 世纪以来,跨国公司的人权影响已经成为国际社会普遍的严重关切,但国际上仍然没有就这一问题形成一套普遍性规范,而在国际治理体系日趋多元化的情况下,联合国再次被寄予厚望。鉴于《责任准则》所引起的强烈的分歧和争议,人权委员会决定重启国际研讨,以推进这一议程。在其 2004 年 4 月 20 日通过的第 2004/116 号决定中,人权委员会建议经社理事会请联合国人权高专办编写一份报告,说明在跨国公司和其他工商企业人权责任领域现有标准和倡议的范围及法律地位,并列出相关的悬而未决的问题。

2005 年 2 月,联合国人权高专办在经过与利益相关方,包括所有成员国以及全球契约办公室磋商后向人权委员会提交了《联合国人权事务高级专员关于跨国公司和有关工商企业在人权方面的责任的报告》①。在报告的结论与建议部分,联合国人权高专强调"需要委员会迅速行动,保持界定和阐明商业实体人权责任的现有势头",并认为"本报告提出的许多问题需要另行研究"。

以此建议为基础,人权委员会在第 2005/69 号决议中提请联合国秘书长任命 1 名人权与跨国公司和其他工商企业问题的特别代表,任期 2 年。

 **小知识**

在人权委员会第六十一届会议上提议任命特别代表的决议草案由阿根廷等国提出,决议草案最终以 49 票赞成、3 票反对(澳大利亚、南非和美国)、1 票弃权(布基纳法索)获得通过。

2005 年 7 月 25 日,经社理事会通过了关于批准人权委员会请求的第 2006/273 号决定。2005 年 7 月 28 日,时任联合国秘书长的安南任命哈佛大学肯尼迪政府学院及哈佛法学院教授、秘书长前战略规划顾问约翰·鲁吉(John G. Ruggie)为其特别代表。

---

① E/CN.4/2005/91.

思　考

人权委员会、联合国人权高专和联合国秘书长在这一过程中的作用各有什么不同？安南自1997年就任秘书长之职开始就大力强调联合国与私营部门的合作，这是否会影响特别代表人选的选择以及该代表的工作思路？

在充分梳理和分析了工商业与人权领域内的标准和实践之后，特别代表在2008年4月向人权理事会正式提出了关于这一主题的概念和政策建议的框架，即《保护、尊重和救济：工商业与人权框架》（以下简称《框架》）。[①] 这一框架的实施思路被确立在了人权理事会2011年通过的《工商企业与人权：实施联合国"保护、尊重和补救"框架指导原则》（以下简称《指导原则》）之中。[②] 二者都通过了人权理事会的核可并获得了一致支持，这使其成为唯一基于普遍性的国家意志的解决工商业与人权问题的国际文件。

与《责任准则》不同，该《框架》和《指导原则》不是建立在对工商业的怀疑和否定之上，而是首先肯定了工商业对社会发展及人权保护的积极作用："工商业是主要的投资和创造就业的来源，市场可以成为分配稀缺资源的高度有效方式。它们具有强大的力量，能够实现经济增长，减少贫困，扩大对法治的需求，从而推动更广泛人权的实现。"[③]这否定了"市场本恶"的有罪推定，将工商业的本性之一定义为一种实现人权的积极因素，而且这种积极作用的发挥需要有效的规范，即"市场只有通过规则、习惯和机制加以规范才能发挥最佳作用"。

其次，特别代表没有将市场中的工商业对人权造成的负面影响单纯归咎于工商业，而是将这一问题置于工商业与其他相关方的关系和力量对比之中，指出当市场的规模和力量远远超出使其顺利运作并确保其政治延续性的体制基础可以支撑的范围时，市场就会对社会和工商业本身造成最大的风险。因此，他指出："当前工商业与人权困境的根源在于全球化带来的治理差距，即经济力量和行为人的范围和影响与社会管理其不良后果的能力之间存在的差距。"[④]这确立了《指导原则》中共同责任的基调。

特别代表提出的解决方案体现在《指导原则》中的一个由三项核心原则构成的政策框架：国家有义务提供保护以防止第三方包括工商业侵犯人权；企业有责任尊重人权；必须提供更加有效的救济机会。这三个支柱后的基本理念是：国家负有保护义务，因为这是国际人权体制的核心所在；企业负有尊重责任，因为

---

① A/HRC/8/5,2008.
② A/HRC/17/31,2011.
③ 《框架》第2段。
④ 《框架》第3段。

这是社会对工商业的基本期望；救济机会，因为即使最一致的努力也不能防止所有侵权行为，因而救济保障尤为重要。如果用否定性语言表述的话，这一体系意味着在任何与工商业相关的人权问题中都存在着三个当事方：未尽到保护义务的国家、疏于尊重的企业以及权利受到损害并期待救济的个人或群体。所以，这三项原则是彼此不同但相互补充的责任，它们构成相辅相成的一个整体，相互支持才能取得可持续的进展。《指导原则》虽不具有强制性，但也是各国意志的集中表达。《指导原则》规定其适用于所有国家和所有工商企业，其明确的目标不再单纯是国际人权规范的落实，还在于通过强化工商企业在人权方面的各种标准和做法，实现针对受影响的个人和群体的"具体成果"，从而推进"社会意义上可持续的全球化"。①

 思 考

很多学者认为，虽然《指导原则》不具有法律强制性，但由于它获得了各国政府的一致赞同，加上可预期的企业的普遍遵循和一贯实践，《指导原则》将演变为"软法"，可能比法律规范等"硬法"对企业更能产生积极影响。如何评价这种观点？

## 二、国家的保护义务

国家的保护义务实际上就是要求国家利用法律和政策手段构建有利于促进工商业与人权协调、持续发展的治理体系。国家是这种治理体系的创立者和必然参与者，因此《指导原则》首先要求国家采取行动弥合各种影响其人权义务的治理挑战（消极保护），同时还应辅之以积极的治理措施确保工商业实体主动促进人权的实现（积极保护）。

### （一）消极保护措施

国家的国际人权法义务是国家在任何人权问题上的出发点，也应构成其在工商业与人权问题上的规范基础和行为指针。作为基本原则，《指导原则》要求国家必须保护在其领土和/或管辖范围内的人权不受第三方，包括工商业的损害（abuse），为此，国家就应当通过有效的政策、法律、规章和裁决，来防止、调查、惩治和补救此类损害。可见，在《指导原则》的界定中，国家的保护义务是一种行为义务——国家必须采取适当的措施处理工商业对人权的损害，但其本身并不对私人行为者危害人权的行为负责，即不产生违反国际人权法的国际责任——

---

① 《指导原则》一般原则。

除非此类侵犯行为可归因于国家(如国有企业)。

当然,这只是一种事后意义上的消极义务,且以国家的属地管辖权为连结点,在国内法律和管理体系健全的情况下就足以发挥作用。但是,它并不能解决全球化条件下另一个严重挑战:本国工商企业在其领土或管辖范围之外损害人权,而当地国家不能或无意履行其人权义务。为了给这一问题提供解决思路,《指导原则》进而规定国家应表明期望,"在其领土或管辖范围内的所有工商企业应在其整个业务中尊重人权",也即,母国可以采取措施防止其管辖权内的工商业企业在域外损害人权。

 **资　料**

国家在履行其保护义务时,应:

(a) 执行法律,其目的或其效果是要求工商企业尊重人权,同时,定期评估此类法律的充分性,弥补差距;

(b) 确保制约工商企业创办和运作的其他法律和政策,例如公司法,不会限制而是促使企业尊重人权;

(c) 切实指导工商企业在各项经营中尊重人权;

(d) 鼓励并在适当时要求工商企业通报其如何处理人权影响。

——《指导原则》之原则3

与国家的人权义务相关的另一个普遍挑战就是政策协调问题,即政府常常将处理工商业与人权问题的相关机制与其他决定工商业活动的国内外政策领域,包括贸易、投资、证券监管和公司治理等相分离,使得各个部门或国家在不同层面的行动与国家人权义务的目标不一致。《指导原则》提供了三种递进性的方案解决政策一致性的问题。首先,在国家内部,国家应确保规划工商企业实践的政府部门、机构和其他国家机构在履行其各自职能时,意识到并遵守国家的人权义务,确保纵向和横向上国内方针的一致性。其次,在国家与其他国家或工商企业之间,在共同追求与工商业相关的政策目标(如双边投资协定、自由贸易区协定或投资项目合同等)时,国家还应保留适当的国内政策余地,以履行其人权义务,特别代表还专门为此目的研究了国家作为投资者签订项目合同时应注意的十项责任原则。最后,在国际一级,国家在作为处理工商业相关问题的多边机构的成员时,一方面应致力于确保这些机构既不限制其成员国履行保护义务的能力,也不妨碍工商企业尊重人权;另一方面还应鼓励这些机构在其各自职责和能力范围内促使工商企业尊重人权,帮助各国履行其保护人权免遭工商业损害的义务,以及促进共同理解,并推动在管理工商业与人权的挑战方面开展国际合作。①

 **思 考**

国际投资安排、国际贸易和金融体系等如何影响工商企业在人权方面的作为? 可否认为政府部门间的政策不协调意味着政府的"故意"和消极不作为?

### (二) 积极保护措施

上述的国家采取行动履行人权义务的总体目的是消弭公共治理体系中的各种缺陷,从而消极地限制工商业对人权的不利影响。但是,真正要实现人权与工商业的协调性发展,国家还必须采取一系列更有创意的积极治理措施,在与工商业的合作与互动关系中减少其面临的人权风险,促进其对人权的积极影响,也就是实现国家对人权的"积极保护"。可以说,这些与企业运营紧密结合的人权要求是《框架》和《指导原则》中合作治理思路的最佳体现,它们在给予工商企业人权目标的同时,也提供了利用其惯常商业措施实现目标的具体方法。

1. 指导与报告

一方面,国家应该提供关于适当方法的建议,包括实施人权方面的尽责(due diligence,或称人权尽责)措施,以及向工商业指明预期的结果,并帮助分享最佳实践,以此来指导工商企业在其全部经营活动和环节中尊重人权。另一方面,国家应该鼓励并在适当时候要求工商业通报(communicate)其如何处理其人权影响,也即开展人权领域的信息披露。② 为此,国家可以在任何司法或行政程序中包含有关信息披露的激励措施,对此类自我报告给予重视,国家的政策和法律则可以明确信息披露的内容和方式,以帮助确保通报信息的可获得性及准确性。

2. 利用与工商企业的商业联系

这是指国家利用其与工商企业的商业联系提升工商业对人权的积极影响。具体而言,这些商业联系包括:投资和商业支持关系——国家可以以股东或信贷、担保提供者的身份确保其所有或控股的工商企业,或受其支持和服务的企业遵行与人权保护相关的政策和法规;授权委托关系——国家在与工商企业订立合同,或通过立法允许工商企业提供可能影响人权的公共服务时,应当充分监督此类服务的提供,以确保实现国家自身的国际人权义务;以及商业合同关系——

---

① 《指导原则》原则8—原则10。
② 《指导原则》原则3。

国家应该通过其采购活动,促进与其有商业交易的工商企业尊重人权。①

3. 减少受冲突影响地区的人权风险

受冲突影响地区(conflict-affected areas)是公共治理危机最为深重的区域,其风险是可能出现"严重损害人权"的状况。在这种消极的情势下,国家应该从积极保护的角度采取行动,确保在这些地区经营的工商企业不牵涉对人权的损害。《指导原则》首先要求国家在尽可能早的阶段与工商企业接触,帮助它们确认、防止和缓解其工商业活动和商业关系中的人权风险,并向工商企业提供适当援助,以评估和处理与人权损害相关的风险;其次,对涉及严重损害人权又拒绝合作解决问题的工商企业,国家应拒绝提供公共支持和服务;最后,国家要确保其当前的政策、立法、规章和执行措施能有效应对工商企业涉及严重侵犯人权行为的风险。②

 **思 考**

与个人和其他企业,尤其是私营企业相比,作为工商企业的交易相对方的政府有什么特殊性?如何在《指导原则》的框架中理解和适用域外管辖?

### 三、工商企业的尊重责任

《指导原则》对工商企业在人权问题上的要求包含两个部分:一部分是实体要求,即工商业应尊重人权,"这意味着它们应避免损及他人的人权,并应消除自身涉及的负面人权影响";另一部分是尊重人权的行为要求,也即管理人权影响的具体行动。而这种行动又分为两种:一种是针对工商企业自身的管理行动,"避免通过其本身活动造成或加剧负面人权影响,并消除已经产生的影响";另一种则是对与自身有商业关系的利益相关方的管理措施,"努力预防或缓解经由其商业关系与其业务、产品或服务直接关联的负面人权影响,即使并非它们造成了此类影响"。③

**思 考**

工商企业内化的尊重"责任"与国家外加的保护"义务"之间如何衔接?

---

① 《指导原则》原则4—原则6。
② 《指导原则》原则7;《框架》第29—31段。
③ 《指导原则》原则11、原则13。

### (一) 尊重责任的适用范围

《指导原则》开宗明义地指出这些原则是"基于承认：……（b）工商企业作为履行专门职能的专门性的社会机构的作用，被要求遵守所有适用的法律并尊重人权"①，据此独立地确立了一般原则式的期望——"尊重人权"。而这种责任所针对的"人权"是指国际公认的人权——在最低限度上，应理解为"国际人权宪章"中载明的人权以及国际劳工组织《工作中基本原则和权利宣言》中所阐明的有关各项基本权利的原则。② 因此，负责任的工商企业如需对《世界人权宣言》中的呼吁和普遍性的社会期望和评价作出回应，就需要主动地尊重这些确立于公法中的关于人权的规范，并利用自身的力量和机制使之实现，这样，人权法律就成为工商业的行为规范和价值追求——并且独立、超越于法律要求而存在。

就尊重人权的责任的适用主体而言，《指导原则》指出，"工商企业尊重人权的责任适用于所有工商企业，无论其规模、行业、运营环境、所有制和结构"，并且，"在所有情况下，工商企业均应……尊重国际公认的人权，无论其在何处经营"。③ 当然，《指导原则》也承认工商企业履行尊重责任的方式可能由于各种因素及其负面人权影响的严重程度而有不同，尤其是实践中，在特定行业或特定情况下，某些人权可能比其他人权面临更大风险，须成为高度关注的焦点。

### 思 考

根据《指导原则》，是否可以列出一个相对完整的人权的清单？对于不同的人权，不同的工商企业在不同的情况下如何衡量与之相关的不同风险？

### (二) 尊重责任的履行措施

#### 1. 政策承诺

首先，工商企业需要将尊重人权的责任内化到企业的政策之中，也即成为企业战略、愿景或文化的一部分。"作为内置其尊重人权的责任的基础"，《指导原则》要求工商企业通过一项政策声明，表示承诺履行这一责任。同时，该政策声明应："（a）得到企业最高管理层的批准；（b）获得有关的内部和/或外部专门知识的支持；（c）明确企业对个人、商业伙伴和与其业务、产品或服务直接关联的其他各方的人权预期；（d）予以公布并传达给内部和外部所有个人、商业伙伴和

---

① 《指导原则》一般原则。
② 《指导原则》原则12。
③ 《指导原则》原则14、原则23。

其他有关方;并且(e) 体现在整个工商企业的业务政策和程序中。"① 这种政策声明的要求沿用了 ISO9001、ISO14001 以及 ISO45001 等企业管理体系对相关政策或方针的要求,其作用是将企业尊重人权的公法规范充分地内化到企业内部的管理关系和业务流程以及与外部各方的商业关系之中——这非常便于各方在工商业实践中理解和实施人权价值和规范。

2. 人权尽责

尽责程序(due diligence)是工商业运作的一个基本原则和程序要求,意在帮助工商企业确认、防止和缓解各种经营风险。《指导原则》将工商企业对人权的消极影响定义为一种全新而又严重的经营风险,要求工商企业将人权风险融合为人权尽责的责任内涵,并且根据尽责程序的一般逻辑设计融入人权公法规范后的人权尽责程序,要求该过程包括评估实际和可能的人权影响,融入工商企业职能并采取行动,之后跟踪有关对策,并通报人权影响如何得以处理。②

 **小知识**

**人权尽责**

为确认、防止和缓解负面影响,并对如何消除此类影响负责,工商企业应恪守人权责任。此一过程应包括评估实际和可能的人权影响,综合评估结果并采取行动,跟踪有关反映,并通报如何消除影响。人权尽责:

(a) 应涵盖工商企业通过其自身活动可能造成或加剧或因商业关系而与其业务、产品或服务直接相关的负面人权影响;

(b) 随工商企业的规模、产生严重人权影响的风险以及业务性质和背景的不同而在复杂性上有所不同;

(c) 应是持续的,承认人权风险可能随时会因工商企业的业务和经营背景的变化而起变化。

——《指导原则》之原则 17

3. 提供补救

即使制定了最佳政策和做法,工商企业也可能造成或加剧负面人权影响,因为这些影响是它们不曾预料或无力防止的。因此,《指导原则》指出,如果工商企业通过其人权尽责程序或其他手段确认出现了这种情况,则尊重人权的责任就要求它或独自或与其他行为者合作,积极参与补救。同时,业务层面建立针对"受工商企业活动影响者的申诉机制"是促成补救的有效手段。当然,当出现不

---

① 《指导原则》原则 16。
② 《指导原则》原则 18—原则 21。

是由工商企业造成或加剧,但可能因商业关系与其业务、产品或服务直接关联的负面影响时,尊重人权的责任并不要求工商企业提供补救,即使它可能在补救过程中发挥作用。

 **思　考**

在企业运营层面,针对工商企业的人权影响的申诉机制可以包括哪些机制?除了申诉之外,补救还可以包括哪些措施?

### 四、补救措施

《指导原则》的第三个支柱是获得补救。作为其保护义务的一部分,国家须确保当工商企业侵犯人权的行为发生在其领土和/或管辖范围内时,通过司法、行政、立法或其他适当手段,使受害者获得有效补救。在这个基础上,《指导原则》将救济机制分为司法程序和非司法机制,并认为,在法院无法提供适当和有效救济机会的国家,非司法机制可能尤为重要。非司法机制又可分为国家非司法机制和非国家的申诉机制,前者包括特别标准(如卫生和安全)监督机构、政府资助的调解服务以及国家人权机构等;后者则可能与利益相关方组织相联系,例如产业组织或跨产业组织、确保成员遵守标准的多利益相关方倡议、要求客户遵守某些标准的项目投资者或具体的项目等。非国家机制不可妨碍国家机制,特别是司法机制的强化,但是可以提供额外的投诉和纠正机会。但无论是国家还是非国家的非司法申诉机制,都应该满足一定的有效性标准。

 **小知识**

**非司法申诉机制的有效性标准**

(a) 合法:以得到其所面对的利益攸关者集团的信任,并对申诉过程的公正性负责;

(b) 可获得性:得到其所面对的所有利益攸关者群体的了解,并向在获得时可能面临特殊壁垒者提供适当援助;

(c) 可预测性:提供清晰和公开的程序,附带每一阶段的指示性时间框架,明确诉讼类型、可能结果以及监测执行情况的手段;

(d) 平等性:努力确保申诉方有合理的途径获得信息、咨询意见和专门知识,以便在公正、知情和受尊重的条件下参与申诉进程;

(e) 透明度:随时向申诉各方通报进展情况,提供充分信息,说明该机制如何建立对其有效性的信任,满足任何有关的公共利益;

(f) 权利兼容:确保结果和补救与国际公认的人权相一致;

(g) 有持续的学习来源:利用有关措施,汲取经验教训以改进该机制,同时,预防今后的冤情和伤害;

业务层面的机制应:

(h) 立足参与和对话:就机制的设计和运作与其所面对的利益攸关者团体磋商,侧重以对话为手段,处理和解决申诉。

——《指导原则》之原则 31

如何理解国家的保护义务和救济责任之间的关系?

《指导原则》的三条支柱间是否存在优先性的问题?(这是人权理事会中国代表向特别代表提出的问题之一)

### 五、《指导原则》的落实与条约进程的重启

2008 年,特别代表向人权理事会提交框架报告后,人权理事会一致欢迎特别代表提出的框架,并且在强调"促进和保护人权和基本自由的义务和首要责任在于国家"的同时,正式声明"跨国公司和其他工商企业负有尊重人权的责任"。[①]

各主要利益相关方也表示了对《框架》和《指导原则》的支持。根据特别代表的说明,"一些政府、工商企业和联合会、民间社会和劳工组织、国家人权机构以及投资者附和或采用了该框架"。[②] 首先,工商业对此表示了普遍性的支持。2008 年,国际雇主组织(Initial Views of the International Organisation of Employers, IOE)、国际商会(International Chamber of Commerce, ICC)和经合组织工商咨询委员会(Business and Industry Advisory Commitee to the OECD, BIAC)发表联合声明表示充分支持特别代表提出的框架,因为它是"总结工商业和人权问题相关讨论的适当和集中的方法,也能够为进一步的讨论提供有效途径"。[③] 2011 年,上述三个组织三次发表联合声明支持《框架》和《指导原则》,反复指出《指导

---

① A/HRC/8/7,2008.

② 《指导原则》导论第 7 段。

③ "Joint IOE-ICC-BIAC to the Eighth Session of the Human Rights Council on the Third Report of the Special Representative of the UN Secretary-General on Business and Human Rights"(2008), available at https://www.ioe-emp.org/fileadmin/ioe_documents/publications/Working%20at%20Regional%20Level/Europe/EN/oslo_business_humanrights.pdf, 2023-5-9.

原则》具有"普遍、清晰、有弹性、实际、简明以及稳定"等特点。① 同样,早在2008年,40名社会投资者也发表联合声明支持《框架》,并"承诺利用投资者的作用……促进工商业对国际人权标准的理解和尊重"。② 此外,越来越多的企业以不同方式提出了自己的"人权政策声明",其中很多企业援引了《世界人权宣言》或者《指导原则》,一些企业也声明根据《指导原则》的方法对自身的人权风险进行评价并加以管理。

 **小知识**

苹果公司在2020年9月正式公布了题为《我们的人权承诺》("Our Commitment to Human Rights")的企业人权政策,其中声明"我们坚决致力于在我们的商业运作中尊重国际公认的、确立于联合国'国际人权宪章'以及国际劳工组织《工作中基本原则和权利宣言》中的人权。我们的方法建基于《联合国工商企业与人权指导原则》。我们实施人权尽责以识别风险,并努力减轻它们。我们致力于补救不利影响,跟踪和衡量我们的进度,并报告我们的发现"。③

2008年以来,主要发达国家的政府以不同的方式认可或支持《框架》和《指导原则》。例如,澳大利亚国家人权咨询委员会早在其2009年的报告中就结合自身工作介绍了《框架》的要求,并希望企业"发展出遵循人权的公司文化"。④ 挪威政府2009年发布的《全球经济中的企业社会责任》报告中详细阐述了挪威政府对特别代表和《框架》的支持。⑤ 欧盟在其2011年《企业社会责任白皮书》

---

① "Joint IOE-ICC-BIAC Comments on the Draft Guiding Principles on Business and Human Rights" (2011), available at https://iccwbo.org/publication/joint-ioe-icc-biac-comments-on-the-draft-guiding-principles-on-business-and-human-rights/, 2023-5-9; "Joint Statement on Business & Human Rights to the United Nations Human Rights Council" (2011), available at https://iccwbo.org/publication/joint-statement-on-business-human-rights-to-the-united-nations-human-rights-council/, 2023-5-9; "Joint Recommendations to the United Nations Working Group on Business & Human Rights" (2011), available at https://iccwbo.org/publication/joint-recommendations-to-the-united-nations-working-group-on-business-human-rights/, 2023-5-9.

② "Statement by Socially Responsible Investors to the Eighth Session of the Human Rights Council on the Third Report of the Special Representative of the UN Secretary-General on Business and Human Rights" (2008), available at https://media.business-humanrights.org/media/documents/files/reports-and-materials/SRI-letter-re-Ruggie-report-3-Jun-2008.pdf, 2023-5-9.

③ "Human Rights Policy", available at https://s2.q4cdn.com/470004039/files/doc_downloads/gov_docs/Apple-Human-Rights-Policy.pdf, 2023-5-9.

④ "National Human Rights Consultation Report" (2009), available at https://alhr.org.au/wp-content/uploads/2018/02/National-Human-Rights-Consultation-Report-2009-copy.pdf, 2023-5-9.

⑤ "Corporate Social Responsibility in a Global Economy" (2009), available at https://www.regjeringen.no/contentassets/d1301a2369174dd88f8e25d010594896/en-gb/pdfs/stm200820090010000en_pdfs.pdf, 2023-5-9.

中呼吁所有成员国制定实施《指导原则》的国家行动计划(NAPs)。① 2013 年 9 月,英国成为世界上第一个发布实施《指导原则》的国家行动计划的国家,英国外交事务大臣和英国贸易委员会主席在该行动计划的前言中指出,该行动计划是英国对联合国《指导原则》的全国执行方案。它体现了英国政府致力于帮助英国企业理解和管理人权事务,从而实现保护人权的承诺。2016 年,英国政府更新了该行动计划。② 美国国务院在 2013 年 5 月发表了支持《指导原则》的立场文件,指出在工商业与人权问题上,工商业和政府可以在平行世界各自运作的想法已经不再可行,他们需要合作。③ 美国国务院于 2016 年年底发布了美国的工商业与人权国家行动计划。④ 2020 年 10 月,日本政府发布了该国的工商业与人权国家行动计划,而截至 2020 年年底,多数发达国家都已经发布了此类计划。⑤

虽然目前为止中国尚未制定任何有关落实《指导原则》的政策,但 2008 年和 2011 年,中国政府两次在人权理事会与其他国家一起明确支持了《框架》和《指导原则》。自 2011 年以来,中国政府也已经作出了一系列政策转变,促使企业开始承担尊重人权的责任。这种转变体现在中国政府有关国内投资、海外投资、双边与多边贸易和投资协定、国家人权行动计划、全球供应链治理和"一带一路"倡议等方面。⑥

国家和企业的普遍支持与采纳促进了《指导原则》的"软法"化趋势。这一趋势也表现在《指导原则》对其他类似标准及更广泛社会事项的影响上。例如,自《指导原则》推出以来,诸多公共部门和私营领域关注企业责任和可持续发展的标准和倡议都将其作为一个重要的参考标准⑦。一些非企业类的社会机构也依据《指导原则》提出其人权主张并关注其人权影响,例如,国际奥林匹克委员

---

① "A Renewed EU Strategy 2011-14 for Corporate Social Responsibility" (2011), available at http://eur-lex.europa.eu/legal-content/EN/TXT/? qid=1441464494164&uri=CELEX:52011DC0681, 2023-5-9.

② "Good Business: Implementing the UN Guiding Principles on Business and Human Rights" (May 2016), available at https://www.gov.uk/government/publications/bhr-action-plan, 2023-5-9.

③ "U.S. Government Approach on Business and Human Rights" (2013), available at http://photos.state.gov/libraries/korea/49271/july_2013/dwoa_USG-Approach-on-Business-and-Human-Rights-updated-June2013.pdf, 2023-5-9.

④ "Responsible Business Conduct: First National Action Plan for The United States Of America" (2016), available at https://2009-2017.state.gov/documents/organization/265918.pdf, 2023-5-9.

⑤ 关于工商业与人权国家行动计划的统计,参看联合国人权高专办网站,https://www.ohchr.org/EN/Issues/Business/Pages/NationalActionPlans.aspx,访问日期:2023 年 5 月 9 日。

⑥ 关于中国在工商业与人权领域的政策与实践,参看梁晓晖:《工商业与人权:中国政策理念的转变与业界实践的互动研究》,载《国际法研究》2018 年第 6 期。

⑦ 例如,前文提及的《跨国企业准则》及 SA8000 标准在 2011 年之后都重新作了修订,以体现《指导原则》的要求和方法,参见经济合作与发展组织网站,http://mneguidelines.oecd.org/guidelines/MNEGuidelines-Chinese.pdf,访问日期:2023 年 5 月 9 日;全球对外贸易网站,https://www.amfori.org/sites/default/files/amfori-2020-03-05-amfori-BSCI-code-of-conduct.pdf,访问日期:2023 年 5 月 9 日。

会执行委员会在 2020 年年底听取了有关国际奥委会人权战略的独立专家建议报告,其中指出,"国际奥委会现在需要一个综合的、战略性的使组织能够在广泛的问题上采取协调一致的立场,识别新出现的人权风险并寻求解决的方法……这一战略方法应以公认的合法框架为基础,与国际人权标准保持一致,并得到所有利益相关者的支持。在我们看来,该框架只能是《指导原则》"。①

**思 考**

为什么对《指导原则》表现出了真实兴趣并采取了比较切实的落实措施的多是发达国家?中国为什么支持《框架》和《指导原则》?

尽管如此,国际社会呼吁对企业施加直接的拘束性人权规范和管制机制的声音并没有消失,反而因为《指导原则》的出现,尤其针对其相对较慢的实施效果而产生了更加强烈的呼声。对于少数国家和一些非政府组织而言,这仍然是一个首要而理想的选项。2011 年,在人权理事会讨论《指导原则》前夕,55 个非政府组织发表联合声明,要求人权理事会在工商业与人权问题上采取强势的跟进措施。② 人权倡导者(Human Rights Advocates)等组织也认为《框架》和《指导原则》都未能考虑"给企业行为者设置国际法律机制的可行性,包括究责和监控机制,以救济国家不能或不愿履行其保护人权的义务的情形",以及"母国政府通过公司政策或强制性公司人权披露安排规制本国企业活动的必要性,以确保其对人权影响的认知"。③

2013 年 9 月,在人权理事会第二十四届会议上,厄瓜多尔政府代表非洲组国家、阿拉伯组国家、巴基斯坦、斯里兰卡、吉尔吉斯斯坦、古巴、尼加拉瓜、玻利维亚、委内瑞拉和秘鲁等国发表声明,认为国际社会"有必要迈向一个具有法律拘束力的框架,以规制跨国企业的工作,向直接源于或与跨国公司或其他工商企业的活动相关的人权侵害的受害者提供适当的保护、正义和补救……一个由联

---

① "IOC Moves Forward with its Human Rights Approach", available at https://olympics.com/ioc/news/ioc-moves-forward-with-its-human-rights-approach/, 2023-5-9.

② A/HRC/17/NGO/48, 2021; Amnesty International, the International Federation of Human Rights Leagues(FIDH), Human Rights Watch, the International Commission of Jurists, the International Network for Economic, Social and Cultural Rights and Rights and Accountability in Development, "Joint Civil Society Statement to the 17th Session of the Human Rights Council Interactive Dialogue with the Special Representative of the Secretary-General on Human Rights and Transnational Corporations and other Business Enterprises" (2011), available at http://www.escr-net.org/usr_doc/CA_Letter_PDF.pdf, 2023-5-9.

③ Human Rights Advocates, Earth Justice International Program & Right Respect, "Comments on the 'Guiding Principles for the Implementation of the United Nations "Protect, Respect and Remedy" Framework' (2010), available at http://www.humanrightsadvocates.org/wp-content/uploads/2010/05/RR.pdf, 2023-5-9.

合国系统缔结的具有国际法律拘束力的文件,将可澄清跨国公司在人权领域的义务"。① 在它们的持续倡议下,人权理事会在 2014 年 6 月开始的第二十六届会议上通过决议,决定设立一个"跨国公司和其他工商企业与人权的关系问题不限成员名额政府间工作组"(OEIGWG,以下简称"工作组"),其任务是拟订具有法律约束力的关于跨国公司和其他工商企业与人权关系的国际文书。② 这项决议得到了包括中国、南非等"金砖国家"在内的成员国的支持,但遭到了欧美主要发达国家的反对。2015 年 7 月,工作组召开了第一届会议,讨论了制定工商业与人权条约的必要性、原则、重要概念和适用范围等基础问题。③ 2016 年,工作组的第二届会议主要讨论了国家和企业在这一领域的义务和责任以及界定具有法律约束力的国际文书范围的不同方法和标准。④ 2017 年,在工作组的第三届会议上,各方就条约的适用范围、法律责任、实施方式等重要的条约"要素"议题进行了讨论。⑤ 在此基础上,以厄瓜多尔为首的国家在 2018 年 7 月公布了工作组起草的"在国际人权法上规制跨国公司和其他工商企业活动的具有法律拘束力的文件"的"零草案"⑥以及该文书所附的任择议定书草案⑦,并在后面各届会议讨论的基础上修订提出了 2019 年的"修订草案"⑧和 2020 年的"第二修

---

① Available at https://media.business-humanrights.org/media/documents/files/media/documents/statement-unhrc-legally-binding.pdf, 2023-5-9.

② 《拟订一项关于跨国公司和其他工商企业与人权的关系的具有法律约束力的国际文书》(2014),A/HRC/RES/26/9,第 1—3 段。

③ 《跨国公司和其他工商企业与人权的关系问题不限成员名额政府间工作组(任务是拟订一项具有法律约束力的国际文书)第一届会议报告》(2016),A/HRC/31/50。

④ 《跨国公司和其他工商企业与人权的关系问题不限成员名额政府间工作组第二届会议报告》(2017),A/HRC/34/47。

⑤ 《跨国公司和其他工商企业与人权的关系问题不限成员名额政府间工作组第三届会议报告》(2018),A/HRC/37/67;Chairmanship of the OEIGWG, "Elements for a Draft Legally Binding Instrument on Transnational Corporations and Other Business Enterprises With Respect to Human Rights", available at https://www.ohchr.org/Documents/HRBodies/HRCouncil/WGTransCorp/Session3/LegallyBindingInstrumentTNCs_OBEs.pdf, 2023-5-9。

⑥ "零草案"意指以条约的大体格式整合了前期讨论的要点而提交各方讨论的最初期的草案。See OEIGWG, "Legally Binding Instrument to Regulate, in International Human Rights Law, the Activities of Transnational Corporations and Other Business Enterprises", available at https://www.ohchr.org/Documents/HRBodies/HRCouncil/WGTransCorp/Session3/DraftLBI.pdf, 2023-5-9.

⑦ See OEIGWG, "Draft Optional Protocol to the Legally Binding Instrument to Regulate, in International Human Rights Law, the Activities of Transnational Corporations and Other Business Enterprises", available at https://www.ohchr.org/Documents/HRBodies/HRCouncil/WGTransCorp/Session4/ZeroDraftOPLegally.PDF, 2023-5-9.

⑧ See OEIGWG, "Legally Binding Instrument to Regulate, in International Human Rights Law, the Activities of Transnational Corporations and Other Business Enterprises" (2019), available at https://www.ohchr.org/sites/default/files/Documents/HRBodies/HRCouncil/WGTransCorp/OEIGWG_RevisedDraft_LBI.pdf, 2023-5-9.

订草案"①。从表面看来,条约进程在不断推进,但关于条约的许多根本问题和重大挑战仍然存在。而在2020年的第六届会议上,参与讨论的国家的数量达到了新低,而在与条约的核心构成要件相关的受害者界定及其权利、管辖权、法律适用以及法律责任等根本议题上,参与工作组的国家之间仍然没有形成实质共识。②

## 思 考

对于每个国际公认的人权,各国政府是否可能同意设定一个单一的全球企业责任标准？如果仅针对有限的权利,那么应该是哪些权利,它们又如何被选出？在更基本的层面上,实施不足已经是现有体系的最大缺点,这样一个条约如何得以实施？这是不是需要设立一个针对企业的国际法庭？还是由各个国家加以实施？这些问题是时任秘书长特别代表、《指导原则》的起草者鲁格教授对约束性条约倡议的质疑式回复。如果你是支持建立约束性条约的国家的政府代表,你将如何回答这些问题？

这些争议不仅表明了工商业与人权问题的复杂性,而且说明在联合国系统内,工商业的人权影响这一当代最重要事项的规则发展仍在进行,而法律规制与自愿治理两种不同思路的碰撞也将长期存在。从2014年开始,工商业与人权的国际规则发展已经在联合国体系内出现了"双轨并行互动"的局面:条约进程督促着《指导原则》在国家和企业层面的有效落实,而《指导原则》的落实又可能为这一议题提出更高标准,包括通过国际条约为企业制定更加具有拘束力的人权行为准则。实际上,与条约进程同步,欧盟及其成员国、美国、澳大利亚等发达经济体也开始制定强制性的企业人权尽责法律,即将《指导原则》支柱二中的"人权尽责"转化为强制性的国内法。③ 因此,长期来看,国际工商业与人权规则的演变将在很大程度上取决于工商业与人权在企业、地方、国家等各个层面的互动质量。

---

① See OEIGWG, "Legally Binding Instrument to Regulate, in International Human Rights Law, the Activities of Transnational Corporations and Other Business Enterprises" (2020), available at https://www.ohchr.org/sites/default/files/Documents/HRBodies/HRCouncil/WGTransCorp/Session6/OEIGWG_Chair-Rapporteur_second_revised_draft_LBI_on_TNCs_and_OBEs_with_respect_to_Human_Rights.pdf, 2023-5-9.

② See "Sixth Session of the Open-Ended Intergovernmental Working Group on Transnational Corporations and Other Business Enterprises with Respect to Human Rights", available at https://www.ohchr.org/en/hr-bodies/hrc/wg-trans-corp/session6/session6, 2023-5-9.

③ See "Global Business Initiative on Human Rights & Clifford Chance, Navigating the Changing Business and Human Rights Legal Landscape" (2020), available at https://gbihr.org/images/general/CC_and_GBI_briefing_-_May_2020.pdf, 2023-5-9.

**【问题与思考】**

1. 以跨国公司为代表的工商业实体对人权的保护和实现有着怎样的影响？
2. 工商业对人权保护和实现的影响的性质取决于哪些要素？将人权保护纳入工商业的经营活动是不是"与虎谋皮"？
3. 在国际法上，工商业尊重和保护人权的法律渊源是什么？在传统国际法的理论框架内能否解释工商业主体的人权义务？
4. 全球化对工商业与人权之间的关系起到了怎样的影响？工商业与人权之间的矛盾是全球化时代特有的现象吗？
5. 工商企业在经营活动中应该在多大范围和程度上承担尊重和保护人权的责任？跨国公司是否应该为其位于另一国家的供应商承担人权责任？为什么？
6. 以《责任准则》为代表的对工商业的人权影响加以管制的国际倡议为何遭受失败？这是不是国际人权保护机制发展的必然？
7. 与人权公约的实施机制相比，"全球契约"等机制在协调工商业和人权之间的关系方面是更有效还是更无效？为什么？
8. 联合国与私营部门的合作对人权的国际保护产生了什么样的影响？
9. 国家在工商业与人权保护关系中的作用是什么？
10. 《指导原则》能否解决工商业与人权之间的冲突并增强二者的良性互动？
11. 你如何看待当前人权理事会在工商业与人权领域的条约进程的前景？

**【进一步阅读推荐】**

1. 于亮：《跨国公司母国的人权义务》，法律出版社2020年版。
2. 梁晓晖：《工商业与人权：从法律规制到合作治理》，北京大学出版社2019年版。
3. 梁晓晖：《〈联合国工商业与人权指导原则〉与国际人权法的私体化》，载中国国际法学会主办：《中国国际法年刊》(2013)，法律出版社2014年版。
4. 李春林：《国际法上的贸易与人权问题研究》，武汉大学出版社2007年版。
5. 〔瑞典〕Radu Mares、张万洪：《工商业与人权的关键议题及其在新时代的意义——以联合国工商业与人权指导原则为中心》，载《西南政法大学学报》2018年第2期。
6. Yousuf Aftab and Audrey Mocle, *Business and Human Rights as Law: Towards Justiciability of Rights, Involvement, and Remedy*, LexisNexis, 2019.
7. César Rodríguez-Garavito, *Business and Human Rights: Beyond the End of the Beginning*, Cambridge University Press, 2017.

8. Dorothée Baumann-Pauly and Justine Nolan (eds.), *Business and Human Rights: From Principles to Practice*, Routledge, 2016.

9. Robert C. Bird et al. (eds.), *Law, Business and Human Rights: Bridging the Gap*, Edward Elgar Publishing Limited, 2014.

10. John Gerard Ruggie, *Just Business: Multinational Corporations and Human Rights*, W. W. Norton& Company, 2013.

11. David Kinley (ed.), *Human Rights and Corporations*, Ashgate, 2009.

12. Radu Mares, *The Dynamics of Corporate Social Responsibilities*, Martinus Nijhoff Publishers, 2007.

13. Andrew Clapham, *Human Rights Obligations of Non-State Actors*, Oxford University Press, 2006.

14. Philip Alston (ed.), *Non-State Actors and Human Rights*, Oxford University Press, 2005.

15. Business and Human Rights Resource Centre, http://business-human-rights. org.

# 第十章 环境与人权

所有的人类都依赖于我们生活的环境。安全、清洁、健康和可持续的环境是充分享有广泛人权,包括生命权、健康权、食物权、水权和卫生权等权利的基本条件。没有健康的环境,就无法实现我们的权利,我们可能连最低的人类尊严标准都达不到。① 近年来,人们对环境与人权之间关系的认识逐步加深。关于环境与人权关系的国际法、国内法、司法裁判和学术研究的数量迅速增加,研究范围也在迅速扩大。许多国家在宪法中纳入了享有健康环境的公民权利。然而,关于环境与人权关系的许多问题仍未得到解答,需要进一步研究。

## 第一节 环境与人权的关系

1972年《联合国人类环境问题会议宣言》(又称《斯德哥尔摩宣言》)原则一写明,人类有权在一种能够"过着尊严和幸福生活的优良环境里"享有基本权利,并且负有保护和改善环境的责任。《斯德哥尔摩宣言》反映了各国对环境与人权的相互依存和相互关联的普遍承认。

### 一、环境损害对人权的负面影响

环境被定义为生物圈的组成部分,包括植物群、动物群与自然资源,如大气、陆地、地下土壤资源与水。② 对生物圈的破坏正在对范围广泛的人权产生重大影响,并可能在今后产生灾难性影响。受到威胁和侵犯的人权包括健康环境权、生命权、健康权、食物权、水权、卫生权、住房权、发展权和文化权。③ 以下将环境损害分为三类,即气候变化、破坏生物多样性、危险物质及废料并分别介绍它们对人权的负面影响。

#### (一)气候变化对人权的负面影响

气候变化对所有人权都将产生负面影响,以下列举出受到最直接影响的若

---

① "About Human Rights and the Environment", available at https://www.ohchr.org/EN/Issues/Environment/SREnvironment/Pages/AboutHRandEnvironment.aspx, 2023-5-9.
② 〔英〕简·汉考克:《环境人权:权力、伦理与法律》,李隼译,重庆出版社2007年版,第4页。
③ 《与享有安全、清洁、健康和可持续环境有关的人权义务问题特别报告员戴维·博伊德的报告——人权有赖于一个健康的生物圈》(2020),A/75/161。

干权利,包括生命权、健康权、食物权、水权和住房权。

1. 生命权

气候变化将对人类生活造成直接和间接的威胁。热浪、洪水、风暴、火灾和干旱造成死亡、患病和受伤的人数增多。同样,气候变化对生命权的影响还在于饥饿和营养不良以及影响儿童成长和发育的相关疾病的增多,包括与地面臭氧相关的心肺疾病发病率和死亡率的上升。[1]

气候变化将加剧天气灾害,而这些灾害已经对各国特别是发展中国家人民的生命权造成了破坏性的影响。气候变化背景下生命权的保护与获得食物、水、健康和住房等的其他权利密切相连。关于天气性自然灾害,各项权利的这种相互联系反映在机构间常设委员会(IASC)的《人权与自然灾害问题业务指南》中。[2]

2. 健康权

气候变化将影响千百万人的健康状况,影响途径包括营养不良的加剧、极端天气事件所致的伤病增多,以及腹泻、心脏和呼吸系统疾病及传染病等。全球变暖还可能影响世界某些地区疟疾和其他媒介传播疾病的扩散分布。

3. 食物权

由于气候变化,在全球平均增温1—3摄氏度的情况下,中、高纬度地区粮食生产潜力最初会有所提高,而较低纬度地区的作物生产率会下降,造成世界较贫穷区域的饥饿和粮食缺乏的风险加剧。由于气候变化,面临营养不良的人群还会再增加6亿,对撒哈拉以南非洲地区造成的不利影响尤大。[3] 粮食安全的所有方面都可能受到气候变化的影响,包括粮食的获取、使用和价格稳定。[4]

生活在发展中国家的穷人处于特别脆弱的地位,这是因为他们的粮食和生计在比例上都过于依赖气候敏感型资源。食物权问题特别报告员有材料记述了极端气候事件正在如何越来越危及生计和粮食安全。[5] 为应对这一威胁,食物权的实现就要求特别注意弱势群体和处境不利群体,包括在灾害多发地区生活

---

[1] 《联合国人权事务高级专员关于气候变化与人权的关系问题的报告》(2009),A/HRC/10/61,第10页。

[2] Inter-Agency Standing Committee, Protecting Persons Affected by Natural Disasters - IASC Operational Guidelines on Human Rights and Natural Disasters, Brooking-Bern Project on Internal Displacement, 2006.

[3] 《联合国人权事务高级专员关于气候变化与人权的关系问题的报告》(2009),A/HRC/10/61,第11页。

[4] IPCC: "Climate Change 2007: Impacts, Adaptation and Vulnerability", in M. L. Parry et al. (eds.), Contribution of Working Group II to the Fourth Assessment Report of the Intergovernmental Panel on Climate Change, Cambridge University Press 2007, p. 488.

[5] 《食物权问题特别报告员让·齐格勒的报告》(2008),A/HRC/7/5,第11、15、51段。

的人和生计可能受到威胁的土著人。

4. 水权

由于气候变化,冰川的消失和雪盖的收缩将会加剧,从而对依靠山脉融雪供水的全世界 1/6 以上人口的水源造成不利影响。旱涝等极端天气事件也将影响水的供应。所以,气候变化将加重对水资源的现有压力,并加剧获取安全饮用水的困难,全球有 11 亿人无法获得安全饮用水。据估计,如果全球平均气温升高 1 摄氏度,则全球将有约 8% 的人口严重减少水资源,升高 2 摄氏度则将使该比例增加至 14%。① 一般而言,由于降雨量和积雪减少、蒸发量增加,以及淡水资源因海平面上升而被污染,预计气候变化将大幅度减少大多数亚热带偏旱地区的水资源,提高许多现有干旱地区的干旱频率。②

5. 住房权

气候变化将从多个方面影响住房权。在北极地区和低洼岛国,这种影响已导致人口和社区的迁移。特别是低洼的特大三角洲地区的住区面临更大危险,近年来水灾所祸及的数以百万计的人民和住房就是明证。气候变化所致的生计损失是越来越多的人从农村移向城市的"推动"因素之一。许多人都将移入城市贫民区和非正规定居点,他们往往被迫在不安全的地方建造棚户。据估计已有将近 10 亿人居住在建于危险山坡或易遭洪涝的河岸上的城市棚户内,他们在面对极端气候事件时极为脆弱。③

人权理事会认识到,由于地理条件、贫困、性别、年龄、土著人或少数民族身份、民族或社会出身、出生或其他身份以及残障等因素而已经处于弱势地位的阶层,对气候变化的不利影响的感受最为深切。④ 在社会、经济、文化、政治体制或其他方面处于边缘化的人们特别容易受气候变化的影响,也特别容易受某些适应和减缓应对措施的影响。⑤

---

① IPCC: "Climate Change 2007: Impacts, Adaptation and Vulnerability", in M. L. Parry et al. (eds.), *Contribution of Working Group II to the Fourth Assessment Report of the Intergovernmental Panel on Climate Change*, Cambridge University Press, 2007, p. 250.
② 《联合国环境规划署 2015 年年度报告》,载联合国环境规划署网站,file:///C:/Users/LENOVO/AppData/Local/Temp/-UNEP_Annual_Report_2015-2016cs6_UNEP-AR-2015-Chinese_web.pdf.pdf,访问日期:2023 年 5 月 9 日。
③ 《联合国人权事务高级专员关于气候变化与人权的关系问题的报告》(2009),A/HRC/10/61,第 14 页。
④ 《与享有安全、清洁、卫生和可持续环境有关的人权义务问题特别报告员的报告》(2016),A/HRC/31/52。
⑤ IPCC: "Climate Change 2007: Impacts, Adaptation and Vulnerability", in M. L. Parry et al. (eds.), *Contribution of Working Group II to the Fourth Assessment Report of the Intergovernmental Panel on Climate Change*, Cambridge University Press, 2007, p. 6.

**资 料**

　　自 1972 年斯德哥尔摩会议以来，人类面临更多、更严峻的环境挑战，环境挑战现已成为一种全球危机。尽管应对该危机是一项艰巨的任务，联合国环境规划署 2021 年《与自然和平相处》报告指明了一条通往可持续未来、拥抱全新可能性和机遇的道路。

五大要点

● 环境变化正在破坏来之不易的发展成果，造成经济损失和每年数百万人过早死亡。环境变化阻碍了在消除贫困和饥饿、减少不平等、促进可持续经济增长、确保人人有工作以及实现和平和包容性社会等方面取得进展。

● 当今青年和子孙后代的福祉取决于能否迫切和明确地打破目前环境恶化的趋势。未来十年至关重要。与 2010 年的水平相比，国际社会需要在 2030 年之前将二氧化碳排放量减少 45%，并在 2050 年之前实现净零排放，从而实现《巴黎协定》的温度控制目标，同时保护和恢复生物多样性，尽量减少污染和废弃物。

● 需要共同解决地球的环境危机和人类福祉，才能实现可持续发展。关键环境公约下的目标、具体目标、承诺和机制的制定及实施需要协调一致，以提升协同效应和有效性。

● 可以而且应该改革经济、金融和生产系统，引导和推动向可持续发展转变。全社会需要将自然资本纳入决策，取消对环境有害的补贴，并投资于向可持续未来的转型。

● 每个人都应发挥作用，确保人类的知识、独创性、技术和合作从改造自然转变为改善人类与自然的关系。

### （二）破坏生物多样性对人权的负面影响

　　生物多样性是生态系统服务所必需的，而生态系统服务又是充分享有广泛人权，包括生命权、健康权、食物权、水权和文化权等权利的前提。为了保护人权，各国有普遍义务保护生态系统和生物多样性。世界各地的生物多样性正在迅速遭到破坏，这将对人类福祉造成严重和深远的恶劣影响。① 充分享有人权离不开生物多样性，而生物多样性的退化和丧失又会损害人类享有人权的能力。虽然人们普遍认识到健康的环境对享有人权的重要性，但人权与生物多样性之间的关系仍有待深入探讨。

---

① 《与享有安全、清洁、卫生和可持续环境有关的人权义务问题特别报告员的报告》(2017)，A/HRC/34/49，第 21 页。

1. 生命权和健康权

在生物多样性与人类健康生活之间的诸多联系中,最为人知的联系之一是从天然产品中衍生出药物。生物多样性是新药物不可替代的资源,但这些资源在我们发现它们所能提供的全部用途之前在迅速消失。特别是微生物多样性的丧失可能会引起免疫调节的问题,导致人类免疫系统攻击错误的靶标,结果是自身免疫疾病、过敏性疾病和其他非传染性炎症在世界各地更加普遍。[1] 生物多样性的丧失与人口流动的增加有关。在这种情况下,高度多样性的病原体宿主似乎在扩大病原体对人类的传播范围;随着多样性的减少,传播速度在加快。[2]

2. 适当生活水准权

生物多样性的惠益在食物权方面尤为明显。物种内的遗传多样性能增加商业作物产量;淡水渔业物种的丰富能提高渔获量;树种的多样性和丰富度可以增加木材产量,有助于实现与住房权及其相关的权利。生物多样性对于食物来源的稳定性和恢复力尤为重要。鱼类种群的多样性增加,渔业便更加稳定。农业生态系统抵御环境变化的能力取决于作物品种的天生属性,使得保护作物生物多样性(如通过种子库)成为粮食安全的重要组成部分。特别是在灾年或发生意外时获得各种各样的当地植物可保护脆弱的农村社区。农业生物的多样性在应对和减缓气候变化行动,确保可持续供应健康食物,提高适应能力,提供应对未来变化的多种选择,以及增强粮食生产系统抗灾能力等方面发挥了重要作用。[3]

粮食安全还取决于周围环境的生物多样性。成功培育任何单一作物不仅仅需要种子,还需要从土壤中的微生物、昆虫、蠕虫和小的脊椎动物到地上能够控制害虫、增加土壤肥力和传授花粉的许多物种。近年来,一些对农业至关重要的生物种群明显减少,这些减少将直接影响粮食安全。

生物多样性还有助于享有清洁、安全的饮用水。森林面积的增加,可减少径流和扩大储水空间,显著改善水流量调节。多样的动物、植物和藻类物种可吸收水生生态系统中过量的氮和磷。在海洋和淡水环境中,双壳贝类能过滤大量的水,对水的净化起着特别重要的作用。[4]

---

[1] World Health Organization(WHO) and Secretariat of the Convention on Biological Diversity, "Connecting Global Priorities: Biodiversity and Human Health—A State of Knowledge Review", p.150, available at https://www.cbd.int/health/SOK-biodiversity-en.pdf, 2023-5-9.

[2] Aaron Bernotcin, "Biological diversity and public health", 35 *Annual Review of Public Health* 153, 2014.

[3] P. A. Harrison et al., "Linkages Between Biodiversity Attributes and Ecosystem Services: A Systematic Review", 9 *Ecosystem Services* 191, 2014.

[4]《与享有安全、清洁、卫生和可持续环境有关的人权义务问题特别报告员的报告》(2017), A/HRC/34/49,第8—9页。

### 3. 最易受生物多样性丧失影响的人与不歧视

生物多样性的退化和丧失往往是现有的歧视形态造成的,且反过来又强化了现有的歧视形态。虽然每个人都依赖生态系统服务,但有些人比其他人更依赖这些服务。对于土著人、森林居民、渔民和直接依赖森林、河流、湖泊和海洋产品获取食物、燃料和药品的人来说,环境损害可能而且常常造成灾难性后果。不仅仅因为他们与大自然的密切关系,还因为他们在各自国家内往往没有经济和政治力量,当自然资源失去后,难以找到替代生计。① 他们的边缘化意味着他们参与决策或获得法律补救的机会有限或没有。他们对赖以生存的领土和资源的法律权利甚至得不到政府的承认。

除了环境退化的物质后果外,生物多样性的丧失还经常产生严重的文化影响。许多宗教要求人类充当自然的"管家"。因此,毁坏一处神圣树丛可能会造成无法弥补的伤害,甚至被看作文化的消亡。砍伐森林以获取木材和开辟农业用地,建设水坝以利用河流发电,开放渔业以供工业捕捞,这些都可能产生经济效益。但是,即使经济效益超过实际宏观经济和文化成本(常常不超过,因为我们几乎从不考虑摧毁森林或河流生态系统的实际代价),其收益也多半被不直接依赖这些资源的人拿走,而成本则沉重地落到直接依赖这些资源的人的头上。因此,生物多样性的生态系统服务的丧失,将减少社会最脆弱群体过健康生活所需要的基本物质,限制他们的选择自由和行动自由,从而加剧这些群体的不平等和边缘化。经济发展如果不考虑发展对生态系统服务的影响,则可能降低脆弱群体的生活质量,构成间接歧视。②

生物多样性的生态系统服务的丧失,也对因其他特征,如性别、年龄、残障、贫穷或少数群体而处于弱势地位的人造成了较大影响。我们还需要做更多研究来了解和应对生物多样性的获取和管理如何因性别和其他特征而发生变化,以及生物多样性丧失和退化产生的不同影响。关于获取、使用和控制生物多样性分类数据的缺乏阻碍了设计和实施相关措施以切实应对各种问题的努力。③

---

① World Health Organization (WHO) and Secretariat of the Convention on Biological Diversity, "Connecting Global Priorities: Biodiversity and Human Health—A State of Knowledge Review", p. 32, available at https://www.cbd.int/health/SOK-biodiversity-en.pdf, 2023-5-9.

② 《与享有安全、清洁、卫生和可持续环境有关的人权义务问题特别报告员的报告》(2017), A/HRC/34/49,第 10 页。

③ World Health Organization (WHO) and Secretariat of the Convention on Biological Diversity, "Connecting Global Priorities: Biodiversity and Human Health—A State of Knowledge Review", pp. 32-33, available at https://www.cbd.int/health/SOK-biodiversity-en.pdf, 2023-5-9.

### (三) 危险物质及废料对人权的负面影响

#### 1. 对一般人的负面影响

在气候变化和生物多样性快速丧失的阴影下,隐藏着另一场潜在的灭绝危机:对我们的星球和我们的身体的毒素化。危险物质的扩散对个人、社区和人权构成全球性威胁。① 危险物质及废料是一个全球关注的公共卫生问题。污染是中低收入国家居民过早死亡的最主要原因。每年因空气污染而死亡的人数就达到 700 万。全球有 1/4 的疾病是由环境因素引起的,例如癌症、心脏和肺部疾病、精神障碍、肥胖、糖尿病等。一些(如撒哈拉以南)非洲地区国家滥用农药还可能增加医疗费用并导致生产率下降,造成巨大损失。危险物质及废料的不当管理和接触对所有人权都会产生深远的影响。②

在载有"可持续发展目标"的文件中,尽管接触危险物质及废料的问题并未如人们所期望的那样得到与其严重性相称的强调,但是"可持续发展目标"的内容大多都与之相关,因为危险物质及废料与 17 项目标中的多数均有关联。例如,贫困人口(目标 1)增加的首要原因往往是受到有毒污染的影响;目标 2 涉及确保获得安全食物;目标 6 要求通过尽量减少危险化学品和材料的排放来改善水质;目标 8 要求避免接触危险物质及废料以保障工人安全;目标 12 要求负责任地消费和生产以便减少往空气、水和土壤中排放化学品及废料,以期最大限度地减少其对人类健康和环境的不利影响。

不断接触多种来源的危险物质,直接危及我们的生命权、健康权、食物权和水权等人权。事实上,许多工商企业侵犯人权案件的一个共同点都与不当处置的危险物质及废料相关。

#### 2. 对儿童和工人的特殊影响

(1) 对儿童的影响。世界各地的人们接触到数以百计的有毒和其他危险物质,它们导致了各种形式的癌症、生殖异常、肺部疾病、糖尿病、学习障碍以及其他疾病。可以说,受最大风险的是儿童。儿科医生遗憾地描述了一些出生前就已受到污染的儿童的病例,以及致使世界各地的疾病、残障和过早死亡的"隐藏疾病大流行"。世界卫生组织估计,2012 年有 170 多万 5 岁以下的儿童死于环境因素的改变,如空气污染(造成 50 多万人死亡)和水污染。这个数字占 5 岁以下儿童死亡率的 26%。然而,170 万儿童的死亡也只是冰山一角。童年期间接触有毒物质和污染所引起的所谓"隐藏的流行病",由于其隐蔽性,其症状在

---

① 《危险物质及废物的无害环境管理和处置对人权的影响问题特别报告员的报告》(2019),A/74/480。
② 《危险物质及废料的无害环境管理和处置对人权的影响问题特别报告员报告》(2015),A/HRC/30/40。

几年或几十年里都不一定表现出来,导致受害儿童错过了早期发现和治疗的机会,成为终身残障人。[①]

(2) 对工人的影响。据估计,每 15 秒就有一名工人因在工作中接触有毒物质而死亡,而全球每年有超过 2 780 000 名工人死于不安全或不健康的工作条件。因职业病而过早死亡的人数约 240 万(在过早死亡总人数中比例超过 86%)。"职业病"是指主要由工作活动引起的风险因素,包括长期接触有毒工业化学品、农药或其他农用化学品、放射性物质和粉尘以及其他危害物而感染的任何疾病。全球每年报告的职业病约有 1.6 亿例。国家和工商企业对这场全球公共卫生危机的不作为所造成的损失估计占近 4% 的全球国内生产总值,几乎达 3 万亿美元。癌症占全球职业病的 70% 以上,每年至少造成 315 000 人死亡;因职业接触有毒物质而死于各种癌症的人占 5.3%—8.4%,男性死于肺癌的人数占 17%—29%。迄今已有 200 多种不同的因素(包括有毒化学品和放射性物质)已知或可能是人类致癌物,而工人在工作过程中会接触其中的许多因素。[②]

## 二、环境损害对特定群体权利的影响

环境损害对每个人的权利都将产生负面影响,但影响并不是均衡分布的,某些特定群体受到的影响更大,也更难以从环境损害中恢复。这些人群包括儿童、妇女、贫困人口、土著人和传统社群成员、老年人、残障人、少数民族和流离失所者等。

(一) 环境损害与儿童权利

由于新陈代谢独特、生理上的需要和发育需要,环境变化对儿童的影响更加严重。在童年时期,社会和物质环境的改变可能对儿童的长期身心健康和整体生活质量产生深远影响。缺乏干净的空气和水、接触危险化学品和废料、气候变化和丧失生物多样性不仅影响他们的正常发育,从而妨碍儿童现在享有其权利,而且阻碍他们今后享有其权利,影响往往伴随其一生。环境损害每年造成逾 100 万儿童死亡,其中大部分不满 5 岁。环境损害还可能导致终身健康问题,包括哮喘和其他呼吸道疾病、心血管疾病、神经系统疾病和癌症。

1. 气候变化对儿童权利的影响

儿童权利委员会将气候变化确定为对儿童健康的最大威胁之一,并敦促缔

---

[①] 《危险物质及废料的无害环境管理和处置对人权的影响问题特别报告员的报告》(2016), A/HRC/33/41。

[②] 《危险物质及废料的无害环境管理和处置对人权的影响问题特别报告员的报告》(2018), A/HRC/39/48。

约国将儿童健康问题作为气候变化适应和减缓战略的核心。① 全球气候变化事件日益增多,威胁着儿童的生命,破坏重要的基础设施,影响儿童的文化生存。全球约有 1.6 亿儿童生活在干旱地区,5 亿儿童生活在洪灾区,1.15 亿儿童极易遭受龙卷风袭击。②

气候变化对儿童的主要影响来自极端天气和自然灾害、水资源短缺、粮食不安全、空气污染、病媒传播疾病和传染病以及心理健康问题。水和食物短缺会导致不可逆转的发育问题。世界卫生组织预测,到 2030 年,气候变化导致的营养不良将使死亡人数增加 10 万。③

由于缺水和洪水而使用不安全的水会导致霍乱等传染性疾病,儿童特别容易感染这些疾病。与气候变化相关的病媒传播疾病增加,这是导致 5 岁以下儿童死亡的主要原因。④ 气候变化加剧了社会和经济不平等。来自严重依赖土地的土著社区和最贫穷家庭的儿童特别容易受到气候变化的影响,因为他们缺乏适应气候变化的资源和帮助。⑤

儿童权利委员会认为,气候变化是我们这个时代最严重的代际不公。根据《儿童权利公约》、其他人权条约和《联合国气候变化框架公约》下的《巴黎协定》,各国有明确的人权义务,采取行动保护儿童权利免受气候变化的影响。⑥

2. 破坏生物多样性对儿童权利的影响

生物多样性的丧失会导致长期的环境危机,将影响儿童的一生。各国未能防止生态系统退化或物种灭绝可能会侵犯儿童的生命权、健康权、文化权和健康环境权。联合国人权高专表示,"所有儿童都应享有……自然界的生物多样性将给子孙后代留下的确定性"⑦。

3. 危险物质及废料对儿童权利的影响

有毒物质对儿童尤其有害,因为儿童体型较小,生理发育很快,所以吸收有毒物质的速度更快,吸收的数量也更多。⑧ 接触了有毒物质而幸存下来的儿童

---

① 《儿童权利委员会第 15 号一般性意见:关于儿童享有可达到的最高标准健康的权利问题》(2013),CRC/C/GC/15。
② UNICEF, "Unless We Act Now: The Impact of Climate Change on Children" (November 2015).
③ WHO, "Quantitative Risk Assessment of the Effects of Climate Change on Selected Causes of Death, 2030s and 2050s" (Geneva, 2014), p. 89.
④ Ibid., p. 24.
⑤ 《关于气候变化与充分有效享有儿童权利之间的关系的分析研究报告》(2017),A/HRC/35/13。
⑥ "Five UN Human Rights Treaty Bodies Issue a Joint Statement on Human Rights and Climate Change", available at https://www.ohchr.org/en/NewsEvents/Pages/DisplayNews.aspx?NewsID = 24998&LangID = E, 2023-5-9.
⑦ 《通过健康环境实现儿童权利》(2020),A/HRC/43/30。
⑧ 《危险物质及废料的无害环境管理和处置对人权的影响问题特别报告员的报告》(2016),A/HRC/33/41。

面临发育迟缓和终身疾病负担的风险,这威胁到他们的权利和长期发展前景。他们在产前和幼儿期特别容易出现早产、发育和内分泌功能障碍、终身呼吸系统或心血管疾病以及癌症。①

随着儿童生活环境中的污染物迅速增加,全球癌症、糖尿病和哮喘以及其他疾病的发病率也在不断上升。已知或怀疑约有 800 种化学物质会干扰人类内分泌系统的正常运作。② 人类在幼儿期和青春期对内分泌干扰最为敏感。儿童接触特定毒物后的健康影响可能要到很久以后才会显现。

《儿童权利委员会第 15 号一般性意见:关于儿童享有可达到的最高标准健康的权利问题》(2013)指出,各国应该采取措施处理地方环境污染在这种环境下对儿童健康构成的危险和风险。适当的住房条件包括没有危险的烹饪设施、无烟环境、适当的通风、有效的废物管理,以及生活区和周边环境垃圾的处理、没有霉菌和其他有毒物质。适当的住房和家庭卫生是健康成长和发育的核心条件。各国应当调控、监测工商业活动的环境影响,因为这种活动可能会损害儿童健康权、食物保障,以及获得安全饮用水和享有公共卫生的机会。③ 各国必须防止儿童接触有毒物质,以保护儿童的生命权、生存权、发展权、健康权和身体完整权。有毒物质侵入儿童体内不可逆转,必须以预防为主。

环境破坏、气候变化以及儿童接触污染和有毒废料是对所有儿童权利(包括生命权、发展权、健康权、食物权、水权、住房权、文化权、游戏权和受教育权等)的挑战。由于缺乏清洁的空气和水、接触危险化学品和废料,以及气候变化的影响和生物多样性的丧失,儿童现在和将来都无法享有他们的权利,他们的终身健康、福祉和发展都受到了损害。

(二) 环境损害与妇女权利

《北京宣言》和《行动纲要》④注意到贫穷、自然灾害、健康问题、不可持续的发展与两性不平等之间的联系。在过去的 30 年间,对资源耗竭、自然系统退化和污染物质危险的认识明显增加。这些日益恶化的状况正在破坏脆弱的生态系统,使妇女无法从事生产活动,对安全和健康的环境构成越来越大的威胁。贫穷和环境退化是密切相关的。

---

① WHO,"Inheriting A Sustainable World?", available at https://www.who.int/ceh/publications/inheriting-a-sustainable-world/en/, 2023-5-9.
② WHO,"Don't Pollute My Future! The Impact of the Environment on Children's Health"(Geneva, 2017).
③ 《儿童权利委员会第 15 号一般性意见:关于儿童享有可达到的最高标准健康的权利问题的》(2013),CRC/C/GC/15.
④ 《北京宣言》和《行动纲要》,载联合国网站,https://www.un.org/womenwatch/daw/beijing/pdf/BDPfA%20C.pdf,访问日期:2023 年 5 月 9 日。

1. 气候变化对妇女权利的影响

由于目前存在的性别歧视、不平等以及妨碍发挥潜力的性别角色,妇女尤其易受到与气候变化有关的风险的影响。妇女,特别是老年妇女和女童,在与天气有关的灾害的所有阶段所受的影响都更为严重,面临的风险也更大,这些阶段包括:风险防备、警报发布和应对、社会和经济影响、恢复和重建。自然灾害中妇女死亡率明显高于男子,因为妇女多需照顾孩子,有些妇女的衣着不便于行动,会游泳的妇女相对较少。在妇女社会经济地位低下的受灾社区内,情况尤其严重。① 在自然灾害和迁徙过程中,妇女容易遭受性别暴力之害,在家庭面临额外压力时,女童更有可能辍学。气候变化对农业的影响以及农村地区生活条件的恶化对妇女的影响特别大。一些因素会加剧脆弱性,诸如不平等的财产权、无法参与决策,以及难以获得信息和金融服务等。②

2. 破坏生物多样性对妇女权利的影响

生物多样性的退化会增加妇女和女童获取食物、水、木柴和饲料的时间,从而使性别不平等长期存在。妇女是变革的领导者和重要推动者,可以利用她们的知识和资源来保护、恢复和管理自然。③《生物多样性公约》的序言明确指出,妇女在保护和持久使用生物多样性中发挥了极其重要的作用,妇女必须充分参与保护生物多样性的各级政策的制定和执行。④《21世纪议程》第15章"养护生物多样性"的目标强调了妇女关于养护生物多样性和可持续使用生物资源的特殊作用,(应确保)这些群体有机会参与获取因使用此种传统方法和知识而产生的经济和商业利益。⑤

联合国环境规划署认为,妇女往往对当地的和被忽视的各种物种有更专门的知识。尽管男女在管理生物多样性方面的作用和责任,以及参与决策的能力,在不同国家和文化之间有差异,但在大多数情况下,这种基于性别的差异和不平等往往有利于男性。⑥《北京宣言》和《行动纲要》提出了三项战略目标:第一,

---

① Eric Neumayer and Thomas Plümper, "The Gendered Nature of Natural Disasters: The Impact of Catastrophic Events on the Gender Gap in Life Expectancy, 1981—2002", 97 *Annals of the Association of American Geographers* 551, 2007.

② Y. Lambrou and R. Laub, "Gender Perspectives on the Conventions on Biodiversity, Climate Change and Desertification", in Food and Agriculture Organization of the United Nations (FAO), *Gender and Population Division*, 2004, pp. 7-8.

③ United Nations Entity for Gender Equality and the Empowerment of Women, *Turning Promises into Action. Gender Equality in the 2030 Agenda for Sustainable Development*, 2018.

④ 《生物多样性公约》,载联合国网站,https://www.un.org/zh/documents/treaty/cbd.shtml,访问日期:2023年5月9日。

⑤ 《21世纪议程》,载联合国网站,https://www.un.org/chinese/events/wssd/chap15.htm,访问日期:2023年5月9日。

⑥ "What is Gender and Biodiversity", available at https://www.cbd.int/gender/biodiversity/, 2023-5-9.

使妇女积极参与各级环境决策;第二,将性别问题和观点纳入可持续发展的政策和方案;第三,在国家、区域和国际各级加强或建立机制,以评估发展和环境政策对妇女的影响。①

### 3. 危险物质及废料对妇女权利的影响

男女之间的生理差异,如生理和激素差异,造成了对接触的有毒化学物质的不同敏感性。接触有毒化学物质的水平,以及由此对人类健康的影响,都是由社会和生物因素决定的。社会角色的不同,决定了妇女、男性和儿童在日常生活中接触有毒化学物质的方式不同。这些差异包括遇到的化学物质的种类,以及这种暴露的水平和频率。此外,男性、女性和儿童对接触的有毒化学物质的生理易感性也各不相同。例如,在发展中国家的农业社区,男性在使用过程中直接接触化学农药的风险可能更高,而妇女(有时是女童)在种植和收获期间更有可能间接接触。② 妇女比男子更有可能在其身体组织中积存更多的环境污染物。在怀孕、哺乳和绝经期间,妇女的身体会发生变化,这可能会增加她们因接触有毒物质而健康受损的可能性。此外,由于职业和家庭角色等社会角色的差异以及普遍存在的有害性别成见,妇女和男子在接触到的物质和接触程度等方面受到的有毒化学品的影响不尽相同。③

化学污染会对妇女的健康产生不成比例的影响,因为她们在工作场所和家中接触不同有毒物质的可能性不同。女性在日常生活中与化学品及废料的接触和互动与男性有很大不同。报告显示,女性每天通过清洁产品、化妆品、月经产品等个人消费品接触到超过 160 种化学产品。④ 如果把接触家用化学品及废料以及在工作场所接触化学品的因素也考虑在内,那么危险物质及废料给女性带来的负担就会变得更重。这意味着如果不能解决性别差异问题,就会忽视世界上一半人口的需求。要有效地将性别问题纳入危险物质及废料议程的主流,各国必须始终如一地收集按性别分列的数据,并利用这些证据在国家一级作出知情的决策。⑤

### (三) 环境损害与残障人

本部分以气候变化为例说明环境损害对残障人的影响。气候变化对每个人

---

① 《北京宣言》和《行动纲要》,载联合国网站,https://www.un.org/womenwatch/daw/beijing/pdf/BDPfA%20C.pdf,访问日期:2023 年 5 月 9 日。
② United Nations Development Programme, *Chemicals and Gender*, Gender Mainstreaming Guidance Series, February 2011.
③ 《危险物质及废料的无害环境管理和处置对人权的影响问题特别报告员的报告》(2018),A/73/567。
④ Scott Faber, "The Toxic Twelve Chemicals and Contaminants in Cosmetics", available at https://www.ewg.org/the-toxic-twelve-chemicals-and-contaminants-in-cosmetics, 2023-5-9.
⑤ "Creating a Safer Future for Girls", available at https://www.unep.org/ru/node/27298, 2023-5-9.

切实享有的广泛人权既有直接影响,也有间接影响。全世界大约 10 亿残障人可能受到更严重的影响。① 例如,残障人往往是在紧急情况下受不利影响最严重的人群,他们的发病率和死亡率略高,并且是最难以获得紧急帮助的人群。突发自然灾害和缓发事件可能严重影响残障人获得食物和营养、安全饮用水和卫生设施、医疗服务和药品、教育和培训、适当住房和体面工作。

贫困、歧视和污名是导致残障人受气候变化影响的关键因素。与性别、年龄、族裔、地理、移民、宗教和性别相关的交叉因素会使一些残障人更容易遭受气候变化的不利影响,包括对其健康、粮食安全、住房、水和卫生设施、生计和流动性的影响。

考虑残障人的需求对于采取有效的气候行动和防止气候变化加剧不平等至关重要。包容残障人的方针将增强残障人作为变革推动者的能动性,防止对他们的歧视,并使气候行动更加有效。所有国家都有义务确保其气候行动尊重、保护和实现所有人的人权,包括将残障人的权利纳入关于气候的法律、政策和方案。②

### 三、环境与人权相互依赖

环境权利,即与环境保护有关的权利,在人权法体系中是新成员。1948 年《世界人权宣言》的起草者们没有将环境权利列入其中。起草者们当时在各国宪法里也没有找到这种权利。虽然人类从来都知道自己对环境的依赖,但却刚刚开始意识到我们的各种活动会对环境造成多大的破坏以及我们自己会受到多大影响。因此,为减缓环境的退化所作的努力仍然处于初级阶段。③

第二次世界大战后,国际法得以迅速发展,其中两大成就至关重要:其一是界定了基于尊严、自由和平等的人类属性而不可或缺的人权;其二是制定了保护全球环境的国际规则并创设了相应机构。人权与环境分别发展成为国际法的独立分支,二者之间的关系最初并未受到人们的重视。然而近 20 年来,人们逐渐认识到人权与环境保护之间存在着内在的相互依存关系:其一,许多国际、区域和国家级人权机构都承认,环境退化可能而且确实对享有包括生命权、食物权和水权在内的许多人权有不利影响。其二,某些权利的行使可能而且确实有助于环境政策的制定,会有利于更好地保护环境,因而有助于更好地保护可能受到环境退化威胁的人权。这些保护性权利包括言论和结社自由权利、知情和参与权

---

① 《人权理事会残疾人权利问题特别报告员卡塔丽娜·德班达斯·阿吉拉尔的报告》(2016),A/71/314。
② 《关于在气候变化背景下促进和保护残疾人权利的分析研究报告》(2020),A/HRC/44/30。
③ 《与享有安全、洁净、健康和可持续环境相关的人权义务问题独立专家约翰 H. 诺克斯的报告》(2012),A/HRC/22/43。

利以及获得补救的权利。涉及环境以及人权的许多国际法律文书都确认了这些权利。简言之,健康的环境是充分享受人权的必要条件,反之,人权(包括环境信息知情权、环境决策参与权、环境损害救济权)的行使对环境保护至关重要。

随着环境科学知识在过去几十年中的广泛传播,我们对保护环境重要性的认识日益提高。20世纪60年代至今,现代环境运动改变了我们与环境的关系。全世界几乎每个国家都制定了旨在减少空气和水污染、管制有毒物质和保护自然资源的国内法律。在国际上,各国为解决环境问题通过谈判签订了很多公约,涉及禁止濒危物种贸易、保护生物多样性、严格管控危险物质的运输和倾倒、防治海洋污染、减缓臭氧层消耗和气候变化等内容。

在人类争取经济和社会发展的努力中,环境问题逐渐从边缘位置转移到了中心位置。自20世纪90年代初以来,国际社会反复强调,发展必须是可持续的,特别是必须保护现代人和后代人赖以生存的环境。1992年里约热内卢联合国环境与发展会议通过了《关于环境与发展的里约热内卢宣言》(以下简称《里约宣言》),其中原则4指出,"为了实现可持续的发展,环境保护工作应是发展进程的一个整体组成部分,不能脱离这一进程来考虑"。2012年6月,在联合国可持续发展大会上,各国再次重申了它们的承诺,即"确保为我们的地球及今世后代,促进创造经济、社会、环境可持续的未来"。①

随着环境意识的加强,要求正式承认保护环境对人类幸福的重要性的呼吁增加了。以人权话语表达环境诉求并不为奇,因为有效的环境保护往往取决于人权的行使,这些人权涉及环境信息公开、环境决策参与和环境损害救济等。环境保护和人权具有内在的相互依赖关系。环境损害无疑会给人权带来负面的影响,妨碍人权的享有,而人权的行使则有助于保护环境、促进可持续发展。

环境保护和人权的相互依存关系首先表现为安全、清洁、健康和可持续的环境是充分享有多项人权的必要条件,包括生命权、健康权、食物权、水权、卫生权、住房权、文化权和发展权,以及多项区域协定和大多数国家宪法所承认的健康环境权本身。

### 资料

联合国193个成员国在2015年9月举行的首脑会议上一致通过了17项可持续发展目标,其中与环境相关的有5项:

目标6. 为所有人提供水和环境卫生并对其进行可持续管理

目标11. 建设包容、安全、有抵御灾害能力和可持续的城市和人类住区

---

① 《我们希望的未来》(2012),A/CONF.216/16,第1段。

目标 13. 采取紧急行动应对气候变化及其影响

目标 14. 保护和可持续利用海洋和海洋资源以促进可持续发展

目标 15. 保护、恢复和促进可持续利用陆地生态系统，可持续管理森林，防治荒漠化，制止和扭转土地退化，遏制生物多样性的丧失

**思　考**

环境退化如何影响联合国 2030 年可持续发展目标的实现？

## 第二节　环境权的发展路径与理论争议

### 一、环境权的演进过程

承认人权与环境的密切关系主要有两种形式：其一，明确承认对以健康、安全或可持续等为特点的一种环境的新权利；其二，高度注意环境与生命权和健康权等已得到承认的权利的关系。① 在既有国际人权法的体系中，尚未有享有健康环境的人权的条款。无论是《世界人权宣言》，还是任何其他联合国核心人权公约都没有明确承认环境权。在 2022 年联合国大会宣布享有清洁、健康和可持续的环境是一项普通人权之前，环境人权规范主要沿着三条道路发展：第一，在区域条约和国家宪法中广泛采用环境权利；第二，将生命权和健康权应用于环境问题，"绿化"其他人权，如生命权和健康权；第三，程序性环境权，即在多边环境文件中列入在环境问题上获得信息、公众参与和诉诸司法的权利。②

（一）环境权法律化的发展

半个多世纪以来，环境权逐步得到法律认可，成为法定权利。尤其是在国家和区域层面创设一种新型的健康环境权的努力，令人备受鼓舞，但至今尚未得到国际人权条约的承认。

1. 国家层面

随着环境保护的重要性日益明确，许多国家在其宪法中明确增加了环境权利，通过颁布和实施立法来尊重、保护和实现享有安全、清洁、健康和可持续的环

---

① Donald K. Anton and Dinah L. Shelton, *Environmental Protection and Human Rights*, Cambridge University Press, 2011, pp.130-149.

② John H. Knox, "Constructing the Human Right to A Healthy Environment", 16 *Annual Review of Law and Social Science* 79, 2020.

境权利。1976年,葡萄牙率先在宪法中增加了"享有健康和生态平衡人类环境的权利"。① 此后,共有100多个国家在宪法中明确载有健康环境权,只是用词不一。② 还有至少12个国家的法院裁定健康环境权是生命权的一个基本要素(例如印度、爱尔兰、尼日利亚和巴基斯坦),因此是一项可强制执行、受宪法保护的权利。③

有100多个国家将健康环境权明确纳入国家立法。在阿根廷、巴西、哥伦比亚、哥斯达黎加、法国、菲律宾、葡萄牙和南非有一些特别好的做法,在这些国家,健康环境权是贯穿法律、规章和政策的统一原则。共有至少155个国家根据条约、宪法和法律,在法律上有尊重、保护和实现健康环境权的义务。④ 这为在全球范围内承认健康和可持续环境权奠定了基础。

2. 区域层面

在区域层面,20世纪70年代以后起草的各项人权条约也纳入了环境权。1981年《非洲人权和民族权宪章》规定,"所有民族均有权享有一个有利于其发展的普遍良好环境"(第24条)。2003年,非盟通过了《非洲人权和民族权宪章关于非洲妇女权利的议定书》,其中规定,妇女"有在健康和可持续环境中生活的权利"(第18条)和"有权充分享有可持续发展权"(第19条)。1998年《美洲人权公约经济、社会和文化权利附加议定书》规定,"人人有权生活在一个健康的环境中"(第11条第1款)。2004年《阿拉伯人权宪章》规定,确保福祉和体面生活的适当生活水准权包括健康环境权(第38条)。尽管《欧洲人权公约》和《欧洲社会宪章》都没有包括享有健康环境的权利,1998年《在环境问题上获得信息、公众参与决策和诉诸法律的公约》(又称《奥胡斯公约》)提到,"今世后代人人得在适合其健康和福祉的环境中生活的权利"(第1条)。

3. 国际层面

与国家和区域层面的发展势态相比,目前还没有一部国际条约中明确规定健康、清洁、安全或可持续的环境权。《经社文权利公约》和《儿童权利公约》中虽有条款在具体权利方面提到环境,但并没有承认一般意义上的环境权。

1972年《斯德哥尔摩宣言》的原则一规定:"人人都有在过着尊严和幸福生活的优良环境里享受自由、平等和适当生活条件的基本权利,同时也有为今代和

---

① 《与享有安全、洁净、健康和可持续环境相关的人权义务问题独立专家约翰·H. 诺克斯的报告》(2012),A/HRC/22/43。

② 例如:《哥斯达黎加宪法》规定,"人人有权享有健康和生态平衡的环境"(第50条);《斐济宪法》规定,"人人有权享有清洁和健康的环境,包括通过立法和其他措施保护自然界以造福今世后代的权利。"(第40条第1款)

③ D. R. Boyd, "The Implicit Constitutional Right to Live in a Healthy Environment", 20 *Review of European Community and International Environmental Law* 171, 2011.

④ 《与享有安全、清洁、卫生和可持续环境有关的人权义务问题》(2019),A/HRC/40/55,第3页。

后世保护和改善环境的神圣责任。"①1987 年《世界环境和发展委员会报告》(A/42/427)提出了可持续发展的概念,收纳了一个专家组起草的法律原则,其中第 1 条宣布,所有人类都有在一个适合其健康和幸福的环境中生活的基本权利。1989 年《海牙环境宣言》在大气污染与人权之间建立起联系,承认人类有尊严地生活在全球环境中的权利,并应对当代和子孙后代承担责任。1990 年,联合国人权委员会通过决议,强调保全维持生命的生态系统对于促进人权具有重要的意义。同年,联合国大会决议②要求作出报告,以界定环境退化到何时将破坏健康、福利、发展前景和威胁生命在地球上的存活。联合国大会题为《有必要为个体的福利确保一个健康的环境》的第 45/94 号决议③宣称,人人被赋予权利在一个为健康福利而令人满意的环境中生活。该决议重申了《世界人权宣言》和《经社文权利公约》中的相关权利,提出一个更加良好和健康的环境有助于全面享有各种人权,并强调环境退化将破坏生命的基础。虽然该决议强调环境退化与享有人权的关系,但它并没有明确采纳环境权的概念。曾被寄予厚望的 1992 年《里约宣言》显然在使用基于人权的概念时采取了回避态度,把关键词改成了"可持续发展"。虽然这反映了 20 余年间各国政府和学界对环境权的反思与实践,但不得不说这与《斯德哥尔摩宣言》相比是明显退步了。有学者认为其主要原因是:首先,国际社会缺乏对环境权有用性和有效性的普遍共识;其次,在里约会议期间,非政府组织的参与度不够;最后,发展中国家在应对环境问题上更倾向于"发展"的理念。④尽管如此,《里约宣言》中的第十项原则仍作为补偿规定了程序性环境权。此后,2002 年在约翰内斯堡和 2012 年在里约热内卢举行的关于可持续发展的会议也没有再用过该权利的表达。

联合国人权机构也曾有过争取使环境权得到普遍认可的努力。1990 年,防止歧视和保护少数小组委员会任命法特玛·祖赫拉·克森提尼(Fatma Zohra Ksentini)为人权与环境问题特别报告员,后者在 1994 年提交了《关于人权与环

---

① 《斯德哥尔摩宣言》和《里约宣言》的原则一有时都被误解为暗示"对环境的人权"。《斯德哥尔摩宣言》的阐述确实提到人类"有权在一种能够过着尊严和幸福的生活的环境中,享受……生活条件的基本权利"。不过,在会议上,直接且毫不含糊地提到环境人权的各种建议遭到拒绝。《里约宣言》对这种权利的暗示更加微弱,因为该宣言仅规定,人类"应享有以与自然相和谐的方式过健康而丰富的生活的权利"。自那时起,享有适当或健康环境的一般人权的想法,虽然在一些区域人权体系中生根,但没有赢得普遍国际支持,更不用说载入任何全球人权条约。的确,正如联合国人权事务高级专员 2011 年的一份研究报告无可奈何地指出,认识到享有健康环境的人权面临着很多"困难问题"。Gunther Handl:《1972 年〈联合国人类环境会议的宣言〉(《斯德哥尔摩宣言》)和 1992 年〈关于环境与发展的里约宣言〉》,载联合国网站,https://legal.un.org/avl/pdf/ha/dunche/dunche_c.pdf,访问日期:2023 年 5 月 9 日。
② A/44/746/add 7,1990,pp.2-3.
③ A/RES/45/94,1990.
④ Dinah Shelton,"What Happened in Rio to Human Rights?",3 *Yearbook of International Environmental Law* 75,1992,p.83.

境宣言草案》①(以下简称《草案》)。《草案》试图在环境损害与人权侵犯之间建立起因果关系。《草案》包括序言和五个组成部分,重申了所有人权之间的相互依赖与不可分割。《草案》的内容很丰富,可以归纳为三个方面:(1)权利主体,包含个人与群体;(2)权利内含,包含实体与程序权利;(3)权利的行使,即个人、组织、政府等的义务。首先,在权利的主体方面,个人固然是必然的权利主体,但是群体的环境权也是《草案》关注的对象。而其中的群体主要包括土著人、弱势群体、自由结社群体等,这是《草案》区别于联合国《世界人权宣言》之处,因为后者的权利主体仅是个人。其次,在权利的内容上,《草案》主张必须兼顾实体权利与程序权利。《草案》的第一、二部分属于实体权利,并将其分为积极与消极权利,前者指个人与群体对于特定环境与资源的权利,后者则指个人与群体拥有免于受到各种与环境相关的危害、歧视、驱离等的自由。然而,除了这些对于水、土地、空气以及安全、健康的环境之诉求之外,确保个人与群体在程序上可以努力获致这些实质权利内容的方式也呈现在《草案》中。第三部分是程序权的内容,包括信息获取、参与决策、表达意见、教育、集会结社以及行政和司法补救措施。最后,环境权的行使依赖于相对应的义务的履行。《草案》的第四部分主要是指出个人、国家、国际组织与机构对于确保环境人权所必须尽的义务。这是第一份详细阐明环境权具体标准和内容的国际文件。不过,人权委员会虽然审议了该报告,但没有通过或核准《草案》。

虽然人权委员会和后来的人权理事会以及其他联合国人权机构和机制继续研究了环境与人权的相互作用问题,但它们关注的主要是环境与已被承认的人权之间的关系。换言之,它们的重点不是宣布"健康环境权"这样一项新的权利,而是所谓的"绿化人权",即研究和强调现有人权与环境的关系。

(二)"绿化"方法:对既有人权体系进行扩张解释

"绿化"方法是利用已有的人权制度(例如生命权、隐私权、健康权等)来扩张解释环境问题。② 尽管通过扩展适用或者扩大解释既有人权制度的方法不足以对复杂而宽泛的环境问题提供充分的保护,但是这种方法在过渡时期最为有效,同时也为未来环境权得到的真正意义上的广泛承认积累了经验。

1. 生命权

生命权是不允许克减的权利,即使在武装冲突和危及国家生存的其他紧急状态下也是如此。③ 因此,国家保护生命权的义务不可克减。《人权事务委员会

---

① "Draft Principles on Human Rights and the Environment" (1994), E/CN. 4/Sub. 2/1994/9, Annex I.
② Patricia W. Birnie, Alan E. Boyle, and Catherine Redgwell, *International Law and the Environment*, 3rd edition, Oxford University Press, 2009.
③ 《人权事务委员会第 36 号一般性意见》(2019), CCPR/C/GC/36。

《第 36 号一般性意见：生命权》(2019)明确指出，保护生命权的义务还意味着缔约国必须采取适当措施，处理可能导致直接威胁生命或阻止个人有尊严地享有生命权的社会整体状况，如环境出现退化、气候变化和不可持续的发展对今世后代享有生命权构成最紧迫和严重的威胁。[1]

一些区域性和国内法院也采纳了此种方法。印度最高法院在保护环境权方面表现比较突出，它通过扩大解释宪法中的生命权来保护环境。例如在 Chinnappa and Godavarman 案[2]中，法官认为卫生的环境是健康生活不可分割的组成部分，没有健康的环境就无法有尊严地生活。还有一些判决在保护环境方面更为激进，不仅要求无污染的空气和水，而且要求达到更加生态中心主义的目标——生态平衡。[3] 在 Kendra 案[4]中，最高法院认为印度东部城市台拉登石灰石采矿场应当关闭并由承租人承担费用，因为需要保证人民生活在一个对生态平衡干扰最小的健康环境里。该案中，最高法院没有直接依据生命权或者健康权等人权，而是以人民的生态平衡权为依据作出解释。[5] 这反映出人类中心主义的弱化倾向和环境权的集体权利性质。环境权的所有形式（免于污染、生活权、生态平衡权等）都是传统意义上的消极权利——生命权的衍生品。但是印度的判例法通过结合《印度宪法》的相关内容[6]在对生命权进行扩大解释时增加了明确的环境义务，承认了新的环境权。

利用生命权的扩张解释来保护环境有诸多局限性。这是一种适用范围较小的方法，因为环境威胁必须达到极其严重以至于直接危及人的生命的程度。显然，与危机发生后诉诸法院请求赔偿相比，更好的选择是在发生环境危险之前能够采取预防措施避免其发生。

2. 隐私权

隐私权属于公民和政治权利范畴。《欧洲人权公约》第 8 条规定："一、人人有权使他的私人和家庭生活、他的家庭和通信受到尊重。二、公共机关不得干预上述权利的行使，但是依照法律的干预以及在民主国家中为了国家安全、公

---

[1] 《人权事务委员会第 36 号一般性意见》(2019)，CCPR/C/GC/36。

[2] K. M. Chinnappa and T. N. Godavarman Thirumalpad v. Union of India and Others, 10 SCC 606 (2002).

[3] Michael R. Anderson, "Individual Rights to Environmental Protection in India," in Alan E. Boyle and Michael R. Anderson(eds.), *Human Rights Approaches to Environmental Protection*, Clarendon Press, 1996, p.217.

[4] Rural Litigation and Entitlement Kendra v. Uttar Pradesh (1985) AIR SC 652.

[5] J. Mijin Cha, "A Critical Examination of the Environmental Jurisprudence of the Courts of India", 10 *Albany Law Environmental Outlook Journal* 197, 2005, p.219.

[6] 《印度宪法》第 48 条规定：(甲)保护和改善环境，保护森林和野生生物——国家应尽力保护和改善环境，保护国家森林和野生生物。第 51 条规定：(甲)基本义务——每个公民应克尽下列义务：……(七)保护和改善自然环境，包括森林、湖泊、河流、野生生物，爱护动物。

共安全或国家的经济福利的利益,为了防止混乱或犯罪,为了保护健康或道德,或为了保护他人的权利与自由,有必要进行干预者,不在此限。"欧洲人权法院有很多案例以此为由提起,即环境损害影响了原告根据《欧洲人权公约》第8条享有的隐私权。公约中缺乏明确的环境权条款并没有妨碍欧洲人权法院成功地以环境污染对个人隐私权产生负面影响为由作出判决。在 Lopez Ostra 案[①]中,法院指出尽管原告的健康没有受到严重的威胁,但环境损害对其幸福安宁、隐私和家庭生活以及对房屋的享受造成了影响。在 Guerra and Others v. Italy[②]案中,法院重申了这一观点。但是法院强调,在适用隐私权保护个人环境权益时,原告必须证明污染源对其构成了直接和严重的影响,而且环境损害与污染源之间应具有严格意义上的因果关系。[③]

值得注意的是,欧洲人权法院是狭义地解释隐私权的,而且仍持人类中心主义的观点,并不支持存在着独立的环境权。在 Fadeyeva v. Russia[④] 案中,法院重申了公约中所规定的权利与基本自由并不包含自然保护的权利。因此,基于《欧洲人权公约》第8条提起的诉讼所依据的损害必须直接影响原告的家庭生活或者隐私。可见,利用公约中的隐私权或者其他权利在保护环境权方面是有限制的,欧洲人权法院否定公约含有一般意义上的环境权。

3. 适当生活水准权和健康权

适当生活水准权与自然环境的关系非常密切,因为健康的环境是人类健康与幸福的必要条件。实现健康权不能仅仅局限于医疗措施和防护,而应包括对环境的保护,例如防止核辐射、水污染和食品污染等。健康权在很多人权条约中得到了体现,包括《经社文权利公约》第12条、《儿童权利公约》第24条、《美洲人权公约经济、社会和文化权利附加议定书》第10条。《经社文权利公约》第12条第1款规定:"本公约缔约各国承认人人有权享有能达到的最高的体质和心理健康的标准。"《经社文权利委员会第14号一般性意见:享有能达到的最高健康标准的权利》(2000)对健康权采取了更加宽泛的解释,认为健康权"是一项全部包括在内的权利,不仅包括及时和适当的卫生保健,而且也包括决定健康的基本因素,如使用安全和洁净的饮水、适当的卫生条件、充足的安全食物、营养和住房供应、符合卫生的职业和环境条件"。这清楚地揭示出健康权深刻依赖于环境条件。

在区域性法院和国内法院中,健康权常常被用来作为保护环境的法律依据。

---

① Lopez Ostra v. Spain, App. No. 16798/90, 20 Eur. H. R. Rep. 277, par. 51(1994).
② Guerra and Others v. Italy, App. No.14967/89, 26 Eur. H. R. Rep. 357 (1998).
③ Mariana T. Acevedo, "The Intersection of Human Rights and Environmental Protection in the European Court of Human Rights", 8 *New York University Environmental Law Journal* 437,2000, p. 489.
④ Fadeyeva v. Russia, App. No.55723/00, 45 Eur. H. R. Rep.10, par. 68(2005).

亚诺玛米(Yanomami)印第安人在美洲人权委员会提起对巴西的指控①,案件指控巴西穿越亚马孙雨林的高速公路建设项目导致其无家可归,并在没有任何赔偿的前提下强制其搬家。而且,在其居住地发现矿产资源后采矿公司进一步要求其离开家园并导致了流行病的蔓延。申诉人诉称,这些商业项目的开发损害了其依据《美洲人权宣言》所享有的人权,包括生命权、自由和人身安全权、居住及迁徙权、健康和安宁权。委员会支持了申诉人的诉求,建议巴西政府采取适当的措施保护土著人的健康和生活权。遗憾的是,这一裁决结果未得到巴西政府的执行。

尽管《非洲人权和民族权宪章》第 24 条明确规定了环境权,但在非洲人权机制的实践中很多环境损害诉讼仍依据健康权提起。② 这也许是因为环境权不是可诉性的权利。对于该宪章第 24 条所规定的环境权能否作为诉讼理由单独使用而不需要借助于健康权或者其他人权,目前还没有共识。

 **案　例**

**1. 巴基斯坦气候变化案**

2015 年 8 月 31 日,巴基斯坦的一位农场主阿什加尔·勒加里(Asghar Leghari)以公民身份向拉哈尔高等法院提交申请书,请求法院保护他作为公民的基本权利。他的律师指出,为了应对气候变化的威胁,巴基斯坦政府气候变化部宣布了《2012 年国家气候变化政策》和《气候变化政策执行框架(2014—2030 年)》,但并未实际执行,政府的不作为不仅侵犯了社会和经济正义的宪法原则,还侵犯了原告作为公民的基本权利。

阿什加尔·勒加里是来自巴基斯坦南旁遮普地区拉希姆亚尔汗区的一名法律系学生和农业家,他家 500 英亩的甘蔗农场因气候变化导致缺水和温度变化而遭受损失。阿什加尔·勒加里认为,巴基斯坦是气候变化的直接受害者,因此要求政府采取"立即的补救适应措施,以应对破坏性的气候模式"。为了"迫使有关部门和部委采取行动",他起诉政府,质疑巴基斯坦联邦未能执行其《2012 年国家气候变化政策》,并希望巴基斯坦联邦执行其《气候变化政策执行框架(2014—2030 年)》。

时任巴基斯坦最高法院法官的赛义德·曼苏尔·阿里·沙阿法官批评了国家在执行方面的懈怠。为了有效和立即执行该框架中保护和保障人民基本权利

---

① Yanomami Community v. Brazil, Inter-Am HR, Brazil, Resolution No. 12/85, case No. 7615(1985).
② Emeka Polycarp Amechi, "Linking Environmental Protection and Poverty Reduction in Africa: An Analysis of the Regional Legal Responses to Environmental Protection", 6 *Law, Environment and Development Journal* 112, 2010, p. 112.

的内容,根据《巴基斯坦宪法》第9条中的规定,非依据法律,不得剥夺任何人的生命或自由。第14条规定,人的尊严和私人住宅不受侵犯,但法律另有规定者除外。他指示几个政府部门和当局提名"气候变化协调人",以帮助确保《气候变化政策执行框架(2014—2030年)》的执行,并在2015年12月31日之前提出行动要点清单。在9月14日的第二项命令中,他详细审查了《气候变化政策执行框架(2014—2030年)》,授权成立了由主要部委、非政府组织和技术专家代表组成的气候变化委员会,并为此设定了期望,保留了法院对委员会活动的监督管辖权。在此期间,又进行了25次听讯,报告和监测了委员会的活动。

赛义德·曼苏尔·阿里·沙阿法官赞扬了气候变化委员会的进展,委员会是促使各国政府和其他利益攸关方了解气候变化的严重性和重要性的动力。委员会作为讨论和规划气候变化的平台,在发展人类面对气候变化的能力方面提供了实质性帮助。在主席帕尔韦兹·哈桑博士的领导以及委员会成员的不懈努力下,《气候变化政策执行框架(2014—2030年)》中66.11%的优先行动得以成功实施。

### 2. 荷兰 Urgenda v. State of the Netherlands 案

气候变化会带来严重后果,但在2011年之后,荷兰的减排目标被降低为20%。Urgenda在与政府部门沟通无果后,向海牙地区法院提起诉讼。2015年6月,海牙地区法院作出判决,根据Urgenda所提供的一系列科学证据和科学报告,法院认为气候变化的危险是存在的。在《欧洲人权公约》第2条和第8条的适用上,法院认为Urgenda本身不能基于此获得受害者的地位。但根据《荷兰民法典》5:37的规定以及法院的判例,法院在综合考虑了气候变化的目标和原则、气候变化造成的损害的性质和程度、该损害的知识和可预见性、危险气候变化发生的责任、国家作为(或不作为)的性质以及采取预防措施的可能性等方面后认为国家并没有尽到相应的注意义务,而应该承担相应的责任,将减排目标改为至少25%。

2018年10月,海牙上诉法院的判决认为,《欧洲人权公约》第34条的适用对象是作为受害者的个人向欧洲人权法院提起的个人申诉,而本案系Urgenda向荷兰法院提起的诉讼。按照《荷兰宪法》的规定,该公约第2条和第8条可以在本案中直接适用。荷兰政府不仅负有防御性消极义务,也负有采取相应措施的积极义务,包括注意义务。由于气候威胁将使荷兰的当代公民面临遭受生命损失和家庭生活受到影响的严重风险,因此按该公约第2条和第8条的规定,荷兰政府有义务采取措施保护公众避免该种威胁。并维持一审判决。

2019年12月,荷兰最高法院判决认为,根据欧洲人权法院的判例中对《欧洲人权公约》第2条和第8条的解释,如果缔约国对人民的生命或福利存在真正的和直接的风险,并且意识到这种风险,则缔约国有义务采取适当的措施。此外,根据第13条,在权利被侵犯时,国家法律必须提供有效的法律救济。根据《荷兰宪法》,荷兰法院必须适用对所有人具有约束力的《欧洲人权公约》的规定。在涉及环境问题时,气候变化威胁的是人口很大一部分,环境污染会造成个人私生活的危险,威胁到个人生命,国家有义务采取积极措施。法院认为应该将减排目标定为至少25%。

(三)程序化方法:通过程序保障环境权

程序性环境权是指环境信息知情权、环境决策参与权、环境损害救济权和环境监督权等程序性权利,是保障环境权实现的基础。环境信息知情权,是指公众依法享有获取、知悉环境信息的权利,它是知情权在环境保护领域里的具体体现,更是公众参与环境保护的前提条件、客观要求和基础环节。健全的环境信息公开制度是公众全面、准确地获悉与环境决策有关的信息的前提和保证,并且为公众参与环境决策提供有效的途径,该项权利在公众应对和处理突发性的环境污染事件时尤为重要。环境决策参与权,是指一个社会的环境政策和环境法应该通过民主程序来制定,允许、鼓励和保障公众参与环境管理,对政府管理行为作出评价和选择,是环境民主原则的体现。公众参与能有效弥补市场调节和国家干预的不足。公众参与环境保护的具体途径有:参与环境立法、环境监督管理活动、环境保护公益活动以及环境影响评价活动等。此外,赋予公众环境损害救济权和环境监督权,也是保障公众实体环境权利实现的必要条件。

《里约宣言》第10项原则提出:"环境问题最好在所有有关公民在有关一级的参加下加以处理。在国家一级,每个人应有适当的途径获得有关公共机构掌握的环境问题的信息,其中包括关于他们的社区内有害物质和活动的信息,而且每个人应有机会参加决策过程。各国应广泛地提供信息,从而促进和鼓励公众的了解和参与。应提供采用司法和行政程序的有效途径,其中包括赔偿和补救措施。"①该原则将程序权利与环境问题联系起来,但遗憾的是并未明确地把它们确立为人权。

1998年的《奥胡斯公约》清楚地承认了程序性环境权。1998年6月25日,35个来自欧洲和中亚的国家在丹麦奥胡斯签署了《奥胡斯公约》。该公约不仅在其序言中申明,"确认充分保护环境既是人类福祉的关键又是享受包括生命权本身在内的各种基本人权的关键,并确认每个人既有权在适合其健康和福祉的环境中生活又有责任单独和与他人共同为今世后代保护和改善环境,考虑到公民为了享受上述权利并履行上述责任在环境问题上必须能够获得信息、有权

---

① 参见《里约宣言》,载联合国网站,https://undocs.org/zh/A/CONF.151/26/Rev.1(Vol.I)&referer=/english/&Lang=C,访问日期:2023年5月9日。

参与决策和诉诸法律并在此方面承认公民为行使自己的权利可能需要得到援助"①;该公约在第 1 条(目标)中再次明确规定:"为促进保护今世后代人人得在适合其健康和福祉的环境中生活的权利,每个缔约方应按照本公约的规定保障在环境问题上获得信息、公众参与决策和诉诸法律的权利。"该公约不仅确认了个人环境权,而且还对如何保护、促进和实施环境权作出了一系列明确而具体的规定(如公众有获得信息、参与决策和诉诸法律的权利等),规定了个人环境权受到侵害时的救济方式,特别是通过司法诉讼来保障环境权的实施。《奥胡斯公约》是国际上首个确认个人环境权,并将环境权具体化得最为完善的公约,它对公众环境权的确认和实施产生了深远而广泛的影响。②

《奥胡斯公约》第 1 条规定:为促进保护今世后代人人得在适合其健康和福祉的环境中生活的权利,每个缔约方应按照本公约的规定保障在环境问题上获得信息、公众参与决策和诉诸法律的权利。《奥胡斯公约》共规定了三项程序性环境权:

(1) 人人有权获得公共当局持有的环境信息("获取环境信息")。这不仅包括关于环境状况的信息,也包括关于所采取的政策或措施的信息,或关于人类健康和安全状况的信息,其中可能受到环境状况的影响。申请人有权在申请后 1 个月内获得此信息,而不必说明为何需要此信息。此外,根据《奥胡斯公约》,公共当局有义务积极传播其掌握的环境信息。

(2) 参与环境决策的权利("公众参与环境决策""发表评论")。公共当局应作出安排,使受影响的公众和环境非政府组织能够就影响环境的项目或与环境有关的计划和方案的建议、在决策中应适当考虑的这些意见以及关于最后决定及其原因的信息发表评论。

(3) 有权审查程序,以质疑在不尊重上述两项权利或一般环境法的情况下作出的公共决定("诉诸法律")。

**人类中心主义与生态中心主义**

人类中心主义的核心观点主要有三个方面:第一,在人与自然的价值关系

---

① 参见《奥胡斯公约》,载欧盟委员会网站,https://ec.europa.eu/environment/aarhus/index.htm,访问日期:2023 年 5 月 9 日。
② 蔡守秋:《规定环境权条款,彰显保护人民切身利益——对修改〈环境保护法〉的思考与建议》,载《绿叶》2011 年第 8 期。

中,只有拥有意识的人类才是主体,自然是客体。价值评价的尺度必须始终掌握在人类的手中,任何时候说到"价值"都是指"对于人的意义"。第二,在人与自然的伦理关系中,应当贯彻人是目的的思想。最早提出"人是目的"这一命题的是康德,这被认为是人类中心主义在理论上完成的标志。第三,人类的一切活动都是为了满足自己的生存和发展的需要,如果不能达到这一目的,活动就没有任何意义,因此一切应当以人类的利益为出发点和归宿。美国学者墨迪(Murdy)在《人类中心主义:一种现代观》中认为,生态危机实质上是文化危机,即当人类具有的那些决定我们开发自然的能力的知识,超过了我们所有的如何用来服务于我们自己生存和生活质量改善的知识时,就发生了生态危机。人类对未来的可预测性和认知能力的无限性,决定了人类主动摆脱生态危机的现实性和可能性。

生态中心主义的主要观点是:第一,自然客体具有内在价值,这种价值不依赖于其对人的用途。第二,在生态系统内,自然客体和人类一样具有独立的道德地位和同等的存在和发展权利。第三,人类应当担当起道德代理人的责任。生态中心论是整体主义的,它不仅承认人与自然客体之间的关系以及不同自然客体之间的关系,而且认为物种和生态系统这类"整体"拥有直接的道德地位。生态中心主义阐明人类生态危机的根本原因在于自近代以来建立在人类中心主义立场上的工业文明的崛起及其发展模式,而对传统工业文明的历史性超越则构成我们摆脱全球生态危机的切实出路。不仅如此,生态中心主义通过新的价值观的确立,把对既存工业文明弊端的克服变成了一种生态文明的创造。

## 二、关于环境权的理论争议

在相当长的一段时间里环境权一直是一个充满理论争议的概念。

### (一) 如何定义环境权

使用何种限定词来界定环境权是倡导实体性环境权的第一道难题。清洁、健康、安全、生态平衡等诸多形容词是经常被用来描述环境权的,然而这些词汇的问题在于主观性很强,可谓仁者见仁,智者见智,难以作为裁判的依据。

也有学者尝试否定式定义法。环境权不是为了达到理想的零污染和回归原始的自然状态,而是为了满足人类的基本需要而适度地保护环境。因此,环境权是指免于受到危害健康的人为环境污染、减少寿命的负面环境影响、超过人类承受能力的噪声和获得环境信息的权利。[①] 但是该定义的局限性是其仍旧基于人

---

[①] Melissa Thorme, "Establishing Environment as a Human Rights", 19 *Dever Journal of International Law & Policy* 301, 1990-1991, p.309.

类中心主义,所以无法涵盖自然资源管理和物种灭绝等方面的环境权。也有学者采用更加广义的环境权概念,指出违反环境权的情景包括土地、水和/或空气被污染到一定程度以至于现在和将来的个人遭受或者可能遭受生活质量的下降或者出现明显的健康问题,乃至死亡。人类赖以生存的植物、动物或者生态平衡的侵害和破坏也会侵犯健康的环境权。该权利是实现可持续发展所必需的。① 该定义反映了生态中心主义与人类中心主义并重的观点。

事实上,不清晰的环境权定义具有两面性:一方面,缺乏明确的定义可能会阻碍对环境权的接受和承认;另一方面,增加了环境权内涵的丰富和灵活性,提高了对复杂问题的包容度。未来的环境权有望通过两条路径不断得到确认:一是随着现有的国际和国内环境法律与政策的发展而演进,二是通过具体的司法判例不断地丰富其内涵。无论如何,定义的不明确不能成为环境权设立的障碍,实际上,很多人权的概念和内涵直到今天也是模糊不清的。② 我们相信在解决复杂多样的环境问题的过程中,环境权的内涵会逐渐清晰明确,不仅包括对环境损害的救济,还有对当代和后代人所依赖的自然资源和生态系统的保护。

### (二) 承认一种新的环境权的必要性

一种批评意见认为,不能把人权作为解决权利冲突的最有效策略,因为一旦引发权利冲突,就无法通过主张道德优先权来解决。换言之,当政治或社会主张转换为法律权利时,也就失去了通过政治领域妥协和解的可能性。③ 该项质疑的核心问题在于既然环境问题人权化的实质是不可协商性,那么对于解决复杂利益冲突的环境问题而言作用何在? 诚然,基于权利的方法在效用方面有其局限性,但是至少承认环境权后可以通过人权的机制来解决环境问题。

有人认为既然已经发展出丰富的国际人权法和国际环境法体系,在国际领域承认实质性环境权就没有必要。④ 批评者认为新权利的不断涌现可能会降低传统人权的价值和信誉,即通过承认新的人权概念应对新问题,会导致人权的滥用和贬值。⑤ 政治活动家都希望他们的主张被归入人权的类别,这样会提高其

---

① Erin Eacott,"A Clean and Healthy Environment: The Barriers & Limitations of this Emerging Human Rights", 10 *Dalhousie Journal of Legal Studies* 74,2001, p.92.

② Alan E. Boyle, "The Role of International Human Rights Law in the Protection of the Environment", in Alan E. Boyle and Michael R. Anderson(eds.), *Human Rights Approaches to Environmental Protection*, Clarendon Press,1996, p.51.

③ Michael Ignatieff, *Human Rights as Politics and Idolatry*, Princeton University Press, 2001, p.20.

④ Alan Boyle, "The Role of International Human Rights Law in the Protection of the Environment", in Alan Boyle and Michael R. Anderson (eds.), *Human Rights Approaches to Environmental Protection*, Clarendon Press,1996, p.51.

⑤ Philip Alston,"Conjuring up New Human Rights: A Proposal for Quality Control", 78 *The American Journal of International Law*, 607, 1984, p.614.

关注度并得到国际层面的合法性。一旦人权的大门敞开,就可能被滥用。但是,判断需求能否上升为人权的标准在于新的问题是否威胁到人类的尊严和福利,由于环境是人类赖以生存发展的物质基础,且环境问题十分复杂,因此有必要将其确认为一项新的人权。

环境权已经被世界各地的国家法院裁定了数百次,甚至数千次。如前文所述,在国家和区域两级普遍采用了享有健康环境的权利,区域和国际两级则绿化了人权,为什么联合国迟迟未承认这一权利?承认可以有多种形式,包括新的条约、现有的议定书或新的宣言或决议。在政治上,最简单和最有效率的工具将是一项决议,如大会第42/292号决议(2010),该决议承认享有水和卫生设施的权利。就联合国为未来人权制定的标准而言,享有健康环境的权利似乎符合这些标准。大会第41/120号决议(1986)指出,国际人权文件除其他外应:"(a) 符合现行国际人权法;(b) 具有基本特征,源于人的固有尊严和价值;(c) 足够精确,以产生可识别和实际的权利和义务;(d) 酌情提供切合实际和有效的执行机制,包括报告制度;和(e) 吸引广泛的国际支持。"① 环境权已经基本具备这些标准,因此继2021年人权理事会承认了环境权是人权后,联合国大会也于2022年宣布环境权为一项普通人权。

(三) 环境权国际保护机制

怀疑者认为国际人权法体系缺乏适当的遵守机制,因此即使承认环境权也会流于空谈。② 国际贸易法体系已经建立了复杂和相对完备的执行机制,而国际环境和人权保护机制显然尚缺乏合适的制裁措施。由于缺乏制裁机制,在权衡各种相互冲突的社会利益时,国家总会偏向于维护自身的经济利益。诚然,徒法不足以自行。经济价值的优先性显而易见。但是从动态的规范内化的观点看,国际环境法和国内法律与政策中的可持续发展原则的影响和作用会不断增加。况且,对于新兴的权利而言,在初级阶段就强化执行机制反而可能会阻碍其得到认可的程度。

**思 考**

是否应承认环境权为一项独立的人权?

---

① John H. Knox, "Constructing the Human Right to a Healthy Environment", 16 *Annual Review of Law and Social Science*, 2020, pp.86-87.

② Karrie Wolfe, "Greening the International Human Rights Sphere—Environmental Rights and the Draft Declaration of Principles on Human Rights and the Environment", 9 *Appeal: Rev. Current L. & L. Reform* 45, 2003, p.126.

## 第三节 联合国人权与环境议题的新发展

近年来,人权与环境的议题在联合国体系内迅速发展,而且出现了国际人权机制与环境机制相互融合的趋势。人权与环境(尤其是气候变化)的关系越来越受到各国政府及人权理事会等联合国政府间机构的重视,并得到各届《联合国气候变化框架公约》缔约方会议的广泛关注。

### 一、国际人权与气候机制之间的合作

#### (一)人权与气候两个机制的相互关切

国际社会对气候变化的人权影响的关注始于小岛屿发展中国家于2007年11月通过的《关于全球气候变化对人的影响问题马累宣言》(以下简称《马累宣言》)①,这是明确承认气候变化对"充分享有人权具有明确和直接影响"的第一个政府间国际文件。所涉权利包括生命权、适当生活水准权和健康权。受《马累宣言》启发,2008年3月,人权理事会通过了关于气候变化与人权的第一项决议(A/HRC/7/23)。② 该决议对气候变化对世界各地人民和社区带来的直接和深远的威胁和其对充分享有人权产生的影响表示关切。随后,联合国人权高专办发布了一份报告,描述气候变化如何威胁各项广泛的人权,包括生命权、健康权、食物权、水权、住房权和自决权。③ 该报告强调,各国有义务采取措施,保护人权免受气候变化的不利影响。

2009年3月,人权理事会在第10/4号决议中再次指出,与气候变化有关的效应对有效享有人权具有一系列影响;并指出,业已处于脆弱境地的人们将最深切地感受到气候变化的影响。2010年12月,在坎昆举行的《联合国气候变化框架公约》第十六届缔约方会议通过了第1/CP.16号决定④,该决定援引了人权理事会第10/4号决议,并指出"在所有涉及气候变化的行动中,缔约方应充分尊重人权"。这是人权关切首次载入《联合国气候变化框架公约》体系的决议,意义重大。

此后,人权理事会又通过了三个关于气候变化的决议,即第8/22号决议、第26/27号决议和第29/15号决议。除了重申气候变化对人权的影响,特别是对

---

① "Male' Declaration on the Human Dimension of Global Climate Change", available at http://www.ciel.org/Publications/Male_Declaration_Nov07.pdf, 2023-5-9.
② 《增进和保护所有人权、公民、政治、经济、社会和文化权利,包括发展权》(2008), A/HRC/7/23。
③ 《人权事务高级专员关于气候变化与人权的关系问题的报告》(2009), A/HRC/10/61。
④ FCCC/CP/2010/7/Add.1.

那些最脆弱者的关注外,还关注了气候灾害。该决议还表示,气候变化促使突发自然灾害和缓发事件增加,这些事件会对充分享有所有人权产生不利影响。

(二) 人权机制内的联合声明与行动

人权理事会鼓励各任务负责人在各自任务范围内考虑气候变化与人权的问题,相关报告如《适当生活水准权所含的适当住房问题和在这方面不受歧视权问题特别报告员的报告》(A/64/255,2009)、《国内流离失所者人权问题特别报告员的报告》(A/66/285,2011)、《移徙者人权问题特别报告员的报告》(A/67/299,2012)和《食物权问题特别报告员的报告》(A/70/287,2015)。① 2014年6月,时任人权与环境问题独立专家提出了一份非正式报告,概述了各任务负责人、人权条约机构和其他机构关于气候变化的声明。②

2014年和2015年,各任务负责人采取了若干联合行动,强调从人权视角出发采取气候行动的重要性。③在2014年10月的一封公开信中,27位任务负责人呼吁《联合国气候变化框架公约》缔约方承认气候变化对享有人权的不利影响,并紧急采取有力度的减缓和适应措施,防止进一步的伤害。他们提议,在正在谈判的气候协定中列入有关措辞,规定"在所有涉及气候变化的行动中,缔约方应尊重、保护、增进和实现所有人的人权"。④

(三)《巴黎协定》序言中的人权关切

2015年12月,在巴黎举行的《联合国气候变化框架公约》第二十一届缔约方会议上,对气候变化与人权问题的关注达到高潮。联合国人权高专发表了一项有力的声明,要求紧急采取有效和大力度的行动,以应对气候变化。这不仅是一种道义责任,也是一种必要,以履行国家人权法之下的责任。联合国环境规划

---

① 《与享有安全、清洁、卫生和可持续环境有关的人权义务问题特别报告员的报告》,A/HRC/31/52(2016),第3—4页。
② 各任务负责人包括适当生活水准权所含的适当住房问题和在这方面不受歧视权问题特别报告员、受教育权问题特别报告员、极端贫困与人权问题特别报告员、食物权问题特别报告员、人人有权享有可达到的最高水准身心健康问题特别报告员、人权维护者处境问题特别报告员、国内流离失所者人权问题特别报告员、少数群体问题独立专家、危险物质及废料的无害环境管理和处置对人权的影响问题特别报告员、人权与跨国公司和其他工商企业问题的秘书处特别代表,以及这一问题的工作组和享受安全饮用水和卫生设施的人权问题特别报告员。See " Mapping Human Rights Obligations Relating to the Enjoyment of a Safe, Clean, Healthy and Sustainable Environment-Focus Report on Human Rights and Climate Change", available at http://www.ohchr.org/Documents/Issues/Environment/MappingReport/ClimateChangemapping15-August.docx, 2023-5-9.
③ 《人权高专办与气候变化》,载联合国人权高专办网站, http://www.ohchr.org/ZH/climate-change/ClimateChange.aspx,访问日期:2023年5月9日。
④ 《与享有安全、清洁、卫生和可持续环境有关的人权义务问题特别报告员的报告》(2016), A/HRC/31/52。

署和儿基会分别发布了相关研究报告。①

《巴黎协定》是明确承认人权相关性的第一个气候协定，也是第一个此类的环境协定。该协定承认气候变化是人类的共同关切，并在序言部分规定：缔约方在采取行动处理气候变化问题时，应当尊重并促进人权、健康权、土著人权利、当地社区权利、移民权利、儿童权利、残障人权利、处境脆弱的人民的权利、发展权以及性别平等、妇女赋权和代际公平，以及考虑到它们各自在这些方面的义务。

《巴黎协定》表明，国际社会认识到气候变化对充分享有人权构成不可接受的威胁，应对气候变化的行动必须符合人权义务。

## 二、《人权与环境框架原则》

### （一）起草背景与过程

2012 年人权理事会第 19/10 号决议任命约翰·诺克斯（John Knox）教授为人权与环境问题的第一任独立专家，负责研究与安全、清洁、健康和可持续环境相关的人权义务以及促进在环境决策中利用人权的良好做法，任期 3 年。② 在 2013 年 3 月提交人权理事会的第一份报告（A/HRC/22/43）中，他强调人权与环境相互依存，充分享有生命权、健康权、食物权、水权和发展权等一系列广泛人权均离不开安全、清洁、健康和可持续的环境。同时，知情权、参与权和获得救济权等人权的行使也对环境保护具有至关重要的作用。

在 2014 年 3 月提交的第二次报告（A/HRC/25/53）中，他确认了环境损害会侵害或威胁享有人权，并认为各国根据人权法有义务保护人们免遭这种伤害。这些义务既包括程序性义务（例如提供信息、便利参与和提供补救机会的义务），也包括实质性义务（包括规范私人行为体的义务），以及保护处境尤为脆弱人员的其他义务。

2015 年 3 月，人权理事会第 28/11 号决议决定将约翰·诺克斯的任期再延长 3 年，将其头衔改为特别报告员，此后的报告涉及人权与环境之间关系的各个具体方面：2016 年关于气候变化与人权（A/HRC/31/52）、2017 年关于生物多样

---

① UNEP, "Climate Change and Human Rights" (December 2015), available at http://www.unep.org/NewsCentre/default.aspx?DocumentID=26856&ArticleID=35630, 2023-5-9; UNICEF, "Unless We Act Now: the Impact of Climate Change on Children" (November 2015), available at http://www.unicef.org/publications/index_86337.html, 2023-5-9.

② 人权理事会于 2012 年设立了人权与环境问题独立专家的任务（A/HRC/19/10）。约翰·诺克斯先生被任命为首位与享有安全、清洁、健康和可持续环境相关的人权义务问题独立专家。2018 年 3 月，人权理事会再次延长该任务期限（A/HRC/37/8），并任命戴维·博伊德（David Boyd）为特别报告员，任期 3 年。参见《人权与环境问题特别报告》，载联合国人权高专办网站，https://www.ohchr.org/CH/Issues/Environment/SREnvironment/Pages/SREnvironmentIndex.aspx，访问日期：2023 年 5 月 9 日。

性与人权（A/HRC/34/49），以及 2018 年关于儿童权利与环境（A/HRC/37/58）。

为了便利履行与享有安全、清洁、健康和可持续环境有关的人权义务，人权理事会促请特别报告员制定并传播易于理解和适用的指导方针，清楚地介绍相关规范（A/HRC/31/53）。2018 年 3 月，特别报告员在人权理事会第三十七届会议上向人权理事会提交了《人权与环境框架原则》（A/HRC/37/59，以下简称《框架原则》）。《框架原则》包含的 16 项列明了各国根据人权法承担的与享有安全、清洁、健康和可持续环境有关的基本义务。每项框架原则都附有评注，对框架原则作详细说明，并进一步阐明其含义。框架原则和评注并不产生新的义务，而是反映了在环境领域适用现有人权义务的情况。

"框架原则"这个名称说明，该文件是为理解和履行与环境有关的人权义务提供坚实的基础，但并不试图描述今天可能对环境问题有所影响的所有人权义务，更不试图预测那些未来可能发展演变的人权义务。《框架原则》的目标只是描述在环境方面适用的主要人权义务，以推动这些义务得到切实履行和进一步发展。

（二）主要内容

1. 环境与人权的关系

框架原则 1 和框架原则 2 深刻揭示了环境与人权之间的关系。框架原则 1 指出，各国应确保营造安全、清洁、健康和可持续的环境，以尊重、保护和落实人权。框架原则 2 指出，各国应尊重、保护和落实人权，以确保营造安全、清洁、健康和可持续的环境。

2. 平等与不歧视原则

框架原则 3 确立了平等与不歧视原则在环境与人权领域中的适用。"在享有安全、清洁、健康和可持续的环境方面，各国应禁止歧视并确保平等和有效地保护人们免遭歧视。"

其一，重申平等与不歧视原则在环境与人权领域的适用。作为国际人权法的基本原则，各国有义务禁止歧视并确保平等和有效地保护人们免遭歧视，这种义务也适用于平等享有与安全、清洁、健康和可持续的环境有关的人权方面。因此，各国有义务保护人们免遭由歧视产生或者会加剧歧视的环境损害，让人们能平等地获得环境惠益，并确保与环境有关的国家行动本身不具有歧视性。

其二，从类型上看，环境与人权领域的歧视包括直接歧视和间接歧视，还可能构成多重歧视和交叉歧视。歧视可能是直接的，即两人处境相似，其中一人却因某种不合理的理由而受到差别对待，如未确保弱势群体成员能与他人有相同机会获取有关环境问题的信息、参与环境决策，或者获得针对环境损害的补救（框架原则 7、9、10）。对于发生跨界环境损害的情况，各国应让有关人员能够平等地获取信息、参与决策或获得补救,不因有关人员的国籍或居籍而有所歧视。

歧视也可能是间接的,即表面上中立的法律、政策或做法因禁止的歧视理由而对有关人员行使人权的情况产生不成比例的影响。为了应对间接歧视和直接歧视,各国必须注意历史上或持续至今的对特定群体的偏见,必须承认环境损害既可由既有的歧视模式产生也可加剧既有的歧视模式,还必须采取有效措施消除造成或帮助延续歧视的条件。① 各国除了遵守不歧视原则外,还应采取特别措施,保护最易受环境损害影响或特别可能遭受环境损害的人群(框架原则 14、15)。

3. 程序性环境权

框架原则 5、7、8、9、10 阐释了 5 项与环境有关的程序性人权,包括环境问题的表达权与结社自由、环境信息知情权、环境决策参与权和环境损害救济权。

4. 与实质性环境权有关的国家义务

第一,设立和保持环境标准的义务。框架原则 11 规定,各国应设立和保持不歧视、不倒退并尊重、保护和落实人权的实际环境标准。第二,有效执行环境标准的义务。框架原则 12 规定,各国应确保针对公共和私人行为方有效执行其环境标准。第三,环境教育义务。框架原则 6 规定,各国应开展环境问题教育并培养公众对环境问题的认识。第四,国际合作义务。框架原则 13 规定,各国应相互合作,设立、保持和执行有效的国际法律框架,以防止、减少和补救妨碍人们充分享有人权的跨境和全球环境损害。第五,在环境行动中尊重、保护和实现人权的义务。框架原则 16 规定,各国应在应对环境挑战和追求可持续发展的行动中尊重、保护和落实人权。

5. 对特定群体的环境义务

第一,对环境弱势群体的特别保护义务。框架原则 14 规定,各国应采取额外措施,保护最易受环境损害影响或特别可能遭受环境损害的人群,同时考虑到他们的需求、风险和能力。第二,土著人的环境权。框架原则 15 规定,各国应确保遵守对土著人和传统社群成员所负有的义务,包括:其一,承认并保护他们对历来拥有、占有或使用的土地、领土和资源的权利;其二,在让他们搬迁或者采取或批准任何其他可能影响他们的土地、领土或资源的措施之前,与他们进行协商并获得他们自由、事先和知情的同意;其三,尊重并保护他们在养护和可持续使用其土地、领土和资源方面的传统知识和做法;其四,确保他们能够公平、公正地分享到与其土地、领土或资源有关的活动所产生的惠益。

(三)《框架原则》的特点

第一,《框架原则》没有提出新的权利,而是在既有的国际人权法中进行整

---

① 框架原则 8。

合。虽然《框架原则》所述的许多义务都是直接源于国际人权条约或人权法庭作出的有约束力的决定,但也有一些义务来源于人权条约机构的意见。这些人权条约机构解释人权条约中的条款(一般性意见)或者对缔约国报告作出结论性意见,虽然他们的解释和意见并不具有法律约束力,但是这些解释的一致性有力地证明,对与环境有关的人权义务的理解正趋于更加统一和确定。国家惯例,包括国际环境文件中的国家惯例和人权机构审议的国家惯例,也进一步证实了这些趋势。

第二,《框架原则》明确了国家是环境权的义务承担者。各国有义务尊重人权、保护人权的享有免受妨碍,以及通过努力充分实现人权来落实人权,这些义务均适用于环境领域。因此各国应:避免造成或放任环境损害从而侵犯人权;提供保护,防止工商企业、其他私人行为方和自然因素等其他来源造成有害的环境妨碍;以及采取有效措施,确保对充分享有人权所依赖的生态系统和生物多样性予以养护和可持续的利用。虽然各国可能无法始终防止一切妨碍充分享有人权的环境损害,但各国应履行应尽职责来防止和尽可能减少此类损害,并针对任何残留损害规定补救方法。

第三,《框架原则》中的环境权利范围兼顾了实体性环境权利和程序性环境权利。由于对环境权清楚界定存在现实的困难,已有的国际人权法规范和人权法庭的判例更侧重于保护程序性环境权利,如区域性条约《奥胡斯公约》和《美洲人权公约经济、社会和文化权利附加议定书》中均规定了环境信息公开、环境决策参与和环境损害救济等程序性权利,欧洲人权法院也通过一系列判例确立了环境权的程序法保障,并对很多国家的环境司法产生了积极的影响。但程序性环境权是解决环境问题的必要非充分条件,仅有程序不能为环境权利提供足够的保障。在实体性环境权利阙如时,通过程序性环境权保障环境权利是可行的权宜之策。但实体性环境权是程序性环境权的逻辑起点和最终目的,二者不可偏废。《框架原则》较好地平衡了环境权的两个方面。

第四,《框架原则》多处提及了工商业与人权,体现了环境与人权议题和工商业与人权议题之间的相互交融。框架原则2第5段提及国家有义务提供保护,防止工商企业、其他私人行为方和自然因素等其他来源造成有害的环境妨碍。框架原则5在环境问题方面尊重和保护表达、结社与和平集会自由权,其中第14段规定,各国还必须保护这些权利的行使免受工商企业和其他私人行为方的干涉,防止私营安保企业压制合法的宣传。框架原则8第22段规定,工商企业应按照《指导原则》进行人权影响评估,特别提及了《指导原则》的第18—19条。框架原则12规定,各国应确保针对公共和私人行为方有效执行其环境标准,第34和35段提到,应防范、调查、惩处和纠正私人行为方违反标准的行为,监测并有效执行标准合规。各国必须规范工商企业,防止环境损害所导致的践踏人权行为,并设立针对此种践踏行为的补救方法。第35段规定,按照《指导原则》,工商企业尊重人权的责任包括:避免因环境损害而造成或加剧不利人权影响、处理产生的此种影响,并努力防止或缓解经由商业关系与其业务、产品或服务直接相关的不利人权影响。工商企业应遵守所有适用的环境法律、作出明确的政治承诺、履行尊重人权的责任,为此开展环境保护、实施人权尽责程序(包括人权影响评估),以确定、防止和缓解环境人权影响并复制处理这种影响的方式,还应允许对其所造成或加剧的任何不利环境人权影响进行补救。

 资 料

### 环境权得到联合国文件的承认

自1972年《斯德哥尔摩宣言》以来,历经半个世纪的努力,获得健康环境的权利终于被人权理事会和联合国大会以决议的形式承认。

2021年10月8日,人权理事会通过了第48/13号决议①,首次承认拥有清洁、健康和可持续的环境是一项人权,并呼吁联合国成员国合作落实这一权利。同时,人权理事会通过了第48/14号决议,设立了气候变化背景下促进和保护人权问题特别报告员。

2022年7月28日,联合国大会以161票赞成、8票弃权的结果通过了一项关于环境健康的历史性决议②,宣布享有清洁、健康和可持续的环境是一项普遍人权。

联合国秘书长古特雷斯对这一"历史性决议"的通过表示欢迎,并指出这一具有里程碑意义的进展表明,成员国可以团结起来,共同应对气候变化、生物多样性丧失和污染这三重全球危机。

【问题与思考】
1. 环境与人权如何相互依存、互相影响?
2. 气候变化对人权造成了什么负面影响?
3. 危险物质与废物对儿童权利有什么负面影响?
4. 妇女可以在维护生物多样性中发挥什么作用?
5. 国家在哪些方面负有与环境有关的人权义务?
6. 工商企业如何保护环境权?

---

① A/HRC/RES/48/13, 2021.
② A/RES/76/300, 2022.

## 【进一步阅读推荐】

1. 吴卫星:《环境权理论的新展开》,北京大学出版社 2018 年版。
2. 孟庆涛:《环境权及其诉讼救济》,法律出版社 2014 年版。
3. 〔英〕蒂姆·海沃德:《宪法环境权》,周尚君、杨天江译,法律出版社 2014 年版。
4. 〔英〕简·汉考克:《环境人权:权力、伦理与法律》,李隼译,重庆出版社 2007 年版。
5. John H. Knox and Ramin Pejan(eds.), *The Human Right to a Healthy Environment*, Cambridge University Press, 2018.
6. David R. Boyd, *The Environmental Rights Revolution: A Global Study of Constitutions, Human Rights, and the Environment*, UBC Press, 2011.
7. John H. Knox, "Constructing the Human Right to a Healthy Environment", 16 *Annual Review of Law and Social Science* 79, 2020.
8. Luis E. Rodríguez-Rivera, "The Human Right to Environment in the 21st Century: A Case for Its Recognition and Comments on the Systemic Barriers It Encounters", 34 *American University International Law Review* 143, 2018.
9. Joshua Gellers, "Explaining the Emergence of Constitutional Environmental Rights: A Global Quantitative Analysis", 6 *Journal of Human Rights and Environment* 75, 2015.

# 附录一　中国参加的国际人权公约清单[①]

1.《经济、社会及文化权利国际公约》(1997年10月签署,2001年3月27日批准,同年6月27日对中国生效。签署时声明,第8条第1款的适用需要与我国《宪法》《工会法》和《劳动法》的相关规定一致。)

2.《消除一切形式种族歧视国际公约》(1981年12月29日加入,1982年1月28日对中国生效。我国对第22条提出保留。)

3.《防止及惩治灭绝种族罪公约》(1983年4月18日批准,同年7月17日对中国生效。我国对第九部分提出保留。)

4.《禁止并惩治种族隔离罪行国际公约》(1983年4月18日加入,同年5月18日对中国生效。)

5.《反对体育领域种族隔离国际公约》(1987年10月21日签署,1988年4月3日对中国生效。)

6.《男女工人同工同酬公约》(1990年9月7日批准,同年11月2日对中国生效。)

7.《消除对妇女一切形式歧视公约》(1980年11月4日加入,同年12月4日对中国生效。我国对第29条第1段提出保留。)

8.《儿童权利公约》(1992年1月31日批准,同年4月2日对中国生效。我国提出保留,认为《公约》第6条应当与我国《宪法》第25条关于计划生育的规定和《未成年人保护法》第2条的规定一致。)

9.《〈儿童权利公约〉关于买卖儿童、儿童卖淫和儿童色情制品问题的任择议定书》(2002年12月3日交存批准书,2003年1月3日对中国生效。)

10.《禁止和立即行动消除最有害的童工形式公约》(2002年8月8日交存批准书,2003年8月8日对中国生效。)

11.《禁止酷刑和其他残忍、不人道或有辱人格的待遇或处罚公约》(1986年12月12日批准,1988年11月3日对中国生效。我国对第20条和第30条第1段提出保留。)

12.《就业政策公约》(1997年12月17日交存批准书,1998年12月17日对中国生效。)

13.《关于难民地位的公约》(1982年9月24日交存加入书,1982年12月23日对中国生效。我国对第14条最后一句和第16条第3款提出保留。第14条关于艺术权利和工业产权,最后一句是:"他在任何其他缔约国领土内,应给以他经常居住国家的国民所享有的同样保护。")

14.《关于难民地位的议定书》(1982年9月24日加入,同年12月23日对中国生效。我国对第4条提出保留。)

---

[①] 载《新京报》(电子版),http://www.bjnews.com.cn/detail/155143637114284.htm,访问日期:2023年5月9日。关于中国保留的情况由北京大学法学院硕士研究生陈雄超整理。

15. 《(残疾人)职业康复和就业公约》(1987年9月5日批准加入,1988年2月2日对中国生效。)

16. 《最低就业年龄公约》(1998年12月29日全国人民代表大会常务委员会批准,同时声明不适用于香港特别行政区。我国声明,最低就业年龄是16岁。)

17. 《消除就业和职业歧视公约》(2005年8月28日全国人民代表大会常务委员会批准,同时声明不适用于香港特别行政区。)

18. 《〈儿童权利公约〉关于儿童卷入武装冲突问题的任择议定书》(2001年3月15日由常驻联合国代表王英凡大使代表中华人民共和国政府签署,签署时就我国军队入伍年龄作了声明。)

19. 《残疾人权利公约》(第一批签署的国家之一,2008年5月3日生效。)

20. 《改善战地武装部队伤者病者境遇之日内瓦公约》(1956年12月28日交存批准书,1957年5月28日对中国生效。我国对第10条提出保留,不接受伤病员、医疗人员和随军教士的拘留国向中立国或者国际组织提出的由这些人员的保护国承担其应当发挥的职能的请求,除非此类请求得到受保护人员国籍国政府的同意。)

21. 《改善海上武装部队伤者病者及遇船难者境遇之日内瓦公约》(1956年12月28日交存批准书,1957年5月28日对中国生效。我国对第10条提出保留,不接受伤病员、医疗人员和随军教士的拘留国向中立国或者国际组织提出的由这些人员的保护国承担其应当发挥的职能的请求,除非此类请求得到受保护人员国籍国政府的同意。)

22. 《关于战俘待遇的日内瓦公约》(1956年12月28日交存批准书,1957年5月28日对中国生效。我国对第10条提出保留,不接受伤病员、医疗人员和随军教士的拘留国向中立国或者国际组织提出的由这些人员的保护国承担其应当发挥的职能的请求,除非此类请求得到受保护人员国籍国政府的同意。对于第12条,中国认为当拘留国将战俘移交给另一个缔约国后,当战俘在接受国被关押时,移交国并不因为移交行为免除公约下的责任。对于第85条,如果根据纽伦堡和东京军事法庭在审理战争罪和反人类罪时确立的原则,根据拘留国法律判决战俘犯了此类罪行,中国不受本条关于战俘待遇的规定约束。)

23. 《关于战时保护平民之日内瓦公约》(1956年12月28日交存批准书,1957年5月28日对中国生效。我国对第11条提出保留,不接受伤病员、医疗人员和随军教士的拘留国向中立国或者国际组织提出的由这些人员的保护国承担其应当发挥的职能的请求,除非此类请求得到受保护人员国籍国政府的同意。对于第45条,中国认为当拘留国将战俘移交给另一个缔约国后,当战俘在接受国被关押时,移交国并不因为移交行为免除公约下的责任。)

24. 《日内瓦四公约关于保护国际性武装冲突受难者的附加议定书》(第一议定书)(1983年9月14日加入,1984年3月14日对中国生效。我国对第88条第2段提出保留。条约批准时我国尚未有《引渡法》,当时根据个案情况处理。)

25. 《日内瓦四公约关于保护非国际性武装冲突受难者的附加议定书》(第二议定书)(1983年9月14日加入,1984年3月14日对中国生效。我国声明,第一、第二附加议定书1999年12月20日起适用于澳门特别行政区。)

此外,中国政府已于1998年10月5日签署了联合国《公民权利和政治权利国际公约》,但尚未批准该公约。

# 附录二　人权条约机构一般性意见目录[①]

**一、经济、社会及文化权利委员会通过的一般性意见**

第 1 号——缔约国的报告

第 2 号——国际技术援助措施[《经济、社会及文化权利国际公约》(本部分下称《公约》)第 22 条]

第 3 号——缔约国义务的性质(《公约》第 2 条第 1 款)

第 4 号——适足住房权(《公约》第 11 条第 1 款)

第 5 号——残疾人

第 6 号——老龄人的经济、社会及文化权利

第 7 号——适足住房权(《公约》第 11 条第 1 款):强迫驱逐

第 8 号——实施经济制裁与尊重经济、社会、文化权利的关系

第 9 号——《公约》在国内的适用

第 10 号——国家人权机构在保护经济、社会和文化权利方面的作用

第 11 号——初级教育行动计划(《公约》第 14 条)

第 12 号——取得足够食物的权利(《公约》第 11 条)

第 13 号——受教育的权利(《公约》第 13 条)

第 14 号——享有能达到的最高健康标准的权利(《公约》第 12 条)

第 15 号——水权(《公约》第 11 条和第 12 条)

第 16 号——男女在享受一切经济、社会及文化权利方面的平等权利(《公约》第 3 条)

第 17 号——人人有权享受对其本人的任何科学、文学和艺术作品所产生的精神和物质利益的保护(《公约》第 15 条)

第 18 号——工作权利(《公约》第 6 条)

第 19 号——社会保障的权利(《公约》第 6 条)

第 20 号——经济、社会和文化权利方面不歧视(《公约》第 2 条第 2 款)

第 21 号——人人有权参加文化生活

第 22 号——关于性健康和生殖健康权利(《公约》第 12 条)

第 23 号——关于享受公正和良好的工作条件的权利(《公约》第 7 条)

第 24 号——关于国家在工商活动中履行《经济、社会及文化权利国际公约》规定的义务

---

[①] 本目录以联合国网站公布的《人权条约机构一般性意见汇编》为基础,增加了一些新增一般性意见,新增部分中由于有些没有中文版本,其题目由本书编者从英语版本翻译至中文,标准中文应以以后联合国正式出版的中文本为准。此外,为了格式的统一,本目录将原目录中公约条款的汉字指代改为阿拉伯数字。本次数据更新至 2023 年 5 月 9 日。

第 25 号——关于《经济社会文化权利公约》的科学与经济、社会及文化权利[第 15 条第 1 款(丑)项、第 2 款、第 3 款和第 4 款]

第 26 号——土地与经济、社会及文化权利(草案)

## 二、人权事务委员会通过的一般性意见

第 1 号——报告义务

第 2 号——报告准则

第 3 号——国家一级的执行[《公民权利和政治权利国际公约》(本部分下称《公约》)第 2 条]

第 4 号——男女平等享有所有公民权利和政治权利(《公约》第 3 条)

第 5 号——克减问题(《公约》第 4 条)

第 6 号——生命权(《公约》第 6 条)

第 7 号——禁止酷刑和其他残忍、不人道或有辱人格的待遇或处罚(《公约》第 7 条)

第 8 号——个人享有自由和安全的权利(《公约》第 9 条)

第 9 号——被剥夺自由的人的待遇问题(《公约》第 10 条)

第 10 号——见解自由(《公约》第 19 条)

第 11 号——初级教育行动计划(《公约》第 20 条)

第 12 号——自决权(《公约》第 1 条)

第 13 号——司法(《公约》第 14 条)

第 14 号——生命权(《公约》第 6 条)

第 15 号——《公约》所规定的外侨地位

第 16 号——隐私权(《公约》第 17 条)

第 17 号——儿童权利(《公约》第 24 条)

第 18 号——不歧视

第 19 号——家庭(《公约》第 23 条)

第 20 号——禁止酷刑和其他残忍、不人道或有辱人格的待遇或处罚(《公约》第 7 条)

第 21 号——被剥夺自由的人的人道待遇(《公约》第 10 条)

第 22 号——思想、良心和宗教自由(《公约》第 18 条)

第 23 号——少数群体的权利(《公约》第 27 条)

第 24 号——关于批准或加入《公约》或其《任择议定书》时提出的保留或者有关《公约》第 41 条下声明的问题

第 25 号——参与公共生活和投票的权利(《公约》第 25 条)

第 26 号——义务的延续性

第 27 号——迁徙自由(《公约》第 12 条)

第 28 号——男女权利平等(《公约》第 3 条)

第 29 号——紧急状态期间的克减问题(《公约》第 4 条)

第 30 号——缔约国的报告义务(《公约》第 40 条)

第 31 号——《公约》缔约国的一般法律义务的性质

第 32 号——在法庭和裁判所前一律平等和获得公正审判的权利(《公约》第 14 条)

第 33 号——缔约国在《公民权利和政治权利国际公约任择议定书》下的义务

第 34 号——见解自由和言论自由(《公约》第 19 条,取代第 10 号一般性意见)

第 35 号——人身自由和安全(《公约》第 9 条)

第 36 号——生命权(《公约》第 6 条)

第 37 号——和平集会权(《公约》21 条)

### 三、消除种族歧视委员会通过的一般性建议

第 1 号——缔约国的义务[《消除一切形式种族歧视国际公约》(本部分下称《公约》)第 4 条]

第 2 号——缔约国的义务

第 3 号——缔约国的报告

第 4 号——缔约国的报告(《公约》第 1 条)

第 5 号——缔约国的报告(《公约》第 7 条)

第 6 号——逾期报告

第 7 号——根除煽动歧视和歧视行为的措施(《公约》第 4 条)

第 8 号——根据自我认定判别种族或族裔归属(《公约》第 1 条第 1 款和第 4 款)

第 9 号——尊重独立专家的地位(《公约》第 8 条第 1 款)

第 10 号——技术援助

第 11 号——非公民

第 12 号——继承国

第 13 号——培训执法人员保护人权

第 14 号——种族歧视的定义(《公约》第 1 条第 1 款)

第 15 号——根除煽动歧视和歧视行为的措施(《公约》第 4 条)

第 16 号——提及其他国家的现状和缔约国报告的内容(《公约》第 9 条)

第 17 号——设立国家机构推动落实《公约》

第 18 号——建立国际法庭起诉危害人类罪

第 19 号——防止、禁止和消除种族分离和种族隔离(《公约》第 3 条)

第 20 号——保障人权,免于种族歧视(《公约》第 5 条)

第 21 号——自决权

第 22 号——难民和流离失所者(《公约》第 5 条)

第 23 号——土著人民的权利

第 24 号——关于人口构成的统计资料(《公约》第 1 条)

第 25 号——种族歧视与性别有关的方面

第 26 号——寻求公正和适当赔偿或补偿的权利(《公约》第 6 条)

第 27 号——对罗姆人的歧视

第 28 号——反对种族主义、种族歧视、仇外心理和相关的不容忍现象世界会议的后续行动

第 29 号——世系(《公约》第 1 条第 1 款)
第 30 号——对非公民的歧视
第 31 号——在刑事司法制度的管理和运作中预防种族歧视
第 32 号——《消除种族歧视国际公约》中特别措施的含义和范围
第 33 号——德班审查会议的后续行动
第 34 号——针对非洲人后裔的种族歧视
第 35 号——打击种族主义仇恨言论
第 36 号——关于防止和打击执法人员种族定性行为

### 四、消除对妇女歧视委员会通过的一般性建议

第 1 号——缔约国的报告
第 2 号——缔约国的报告
第 3 号——教育和宣传运动
第 4 号——保留
第 5 号——暂行特别措施
第 6 号——有效的国家机制和宣传
第 7 号——资源
第 8 号——妇女有机会在国际事务中代表本国政府[《消除对妇女一切形式歧视公约》(本部分下称《公约》)第 8 条]
第 9 号——有关妇女状况的统计资料
第 10 号——《公约》通过十周年
第 11 号——履行报告义务的技术咨询服务
第 12 号——对妇女的暴力行为
第 13 号——同工同酬
第 14 号——女性生殖器残割
第 15 号——防治艾滋病的国家战略中避免对妇女的歧视
第 16 号——城乡家庭企业中的无酬女工
第 17 号——妇女家务活动的衡量及其在经济中的确认
第 18 号——残疾妇女
第 19 号——对妇女的暴力行为
第 20 号——对《公约》的保留
第 21 号——婚姻和家庭关系中的平等
第 22 号——对会议时间的修正(《公约》第 20 条)
第 23 号——政治和公共生活
第 24 号——妇女和保健(《公约》第 12 条)
第 25 号——暂行特别措施(《公约》第 4 条第 1 款)
第 26 号——关于移徙女工问题
第 27 号——关于老年妇女问题和保护其人权

第 28 号——关于缔约国在《公约》第 2 条之下的核心义务

第 29 号——婚姻、家庭关系及其解除的经济后果(《公约》第 16 条)

第 30 号——关于妇女在预防冲突、冲突及冲突后局势中的作用

第 31 号——消除对妇女歧视委员会第 31 号以及儿童权利委员会有关有害做法的第 18 号联合一般性建议/意见

第 32 号——关于妇女的难民地位、庇护、国籍和无国籍状态与性别

第 33 号——关于妇女获得司法救助

第 34 号——关于农村妇女权利

第 35 号——关于基于性别的暴力侵害妇女行为,更新第 19 号一般性建议

第 36 号——关于女童和妇女的受教育权

第 37 号——关于气候变化背景下减少灾害风险所涉性别方面

第 38 号——关于全球移民背景下贩卖妇女和女童问题

第 39 号——关于土著妇女和女童权利

### 五、禁止酷刑委员会通过的一般性意见

第 1 号——关于参照(《公约》第 22 条执行第 3 条)

第 2 号——缔约国执行(《公约》第 2 条)

第 3 号——缔约国执行(《公约》第 14 条)

第 4 号——关于参照《公约》第 22 条执行第 3 条(取代第 1 号)

### 六、儿童权利委员会通过的一般性意见

第 1 号——教育目标

第 2 号——独立的国家人权机构对保护和增进儿童权利的作用

第 3 号——艾滋病毒/艾滋病与儿童权利

第 4 号——在《儿童权利公约》(本部分下称《公约》)框架内青少年的健康和发展

第 5 号——执行《公约》的一般措施(《公约》第 4 条、第 42 条和第 44 条第 6 款)

第 6 号——远离原籍国无人陪伴和无父母陪伴的儿童待遇

第 7 号——在幼儿期落实儿童权利

第 8 号——儿童受保护免遭体罚和其他残忍或不人道形式惩罚的权利(《公约》第 19 条、第 28 条第 2 款和第 37 条等)

第 9 号——残疾儿童的权利

第 10 号——少年司法中的儿童权利

第 11 号——土著儿童及其在《公约》下的权利

第 12 号——儿童表达意见的权利

第 13 号——儿童免遭一切形式暴力侵害的权利

第 14 号——儿童将他或她的最大利益列为一种首要考虑的权利(《公约》第 3 条第 1 款)

第 15 号——关于儿童享有可达到的最高标准健康的权利问题(《公约》第 24 条)

第 16 号——关于商业部门对儿童权利的影响方面国家义务
第 17 号——关于儿童享有休息和闲暇、从事游戏和娱乐活动、参加文化生活和艺术活动的权利(《公约》第 31 条)
第 18 号——消除对妇女歧视委员会第 31 号以及儿童权利委员会有关有害做法的第 18 号联合一般性建议/意见
第 19 号——关于实现儿童权利的公共预算编制(《公约》第 4 条)
第 20 号——关于在青少年期落实儿童权利
第 21 号——关于街头流浪儿童
第 22 号——关于具国际移民背景儿童的人权问题一般性原则的保护所有移徙工人及其家庭成员权利委员会第 3 号和儿童权利委员会第 22 号联合一般性意见
第 23 号——关于原籍国、过境国、目的地国和返回国在具国际移民背景儿童的人权方面的国家义务的保护所有移民工人及其家庭成员权利委员会第 4 号和儿童权利委员会第 23 号联合一般性意见
第 24 号——关于少年司法系统中的儿童权利问题
第 25 号——关于与数字环境有关的儿童权利
第 26 号——关于儿童权利与环境并特别关注气候变化(草案)

### 七、迁徙工人委员会通过的一般性意见

第 1 号——关于移徙家政工人
第 2 号——关于身份不正常的移徙工人及其家庭成员权利
第 3 号——关于具国际移民背景儿童的人权问题一般性原则的保护所有移徙工人及其家庭成员权利委员会第 3 号和儿童权利委员会第 22 号联合一般性意见
第 4 号——关于原籍国、过境国、目的地国和返回国在具国际移民背景儿童的人权方面的国家义务的保护所有移民工人及其家庭成员权利委员会第 4 号和儿童权利委员会第 23 号联合一般性意见
第 5 号——移民的自由权,免受任意扣押权及其与其他人权的联系

### 八、残疾人权利委员会通过的一般性意见

第 1 号——在法律面前获得平等承认(《公约》第 12 条)
第 2 号——无障碍(《公约》第 9 条)
第 3 号——关于残疾妇女和女童(《公约》第 6 条)
第 4 号——关于包容性教育权(《公约》第 24 条)
第 5 号——关于独立生活和融入社区(《公约》第 19 条)
第 6 号——平等与不歧视(《公约》第 5 条)
第 7 号——关于残疾人,包括残疾儿童通过其代表组织参与《公约》的执行和监测(《公约》第 4.3 条和第 33.3 条)
第 8 号——关于残疾人工作和就业权

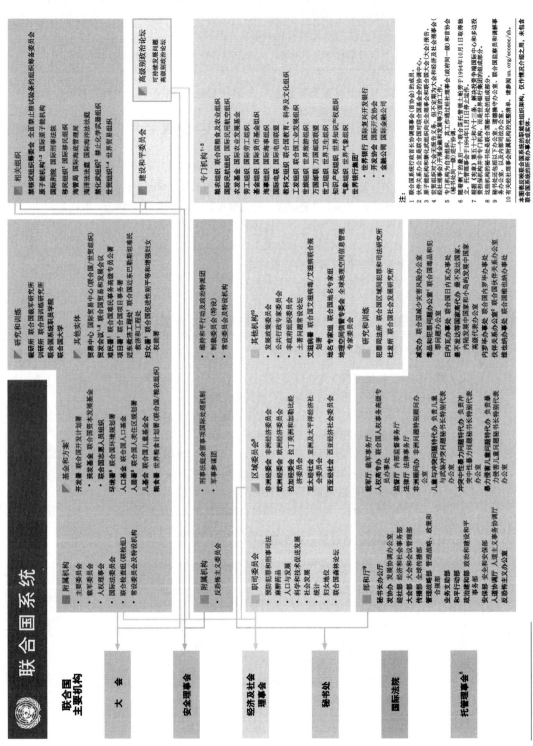